本书的出版获中央财政支持贵州财经大学重点学科建设（民族学）经费的资助

何琼 著

贵州原生态民族文化探究

中国社会科学出版社

图书在版编目(CIP)数据

贵州原生态民族文化探究／何琼著．—北京：中国社会科学出版社，
2016.12

ISBN 978 – 7 – 5161 – 9882 – 7

Ⅰ.①贵… Ⅱ.①何… Ⅲ.①民族文化 – 研究 – 贵州 Ⅳ.①K280.73

中国版本图书馆 CIP 数据核字(2017)第 031391 号

出 版 人	赵剑英
责任编辑	宫京蕾
责任校对	秦 婵
责任印制	李寡寡

出 版	中国社会科学出版社
社 址	北京鼓楼西大街甲 158 号
邮 编	100720
网 址	http：//www.csspw.cn
发 行 部	010 – 84083685
门 市 部	010 – 84029450
经 销	新华书店及其他书店

印刷装订	北京市兴怀印刷厂
版 次	2016 年 12 月第 1 版
印 次	2016 年 12 月第 1 次印刷

开 本	710×1000 1/16
印 张	21
字 数	345 千字
定 价	78.00 元

凡购买中国社会科学出版社图书，如有质量问题请与本社营销中心联系调换
电话：010 – 84083683

前　言

　　贵州以拥有多元性、古朴性、完整性的多民族原生态文化资源而著称。贵州民族文化是地理地域和文化地域,它有文化空间和地理空间的意义。笔者就是在这样的文化空间和地理空间里来展开调查和探究的。而且,这些原生态文化生长于乡野民间,有着深厚的民众根基,是集体智慧和文化生态的重要组成部分,蕴藏着一种不为人力所及的天工之美。如何重新激活蕴含本土智慧的原生态文化,从中寻找更为合理的、平衡的、可持续的发展模式,也是我们研究、保护和发展原生态文化的伟大使命。原生态民族文化已成为了不可替代、不可复制的贵州文化元素,是贵州最大的生态文化"富矿"。如何在新语境中使贵州原生态民族文化与全球化背景下的文化遗产保护接轨,与党的十八大提出的建设"生态文明""永续发展"的"美丽中国"相辉映,也成为一个新学术命题与时代命题。但是由于历史的种种原因,加之受自然条件等环境因素的限制,长期以来使得贵州少数民族社会经济的发展比较缓慢,其悠久的传统文化和资源未能很好发掘、整理和保存,有很多优秀的文化资源处于自生自灭和流失的境地。因此,研究贵州原生态民族文化,不论从哪一方面来看,都具有极其重要的价值和意义。

　　本书所探究的是贵州原生态少数民族文化问题,与传统学术问题所研究不同的是,本书并不局限于有文献资料记载的学术史研究的范围,而是从大量的少数民族文化事象中去提取和梳理有关原生态文化的命题。所以,本书是以田野调查为重要依据,把书面文献资料同民间口传文化资料有机结合在一起,来展开对少数民族文化事象进行分析;同时也注重对物质形态中所透视出的生态文化信息的获取,强调研究的现场性、可靠性、原生性,目的在于赋予原生态民族文化的研究以真正的活力和现实生命力。按一般的理解,原生态文化主要属于一种学术思想的范畴,一般大多围绕着历史上的一些人类学家、哲学家、文人、艺术家的活动来展开，而且，主要体现为一种文化学的形态。但少数民族生态文化与此不同，它不是由学术思想史构成的，而是由大量的民间艺术文化事象来体现的。应当承认，每一个民族只要是有生存活动，也就有表达对文化世界的理解和认识，不论这种认识是以理性的方式来表达的，还是以感情的方式来呈现的。有西方学者在谈到印第安人的精神世界时这样说：普韦布洛印第安人的世界观认为，自然现象和人造的东西都有生命、有声音和精神。法国史学家兼文学评论家丹纳在他的《艺术哲学》中认为物质文明与精神文明的性质面貌都取决于种族、环境、时代三大因素。他认为研究一个地区的文化，就要把它的结构、外形、耕作、植物、动物、居民、城市等无数细节包括在内。汤因比的《人类与大地母亲》，它的前四章是：第一章，自然现象之谜；第二章，生物圈；第三章，人类的降生；第四章，文明中心，就是把人类文明放在"生物圈"的地理基础上来讲的。由此不难看出，人与自然、环境的关系是如此的密切，即使是少数民族群体，同样与自然、环境、时代、社会有依赖关系，不同的自然地理环境孕育的文化存在于人们的生活当中，这种生态文化有它特殊的表现形式和存在的方式。研究一个民族的文化与这个民族的生态密不可分，从生态文化的视角探究贵州民族文化是本书的出发点。正确地表述贵州原生态民族文化的意义，是笔者在本书中要全力追求的目标，也是我们要在理论上强调原生态文化实体性的根本目的。

在研究方法上，本书透过理论阐发以及对贵州原生态民族文化的种种事象的叙述，从中感触到各族先民们在人与自然和谐共处的生动、深刻的情景与生存、发展的轨迹。为此本书将理论阐发与田野调查手记相结合，目的是想在生态文化研究中探索一个新的方式，尤其是田野调查手记，有时采用了随笔或散文的叙事风格，力图发散原生态文化地方性知识的乐趣。一方面为现代社会的研究提供一种新的视角、新的方法，另一方面它更是回向民间的召唤，从乡野中寻找具有鲜活生机的精神资源，唤起对民族文化的尊重和敬意，从而激发出应有的社会学想象力和学术洞察力。

另外，原生态民族文化这一命题能否成立的问题。如果成立，那么，这个理论内涵和形态是什么，它与传统文化的体系有什么不同，至今仍有争论。本书主要从民族田野文化事象入手来梳理贵州原生态民族文化的方方面面，并且力图突破传统的观念。所以，本书在绪论部分提出应该构建贵州原生态民族文化理论体系，不过是就宏观视角而言，很难说是严格的理论意义上的命题。而且，书中所涉及的内容和概念也未必一定要有紧密的逻辑联系。正是基于从文化事象入手这一特定视角，因此本书并不刻意去追求理论的系统性和严密性，而是注重从更为广泛的社会文化层面去透视贵州民族文化中所隐含的生态学精神和世界，把贵州少数民族文化同他们的日常社会生活密切联系在一起，来寻觅其中的动因和秘密。同时，这一研究还需要从传统走向未来，使少数民族原生态文化成为当代文化的滋养，为当代文化提供更多有益的资源。

除理论上的归纳提炼外，本书更多关注人在社会结构和地理环境中的生存、生活智慧，体现人所发挥的主观能动性如何体验、感知和描述社会结构和环境的意义和价值。尤其是田野调查、采风部分更是作者十多年长期深入贵州各地调研（采风）手记中选取的部分篇章，展示在读者面前的是一种在漫长的岁月中逐渐形成的人与自然和谐相处的生活图景，也许你会发现有许多在不损害自然的基础上求得生存与发展的宝贵经验，值得传承与借鉴。当然，十多年的积累是很多的，在选取篇目时，笔者有意避开一些宣传热点的地方而选择了一些较少报道的地点。而且，除个别的字句修改外，均保持当时写作的原貌和所思所想，这也算是本书的又一特色吧。

如今，当人类面临环境和生态危机的时候，在人们重新审视人和自然关系的时候，认识到人在改造自然的同时，还必须承担人对自然进行保护的道德义务和道德责任。而这种义务和责任的形成关键在于建立一个全新的生态文化观，重视生态文化保护环境、保护自然的功能，调整人和人以及人和自然的关系，构建原生态民族文化理论体系，为"美丽中国"服务，让绿色、健康、和谐和可持续发展有更扎实的理论基础。笔者撰写这本书也是想为构建贵州原生态民族文化理论体系贡献一点微薄的力量。

目　录

绪　论

社会进入现代工业文明以来，经济突飞猛进的发展，给人类带来丰厚财富的同时，也给人类带来巨大劫难。例如，生态环境受到了严重破坏、水的恶化、文化焦虑等。在此背景下，人们猛然觉察到那些原生态民族文化就是追求好久的精神家园，于是，关于原生态民族文化的研究日渐升温。

一　生态文化的研究

弄清生态文化的含义，是从理论上研究和实践上探索生态文化建设的重要前提。文化属于上层建筑，是一种社会意识形态。生态文化是一种社会文化现象，当然具有文化所具有的属性，也是一种社会意识形态。但生态文化还体现了一种价值观，即体现了人们对自然界的态度——生态价值观。生态文化是人类的文化积淀，是由一定地区的民族的生活生产方式、民间原始宗教信仰、风俗习惯、伦理道德等文化要素构成的具有独立特征的结构和功用的文化体系，是代代因循沿袭下来的针对生态资源进行合理开发与利用以及保护，它是使人与自然和谐相处的观念，是可持续发展的学问和经验等文化的沉淀。

（一）国外有关生态文化问题研究的理论积淀

国际上对生态文化问题的研究偏重文化人类学的视角，最初的生态文化学是作为人类学的一个研究范畴出现的，它主要探究人类文化与其所处的自然环境之间的关系。20世纪上半叶，许多美国早期重要的人类学家如弗兰兹·博厄斯、克罗伯都精通欧洲和美国的哲学传统，并且深受进化论、功能主义和环境决定论的影响，同时，它受多种思潮的影响，如

"超级有机体"的文化特征和文化传播。当他们研究北美洲土著人时，他们经过仔细思考文化和环境之间的关系，即所谓的"文化区"，或"决定论"，以为环境直接决定着文化，即认为环境可以决定文化，为生态文化的研究开辟了一个途径。他们是生态文化学的先驱。1955 年克罗伯的学生、美国人类学家斯图尔德发表了他的《文化变迁理论》，阐述了生态文化的基本概念，这本专著的出版被广泛认为是生态文化作为一门学科正式诞生的标志。斯图尔德认为，文化与其生态环境是不可分开的，它们之间相互影响、相互作用、互为因果。他还认为，环境适应的概念构成了生态文化学之根蒂，近似的生态环境下会孕育产生近似的文化形态及其发展线索，而相异的生态环境则培育了与之相应的文化形态及其发展线索的不同。由于世界上各种生态环境的存在，从而形成了世界的各种文化形态及其演化路径。20 世纪 60 年代末，由于斯图尔德的影响，有三个重要的生态和文化方面的专著，即 1968 年 R. 内廷的《尼日利亚的山地农民》，R. 拉帕波特的《献给祖先的猪：新几内亚一个民族的生态礼仪》，还有 1969年 J. 贝内特的《北方平原居民》相继问世。20 世纪 70 年代，霍利对赞比亚的"多加人"继承模式的演化进行了研究，哈里斯提出"文化唯物论"，认为技艺、经济因素是形成一个社会特质最基本的角色。哈里斯认为社会下层建筑研究应优先于基础建筑和上层建筑。下层建筑由生产模式、人口结构以及宗教仪式构成；基础建筑是指家庭经济、政治经济；上层建筑是由娱乐和美学的产品和服务组成的。这些生态文化研究的成果，极大地深化和拓展了斯图尔德的研究。20 世纪 80 年代之后，西方生态文化学已基本成熟，影响范围也相应扩大，从美国人类学家的狭窄范围扩大到全球和多学科领域。而今，生态文化学家的分布改变了多年来以美国学者为中心的景况，逐步向多元化方向发展。不但越来越多的欧洲学者加入了研究者的行列，并且其他地区的学者也积极参与或开展了关于生态文化学的研究。①

　　目前，除人类学家和生态学家外，一些工程学、传播学、教育学、经济学、社会学等学科的科研人员也纷纷参与到生态文化研究的队伍，20世纪末，国际上已显示出多国家和地区、多学科合作研究生态文化学的场景。

---

　　①　和少英：《社会文化人类学初探》，云南大学出版社 2006 年版，第 123—143 页。

对国际上生态文化学的介绍，黄育馥发表了《20 世纪兴起的跨学科研究领域——文化生态学》，该文研究了文化生态的早期发展，主要探讨了斯图尔德在前人研究的基础上，提出了文化生态的概念，并运用这一概念来理解文化变迁的过程和原因及采用的研究方法。[①] 戢斗勇发表了《文化生态学论纲》一文，该文研究了文化生态学的定义，界定了其内涵和外延，认为文化生态学应研究文化系统、文化环境、文化资源、文化状况、文化规律；介绍了文化生态学的学科特点，界定了文化生态学是以生态学为方法的文化学，是以文化为研究对象的生态学，是综合性、交叉性的新兴学科；探讨了文化生态学的任务；等等。[②]

（二）当代中国生态文化问题研究

目前国内关于生态文化的研究还处在初创阶段，理论体系还不完善，偏重具体问题的研究而忽视理论体系的构建，尤其是"生态文化"与"文化生态"的概念混淆，并没有清晰的界定（当然，笔者也不例外，本书中依然包含了这两个概念）。一般"生态文化"与"文化生态"讨论的内容大体一致。从理论的应用来说，文化人类学研究的自然环境的变化是早期人类文化发展的一个重要影响。由于早期人类对自然环境能力的有限性，因此有必要适应自然环境的变化，因此有必要对自己的文化进行纠正，创造一种新的文化。而现在的人不是简单被动地适应环境，文化发展的实际过程，并不只是自然环境的影响，并会受到社会经济发展等诸多方面因素的影响。因此，文化发展的内在动力在于人类以满足他们自己更高的需求的本性。此外，如果扩大文化人类学来了解自然环境对人类文化的影响，受人类身心现象的影响，民族特性、社会组织和文化发展对人类自然环境的决定和支配，就陷入了地理环境决定论的泥潭，因此对文化生态的把握应该有更加宽广的视野。

目前，生态文化只是在一些文化研究、人类学、社会学等方面有介绍，关于生态文化的论文不多，也没有专著出版。

在国内生态文化的研究认为，人类的生存和发展，有必要研究其自然

---

①　黄育馥：《20 世纪兴起的跨学科研究领域——文化生态学》，《国外社会科学》1999 年第 6 期。

②　戢斗勇：《文化生态学论纲》，《佛山科学技术学院学报》（社会科学版）2004 年第 5 期。

环境和生物环境相互作用，各自形成特定环境中的行为和生活方式进行研究。全球的自然条件是不同的，因此，人类的生产生活方式以不同的形态和不同的表达占据了全球的一部分。这种叠加在自然环境上的人类活动差别，反映到文化形态方面就会有差异性。它以人类自身创造出来，又受其感染、约束的文化为研究对象，基于自然环境的变迁来探究人类文化的发源和演变规律，比较各民族、各地区由于自然环境的不同造成的文化差异，研究其意义揭示人类文化的本质。它的主要目标和任务是提出了不同民族、不同地域文化和自然环境的相关性，即研究文化与自然环境的关系，将文化作为自然生态系统的一个要素，探究人的文化活动与自然环境之间的互相作用、关系，其灵感是源自于自然生态中所交互的生物有机体与其周围环境的关系。对于文化生态学学科的定义、原理等方面的探究也有不少的论述，司马云杰提出："文化生态学是从整个自然环境和社会环境中的各种因素交互作用研究文化产生、发展、变异规律的一种学说"①的观点。邓先瑞认为："文化生态学是以人类在创造文化的过程中与环境的相互关系为对象的一门学科。"② 潘艳、陈洪波认为："文化生态学是就一个社会适应其环境的过程进行研究，它的主要问题是要确定这些适应是否引起内部的社会变迁或进化变革。"③ 王东昕认为："文化生态学理论给予环境和文化充分的重视并强调了文化自身及环境发展的规律以及二者之间的互动关系。"④ 梁渭雄、叶金宝认为："文化生态学是研究文化与环境的互动关系的理论，这里所说的环境包括影响文化生存发展的一切因素，大体上包括外环境和内环境。外环境如社会经济制度、政治制度和自然地理状况等；内环境是指文化范围内的各种不同文化，如不同民族、不同宗教、不同学派和不同地域的文化等。"⑤ 管宁认为：所谓文化生态，是指就某一区域范围中，受某种文化特质的影响，文化的诸要素之间相互关

---

① 司马云杰：《文化社会学》，中国社会科学出版社 2001 年版，第 153 页。

② 邓先瑞：《试论文化生态及其研究意义》，《华中师范大学学报》（人文社会科学版）2003 年第 1 期。

③ 潘艳、陈洪波：《文化生态学》，《南方文物》2007 第 2 期。

④ 王东昕：《环境与文化互动关系的文化生态学反思》，《云南民族大学学报》（哲社版）2007 年第 24 期。

⑤ 梁渭雄、叶金宝：《文化生态与先进文化的发展》，《学术研究》2000 年第 11 期。

联、相互作用所呈现出的具有明显地域性特征的现实人文状况。① 罗曼、马李辉认为：民族文化生态是由特定民族或特定地区各民族的生产方式、生活方式、风俗习惯等文化因素构成的统一体，是追求人与自然协调发展，维护人类与自然界共存的共同利益，使人口、环境和资源良性循环的文化体系。②

二　原生态文化研究

目前国内学者普遍认为：文化具有生态性，原生态的文化涉及民族文化、民间文化、原始文化、地方文化；涉及民族学、民俗学、社会学、生态学。原生态文化基本上属于一切自然状态下生存下来的文化。但观点不尽一致，如"原汁原味"是对于"原生态文化"最简单的说法，是民间原始的散发着乡土气息的表现形式。另有学者认为，原生态就是原始的、不经加工的、最民间的、最生活的东西。这些都很通俗，也没有错。也有的认为："原生态"这个词是从自然科学借鉴而来的，生态是生物和环境之间相互影响的一种生存发展的状态，原生态是一切在自然状态下生存下来的东西。

（一）原生态文化的界定

人类学学者徐杰舜认为：从人类学的视野来看，原生态文化是指文化相对论他者视角中的地方性知识。原始文化最早出现，就是人类学中最早的客位视角，即"他者视角"；"地方性知识"是原生态文化的内涵，它不仅涉及区域的意义，而且涉及知识生成和辩护中形成的特定情境。③

彭兆荣教授对"原生态"的内涵进行过阐述：他认为首先是"原初"性，相当于人类学原生的界定；原始的，强调某种事物生成时的原始状态；关于此定义他认为不能完全表达；原生的，最初始产生的某种价值和后面的价值；原真，在旅游的过程中，游客在旅游目的地看到的文化是有选择性的，是真正真实的一部分，一些游客寻找地道的本土原生文化。总

---

①　管宁：《文化生态与现代文化理念之培育》，《教育评论》2003 年第 3 期。

②　罗曼、马李辉：《西部大开发加强民族文化生态保护的几点建议》，《中共伊犁州委党校学报》2006 年第 1 期。

③　徐杰舜：《何谓"原生态文化"》，《浙江日报》2010 年 8 月 23 日。

之，原生态文化是一种特定的历史和文化存续体，一种特殊的地方知识和民间智慧，一种特殊的文化表达类型和范式，一个特色的艺术系统和技术魅力。①

徐新建教授以贵州侗族大歌为例，从历史和生命两重维度来解读"原生态文化"，它是相对于工业化、现代化、都市化而言的"前现代文化"。②

三位学者对"原生态文化"的界定，其基本内涵包括：自然生态、民俗文化、民族地方环境、人文、历史、民俗融为一体的，是非职业非专业的，非商业化的文化。原生态文化是生活中的文化。它按历史传统、岁时节令和民间习俗演示，在特定的文化时间和空间中就地出演。因此，任何示范后的迁移、运输、模仿、变化、人为变化后的演示，很难说是真正的原生态文化。

（二）研究原生态文化的意义

1. 文化多样性的意义

今天的时代是一个多元文化的时代，各种文化共存是时代的主题。文化多样性理论认为，文化界如同生物界一样，要多种文化共存方能持续发展。原生态文化为我们提供了一种不同的风格、丰富多彩的独特的文化形态，在文化的共同发展和共同繁荣中发挥着不可替代的作用。一方面，文化多样性理论激活了原始生态民俗文化，促进了它的发展和繁荣；另一方面，原生态民族文化的传承至今，又是对文化多样性理论的有力支撑，并进一步促使文化多样性理论的发展。

2. 生态文明的重要意义

生态文明是全球发展的要求，也是时代发展的要求，代表人类文明发展的总方向。原生态文化不等于生态文明，但是生态文明也不是海市蜃楼，扑朔迷离，它是原始文明中闪耀发光的民间智慧，是生态文明大厦建设的天然材料。生态文明建设没有统一的标准、没有可借鉴的模式、没有现成的方法。必须了解过去，认识现在，才能把握未来。原生态民族文化是有原始文明的影子，但在生态文明建设中，可以作为我们的一个重要参

---

① 彭兆荣：《论"原生态"的原生形貌》，《贵州社会科学》2010 年第 3 期。

② 徐新建：《历史之维与生命之维："原生态文化"的双重视野——以"侗族大歌"的入世为例》，《广西民族大学学报：哲学社会科学版》2011 年第 1 期。

照物。

　　3. 旅游开发的重要作用

　　原生态文化以其古朴、自然、独特的表现形式而让人们喜闻乐见。如今,各地在旅游开发中,人们不仅开发传统的物质文化遗产,而且更关注对非物质文化遗产即原生态民族文化的开发利用,使其成为生态旅游的一大亮点。"民族的才是世界的",原生态民族文化正走向世界而成为世界同享的精神财富。

　　4. 文艺创作的源泉

　　文艺创作的源泉是植根于社会生活中的,它不仅包括当代,更包括对历史的深刻理解和对它的正确认识。原生态文化和艺术都是源于民族或地方的传统文化,具有独特性。在文化多样性的时代,文化和艺术创作只有在原有的生态文化中不断吸收营养,才具有吸引力,文化艺术的创新、创作也才会有取之不尽、用之不竭的源泉。

三　原生态民族文化的研究

　　对"原生态民族文化"的界定众说纷纭,学者们关于"原生态民族文化"的观点目前仍有不同的见解。生态是民族文化赖以生存、发展的土壤、背景,是环境与文化的融合。从 20 世纪 80 年代末至今,该论题几乎全是人类学、民族学、文化学和社会学研究的一个焦点问题。学者们做了大量卓有成效的研究,总结起来主要有以下几个方面:

(一) 原生态民族文化概念及其内容的阐述

　　关于原生态民族文化的界定,学者们各有论述。余勇提出:民族生态文化是一种由人在一定时期内创造的文化模式和状态,具有生态适应性的特点,各种要素相互影响、相互制约。[①] 邓先瑞认为:民族生态文化旨在探明民族文化系统与环境系统的耦合关系,特别要揭示民族文化赖以生成和发展的自然环境。它具有"地域性、开放性、和谐性、节律性和变异

---

　　① 余勇:《武陵源世界自然遗产旅游与民族文化生态互动探讨》,《广西教育学院学报》2007 年第 2 期。

性"等特征。① 薛群慧、董建新认为：民族生态文化是一个由物质文化系统、社会（制度）文化系统、精神文化系统构成的主体系统和由自然环境、社会文化环境构成的环境系统所组成的有机整体。② 朱炳祥教授认为：原生态民族文化就是某一人群在某一时期、某一地域内以某种方式产生的某种文化形态。他运用维柯"各民族的本性"理论观点对"原生态"的概念定义进行新的探索。一种文化，从它的诞生开始，就有了一种本质，它是一种生命形式，虽然在变化之后，但它的性质和生命都经历了整个发展过程。③ 学者丹增在《保护开发并弘扬原生态文化》一文中提出：文化的原生态是原汁原味的文化，是在漫长的历史长河中，老百姓世世代代传承下来的文化。张应强则是说："原生态民族文化"不是一个静态的概念，相反，它应该是一种流动的不断变化的文化现象。然而，"原生态"并不意味着它是绝对独立、自由和孤立的，.而是与文化"他者"的历史共存，也只有充分认识原生态文化的自然性的流动性，才能正确把握和认识"原生态民族文化"的真正意义。

如上所述，都是众多的专家学者对"原生态民族文化"概念的不同见解，众说纷纭，从不同的角度论述这一概念的含义，有一定的理论成果。但是，各自的意见分歧明显。有的肯定，有的否定，有的半信半疑。他们的看法，对我们认识和理解"原生态民族文化"的帮助和启示是有价值的。其实，"原生态民族文化"的提出并不是那么一味地追求古董、缠缠暧昧、难以捉摸。笔者认为，原生态民族文化的现象是不能否认的，因为这是一个客观存在的世界，在世界上，中国有很多人有它，很多外国的人也有它，是名副其实存在着的。合理地、科学地对它进行阐释，还有待我们进一步的研究。

（二）原生态民族文化的原始本真性

1. 原生态民族文化具有原创的本真意旨

《新科学》是学者维柯早期研究民族学、人类学的重要著作之一。④

---

① 邓先瑞：《长江流域民族文化生态及其主要特征》，《中国地质大学学报》2007 年第 6 期。

② 薛群慧、董建新：《村寨民族文化生态的保护与发展——对云南楚雄彝族自治州南华县岔河彝族村案例研究》，《学术探索》2001 年第 4 期。

③ 朱炳祥：《何为"原生态"？为何"原生态"？》，《原生态民族文化学刊》2010 年第 3 期。

④ 维柯：《新科学》，朱光潜译，商务印书馆 1989 年版，第 694 页。

他认为，"原始""本性"和"民族"的字源意义基本近似，都是"产生"，"每一种民风民俗的产生，就是它的起源"。维柯认为，产生和本性是一回事，民族的本性就是该民族在某一时期和以某些方式的诞生。不同民族的"各种制度的自然本性不过是它们在某些时期以某些方式产生出来了。时期和方式是什么样，产生的制度也就是什么样，而不能是另样"。① 各种各样的原生态民族文化使人眼花缭乱，它们或保持原貌，或是发展中有些改变。然而，他们的真正意义并没有改变，是古今一以贯之的。如，少数民族地区的原始民间宗教信仰，很古老神秘，那是原始宗教的传承，本真就是人类的功利主义的诉求。祈求神灵保佑而消灾消难，得到利益，这样的意愿至今没有改变。又如，缘于原始社会人类性爱的赶歌场、爬坡节、游方（苗、侗、布依民族的恋爱习俗）等，千百年来一年一度地进行，没有大的变化，或有些变化，而它的本真意义依然是寻找伴侣繁殖后代的活动。从古代到今天，仍然是民间智慧和地方知识的教育和传承的方式。

2. 原生态民族文化与该文化初始的基本形态

原生态民族文化是保留着该文化初始时期的基本状态的文化，具有原创性。否则，就只能算是一般的民族文化或发展变化了的民族文化。如，我国古代百越民族居住在东南沿海一带，他们的原始宗教信仰与水相关，而在实际生产生活中，仅仅是祭祀水神是不够的，所以"妈祖"成为人们在海上的保护神。妈祖最初只是人们头脑里的物形，后来被物化形塑，最后变成类似于今天的观音菩萨的女神形象。在历史的长河中，妈祖也从海上扩展到陆地，从民间影响官方，受到王朝统治者的推崇。百越族群的后裔们，生活在东南沿海和到周边如南洋做生意的，由于生活与从业的改变，对保护神妈祖的崇拜形式也不断地转变。今天要考究妈祖的初始状态，已经不大容易。因为，妈祖文化已经不是最初始状态的文化形态，只能是人们共同体的传统崇奉文化经过了逐步演变后的形态了。但是，要考察现今居住在黔桂湘毗邻的百越族群的另一支生活在贵州，与广西和湖南省相邻的百越族的后裔"侗族"，类似于妈祖的女神"萨玛"形象的初始状态，则是一件轻而易举的事情。侗族为了躲避水害而离开了原生地，往内地黔桂湘一带迁徙，等于进入了一个相对封闭的内陆森林世界。所以，萨

① 维柯：《新科学》，朱光潜译，商务印书馆1989年版，第105页。

坛的设立、萨玛的半开雨伞形象、祭萨玛的古老仪式等初始状态都能够承继、稳定不变保存下来。直至当今，萨玛形象和灵魂归宿依然是用一个土堆示意，或用一把半张开的纸伞象征，没有演变成为人或神形的形象。应该说，祭"萨"是一个具有代表性的原生态民族文化活化石。从它诞生起，经过漫长的历史岁月，至今没有多大变化。人们年年祭萨，从不间断。又如现在苗族跳芦笙的习俗，与古代苗族跳芦笙的情况没有多大变化，仍然承继了苗族跳芦笙最初始时期的基本状态，是苗族的原生态文化的代表之一。这些实例可以说明并理解原生态民族文化保留着初始时期的基本状态。

3. 原生态民族文化具有相对的稳定性

世界上的任何事物都是在不断发展变化的，不可能一成不变。所以，稳定只是相对而言。但是，发展变化有快慢大小之分。生物学家和医学科学家发现，近一万年来，人类的身体、生理和心理的发展变化非常小。今天的情感需求，如睡眠吃喝拉撒和情感发挥与古人类几乎没有任何变化，只是满足这些需求的各种条件发展变化罢了。在民族文化中变化非常快，且基本脱离了初始时期的文化形态，就不应该是原生态民族文化，能够称得上原生态民族文化的，是那些在历史长河中发展变化不大、具有相对稳定性的文化事项。也可以说，原生态民族文化是在历史长河中保留比较固定的族群文化习惯制。

（三）原生态民族文化的保护和利用

随着全球化和现代化的到来，在我们享受了物质繁荣的同时，我们又遭遇了另一种现实困境，我们的精神生活似乎越来越单调、越来越整齐划一，昔日的精神空间受到多种侵袭，文化的多元性和物种的多样性一样受到越来越多的威胁，不少优秀的"原生态民族文化"更是处于一种正在消失的状态。文化如同一个民族的灵魂，保护民族的"原生态文化"刻不容缓，为此我们国家已经开始启动了几项传统文化保护的大型工程，许多学者也为此贡献自己的所能。他们从"原生态民族文化"的保护和利用的关系以及如何保护和利用方面做了很多的研究，如吴仕民先生做了较为全面的阐述，一是对原生态文化的原生地和创造、传承了这些文化遗产的民族及地区加以重视，充分认识"原生态民族文化"的价值和现代意义，精心呵护，使它活在民族生活之中。要特别注意对年轻人传承文化的自觉性和传统文化保护意识的培养，使"原生态民族文化"变成"活态"文化。在进行文化开发利用时，要重视原生态、保护原生态；二是政府部门要采取措施，包括法律和行政措施，积极推动"原生态民族文化"的保护。如，制定有利于"原生态民族文化"保护、发展的政策措施，设立"原生态民族文化"保护区，实施"原生态民族文化"抢救工程，建立"原生态民族文化博物馆"，进行展示和交流活动等；三是社会有关部门要长期地关心、关注和支持原生态民族文化的发掘及保护工作。如，新闻媒体可通过有效的新闻宣传和舆论引导来推动对于原生态民族文化的挖掘、保护工作。希望大家都来珍惜原生态民族文化，因为它不光是属于某一个民族，也属于整个中华民族，甚至属于全人类。①

关于如何保护原生态民族文化，其实早在非物质遗产保护工程启动以前的 2004 年中西部民族原生态文化学术研讨会上，许多学者就已关注到民族传统文化的保护问题，认为在当代，民族传统文化的"消解"是无可奈何的，只能是"消解"性的适应。少数民族传统文化的生命力来自民间，传统文化保护传承的主要动力源于民族本身，政府和学者只能引导和帮助各民族人民树立自信，唤起其文化自觉。关于当代少数民族文化保护的问题，有许多学者认为：传统文化的保护应是发展式的保护，保护好原生态民族文化，才能保护好少数民族文化的精髓。关于保护与开发的问题，学者多注重文化的保护，而地方政府则注重文化的开发。但经济是无孔不入的，作为无力改变现状但又关注现实的学者，只能提出可能的解决方案，大部分学者认为，关键是处理好保护与开发的辩证关系，当时虽已提及在少数民族文化的保护与开发的过程中，如何发展当地人民的经济利益，涉及文化产权、发展权、公平性等一系列复杂的问题，但在这次会议上还未形成具体方案，尽管如此，却为后来研究提供了方向。②

不管对原生态民族文化的保护和利用持何种观点，当今的原生态和原生态文化保护、非物质文化遗产保护工作仍可谓开展得如火如荼，探究在文化保护与经济发展之间如何实现共赢也成为热议的焦点。

纵观近十年来有关原生态民族文化的研究，多徘徊于对原生态民族文

---

① 吴仕民：《原生态文化撷谈——兼谈少数民族传统文化的保护与发展》，《西南民族大学学报》（人文社科版）2006 年第 11 期。

② 金少萍：《中西部山区民族原生态文化学术研讨会综述》，《思想战线》2004 年第 6 期。

化概念的界定，何为原生态民族文化尚未能达成共识。总体来看这些研究成果介绍性质的多，进行系统探讨的少；谈开发利用的虽多，对原生态民族文化本身固有的价值研究少，进而影响了原生态民族文化的保护和利用，现实一点说，至今尚未能形成一套完美的保护和利用机制，当今社会流行或提倡的文化保护模式和机制是否是真的安全有效，仍有待历史检验。此外，学者基于何种态度和高度来研究原生态民族文化亦值得深思，基于此，笔者认为，我们对原生态民族文化的研究还有待深入，仍需学界同仁们继续努力。

（四）原生态民族文化的价值

原生态民族文化是客观存在的，其大量生态形式是环境与文化之间相互影响的一种生存与发展的结果。它与自然生态环境不同，自然生态是自然环境存在的基础，而文化生态存在于自然与社会环境中。人们在漫长的历史长河中被忽视了很长一段时间的原生态文化是存在和有价值的，因为先进的文明敦促人们尽快改变世界文化中无知和落后的状态，还没有曾意识到原生态民族文化可能对于人类具有怎样的作用。只是到了时代发展到高度文明的今天，原生态民族文化样式的逐渐消失与衰落，威胁着人们对于人类远古的记忆和对未来世界的追索，甚至影响到人类的生存时，人们才意识到人类认识世界的进程与未来趋势，以及认识人自己的发展，都离不开对于原生态民族文化的倚重。而文化的本质是一个发展的概念，原有的生态文化的消解和下降似乎是不以人们的意志为转移的，正是基于此，研究原生态民族文化是非常紧迫的，是具有重大价值和意义的。为了更有效地保护原生态民族文化，还应该对各种原生态民族文化的价值加以区分，并不是所有的原生态民族文化都具有同等重要的价值，只有那些绿色的、健康的、积极的、向上的，对当代文化传承具有重要启示的原生态民族文化方可进入重点保护传承及研究的范畴。

原生态民族文化的价值在当今社会发展中有不可低估的作用，第一，其重要价值被认知，有助于人类的研究和研讨类似的生活场景，确定人类文化的历史及其轨迹，深入解析人类文化发展过程的基本规律；第二，原生态民族文化是人类文化的古老记忆，可以发现人类社会的集体无意识的文化特征；第三，原生态民族文化中的诸多元素，都可以融入当代文化之中，为人们开展新的文化活动与创造新的产品注入原生态的绿色元素；第四，在一定的条件下，合理发掘利用原生态民族文化，可以促进该地区民族经济的发展。

四　构建贵州原生态民族文化的理论体系

20 世纪 80 年代末以来，尤其是进入 21 世纪之后，我国原生态民族文化的研究已经得到了许多专家学者们的重视，研究成果丰硕，这一繁荣的学术舞台将进一步促进民族文化生态研究，以拓展其更广泛和更广阔的发展领域。在这样的大背景下，贵州原生态民族文化理论研究也获得不少的成果，可是，在获得成果的同时，我们也看到原生态民族文化的研究在一些方面还存在不少问题，要求我们展开更加深入系统的研究。作为原生态民族文化大省的贵州，更迫切需要在理论上厘清轮廓，加快对理论的构建。我省在研究民族文化生态时，对其理论的具体深入探讨仍须进一步加强。应该在汲取传统与现代、国际国内、各个学科的相关理论的基础上，不断深入研究和不断创新，总结出贵州原生态民族文化研究的特色理论，改变目前研究中存在的一些问题，比如：

改变目前研究内容偏重整体性和宏观性的不足，具体实证性研究较少。大多数成果是从整体性和全局性的视野对宽泛的主题进行论述，有一种高屋建瓴的宏观气势，但对贵州原生态民族文化微观具体的个案和专题性研究较少，例如对具体某一区域的民族文化生态研究和对单一民族文化生态的个案研究不够。

改变研究成果仍然偏少且极不均衡。如在知网数据库中输入题名或关键词"贵州原生态民族文化"，显示出与之匹配的理论文章寥寥无几。

改变田野调查不够深入。学界对贵州原生态民族文化的研究，虽然也有田野的调查，但许多成果仍停留在概念分析、现象表述层面，缺乏有深入实际的田野调查的论著问世。

改变研究方法还比较单一的现状，跨学科研究还需加强。在研究方法上，田野调查是最基本的方法，也要考虑新技术、新方法的使用，如数据库和信息系统的建设等。目前，原生态民族文化的研究涉及民族学、人类学、文化学、社会学、经济学等学科，因此逐步加大学科的交叉研究和综合性研究的力度很有必要。

生态文化是人与自然和谐的文化，其重要的特点在于用生态学的基本观点去观察现实事物，解释现实社会，处理现实问题，运用科学的态度去认识生态学的研究途径和基本观点，建立科学的生态思维理论。通过探索和实践，结合生态学、经济学和生态文化理论，构建贵州原生态文化理论，将使人们在现实生活中逐步增加生态保护的意识，为建设"生态文明""永续发展"的"美丽中国"提供理论支撑和参考。

贵州许多世居少数民族，尽管没有丰富的生态科学理论知识，但是他们具有长期的生态文化传统，有一种生态观的态度，能够将自己的生存利益与生态环境保护紧密联系在一起，从而保护了他们在该地区长期生活的生态文化环境。我们应该正视这些事实的存在，我相信在与其他学科的相互作用中，随着研究的逐步深入，学术界对原生态民族文化的研究与实践将会迎来辉煌的明天。

第一章

贵州原生态民族文化的基本特征

贵州位于中国云贵高原东部，面积十七万六千平方公里。地势西高东低，岩溶地貌和丹霞地貌分布广泛。纵横交错的地面的和地下的河流，形成独特的自然资源。山峦、河、湖、洞穴、森林等自然风光，百态万千；丰富多彩的民风民俗、文化资源、古建筑、石刻、壁画等展现了一幅贵州壮观的精彩画卷；贵州有四个国际生态博物馆，十三个国家级风景名胜区，七个国家级自然保护区，十九个国家级森林公园和四个国家地质公园，有七十一处国家重点文物保护单位，两个国家历史文化名城；还有三十一项四十处民族民间文化、技艺和节日列入了首批国家级非物质文化遗产名录；贵州是多民族省份，其中汉、苗、布依、侗、彝、水、回、瑶、土家、仡佬等世居少数民族就达十七个。各少数民族都有本民族的传奇和史诗，并且传承至今；有丰富多彩、造诣甚高、有影响力的民间艺术。

贵州又是古夜郎国，历史上夜郎古民族有着与巴蜀、大理、滇国、南越的西南许多古民族齐名而悠远的历史。这里有，奇异的民族节日，醉人的酒文化，精湛的蜡染、刺绣，动人的铜鼓、芦笙，粗犷、生动的苗族、侗族舞蹈，神幻的傩戏，浪漫深情的浪哨、游方、跳月……说不尽的独特的风俗人情，处处体现了在这片土地上的各少数民族勇敢、诚实、热情、简朴，让人感受人与自然的亲密契合，感受一个充满乡土气息的原始生命力，使贵州成为山美水美人更美的民俗文化胜地。而这，正是由于贵州的生态环境（自然的和社会文化的环境）所决定的。

一　特殊的地理环境

贵州的自然资源特征，可以概括为九个字：多样性、独特性、原生性。

1. 多样性

指地质地貌的多样性。贵州地貌的显著特点是喀斯特地貌分布广，其分布面积占全省总面积的 61.9%，各类的喀斯特峰林、峰丛、天生桥、天坑、漏斗、槽（盲）谷、溶洞及洞穴中的各种沉积形态，是贵州奇异景观的自然特点。在贵州的北部，还分布着与喀斯特地貌大相径庭，但同样令人称奇的另一类地貌形态——"丹霞地貌"。赤色的砂岩构成峻峭的悬崖，如鬼斧神工。还有由石英砂页岩形成的地貌上的武陵山脉最高峰——梵净山和施秉云台山。

2. 独特性

产生在距今两亿多年前的关岭县一带的古生物群，是堪称世界绝无仅有的晚三叠世化石库。在黔北赤水，保存了我国最为完整的丹霞地貌上最大的侏罗纪时期的古植物——桫椤。再有黔东南从江岜沙苗族文化事象、侗族大歌文化事象、威宁板底彝族变人戏"撮泰吉"文化事象。百多年前由威宁石门坎彝族地区原土文化与世界文化碰撞衍生的石门坎文化事象，冲破了历史的宿命，经历了半个多世纪的绚烂，又隐姓埋名近半个多世纪后，重新吸引国内外专家学者的关注目光，这无疑也是具有全球影响力的一种独特文化事象。

3. 原生性

贵州是中国西南地区的一个内陆省份，由于过去交通闭塞，许多原生文化被完好地保存了下来，如苗族飞歌、侗族大歌、琵琶歌、布依族八音坐唱、思南傩堂戏、布依族花灯戏、彝族变人戏——撮泰吉、汉族屯堡地戏、隆里古城花脸龙等。还有苗族、布依族蜡染和枫香染，水族马尾绣，苗族、侗族刺绣、手工土法造纸，等等。

二　喀斯特典型发育的地貌特征与气候

1. 从地貌看

贵州省地处云贵高原东部，境内地势西高东低，自中部向北、东、南三面倾斜，平均海拔 1100 米左右。全省地貌可概括为高原山地、丘陵和盆地三种基本类型，其中 92.5% 的面积为山地和丘陵。境内山脉众多，重峦叠峰，绵延纵横，山高谷深。北部有大娄山，自西向东北斜贯北境，川黔要隘娄山关高 1444 米；中南部苗岭横亘，主峰雷公山高 2178 米；东北境有武陵山，由湘蜿蜒入黔，主峰梵净山高 2572 米；西部高耸乌蒙山地，属这一山脉的赫章县珠市乡韭菜坪海拔 2900.6 米，为贵州屋脊。黔东南州的黎平县地坪乡水口河出省界处，海拔高程 147.8 米，为境内最低点。贵州岩溶地貌发育非常典型，喀斯特面积 109084 平方公里，占全省总面积的 61.9%，境内岩溶分布范围广泛，形态类型齐全，地域分异明显，构成一种特殊的岩溶生态系统。[①]

2. 从气候看

贵州气候温暖湿润，属亚热带湿润季风气候区。气温变化小，冬暖夏凉，气候宜人，全省大部分地区年平均气温为 15℃ 左右；从全省看，通常最冷是元月，平均气温多在 3℃—6℃，比同纬度其他地区高；最热是 7 月，平均气温一般是 22℃—25℃，为典型夏凉地区。贵州降水较多，雨季明显，阴天多，日照少，境内各地阴天日数一般超过 150 天，常年相对湿度在 70% 以上。受大气环流及地形等影响，贵州气候呈多样性，"一山分四季，十里不同天"。另外，气候不稳定，灾害性天气种类较多，干旱、秋风、凝冻、冰雹等频度大，但对农业生产影响不大。[②]

3. 从自然资源看

贵州自然资源十分丰富。

（1）种类繁多、具有广泛利用价值的生物资源和森林资源。2006 年贵州森林的覆盖率为 39.9%，高于全国 18.2% 的平均水平。人均森林面积 2.7 亩，活立木总蓄积量达 3.1 亿立方米。森林资源分布以黔东南最多，其次是黔南，最少的是六盘水和安顺。

（2）草地资源。贵州各类草山草坡 427.02 万顷，约占全省土地面积的 24.3%，有优良牧草 2500 余种。草地资源分布最多的是黔南和黔东南，最少的是贵阳和六盘水。

（3）野生植物资源。贵州野生植物品种众多，有食用植物、药用植物、芳香植物、鞣料植物、花卉植物和珍稀濒危植物等。贵州药用植物资源有 3924 种，占全国中草药品种的 80%，是全国四大药材产区之一。珍

---

① 参见中共贵州省委直属机关工作委员会、贵州省人民政府发展研究中心编《贵州省情读本》，贵州人民出版社 2003 年版，第 32 页。

② 同上书，第 36 页。

稀名贵药用植物有珠子参、三尖杉、扇蕨、冬虫夏草、鸡枞、艾纳香（天然冰片）等六种。另外尚有天麻、石斛、杜仲、厚朴、吴萸等30多种，具有"地道中药材"美称的药用植物资源。①

贵州独特的自然风光资源十分丰富，环境独特，地貌类型多样，山石、水景、洞穴等资源自然风景分布广、类型多、品位高、保护好，而且由特殊地质地貌构建的自然景观奇特，是世界上喀斯特地貌发育最典型的地区之一。漫长而奇妙的地质结构过程，孕育了千姿百态的奇山秀水、飞瀑异洞，形成了无数地上地下贯通、动态静态结合的自然奇观。著名的黄果树大瀑布、龙宫、织金洞、马岭河、小七孔等，就是这个喀斯特王国的典型代表。2007年，荔波被列为"中国南方喀斯特"世界自然遗产地。

三　贵州的民族构成及特点

（一）贵州的民族构成

全国第五次人口普查时，贵州登记的总人口有3524.77万人，共有56个民族成分。汉族占全省总人口的62.16%，少数民族占37.84%。有17个少数民族在很早之前就世世代代居住在贵州这块土地上成为世居民族，其中苗、布依、侗、土家族四个少数民族人口超过百万。其中苗族人口有476万人，占贵州总人口的12%；布依族人口有310万人，占总人口的7.94%；侗族人口有180万人，占总人口的4.62%；土家族人口有158万人，占总人口的4.06%；彝族有84.36万人，占总人口的2.39%；仡佬族有55.9万人，占总人口的1.59%；水族有36.97万人，占总人口的1.05%。另外，超过10万人的民族有白族、回族、壮族；10万人口以下的世居民族：蒙古族人口有4.75万人，畲族人口有4.49万人，瑶族人口有4.44万人，毛南族人口有3.12万人，仫佬族人口有2.84万人，满族人口有2.19万人，羌族人口有0.14万人。其中，布依族、仡佬族、水族三个少数民族人口超过全国总人口的90%，苗族和侗族人口也超过全

① 参见中共贵州省委直属机关工作委员会、贵州省人民政府发展研究中心编《贵州省情读本》，贵州人民出版社2003年版，第40—44页。

国人口的 50%。①

（二）贵州民族的主要特点

民族分布特点。贵州民族分布上具有多民族交错杂居和一些少数民族成片聚居的特点。在历史发展过程中，华夏族系、氐羌族系、苗瑶族系和百越族系的各个民族，以及蒙古族、回族、满族等，在不同的时期从不同的方向进入贵州，逐渐形成多民族大杂居小聚居的局面。汉族比较集中地分布在贵阳、遵义、安顺、六盘水等地。

从人口比例较多的少数民族分布来看，苗族主要集中在黔东南、黔南、黔西南三个自治州的各个县，以及毕节、铜仁地区各县、六盘水市和贵阳市郊区；布依族主要分布于黔南、黔西南两个自治州各个县，以及安顺市、贵阳市郊区和六盘水市；侗族主要分布于黔东南自治州各县，铜仁地区的玉屏侗族自治县、江口县、石阡县；土家族主要分布于铜仁地区的沿河土家族自治县、印江土家族苗族自治县，黔东南的镇远县、岑巩县，遵义市的道真县；彝族主要分布在毕节地区各县和六盘水市各县；仡佬族主要分布在遵义市的务川县、道真仡佬族苗族自治县，安顺市的平坝县、普定县、关岭县，铜仁地区的石阡县和毕节地区的黔西县；水族主要分布于黔南三都水族自治县、荔波县、都匀市、独山县和黔东南的榕江县；白族主要分布在毕节地区的大方县、威宁县、毕节市、织金县、黔西县、赫章县和六盘水市的盘县；回族散居于毕节地区威宁彝族回族苗族自治县，黔西南自治州的兴仁县，安顺市的平坝县、普定县和六盘水的盘县；壮族主要分布于黔东南的从江县、黎平县和黔南的独山县、荔波县。

贵州少数民族的这种交错杂居而又相对成片聚居的特点，使各民族文化相互交融，形成了多民族团结和谐的人文社会环境。

四　贵州民族区域自治

截至 2006 年 1 月 1 日，贵州已经建立了三个自治州、十一个自治县和 252 个民族乡。有八个民族实行了民族区域自治，民族区域自治地方面

---

① 参见中共贵州省委直属机关工作委员会、贵州省人民政府发展研究中心编《贵州省情读本》，贵州人民出版社 2003 年版，第 58—61 页。

积占全省总面积的 55.5％。三个自治州是：黔东南苗族侗族自治州、黔南布依族苗族自治州、黔西南布依族苗族自治州。贵州经过 60 多年的发展，三个自治州虽然在许多方面还存在着欠开发、欠发达情况，但是"后发赶超"，"攻坚脱贫"的战略目标已经使贵州民族地区经济文化呈现出蓬勃发展的趋势。

五　贵州民族文化资源共性

1. 民族文化的原生性

贵州是一个多民族的大家庭，蕴藏着古朴纯厚、绚丽多姿的历史传统和原生文化。各民族的建筑、服饰、语言、节庆、习俗、歌舞等，数量众多，风格各异，保存完好，被誉为"文化千岛"。

2. 民族文化的多元性

贵州自古以来就是多民族文化的融会之地，这块土地在几十万年前就有人类居住，新石器时代遗址遍及全省各地。从部落时代到文明时代，濮人（百濮族系）是这里最早居民，主要是仡佬族先民。后来，南蛮族系的苗族瑶族由东向西进入贵州，氐羌族系的彝族、白族从西向东进入贵州，土家族从西北进入黔东北，百越族系的布依族、侗族、水族、毛南族由南向北推进，古代贵州就形成了四大族系的交汇处。汉族在秦汉时开始进入贵州，人口较少，后逐渐增多，元明以后，汉族大量迁入，一改过去"夷多（少数民族多）汉少"为"汉多夷少"的状况。民族迁徙带来文化的交流和发展，同时各民族又保持和发展自己的民族文化。元以前汉族人少，部分汉族人口融入少数民族之中，元明以后，汉族人口激增，许多少数民族也融入汉族之中。各民族的分布是大杂居、小聚居，全省 87 个县（市、区、特区）都有少数民族分布。在民族关系上是多源一体的，形成你中有我，我中有你的既独立发展又交流融合的格局。在文化上也是多元一体的，在这片丰沃的土地上，有刀耕火种的原始生产方式，有图腾崇拜、祭祀乐舞的宗教遗留；有创世神话，谣谚传说一直到各类迁徙、叙事、自娱的民间歌舞艺术得以流传的心态环境；也有从远古岩画、古黔青铜器、寺庙雕刻、蜡染刺绣、地戏、傩戏、花灯一直到民族服饰、民族曲艺、民族图案及工艺品得以存在的精神氛围。表现出贵州这片土地上特有的自然形态和文化形成，显示了在复杂历史时期形成的文化，以其"十里不同天，一山不同族"的多元民族文化，形成了它的多样化格局和灿若云锦般的辉煌。

　　3. 民族文化的丰富性

　　贵州常住总人口 3975.48 万人，其中少数民族占 38.9%，世居少数民族 17 个。多种族群和不同地域的文化因子经反复对撞和相互涵化，逐渐积淀在贵州文化的各个层面中，各民族的建筑、服饰、饮食、婚俗、祭祀、节庆、艺术，等等，无不富含着异彩纷呈的人文底蕴。正所谓"三里不同风、十里不同俗"，"大节三六九、小节天天有"。走进民族村寨，人们会发现，汉晋遗风、唐代发型、宋代服饰、明清建筑等古老的文化模式，在这里仍被原汁原味地保存着，成为中华民族一笔珍贵的文化遗产。

　　贵州历史文化具有厚重性。人类可能起源于中国的云贵高原，在这里人类完成了由猿到人的演变。在距今 4 亿—2.3 亿年前的古生代，这一带曾几经海浸。在贵州发现的大量古生代的鱼、龙化石表明，陆地脊椎生物的祖先，很可能最早就出现在这里。此外，贵州还发现有旧时器时代中期的"桐梓人"、中晚期的"水城人"和晚期的"兴义人"文化遗址。贵州不仅是古生物的发源地之一，也是古人类的发源地之一。春秋时期，牂牁国是贵州这块土地上的大国之一，春秋后期夜郎国取代牂牁，日渐强大。今天，在贵州毕节、赫章、安顺、六枝、遵义一带，仍不难寻觅到夜郎文化的遗踪。2000 年，在赫章可乐发掘古代夜郎时期"南夷"民族墓葬 108 座，有许多重要发现。其中尤其是一些奇特的埋葬习俗以及具有浓郁民族特色的随葬器物，对揭示古代夜郎文化面貌和探索夜郎历史具有重要意义。由于这次发掘出土文物之多，反映的历史文化底蕴丰厚，被评为 2000—2001 年度全国十大考古重大发现之一。明太祖朱元璋从南京等地调集 30 万大军到贵州屯田驻军，"开一线以通云南"，使江南文化与高原山地文化相互交融，形成了内涵丰富的屯堡文化。

六　贵州少数民族人文生态

　　在民族习俗方面，贵州保存着自己民族最特殊的文化特色。但是随着各民族文化的交流，其共同的成分一天一天增加，导致后来共有的习俗文化最普遍。例如节令，汉族春节几乎取代了"苗年""侗年"等民族节日。而祭祖活动，尽管方式有所不同，但是几乎进入各民族所有重大的节日里。

在饮食等文化生活方面，各民族在形式上逐渐接近的同时，都努力保持自己独特的内容。以米酒为日常饮料，以茶为待客的礼物，菜肴讲究酸辣味等，逐渐成为共同的贵州饮食文化特色。而黔东南的腌鱼腌肉，黔北的酸鲊肉，黔南酸菜（鱼酸、虾酸、菜酸），不仅制作方法不同，而且其特殊的色、香、味简直不能相提并论。

在民族民间文学和艺术方面，韵文方面有古歌、史诗、叙事诗，散文方面有神话、传说、故事、寓言，以及韵、散结合的说唱文学等等，内容广阔、思想丰厚；民间工艺美术方面有蜡染、挑花、刺绣、织锦、绘画、雕刻、脸谱面具等等，工艺精湛、个性彰显；歌舞音乐方面给人印象最深刻的自然是侗族大歌、苗族芦笙舞、布依族织布舞、水族铜鼓舞、彝族跳脚舞等等；民族乐器有芦笙、芒筒、铜鼓等几十种，不同的演奏风格，表现不同的文化内容；戏剧方面有称为"活化石"的傩文化，来自中原古代文化的"傩"，最好地保存在贵州地域各民族文化中，形成"傩祭""傩舞""傩戏"（包括"地戏"）等不同的种类。几乎是各民族有不同的傩文化。如今，国内外文化界自然十分关注这个"活化石"。

在民族民间古建筑方面，有石头城、石头寨、石板寨、鼓楼、风雨桥等等，都具有丰富文化内涵。"杆栏"式房屋为好几个民族共有，但是其建筑材料因地制宜，不尽相同。细部结构也略有改革，表现出不同的民族风格。

在语言文化方面，各民族差异最大。不同的民族使用不同的语言，其语音、语法、词汇各不相同。同一民族因为居住地区不同，形成多种方言土语，几乎连相互交流都有困难。连汉族也因移民来源的不同，而使用不同的汉语方言。但是在特定的区域，有共同使用的基本语。就整个贵州地域而言，各民族早已通用汉语。而且，汉语语词越来越多地进入各少数民族语言词汇中。

但是，由于地域相连、政治统一、经济交往、文化交流，使贵州各民族文化又有许多文化生态的共同特点，主要表现为以下几个方面：

第一，山地农耕文化。古夜郎时已"耕田，有邑聚"。苗族、瑶族、土家族、仡佬族是典型的山地农耕民族，布依族、侗族、水族、毛南族居山地和丘陵，有丘陵农耕，也有山地农耕。彝族由畜牧业向农业发展，其农业是高寒山区农业。各民族人民在山谷、高原台地和山间小块平地上开田开土，栽种稻米、小麦、玉米和高粱等作物。除农业外，还兼以狩猎或畜牧。

第二，家族制文化。苗族瑶族多居高山，以家族聚落，各家族自成一套生产生活文化体系的农村社区文化。明清以后，国家政权制度才逐步建立，但在民间仍以家族制为主，苗族的"鼓社制"，瑶族的"瑶老制""石牌制"即是。彝族较早建立政权，但仍与家族制（家支制）结合。布依、侗等民族的民间制度文化也以家族制为主。侗族"鼓楼文化"的典型表现，即家族制文化。

第三，节日文化。各民族都有自己独特的节日，但也有许多共同的节日，如"三月三"祭山神，"四月八"牛王节祭牛王，"六月六"祭五谷神，七月"吃新节"等。这些节日都是苗、侗、布依等多民族的共同节日，具有山地农耕文化特色。牛王节仅盛行于贵州，已成为贵州"四月八"祭牛王文化圈。

第四，原始宗教与巫文化。贵州山高谷深，岩溶幽险，森林茂密，构成了神秘魔幻的环境，是原始多宗教崇拜的源流，对山神、石神、谷神、树神、龙、犬、虎、蛇等的图腾崇拜盛行。

第五，山地民族的精神品格。大山，限制人们的发展，又锻炼人们的意志。为适应贵州山区环境，贵州各族人民以艰苦卓绝的精神，百折不挠的意志，与天斗、与地斗、与社会恶势力斗，从而铸就了贵州各民族勤劳勇敢的创业精神和坚韧不拔的斗争精神。

总之，贵州少数民族文化的总体特征就是：族群多源一体、文化多元一体，民族个性鲜明，保留更多的古代面貌。其中黔东南原生态民族文化的独特性尤为突出，以下简要述之。

七 黔东南原生态民族文化的独特魅力

黔东南苗族侗族自治州，位于云贵高原东南边缘，东邻湖南，南接广西，与本省黔南、铜仁毗邻，境内山川秀丽，气候宜人，资源丰富，民族风情浓郁。全州辖16个县市和1个省级经济开发区，有90个镇，116个乡（17个民族乡），5个街道办事处，89个居民委员会，68个社区居委会，3226个村民委员会。首府凯里市，是全州政治、经济、文化中心。黔桂铁路，湘黔铁路，公路320、321国道从境内经过，凯里与贵阳市高速路连接，至贵阳龙洞堡机场不到2小时行程。全州总人口441.72万人，有苗、侗、汉、布依、水、瑶、壮、土家等33个民族，少数民族人口占全州人口总数的81.87%。"原生态"是近几年随着"多彩贵州"系列活动的广泛深入开展，特别是黔东南民族歌舞在全国各地文化舞台上纷彩亮丽的展示之后火爆起来的一个新名词。它让世人在黔东南寻找和看到了人类失落的文明，人们在惊叹之余，给了它一个独特亮丽的"原生态"名称。地处贵州东南部的黔东南森林覆盖率达62.78%，被誉为"生态绿洲，天然氧吧"。在国务院公布的两批国家级非物质文化遗产名录中，黔东南占全国名录总数1028项的1/27，排在全国地州的第一位，相当于一个省的入选量，特别是世界非物质文化的侗族大歌，更是享誉海内外。

独具特色的黔东南原生态民族文化，是人类生存发展初始文明阶段的"活化石"，是叫响黔东南文化的王牌，是发展黔东南原生态民族文化的潜在优势、比较优势、后发优势，具有以下几个方面的独特魅力。

1. 资源原始

相对封闭滞后的黔东南，受现代文化影响的程度较小，对外物质需求的依赖性不大，有些地方甚至还处于刀耕火种、自产自销农耕时期的生产状态：吃的是自己种植的食物，穿的是自己缝制的衣物，用的是自己生产的器具，是现今自觉践行中华传统优秀文化的一方净土。在这里耕者有其田、尊老爱幼、男女平等、人与自然和谐相处得到完美体现。黔东南原生态民族文化受人为因素干扰和破坏的不多，流传下来的很多歌舞习俗，基本都保存着原汁原味，让人感到震撼，获得享受和受到启发。诸如丹寨的锦鸡舞，台江的反排木鼓舞等，只要看上一眼，终生不会忘却。这种朴实自然的美感，是在现代化的都市无论如何也感受不到的。

2. 表现神秘

神秘性是黔东南原生态民族文化的独特表现形式。由于它多表现在信仰、生产技巧、生殖崇拜等神秘点上，因此，在技巧传授、祖宗祭祀、节日庆典等关键节点上，都有一些关键秘方要单独秘密进行。如苗族的祖鼓祭祀，瑶族的药方配制，不论什么人，花多少钱，都不可能得到传授。

3. 差异凸显

差异性是黔东南原生态民族文化的比较优势。有人说，差异是个性发展的潜力，是凸点，是亮点，所以从这个层面讲，差异也是优势，是人无我有的独特魅力。生态良好的黔东南，要想作为珠江三角洲的永久生态屏障，国家就应该给黔东南补偿，否则，差异就会失去经济的支撑，而显得黯然失色。我们不但要保持差异，而且要发展差异，生产相关差异旅游商品，发挥差异的作用。

4. 价值独特

科学发展观，关键是思想本土化、文化民族化。文化是民族的灵魂，是一个民族的凝聚力和向心力。黔东南原生态民族文化多姿多彩，涉及面宽，联系面广，个性突出，大到五六万人参与的黄平谷陇"九·二七"苗族芦笙会，小到个人出门的"忌脚"，都蕴藏着黔东南原生态民族文化的独有价值，体现着独有个性，具有不可替代的独有魅力。

黔东南原生态民族文化由于历史发展的特殊性，生活在这块土地上的各族人民相互交流，共生共容，使得它既有历史的遗迹，又有现代文明的烙印；既有苗侗主体民族的英姿，又有侗、瑶、仫佬等众多民族的精彩。还有独有的饮食文化，像侗族的羊瘪、苗家的酸汤鱼都不失为舌尖上的奇葩。黔东南春夏秋冬都有节庆，喜怒哀乐皆有歌舞。既有对飞禽走兽的赞美，也有对天地神灵的崇拜。但无论是从江芭沙对树的敬畏，还是榕江三宝对萨玛的祭奠，无不以人的愉悦为主，以人的精神享受为主，以人与自然的和谐为主。

5. 存世稀少

黔东南原生态民族文化丰富多彩，但把它放到世界大舞台，就是稀世珍品。加上有的正在消失，如世界非物质文化遗产的侗族大歌，国家非物质文化遗产的苗族古歌古词，岑巩傩戏的绝技等，获真传的相对来说并不多，特别是像"未定族称人们共同体"的僚家人的阴阳两系组织等，知道者很少，掌握的人就更少。由于受现代文化的冲击，传承者更是少之又少。

"生态绿洲、苗侗家园"的黔东南，原生态民族文化丰富多彩，是上帝赐予黔东南人不可多得的宝贵财富，是凝固的非物质文化黄金，是取之不尽、用之不竭的可再生资源，是黔东南的比较优势和后发优势。我们必须倍加珍惜，倍加爱护黔东南原生态民族文化，让其造福于黔东南人民，为黔东南增光，为贵州增色，为世界增彩。据金黔在线2012年11月5日报道，由省文化厅、黔东南苗族侗族自治州人民政府共同申报的《黔东南民族文化生态保护实验区规划纲要》，在北京顺利通过文化部非遗专家评审。自 2007 年始，文化部在对各地文化生态综合调研考察的基础上，启动文化生态保护实验区建设工作。到目前先后已经建立了 12 个文化生态保护实验区。从 2007 年起开始申报，省文化厅高度重视，开展了一系列的保护非物质文化遗产项目，保护传承人、保护文化空间等工作，启动了"民族民间文化进课堂"工程。2012 年 5 月《贵州省非物质文化遗产保护条例》出台，设立"文化生态保护区"，进一步加强了文化生态保护区的工作；黔东南州于 2008 年 2 月通过了《黔东南苗族侗族自治州民族文化村寨保护条例》，把文化和生态保护提到了"文化兴州"和"生态立州"的战略高度。2010 年 10 月经省人民政府同意，上报国家文化部。2012 年 11 月 5 日《黔东南民族文化生态保护实验区规划纲要》通过了文化部国家级文化生态保护实验区专家论证会，这是贵州首个列入国家级文化生态保护实验区的地区。可以说，这是生态绿洲的福音。

美丽富饶的黔东南州居住着苗、侗、汉、水、瑶、壮、布依、土家、仫佬、畲等民族。这里民风淳厚质朴，人民勤劳善良、热情好客，处处洋溢着浓郁的山地高原的豪迈之气。各民族用自己的聪明智慧创造了丰富多彩的民族文化，形成了各具特色的风俗习惯、风土人情。积淀着深厚文化底蕴的节日庆典和娱乐活动，美不胜收的民族民间工艺和民居建筑，构成了一幅幅色彩斑斓的苗岭高原风情画，成为贵州独具特色的原生态民族文化大观园。

八　贵州少数民族远古的文化遗迹

贵州省迄今仍保留有许许多多各具特色的文化圈，除以上提到的清水江苗族独木龙舟文化圈、都柳江侗寨鼓楼文化圈外，尚有"藏在深闺"的武陵山区傩文化圈、雷公山区苗族鼓笙文化圈、云雾山区古代乡规民约碑文化圈、乌蒙山区彝族土司庄园文化圈、大娄山区播州土司建筑文化圈、月亮山区杆栏建筑文化圈、花江河谷崖书崖画文化圈、赤水河畔摩崖造像文化圈、三都荔波水族墓雕文化圈、瑶麓瑶山瑶族建筑文化圈，等等。

1. 岩画

岩画指上古时期各族先民凿刻或用矿物颜料涂绘在岩壁上的图画。贵州境内的岩画基本都由赤铁矿粉末与植物的液汁、动物的油脂和血浆、水等掺和绘制而成，主要分布在关岭、贞丰、开阳、龙里、丹寨、长顺等少数民族地区。岩石壁画中可以识别出自然物、器物、动物、人物、抽象符号等；能够看出岩画中的人物或行走行礼，或舞蹈奔跑，或射箭骑马；可以辨别出鱼、龙、飞鸟、鹤、鹿、豹、虎、狗、马等动物图像；可看到铜鼓、弓箭、棍棒、腰刀、头饰、房屋、马槽等器物。这些岩画再现了贵州少数民族先民社会生活的诸多方面，为贵州史前文化的研究提供了丰富的形象史料。特别是各地岩画中的原始舞蹈场景，更能让人们对原创舞蹈的研究有更深刻的认知。[①]

2. 服饰

贵州现存的一些民族服饰，每每给人以神秘、奇异的感受，透过这些色彩斑斓、外观奇特的服饰，我们仿佛影影绰绰地看到这些民族的先民们虔诚地匍匐于大地，对虎、牛、羊等动物顶礼膜拜，对日月星辰、高山河流磕头祈祷。它仿佛向人们明示，那些距今已数千年的民族原生图腾物，仍被人不同程度地崇拜着，虽然崇拜信奉的方式有所变化，但从中仍可透视这些民族久远的文化历史。贵州的各民族服饰留存了众多古老的服饰款式，而且这些服饰上的刺绣和配饰，记录了本民族的历史、图腾崇拜、传说故事、宗教信仰和审美情趣等，与民族文化习俗息息相关。[②] 田军认为："服饰，是有灵魂的物象，倾诉着特殊的密语。"由于贵州开发较晚，所以保留了原始的文化生态。体现在少数民族服饰中，各种传统风格至今仍随处可见，而不是在时间的流逝中被淘汰。正因如此，贵州省民族博物馆馆长助理、副研究员田军认为：少数民族服饰又被誉为"服饰发展史的活化石"。[③] 比如有不少古装款式的遗存，有新石器时代出现的"贯首衣"，商周"上衣下裳"的遗风，春秋战国的"深衣"特点，汉朝的"长袍"造型，隋唐的"半臂"样式，宋代的"褙子"遗韵，明代的"云肩"款式，清代的"氅衣"样式等服饰中的遗存。《旧唐书·南蛮传》记载，那时五溪一带，苗、瑶妇女喜好

① 余章彪：《从史前岩画看贵州少数民族原始舞蹈的文化内涵》，《毕节学院学报》2009 年第 5 期。

② 赵一凡：《苗族服饰图腾图案研究》，天津工业大学，2003 年。

③ 田军：《一个民族文化的述说·解读贵州少数民族服饰文化》，《贵阳日报》2015 年 5 月 13 日。

五色衣，穿"横布两幅，穿中而贯首"的服装。历经数千年，"贯首衣"这一古老的服装款式，在贵州苗瑶等民族中依然可见。[①] 到了春秋时期和战国时期，称为"深衣"的新型连体服饰，直筒式的长衫，把衣、裳连在一起包住身子。"古代都是上衣下裳不相连，唯此种衣裳是上下相连。为了继承上代的传统观念，按规矩在裁剪时仍把上衣与下裳分开来裁，然后又缝制成长衣，以表示尊重祖先的法度。因为'被体深邃'，所以称为'深衣'。"威宁彝族毕摩的法衣上衣下裳连为一体，保留着春秋时期深衣的款式特征。另外，在梭嘎苗族男装中我们还可以看到裙裤。

3. 古建筑遗存

在旧石器时代初期，贵州即有了人类活动。如今已发现旧石器时代遗址 75 处，旧石器时代遗迹与新石器时代遗址叠压共存点 37 处。其数目在国内旧石器时代考古中名列前茅。之后的各个时期，贵州都产生了类型丰富的建筑。黔西南州的古建筑别具一格。如：兴义市刘氏庄园是石堡内的古建筑群，始建于清同治三年（1864 年），占地五亩。祠厅面阔三间，中为戏台，左右为通道，台下是供演员化妆、休息之所，台口八字形，上下场门额题"出将""入相"，中绘寿星图。整个建筑窗棂雕花、朱漆富丽、金碧辉煌。兴仁县三家寨道堂，坐落在兴仁县雨樟镇8 公里处，系回族专用教堂，清光绪十八年（1892 年）为回族教主马光烈所建。为木结构建筑，"望月楼"下，是进入道堂的大门，楼上则是阿訇登楼望月、决定招斋、开斋、诵经礼拜时刻而专设的。道堂建筑在群山环抱、绿树成荫的山寨中。黔东南的古建筑古朴典雅，极富地方民族特色。苗族吊脚楼和侗族鼓楼、花桥蜚声海内外。镇远天后宫、四官殿，岑巩禹王宫，天柱三门塘刘氏宗祠，锦屏飞山庙，黎平南泉山寺、地坪风雨桥、纪堂鼓楼，台江文昌宫，九摆苗族鼓楼，丹寨万寿宫和麻江状元第等都是历史沧桑的见证。

作为多民族的省份，贵州历史上长时间为各级土司统领，迄今留下很多文化内涵丰富的民族建筑形式，包括衙署、道路、桥梁、村寨等方方面面。这些古建遗存使得"多彩贵州"的内涵显得特别厚重。

---

① 田军：《一个民族文化的述说·解读贵州少数民族服饰文化》，《贵阳日报》2015 年 5 月 13 日。

4. 石刻、摩崖

黔西南州的石刻、摩崖数不胜数，如：晴隆的"欲飞"石刻，位于晴隆县莲城镇镇西飞凤山上，巨石上下宽 4.5 米，左右长 9.1 米。"欲飞"二字镌刻石上，"欲"字长 2.8 米，宽 3.15 米。笔力雄健，刻工精湛。据考，"欲飞"二字出于明代万历年间武进士总兵邓子龙之手。还有贞丰县的者相"虎"字摩崖和兴义市"西南屏障"等等都具有较高的历史、科学、艺术价值。

尤其值得一提的是贵州六枝特区牛场乡彝文摩崖，牛场乡是一个苗族彝族乡，在该乡拦龙桥下游约 200 米处的南岸崖壁上，有一块刻面高 0.7 米、宽 0.45 米，面积 0.29 平方米的阴刻古老彝文，共 589 字。这块摩崖石刻镌刻于南宋景定元年（1260 年），是贵州迄今所知年代确凿可考的彝文金石文字中年代最早、彝文字数最多的彝文摩崖石刻，其主要内容记述了彝族勿阿纳一支家族世代演变的过程，还有修建拦龙桥的概况。而且通篇铭文辞章隽美，其先追念祖宗而延至当世，再叙所做事件之缘由及始末，最后祈望祖灵护佑、万代荣威。历经 700 余年风雨的摩崖文字大部分仍可辨认，也有部分文字至今仍为待解之谜。但是这些彝文摩崖石刻是研究彝族古文字及彝族发展史的重要文献，是研究贵州古代交通史的重要实物史料，具有重要考古价值。

另外，黔东南的摩崖、石刻、碑记众多，除凯里大风洞、施秉华严洞和镇远吴王洞摩崖外，还有麻江田哨的写字崖、剑河翁座的"例定千秋"碑和天柱三门塘碑林等，是不可多得的文化遗产。

生态环境成就了贵州民族文化之形态。农耕文明的创造者和延续者，在历史的进程中形成多元共生的族群，影响着贵州人的品格和向外的交往方式，定格贵州的文化走向。正是生长于大山之间、祖先留下的记忆和发生在当下的一个个活生生的政治、经济、文化生活事件的综合反映。正如贵州省陈敏尔省长所说：多彩贵州因保护好生态环境和民族文化两个宝贝，将会变得更加美丽，更加"珍贵"。新世纪以来，贵州不断加强了对民族生态文化的保护，2016 年 6 月为止，全省已有 426 个村寨列入中国传统村落保护名录，62 个村寨入选中国少数民族特色村寨名录。对于贵州来说，经济相对落后，但原生态的民族文化绽放着璀璨的光芒。凭借文化崛起的贵州，是丰富多彩的、高文化品位的贵州。带着山的灵性、抗争、韧性和简单，带着探知外部世界的好奇，贵州原生态民族文化在村庄里诗性、散漫、野性地存在，不经意间已进入了当下的生活，影响着贵州各民族大众生活的态度和看世界的角度。现在，贵州原生态民族文化与泥土的芬芳已完成华丽登场。它像一管箫笛，一束山花，在阳光雨露下尽情地在田野中放歌。在世人的触摸和体悟中，贵州原生态民族文化在这片土地上霞光里、山峦间，已经不仅仅是"落后"的农耕文明、GDP 数字和多彩歌舞，而是一种无言的深度快乐和幸福……

九　田野调查手记

感悟怎雷
——黔南三都县都江镇水族村寨怎雷记

"怎雷到啦！"随着一声吆喝，一个古老、自然、清新、淡雅的村寨蓦然展现在我的面前。村寨背负青山，下临大坡，林木葱茏，掩映在万绿之中。从黔南州三都县城往东走约三十公里就可到达。

首先，映入眼帘的就是古老村落前鳞次栉比的梯田，顺着山势层层叠叠，托起那结构独特的吊脚木楼；田野间、山坡上，只有牛儿自由自在或悠闲地吃着青草，或静静地伏卧于松软的泥土里，宁静、安详笼罩着村寨低矮的屋群和延伸的小路。仿佛只有那无数低着头驻守着泥土的草叶，忠实地倾诉着怎雷的水族、苗族村民的生活。

怎雷由上、中、下、排长四个自然寨组成，面积 0.52 平方公里。形成年代据寨中年长者口述家族史及田野调查资料推断，其先辈约于清康熙年间迁居于此。现全村居民共 221 户，1017 人，居住有水、苗民族，水族占 65%，苗族占 35%。日常生活中说水语、苗语和汉语，水族能说苗话，苗族也能讲水话。他们虽然生活在共同的地域环境，同一片蓝天下，但至今仍保留和传承着各自的文化特色。怎雷古建筑群坐落在半山坡上，面对依山势而建的雄伟的都江古城垣，下面是层层的梯田，周围古树成荫，竹林密布，环境优美。山、林、梯田与青瓦覆盖的传统民居建筑互为衬托，交相辉映，浑然一体。民居共有 200 余栋，均为传统的"杆栏"或"杆栏式"建筑，其中百年以上"杆栏"民居有 14 栋，"杆栏式"民居 186 栋，禾仓 110 栋。长期以来，怎雷村寨的水族、苗族同胞和睦相处，民族团结，呈现着人与自然和谐共生的典型特色。怎雷古建筑群是贵州、广西等省区水族传统文化、民间艺术、民居建筑、习俗的典型代表，即全国水族文化的缩影，是研究水族民族传统文化和建筑的重要载体。2002年6月，怎雷村寨被贵州省人民政府公布为首批典型民族文化村寨。

行走在怎雷，处处闻到了稻谷带着青草气息的清香。从原始的木门里走出来的父老乡亲，身着民族服装、肩扛木柄锄头，走出窄窄的巷道，走在都柳江畔，走向黔南三都以东被染得金黄的梯田里。在田埂上被阳光晒着，怎雷成了一幅随风起伏的、古朴自然的水彩画。洁白的乳浆在低低的稻穗里孕育着，在村寨的宁静中跃跃欲动。几次让我情不自禁地要站在田埂上去触摸那些尖尖的叶子，去咀嚼那浸透着汗渍的谷粒。

秋收时节，我们的到来打破了村寨的沉寂与宁静，男女老幼的村民陆续聚集在田坝间观看民族舞蹈。飞扬的舞姿、飞扬的古曲、飞扬的笑声、飞扬的尘埃；旋转的人、旋转的山、旋转的历史轮回，我的心、我的思想、我也情不自禁地与它们一起欢笑、一起旋转、一起分享。

一阵喧嚣平静之后，我的目光凝望着，在泥土和稻香的田野里，一位饱经风霜的老大妈站在田埂上，佝偻的脊背和灰朦朦的瞳仁，分明是长年累月脸朝黄土背朝天的诠释。这里的每一块梯田，她都曾经不止一次地锄过，每一片庄稼，她都曾经不止一次地收割……我俩目光相视而无言，只见一滴滴汗水从她肩上的锄头滴落下来，打湿了她穿着的一双破旧的布鞋的脚后跟，汗水滚进了稻田。渐渐温和起来的阳光，童话般地洒在金黄色的稻尖上，让站立在田埂上的人充满了艰辛的诗意。我深深地吮吸着稻香，映入我眼帘的仿佛是一个远古时代的部落和一群把生存与希望都寄托在泥土与背上躬耕的人。母性的村寨，此时正把一位迟暮老人的时光抱在怀里，用温暖的阳光抚摸她一身的劳碌，细数着一个家族被日子笼罩的钟点与时刻。

怎雷固守着一群像大妈一样精心设计、辛勤耕耘家园的人，田埂承继着一片水彩染就的村庄。把村民在田埂上的凝望染成绿色、红色和金黄色，在屋檐下悬挂，在微笑里收藏。现时正是收获的日子，甘甜的蜜橘，已缀在碧绿的枝头上；稻田里，摇曳的谷尖上跳跃着金色的阳光；一双双粗糙的双手，凝聚着无数的智慧与创造；一张张淳朴黝黑的脸庞，挂满了丰收的喜悦；一群群欢快的水娃，寄托着父辈们对未来的美好希望。在这清新淡雅、朴实和谐的氛围中，我仿佛深深地感到，在这群山峡谷深处蠕动着顽强的生命力。

岩石很坚，高山很险，峡谷很深，生命繁忙。

翠绿飘浮，天空中全都是畅通无阻的空气，脚下的怎雷，到处都是收藏着的民族文化：吊脚木屋、水书（水族文字）、铜鼓、纺机、石碓、舞蹈、古乐让我着迷；那几百年历史的木屋被绿荫抚摸着，那千年的古文字被水族人娓娓叙说，让我翘首聆听；那咚咚的铜鼓粗犷、苍茫的音律，撞击着我的心灵，让我似乎在瞬间读懂了水族的过去。

村寨散落在大山的心脏，都柳江的水流淌在怎雷的血脉里。前寨、上寨、中寨、下寨，处处瓜果飘香，谷穗沉沉，维系着这里村民的生计与命运。我无法得知，从什么时候起，走在江边的粗糙而坚定的赤脚，绕开了高山峻岭，选择了一个被阳光与水分厚爱着的半山腰，呼唤着水族、苗族先民的灵魂，呼唤着高原风韵和民族文化的开拓者。怎雷就成为了农耕文化起程的又一个驿站，被黔南三都世世代代的民族同胞深爱着、传承着。如今，依然散发着柴烟与牛粪的气息，让都柳江水淌出一首首千古不灭的歌谣。

当然，有时怎雷也给人一种酒后微醺微醉的感觉，让我感受到一种原始、古朴、自然、和谐之美，徜徉于青山绿水之间，吸啜着水族、苗族风情之甘汁，令人无限流连，无限神往。就拿这些几百年历史的"吊脚楼"来说，它是闻名遐迩的"杆栏"式民居建筑，但却又与许多南方民居"吊脚楼"在居室设计与使用上有差异。这与他们村寨漫长的原始农耕生活和氏族社会的古老风俗紧密相连的，也是各民族之间文化差异的体现。

还要说些什么呢？"怎雷"是一个跳动不已的形容词（水族语意：岩石下的村庄），修饰着黔南三都，让人们在被绿荫隐藏着、被层层叠叠梯田簇拥着的村寨看到了山石、森林、锄头、镰刀、石碓、牛粪；看见了铜鼓、水书、吊脚楼和马尾绣；看到了原始的水族斗角舞，还有邻村的苗族古瓢舞。

夕阳西下，回望怎雷，所有的庄稼，所有的树林，所有的山石，所有的极不规则的梯田以及水书、火塘、木纺机、水磨，我是难于再去体味了。但是，我会记住这村寨馈赠给我的一种精神、一种坚韧。

总之，只要你细细品味，怎雷一定会让你心动、迷醉。

2003 年 9 月 8 日记

它从远古走来
——赫章彝族古文字

绵绵不绝的群山，一峰连着一峰，一山高过一山。绿色覆盖下赭红色的土地上，樱桃花漫山遍野，争相开放。油菜花开始露出笑脸。阳春三月，我们来到了贵州屋脊的赫章县。这里不仅有神秘古老的可乐夜郎文化，还有近 10 万祖祖辈辈繁衍生息在这群山之中的大山之子——彝族。这次到边远的贫困县赫章县采风，最有收获的要算是对彝族古文字的认知。

它从远古走来，它是彝族人集天地之灵气而创造的中国古文字之一——彝文。

来赫章之前就听说县里保存有彝文羊皮经书、彝文文献资料，跃跃欲往的心情总想有机会一睹为快。不巧，县博物馆保管羊皮经书的人员出差，我们只看到用毛笔写在古纸上的手抄本彝文文献，它记载了彝族的军事、经济和文化生活、风俗习惯。它是研究彝族社会历史、文化语言的珍贵资料，也是中华文化语言文字宝库中重要的组成部分。彝文是彝族文化的瑰宝，汉文史志称之为"爨文""保保文""韪书"等；彝族自己则称"诺苏补玛""乃苏讼纳""聂苏索""尼斯""阿哲苏"等。彝文的产生年代，现在还无定论。不过，从山东邹平县丁公遗址出土的龙山时代晚期陶文来看，与彝文是十分相似的，都是可以辨认的。云南省昭通地区发现西汉堂郎府彝文印章，贵州大方的东晋彝文"济火碑"，结合彝文经籍和汉文志书上的记载来推算，彝文最迟也很可能产生于汉代或更早的秦时期。

彝族不仅具有悠久的历史，而且具有博大精深的文化。彝文是彝族人民自行创造的一种由象形文字发展起来的古老文字，一个字或形代表一个意义，其文字总数大约有一万字。从彝文内部结构来看，大致可分为象形字、象意字、假形字三部分。彝文独体字多，合体字少。云南和贵州四川彝族在古籍中的彝族字的形式，大多是相同或相似的。因居住分散、山川阻隔和不同的方言，各地彝文又随着方言发展，导致发音不一样，文字不统一，一些字的写法出现差异，主要表现在一字多形上。四川凉山一带彝文一般由右向左横行书写；云南、贵川、广西一带则由左向右竖行誊写。日长月久，自成体系。今天我们在赫章县博物馆所见的赫章彝文经书就是由左向右竖行书写的。面对这些"古纸堆"虽说我读不懂其中的内容，但细细品味着展示在我们面前的这些点、横、竖、横折、竖折、撇折、弧形、圆形、曲线的笔画，却让我从中寻觅到了童年的乐趣，确实也不枉此行。

文字是记录语言的符号，文字的产生是人类文明时期的标志。由于彝文的产生、推行和应用，推动了彝族文学、艺术、医学、科技和生产的发展。卷帙浩繁的彝文古籍，在国内各大图书馆和研究、翻译机构都有大量收藏，在国外，英国、日本、法国和瑞士的一些机构也有不少彝文藏书。散存在民间的彝文经典，更是数以万计。千百年以来，彝族人用自己的文字在羊皮上、在棉纸上，写下了优美的神话、传说、故事、寓言、格言、谚语、歇后语、诗歌和经典，写下了自己的历史和斗争经历，记下了对宗教、历史、哲学、神学、心理学、医药学、天文学、历法以及生产规律的研究成果。例如《西南彝志》有三十万八千余字，内容堪称彝族的"百科全书"。这本书记载了宇宙起源的历史和彝族人民的历史；论述"八卦""河图"和"经络"原理以及彝族古代天文历算。还有《齐苏书》，是用彝文写成的药典，被誉为"哀牢明珠"，是明嘉靖年间的作品。撒尼叙事长诗《阿诗玛》是用彝文写成的一部文学作品，还有《洪水泛滥史》《创世记》《人类的起源》等，都是不可多得的民族文化遗产。

彝文，曾为广大彝族同胞开启了一条通向文明之路，如今它又将成为赫章以历史文化拉动经济的重要棋子。县里已组织专家学者夜以继日地进行彝文古籍的翻译工作，现已翻译出近百万字的文献古籍。

彝文这一彝族文化的瑰宝，这一远古的文明，即将在新的世纪，在知识经济的时代，重展神奇而独具魅力的风采。

2004 年 3 月 5 日记

黄龙山，神奇的山

汽车在海拔 1 千多米的黄龙山万亩草场上蜿蜒，我们坐在车上张望：但见群山，灌木如织，藤蔓纵横，笼烟如翠，草木繁茂，远山朦胧，近山浓绿，山腹地带，杉树林密。这里就是位于贵州省贵定县新铺乡谷撒村以东，近 4 万亩的黄龙山草场。它拥有极其丰富的自然生态资源、浓郁的苗族风情和精美的苗族传统蜡染刺绣服饰工艺，是国家非物质文化遗产苗族原生态舞蹈"长衫龙"的故乡。

特殊的气候条件造就了黄龙山的特殊环境，山上山下，天气变化多端，时而云瀚雾郁，烟雨霏霏，时而晴空万里，阳光灿烂。由于气候多变，粮食作物水稻、玉米、洋芋成熟较晚；经济作物烤烟、薇菜、花椒等长势喜人，肥美的水苔生长更是郁郁葱葱；野生植物刺梨、毛栗子果实累累，丛生于碧野草甸之中。然而，要真正领略和观赏黄龙凌空飞舞的壮观，最好选择春季。位于黄龙山东北部海拔1715 米最前昂首的主峰就像是龙头，这里可谓目极千里，其北起伏的众峰是一节节的龙身和龙尾，春光明媚的时节，金光闪闪的黄花漫山遍野，熠熠生辉。随着气候变化，或静卧，或蠕动，或腾云驾雾凌空飞舞，活似一条生机勃勃的游龙，传说这就是黄龙山之名的由来。

汽车一路行驶，我们一边观望着窗外的风景，不知不觉已到了贵定与福泉县接壤的地界——羊角坪，这里大概就属黄龙山龙尾的地带。汽车戛然而止，原来前面就是 1000 多米深的"天坑"（自然形成的山谷）景点。大家已迫不及待，纷纷下车，一边欣赏着黄龙山的秀丽风景，一边听乡里赵鹏书记介绍黄龙山的生态：由于山高，气候变化无常，整个黄龙山常常风云雨雾，来去匆匆，行踪诡秘，变幻莫测。从远处遥望，似可窥见，却无影可寻，似可捕捉，却稍纵即逝。上山，时而踏着云雾浮游于山谷之中；时而置身于絮云之上在长空里飘翔，若天气骤变，云雾从四面八方向山腹聚拢，咫尺之内不见东西。

我和师大的杨淑媛老师早已被这里的风景所吸引，尽情地去享受这高原草场的野趣。走着走着，哎！一朵紫红的小花，花瓣蝶似的迎风而舞，那样柔媚地撩抚我的双眼。——哇！满山遍野的小花或紫或黄或白，一朵朵、一丛丛、一片片，像绽开的笑脸，以最倾情的姿色，朝着我微笑，朝着我频频致意。若不是时间的关系，我真的好想俯下身躯躺在草地上，将脸贴近草地，闭上眼睛，细细倾听这花的细语。再看那一簇簇毛栗子，果实虽未成熟，沉甸甸地挂满枝头，像刺猬，像绒球，又像北京冰糖葫芦，煞是可爱。我们像年轻人一样狂喜、跳跃、欢呼、拍照……直到相机没电池了，我俩还万分遗憾。

行走间，果然如赵书记所说，突然间满山银雾吞吐，会师般聚拢过来。

雾，好大的雾啊！这样云吞雾锁的庆典，城市的天空不曾见过，自古神龙之出往往与云雾相伴，莫非是汽车的轰鸣声惊扰了天宫中的龙王公主，挥舞起她的白纱衣裙？

眼前茫茫雾海，俨然万顷波涛，波涛中，只见蜿蜒的群山忽隐忽现，如游龙戏水，千姿百态。清风徐来，那婆娑的杉树和那果实累累的毛栗子、刺梨、无名的小花，都披上了一层薄纱。牛儿、马儿若隐若现，更显肥壮，看起来好像大象与骆驼一般，此时我们仿佛置身于仙境之中。

"好漂亮的海市蜃楼哟！快来看！"杨老师突然惊呼起来。

我哈哈大笑，说："哪来的海市蜃楼？那是云雾使你产生的幻觉。"

"真的，你看，那是街心花园，那是大马路！"

我倒觉得那不是马路，它更像银色的蛟龙，身披轻纱，那样的潇洒，那样的妖娆！

唉！究竟是什么？谁也说不清。

一路走，一路左顾右盼。云雾时而聚拢，时而散开，时而成片成片的，一副清丽的模样儿。它们，在天地间滑动，舒展自然，让你眼前的景物随意变换着形状，或细腻、柔媚；或飘飘荡荡，悠游闲适；给人以启迪和遐想，让你心旷神怡，忘却疲劳，轻飘自如。

啊，黄龙山的雾，银涛翻腾的雾，变幻莫测的雾，仿佛是山的心绪，山的丰厚内涵的补充。

啊，雾中的黄龙山，多么神奇呀！我仿佛沿着梦境的路，如神似仙悠悠地飘入了童话般的世界。

人，在行走之途，总怀希冀，总在寻觅；而一些别样的风景，往往出现在寻寻觅觅的过程中。那么，是不是应该学会在过程之中去发现和领略呢？这世上，许多被传诵被咏叹的奇美景观，原本就是因文人墨客见仁见智的发现才被奉为经典的。

欣喜，是提升心智的乳液。人往往能在欣喜之际去领悟、去体味。风吹草低，苍莽壮丽；晴空万里，阳光灿烂；云瀚雾郁，烟雨霏霏；小花小草一望无际的铺陈，都是触眼动心的和谐与浪漫……

旅途中，无论遭遇哪一种风景，都是缘分。

一路走，一路想，一路欣赏。大约不到半小时，黄龙山云开雾散，浓雾化作清烟，冉冉升腾，随长空而去，被云雾填平的山谷逐渐浮现出来，由小到大。当最后一丝雾霭飘散的时候，黄龙山被抹上一层温和阳光，柔顺、宁静。嗒嗒的马蹄声、牧童的笑语声也由近及远……

返程的汽车在黄龙山草场上走走停停。一路上，很少见到人。山乡的生活，因人少而单调，又因单调而淳朴。在单调淳朴中辗转轮回，须有如水的执着与坚韧，如云的从容与淡定。山坡上，马儿跑、牛儿壮。山坡下，炊烟起，家家户户奏响锅碗瓢盆交响曲。基本的生存需要满足之后，人们便心存感激地在同一块土地上平和相处，并以同样平和的目光迎接远道而来的人们。

傍晚，黄龙山更显幽深、静谧。云雾深处的苗家人喜爱这种清幽、恬淡的美。然而，大概静则思动是生活的规律吧，他们同时也喜爱热烈的快节奏的生活方式。现今，商品经济的大潮已经涌进深山，苗家人敞开了山门，引进资金开发着这块未开垦的处女地。由于海拔高以及气候原因，这里每亩稻谷产量仅 200—300 斤，农民收入不到 200 元，自从种上"水苔"（一种种植花卉和军需用的植物）后，不仅成为重要的出口产品，远销日本、韩国，每亩农民还可收入 1600 元。

黄龙山是发展旅游业和经济作物的理想之地，如何让黄龙山更美，如何让黄龙山变富，它不仅需要苗家人的勤劳与聪慧，还需要各民族有识之士去共同描绘"画龙点睛"的那一笔。我相信黄龙山一定会腾飞，向着万里碧空，向着理想的境界！

2004 年 8 月 30 日记

神秘的巫山岩画

一路是在油菜花、紫云花里闻着香，踏着牛粪的残迹走过的。说说笑笑中已到了贵州省龙里县谷脚镇白果村。白果村是一个布依族村寨，我们从村寨的后山沿着羊肠山道的路、穿过曲曲弯弯的荆棘灌木，蓦地，视野骤然开阔，一道峡谷陡然深陷，深深的大雁河碧波荡漾。远远望去，气势恢宏、壮观的巫山岩画就静静地依偎在群山俏崖之上。

经过上坡下坎约 20 分钟的山路，我们站在了巫山岩壁下，仰望着这些以红色涂绘的符号，它们古老而神异，出现在岩石上，稚拙简朴，确有别一样的审美意义。岩石承载着这些符号、线条和图案。灰白色的石头，无数千姿百态的红色符号烙入它们或粗粝或细腻的躯体，这是人类赋予自然最初的烙印，最初的记忆，赤诚而唯美，岩画进入了我的梦，进入了我对美的仰望。千姿百态的岩画矗立于群山之间，这便是一种蔚为壮观的伟岸美；借助着天光之影，这便是一种天造环境的自然美；久经风雨而不衰，这便是一种坚固久远的永恒美。它们还改变了我的目光，目光里，岩画已同岩石水乳交融，浑然一体。我的迷惘仿如它们所经历的时光，荒远无度。岩石以自身的坚硬对应它们的永恒与深邃。它们记述着古代的生灵与尊崇，记录了先民们的幸福、恐惧和企望。那些与现代人并无不同的恐惧，经过漫长的跋涉，竟然更加鲜红，或许这就是永恒。

专家考察的资料说巫山岩画的图形有 500 幅（组）左右，整体画面 100 多个，构成画面的单体图案多达数百个，分布于叠层灰岩和洞穴两层的石壁上，分布面积数万平方米。绘画所用时间前后是几百年？甚至上千年？而这并非我的关心，我迷恋的仍是那些曲曲弯弯的符号和线条，它们粗朴与深邃的冲动，撞击着我的内心，先民们在坚硬的岩石上的表达，与我今日在电脑前的敲击并无区别。宏大的画面表现出庞大的主题，其内容涉及单一的牛、马、羊、鸟、狗、鹿、鱼和手掌纹及未识别动物，有舞人、腰佩刀剑人、头饰尾饰和羽饰人物、"蛙人"，还有成组的祭祀舞蹈图、原始生殖崇拜图、放逐图、田畴图以及太阳神等内容符号。而这些符号的颜料，从它的风化和氧化的情况来分析，可能是用动物血液或人的血液，加入当地丰富的赤铁矿磨成的矿物粉调制而绘成的。我久久地注视着它，思绪沉浮，琢磨着一个久远的我们今人陌生的幻影：

那该是几千年前的两汉时期，仲春时节，巫山桃花无尽地开放，花香溢满妇人的胸怀，潜入男人强健或者忧心忡忡的梦境，那些细碎的小花，总是在最不经意时，触动人的心底，那深微的不可知处，热情和迷恋，绝望和恐惧。还有紫云英，还有鱼腥草，忽地一日就竞相争艳起来，摆荡着优柔的肢体，吐露出清甜的芳香，将山坳间的春情一日日散播开来。还有大片的马尾草，夜里它们疏枝拨叶的响动，仿佛篝火的噼啪声，没有几日，便改变了巫山的颜色，山风的气息。这时候，巫坐在石山上，风在深深的大雁河上方凝集成巨大的涡旋，呼呼作响，拍着巫的脸，巫感觉到了厚大的温情，这温情鼓荡着巫的冲动，巫的体内无法平静。一会儿，风又冲下山坡，在乱石与灌木丛间荡漾开来。巫看着风一天天荡漾，看着山木一天天葱然，他知道这个福佑是头顶的神祇所赐，他想起草木凋败后人和畜的困顿，那是神祇疏远了人。恩威并施，才是神的尊贵。他还想到战争、迁徙，想到黑暗与寒冷里，蛮荒散发的死亡气息，一步步逼近他，逼近他的女人和孩子，以及他的族人。置身在这种气息里，一些无可名状的事物升起，岩壁下墨黑的水洞，似要吞没他。而神祇每天带来光，又在春天带来温暖，让他看见人的勃勃生机，草木的勃勃生机，恐惧暂且化为无形。他觉得该感恩，还要敬畏，神的疏远或许因为自己和族人的疏忽？昨夜，他和族人一起舞蹈，从天边的最后一束光，到天边的第一束光，不曾停歇。他们靠近篝火，这和神同样发出光和热的事物，靠近它就如同靠近神。火焰灼伤了他们的皮肤，汗毛发出烤焦的气味，他们仍不曾停歇，直至晨辉初露。巫凝视着朝阳，看着它渐渐涨大，从微黄至红润，至金黄。巫觉得该记下这一切，记下这些光，记下神祇尊贵的容颜。他从巫山的岩石上站起，走向一个高处，那里有一块块峭立的岩石，平整的石面被它粗硬的手指多次抚摸，于是留下了这一幅幅难得的民族艺术造型的瑰宝。这样我们就在若干年后看见了这石壁上反映出的原始的经济生活、宗教信仰、哲学思想、审美观念等内涵丰富的图案。比如那个神祇就是太阳，这个被人格化的自然神，头顶九道光芒，格外耀眼，据到此考察的专家说在全国岩画中也是极其少见的。

　　我其实厌倦任何盲目平庸的想象，几千年前巫的所思、所想，巫的行为或许完全是另一番模样，并非如我所述。但就目前这里的地理环境而言，水草丰富，地势属山谷中的冲积平缓地，生存条件也比较理想，能存在劳作之后或庆典，或祭祀的情感宣泄，有抒发情感的条件。也许巫山岩画最早的刻绘者是部族的巫，或部族心中的神，为一次艰险的狩猎，为春暖花开，为撼天的惊雷汹涌的洪水，为了战争，为了祈求平安，他们涂绘下，他们为自己的存在而记下这些文化遗存。或许先民们在频繁的狩猎和战争活动中，鲜血不断地刺激他们的视觉神经，当第一个巫要在石头上涂绘出第一个符号时，他不会选择水，选择树，选择土，他只会选择生命的红与灰白的坚硬，因为只有生命与坚硬才能恒久。他毫无意识，在蒙昧中涂绘下心里想起的事，以往的事。

　　没有任何史料记载这巫山岩画的年代、刻画之初的壮举、盛况。专家推测，对宋、明时期的岩彩画的时间限制，上限则可能就要到殷商乃至石器时代。而且，专家还在岩画壁下的旱洞内发现了一枚打制石器（砍削器），还发现有一幅岩画已被钟乳石覆盖。崇山峻岭间的巫山岩画，沉淀了几千年人类繁衍生息的历史痕迹，是一部难解的"史书"。巫山有多少古老的岩石画？巫山的岩画的原因和动机到底是什么？巫山的岩画经历了什么？每一幅构图后面还有多少不为人知的秘密？一连串难解的谜，给古老的巫山岩画披上了神秘的外衣。

　　无论怎样，肯定是先民们一手一手刻绘出来的。肯定是成年累月情感的宣泄、远古的记忆。他们是否古夜郎国的民族艺术家？他们没有留下名字。

　　我去时，正是春光明媚的时节，古枝已发出了绿叶，桃花却已纷纷凋零了，有几朵落花甚至被卷到了岩下的水洞口。

　　但，巫山岩画是肖然屹立的。

　　它已经历了无数个变换的季节；它骄傲地面对着春天，也面对着冬天。

　　它是以生命的血色为原料，以大山和旷野作为基石的。

　　它是永恒、坚固的艺术！

2006 年 4 月 8 日记

水韵畲乡

人们都说七月骄阳似火，而麻江县龙山乡复兴村却是一个字——爽！

复兴村位于黔东南麻江县东南部，也是畲族、仫佬族的聚居地，这里属典型的亚热带季风湿润地带，为黔中丘陵气候区。冬无严寒，夏无酷暑，气候温和，雨量充沛，还是州、县级的文明卫生村寨。

七月的复兴村，畲乡的水浩渺无际，畲乡的"绿"明丽养眼。汽车刚刚驶入其中，满眼绿油油的稻田便铺天盖地般地映入眼帘，一些不知名的野花有红、有黄。公路旁，树荫下，沟沟坎坎、角角落落，一簇簇、一片片，如夜空中的繁星，点缀在禄油油的碧浪周围，古朴的民居依偎山腰，远远望去，就像一幅典型的民俗风情水墨画。更让人倍感爽的是，走进畲乡，就像走进了水车的世界，平整、洁净、通衢的大道两侧，柳树吐绿献翠，墨绿的、浅绿的，千姿百态。不到十公里的路程，就有三十几台古老水车，大大小小沿河而立，展示着畲乡的风韵。

复兴村畲族村寨是名副其实的水乡，八条龙山河的支流在这里交错，五条溪流在这里交织，多情丰沛的水托起了水乡的梦。灵动的复兴河缓缓而流，碧水如镜倒映着蓝天白云和岸边的垂柳，清风徐来则碧波荡漾、风情万种，菱藕妩媚，稻花飘香，成熟而圆润的西瓜静静地躺在地里，河畔偶有村里的妇女在洗衣、洗菜。我们深深地吸一口纯净的空气，真是沁人心脾，洗肺又醒脑。坐在田边，我们大口地吃着地里刚摘下的西瓜，西瓜新鲜脆嫩、水足汁甜，那才叫一个爽！

水车吱吱地运转着，缓缓地运转着，水淋淋地运转着。水车也不雄伟高大，只是被有点急的水一推动，它就缓缓运转，好似在清唱，歌声也缓缓地，似慢板，似民间的抒情小曲。

我们一行人伫立水车旁，竟有点不想离开了。七嘴八舌边议论边仔细观察：圆圆的水车的周边安了多少竹筒子？不知道，数不清。它们均匀地排列着，哪一个转到了车底，就顺势舀水，又缓缓上升，过了顶点，水就慢慢倒下来，一直到倒空。接着是下一个，又下一个……每一个竹筒里的水，也都恰好倒在车边的木槽里，水车无休止地运转，河水就无休止地奔流。清清的河水就这样顺着木槽源源不断地流进了一块块稻田里。

它是谁发明的，发明于什么时代，已不可考。它造价低廉；你安好了它，它就自觉地运转，不要你守着监着，你该去干什么就去干什么；它不需要柴油机、电动机之类带动，没有污染，节约能源。真是难得的原汁原味、原生态。

曾经的水车，在过去的南方稻田应该是很平常的农具。但是随着社会的发展，一个村里就有30多台大大小小的古老水车，在全国也罕见了。

古老的水车如同时钟，岁月随着老水车一起转动，一圈圈地把复兴河之水转成了母亲的乳汁。据当地一位80几岁的老人讲，在她儿时的记忆里，就是我们眼前的这些水车已经不停地转动着，日夜浇灌着它身边的近千亩田地。水车动了，畲乡人笑了，于今天，我们仿佛还能听到庄稼在田地吸吮乳液时的欢快声响。难得！

没有它，村庄便没有了生气，田园也少了青翠，村寨上空的炊烟也似乎有气无力了。水车是村寨岁月的见证者和参与者，它的生命，早已从遥远的年代延续下来，融入了整个田园，融入了畲乡的躯体。

湛蓝的天空，金黄的阳光，绿色的如柔软丝绸般起伏的田野，清清爽爽的微风送来稻禾特有的清香。水车高高的、圆圆的身影，似乎悠闲的样子，一如老村的生活，平静、和谐。再听听那翻转的声音，"吱吱""吱吱"。虽然没有抑扬顿挫的节律，可当你站在青青的稻禾边，看着一股清澈的溪水从水车上洒落，流入干涸的田地里，苗儿汲取了水分，叶子碧绿碧绿的；青蛙们"扑腾、扑腾"，纷纷从田埂上跃入水田里，惬意地"呱呱"叫唤，此起彼伏，像一首田园合唱曲。这时，你一定会对那日复一日周而复始的"吱吱""吱吱"的水车倍感亲切了。

垂柳，河流，花瓣散落的村屋，整洁的村道，道旁的野花，一垄一垄泛绿的稻田，连绵起伏青黛色的远山，几头水牛……加上水车的点缀，这不就是一幅充满了原始的意境美，生动的静穆美吗？

在复兴村，水车是古老寨子的一个剪影，一首民歌，一部农耕文明的史诗。畲乡人的喜悦与哀怨，沉重与轻吟，倾诉与沉思，爱情与憎恨……一切的乡村情愫，都仿佛寄托到了水车经年的摇唱中。它目睹过老农的企盼眼神，牧童的黄昏短笛，村姑的浣纱身段；也目睹过春的桐花，夏的荷叶，秋的谷穗，冬的霜花。村寨不老，水车的音韵也一直不绝于耳。

这次复兴村采风，我们不止一次停车下来，伫立在水车的身边，看它常洗常新的身躯，听它唱着无字而有水韵的歌。

畲乡的复兴河，因为有了这些水车，山水也就格外鲜活、灵动，人与自然也就找到了融合点，那缓缓的水韵，正是人与自然的心灵交响曲。

2009 年 7 月 27 日记

在水一方

蒹葭苍苍，白露为霜。
所谓伊人，在水一方。
——诗经·蒹葭

荔波地处黔南边陲，在重峦叠嶂的喀斯特地貌上，覆盖着苍莽的原始森林，河溪瀑布纵横交汇。2007 年被列入世界自然遗产名录。世居于这块土地上的有水族、苗族、瑶族、布依族等少数民族。想象中的荔波，是我心上的伊人，让我早就对它向往已久，心仪已久。我听说它是"地球腰带上绿宝石"，是一个神秘和有吸引力的地方。心中的伊人真的如水一般的清纯自然，鲜活又灵动吗？

2009 年国庆，我终于踏上了荔波的土地，去欣赏荔波的山水风光，尤其是到了"小七孔"，如诗如梦的水之一方，我终于与它有了亲密接触，一睹心中伊人清灵神韵的风采。

荔波小七孔位距县城 28 公里，景区北有一座建于 1836 年的小七孔古桥，景区名由此而得之。七孔古桥下碧绿的流水静静地流过；两岸葱葱郁郁的倒影在水中摇曳；缓步走过古桥，有一种远离红尘喧嚣的清静感。小七孔景区面积约 10 平方公里，可以用一步一景来形容并不过分。因属喀斯特山区，地貌特殊，植被保护非常完好。整个小七孔风景区融山、水、林、洞、湖泊和瀑布为一体。这里有轻纱朦胧、柔美安静的"涵碧潭"；有飞流直泻、吼声如雷的"拉雅瀑布"；有波光涟漪、潭瀑交织的 68 级瀑布群；有密集茂盛、盘根错节的

"龟背山";有山泉叮咚、林溪交叉的"水上森林";有光影迷蒙、灌木镶嵌的"鸳鸯湖";有幽蓝深邃、神秘莫测的"卧龙潭"。的确是琳琅满目,使人应接不暇。娇媚而迷人的响水河贯串起整个风景区,它静如娴花映水,动似蛟龙戏海。河面时宽时窄,水流时急时缓,水的色彩也随着不同的光影、气候状态而变化。更神奇的还有属于罕见的岩溶地貌——水上森林区。这里有上万株树木,其中包括10种罕见的树木,都生长在水中的石头上,通过石头扎根在河床的底部。水中有石,石上有树,树立水中,水抱石流。这类水、石、树相生相偎的奇景令世人叹为观止。

水,是一种特别容易让人忘情和产生遐想的东西,就像餐桌上的酒一样,"小七孔"的卧龙潭的水亦然。一路风景走来,明澈的一湖孔雀蓝轻易就抓住了我的视线,眼前就是著名的小七孔卧龙潭。秋光潋滟,卧龙潭周边的榕树上老藤彼此缠绕,枝繁叶茂,浸染了碧水,并把白云藏在了绿叶间,倒映在湖水里。漫步在满眼的绿林中、湖水畔,耳边不时传出阵阵惊呼声、笑语欢声。当一切恢复平静之后,在这里只要用心聆听,就能听见风的亲切呼唤声,流水温柔的潺潺声。还能真切感受到山的质朴、水的包涵、人的纯真,你会明白人与人之间、人与自然之间的和谐相处才是最靓丽的风景。

我们一行流连于卧龙潭,在如梦似幻的水之一方深深地沉醉。而我们又不得不与它匆匆作别,但这匆匆的一刻却把荔波的美好形象更深地刻在了我的心里。当地陪同告诉我们:"小七孔"仅仅是樟江风景名胜区的景点之一,几公里外是散布着原始森林、峡谷、地下湖等,充满了神奇独特的"大七孔"风景区;溯流而上是樟江河的上游,两岸奇峰对峙,绿荫蔽日,高耸陡峭的石头,环绕江流如练的水春河峡谷风景区,这三大景区可以说是"世界自然遗产"荔波的精髓。

是啊,水族人民生生世世辛劳,把自己生存的环境保护和建设得秀美如凤凰一般。秋天闪亮的金色梯田,无数的花园,一层又一层的杆栏木楼,堆绿建绿的树,欢快的流淌的河流,像凤凰光彩斑斓的羽毛。水乡美景,田园风光,泥土气息,朴素情感的自然美。

离开荔波之前,在樟江河边上的木质吊脚楼里,几天来一直接待我们的欧庆生经理从家里拿来九阡酒,这种酒是水族独特传统工艺酿造的纯糯米香酒，百分百的纯糯米原料、纯天然泉水酿造。水族在一年一度的端节六月六制曲，九月九烤酒。喝起来味美和提神，是自酿酒中之珍品。

　　大家有说有笑，品尝荔波的河鱼火锅煮野菜。其间，欧经理向我们介绍了荔波水族的一些与水有关的习俗。我们听得津津有味，比如，至今水族仍然保持着独特的生产习俗，水族经济是典型的山地稻作农耕类型，早在一百多年前，水田在水族聚居区就占耕地面积的80%以上。在农业生产中，水族依然保持着一些特别的风俗。从今天绿色农业的视角来讲看，有些做法是值得借鉴的。比如积肥与施肥的方法，现在水族村民也使用少量的农药和化肥，但成本高，又有污染。荔波境内的河道都属于珠江流域，河流落差大，水能资源丰富。为了保护水资源，他们基本上多使用农家肥，还普遍采用牛踩肥的办法来积肥。他们在耕牛休闲的时候，把牛圈起来养，牛吃剩下的青草垫在圈内，再适时加入些垫圈的土，这样，牛把粪尿和草土踩混在一起，沤成肥料，这是一种原生态的天然肥料。加上耙田工序，就是为了耙碎田中的泥块，耙平水田，使稻子有疏松的生长土壤，且能均匀受水。在农业灌溉方面，荔波水族地区得天独厚的自然之利就是水资源。农民在高于水稻谷修塘或水库蓄水和引水灌溉，或直接将春水流到农田灌溉。田高水低处，也使用古老的水车灌溉。

　　"像今天我们吃的水蕨菜（一种野菜）就是独一无二的原生态野菜，这是我们的家常菜。"欧经理不时"炫耀"着荔波原生态野味。去荔波前就听说过，这种水蕨菜是地球上最早出现的陆生植物类群，拥有4000万年以上的历史。早在我国西周早期就有伯夷、叔齐二人刹蕨于首阳山，以蕨为食的记载。蕨菜健脾，祛痰湿，具有消暑、利尿、减肥、抗衰老等功效。荔波水蕨菜别名良蕨，是蕨菜中的上品。专家说，全省仅仅有两三个县出产。

　　"为什么叫水蕨菜?"我对蕨菜前面加个水字有些疑惑。

　　"荔波水蕨生在阴凉潮湿的山谷边缘或浅河滩，主要是王蒙、朝阳、玉屏、捞村一带有生长，在沃土里可长至一尺长，但通常情形仅半尺左右，而且只有普通蕨菜的四分之一粗细。"听欧经理这么一说，我更是大口地吃水蕨菜，的确，它跟普通蕨菜味苦、口感粗完全不一样，这多一个"水"字的蕨菜就是味甜、柔嫩、可口。

一餐美味可口的农家饭，欧经理的一番话，又平添了若干我对在水一方佳人的迷恋与不舍。只要有机会，我还将"溯洄从之""溯游从之"，沿樟江去细细品味它深沉的内涵与风韵。况且，今天由贵阳到荔波已经不再"道阻且跻""道阻且右""道阻且长"。

2009 年 10 月 6 日记

探访文斗苗寨

乡野的恬淡、古村的静谧、厚重的文化常常是诱惑城市人踏访的好去处。盛夏时节，阳光明媚，稻花飘香，我终于来到了"养在深闺"的苗族村落——贵州省锦屏县文斗寨。这是一个有着 600 多年历史的古老村庄，这里的古民居，悠远的民俗，独特的木商业文化，如一坛陈年佳酿，徘徊其间，使人不饮自醉。

一路是风景

"中国景观村落"文斗寨距贵州省会贵阳 434 公里，距锦屏县城水路 30 公里，至今尚未通公路。8 月 20 日我们从县城出发，到文斗寨要先乘车，然后从湖面宽阔的三板溪水库乘班船到文斗。山寨建于重山叠嶂之中，左右分别有风光旖旎、清澈见底的乌榜溪、乌斗溪环绕。翠荫黛瓦，美不胜收。整个村庄，山环水绕，围合封闭，阴阳抱阳，藏风聚气，进寨必须乘船而入。村子分上、下两寨，300 多户木筑的旧式民居，远远地在参天大树和翠竹丛中放着。

从码头上岸后，在村支书的带领下，我们便沿青石板步道随山势而上。

头顶，是波涛起伏的绿树和绿树之上无穷无尽的蓝天；脚下，是有几百年历史的青石山道；山道旁，鸟儿在白亮的阳光和绿叶如墨的庇荫处扑腾打斗。我们一路上深深地呼吸，不想放过这在城中不可能呼吸到的真正自然散发出的清新气息。

文斗是偏僻的、封闭的，但这封闭的只是地域，而不是人的心灵。山寨本身是开放的，它没有寨墙，没有围栏，没有防盗门和防盗窗，如果说有篱笆的话，那也是设在小菜园周围，用以防止鸡鸭的侵犯。我们可以随便走进哪一家去，只要屋里有人，我们都会受到热情的欢迎，如果我们坐一会儿的话，就会有绿茶端上来。山寨里，人们总微笑着对我们说："你们来了。"与挑着担子的老乡相遇，其总会让到一边客气地说："对不起，挡到你过路了。"

修建于清朝时期数里长的青石板路纵横山岭间，深远悠长。犹如绿色的巨龙，四面延伸，把整个村寨连成一体，四通八达，总长约5公里。村中有300多年历史的古雕石碑、古亭、古屋、古寨门、石鼓、风雨桥和防御外侵的古战场、炮垛、战壕、烽火台、瞭望楼遗址。顺着金凤山半山腰的山势绵延了九岭十一冲，使景致掩映，颇有层次感。漫步其间，就像漫步在岁月的长河里。

文斗村是一个苗族占95%的古村落，吊脚楼或两层，或三层，以三层居多，黑瓦青砖，富丽典雅，泛着斑驳的土木色，自然、厚重。也有几幢保存完整的"举人宅院"，雕梁画栋，古香古色，它们既不同于京城里的四合院，又有别于普通的乡间民宅，其间的石刻、雕画、宅门、楹联无不体现着深厚的文化内涵；斑驳褪色的古匾依然悬挂不动，显现着造屋主人的雅趣和自豪；错落有致的天井，雕梁画栋，玉柱花窗，诉说着山寨人家曾有的辉煌。

寨里几十眼水井和石碾，如今虽已岁月留痕，沧桑磨砺，但当你流连轻抚，仿佛辘辘的吊水声，轧轧的磨面声隐隐阵阵，飘忽在徐徐轻拂的清风里，沁人心脾。

古树、古碑、古文书

一般来说，一个地区的民俗风情大体是相似的，而文斗寨特有的醇厚民风，令今人闻之，亦景仰良思。

被称为"神树灵木一绝"的文斗寨是一个融林业历史文化为一体的苗族村寨。森林覆盖率近90%。村寨周围生长着银杏、香樟、紫檀、楠木、红豆杉等古树名木近1000株，树龄都在数百年以上。其中一棵"千年白发"古银杏树树高18.6米，胸径2.8米，树中间因失火被烧空，在树脚下留下了直径逾3米的空地。然此树依然生机勃勃，近年来仍年产银杏果300余公斤，被古木专家称为"世间罕见奇树"，站在树心的空地向外眺望，成了文斗独有的奇情风韵。

文斗清水江一带是明清时期为朝廷提供"贡木"以修官殿的地方，今天的文斗村仍保存有"古、大、稀"树种600余棵。爱树，对树木的崇拜是文斗村民固有的风俗。每当村里有新的生命诞生，主人就要种一棵常绿树，与孩子一起成长，父母也将带娃娃找到一棵常年绿的树，拜祭为树妈妈，祈求免灾平安。

因为爱树，这里无山不青，无水不绿，无处不流淌着绿色环保的史话，就有了保护树木的规矩。在寨门楼旁，我们见到了在清乾隆三十八年仲冬时节竖立的保护村寨生态环境的"六禁"碑。碑文明文规定"此木蓄禁，不许后代砍伐，留以壮丽山川"等。石碑尽管经受了长年累月的日晒雨淋，但碑中镌刻"不俱远近杉木，吾等所靠，不许大人小孩砍削，如违罚银十两"；"到油山，不许乱伐乱捡，如违罚银五两"的文字依稀可辨，把村里远古朴素的生态意识表现得淋漓尽致，它以其独一无二的内容和意义被专家学者称为"中国环保第一碑"。"六禁碑"旁，有一块比"六禁碑"晚立12年的环保碑，碑文专门对文斗村寨附近的林木管理做了具体的规定："此本寨护寨木，蓄禁，不许后代砍伐，存以壮丽山川。"据清乾隆年间文献记载，当时的文斗苗寨，就有"娶一房媳妇、修一段路，生一个孩子、栽一棵树"的规定。600多年来，文斗苗家人恪守林业契约和环保古碑等乡规民约，使村寨周围保留了600多棵巨大苍翠的古树，树种有30多个，其中不乏国家重点保护的原始次生林红豆杉、银杏、楠木等。姜支书告诉我，村寨四周凡手腕以下的小树都打有草标，警示村民保护小树。此外还有很多保护林木的村规民约，这些村规民约延续了数百年，村民们一直自觉遵守。300年前就有这么强烈的环保意识，难怪被誉为"百年环保第一村"的文斗环境如此幽雅：古树参天，红豆杉、银杏、楠木等珍稀树种苍翠挺拔，石板路曲径通幽，两旁巨枫如盖，幽谷空灵，人行其间，仿佛与世隔绝，犹入仙境。

婚俗改革碑是我第一次在贵州民族村寨所见，这块碑是清乾隆五十六年所立，碑文反对姑舅表婚，禁止近亲结婚，反对强迫婚姻，禁止勒索财物，反对铺张浪费，提倡勤俭办婚，反对女方亡故娘家追回嫁妆，反对喜新厌旧夺人妻室等。引起国内外专家学者的高度关注，被称为"西南少数民族地区古代婚姻法"的婚俗改革古碑；后山还有清代留存御封贞节碑4块、皇封诰命政德神道碑2块，所有的这些石碑，都有一些有趣的故事，文斗人都会对你津津乐道。

　　文斗家族和村落的历史发展，几乎没有离开过一条主线——开山种杉和木材经营，并因此留下了大量的山林权属买卖转让和佃山造林及山林管理的契约文书。从目前保留下来的契约文书来看，大致可分为山林土地买卖、佃山造林、拆分山林和家产、分配出卖山林银钱、山林管护、山林纠纷调解、乡规民约、讨借书据、山林登记簿九类。许多契约规定了以林养林、间伐轮种的权责义务。至今，寨内95%的农户家中都还珍藏着清代林业契约历史文书，约有3万件，这些历史文书分林地买卖、佃山造林、林业分配、山林管扩、山林登记、乡规民约若干类，被国内外专家学者称为是我国乃至世界现今保存最完整、最系统、最集中的林业契约文书，我们有幸在契约最多的姜元泽家见到了其祖上传下来的古契约，他家的契约曾经编为《贵州文斗寨苗族契约法律文书汇编》一书，由人民出版社出版。原任村主任姜廷化在一旁说自家的林业契约将作为传家宝留存给子孙后代。

　　静静地散落在文斗寨里的古老契约固然早已失去了其原有的经济社会使用价值，但让人感慨的是，文斗人在保存祖先遗物的不经意间，竟收藏了苗寨久远的往事，收藏了家族的、区域社会的历史，成为研究民族经济史、社会文化史的珍贵资料。

流连忘返

　　在回去的快艇上，我静静地依于船上，眼前的文斗，一切都是绿色的。两岸杉树、槐树、长松交错成林，绿树映着绿水，绿水映着绿树，相映成趣。还有那一簇簇、一丛丛的翠竹，缀于碧色之中，一下子生动了起来。

　　文斗，已经渐渐地离我远去了，在清风中，飘来了八月稻花的香味。欢乐的酒歌声中，我置身于这方远离喧嚣的碧土，阳光、浪花、稻花洒落我一身……

　　蓝空、白云、山脉、村舍、亮江，一切都是娴静的、和谐的、生机勃勃的，身临其间，我又一次深切领受了苗族自然山寨所赐予的灵秀、美丽和深情！

2010 年 8 月 20 日记

难忘梭嘎

久居都市，就总有些莫名的窒息感，于是常常相约二三好友，丢开那些繁杂的事情到乡村田野去走走。记得是九年前，我与贵州师范大学杨淑媛教授一起来到贵州六枝梭嘎苗族彝族乡箐苗村，这里位于六枝特区和织金县交界的崇山峻岭中，是中国和挪威政府合作建立的民族文化生态博物馆信息中心所在地。当年梭嘎之行的惬意仍历历在目，难以忘却……

那是 2004 年 7 月的盛夏。大巴车在山路上飞驰，眼前的高楼很快消失，似乎转瞬就进入群山环抱之中。风从大开的车窗急速吹过，许久了，不曾呼吸这种纯净甚至是纤尘不杂的空气——树木、竹林、野花，夹着泥土的气息。车窗外那些散落的民居，那些连绵不断的群山，那些还是翠绿颜色的稻田，配以暖阳轻风，倒还真是颇有"绿树村边合，青山郭外斜"的乡野味道。来之前只知道这里村的名字的发音是梭嘎，却不知道究竟是哪两个字，是何意。离开都市，离开繁杂，冲着"生态"两个字，我们也许不过想寻找一份纯然的心情。

我们的到来，受到生态博物馆馆长的热情接待。据他介绍：六枝梭嘎生态博物馆区域面积有 120 多平方公里，住着一支稀有的、具有独特文化的苗族支系称为"长角苗"，他们操苗族中部方言，主要聚居于 12 个村寨，约 5000 人，陇戛寨是其中的一个自然村寨。

寨中一个坪坝上有几栋草顶的颇有点地方风味的房子就是信息中心。在那房子背后的半山腰上，是一排石筑平房的招待所，我们就住在一个标准间的平房里。住房条件还不错，有简单的卫生间等设施，规整清洁，因为是淡季，住宿 25 元一天，包括一天的伙食费。推开木制的花窗，展现在视野中的是开阔的群山，青黄相间地向远方的天边绵延。

在陇戛，一直有四位年青美貌的苗族女孩为我们做向导。她们都有着乡村的孩子特有的黑红的皮肤，有一张和善的笑脸，很亲切很友善的样子。一个六七岁的小女孩儿，好奇又有几分羞怯地一直跟在后面，非常专注地观察着我们的一切。我注意观察她，稚嫩脸上一会儿是很专注的神情，一会儿又笑容灿烂，我被她感染——村寨的孩子纯朴得可爱，纯朴得让人感动。

在村支书杨书记家门前，几名年轻妇女站在木楼门前的台阶上，上身着蜡染束身短衣，下面是黑底嵌以红、白绣带、挑花绣片的百褶裙，将一块既挡风寒又做装饰，一举两得的黑色羊毛毡护兜挂在肚前。她们向我们展示着梭嘎长角苗特有的发型如何梳理的过程：先将一个弯月形2尺左右长的木质长角绑在自己的后脑头发上，再把重达2—4公斤、长约3米的一大束黑毛线和人发混合的"长发"按照"∞"字形缠绕在木角上面，形成高约15厘米的头饰，再用一束白毛线交叉固定在黑毛线上，形成很大的两个长角，两头从耳下垂到两肩上方。长角苗也是因这种头饰而得名，苗族是以牛为图腾，木角象征牛角，表示对先祖的敬意。在长角苗的服饰和头饰中，蕴藏着神话、传说、历史记忆、民族风俗等丰富的文化内涵，是长角苗族群文化的重要信息源。

看着这些盛装的长角苗女人走路是一种审美享受，从远处走来时，头顶巨大的束发，身着精心刺绣的美丽彩衣，双手叠腰，迈步前先将胯送出去，然后才缓缓出脚，显得神态端庄、雍容非凡，可与清朝宫廷中的格格们媲美。杨支书的妻子小熊老师，穿上独特的服饰就像一只美丽的孔雀，脸上洋溢着自信的微笑，光彩照人。只要相机一对准她，她马上就会很自然地双手叉腰。其他女孩几乎无一例外，我感到奇怪，便问她，她解释说，过去梭嘎的女人长期用一个硕大的圆木桶到很远的地方背一百多斤重的水，仅靠一根麻绳套在桶上，在腰间垫个草垫，必须要这样子才能稳住重心，可以滴水不漏，久而久之，梭嘎的妇女们就都养成了这个习惯姿势。

石板路弯弯曲曲，吊脚楼依山就势、错落有致，山寨茂林翠竹、景色清幽。路边许多不知名的、颜色很美丽的花，似乎脆弱又似乎坚韧——有种脱离凡尘的清新。在村里随意走走，真是一种享受。我们一路听着山歌，一路随意在吊脚楼前坐下歇息，欣赏着长角苗的蜡画艺术和刺绣的针技。悠闲而随意，甚至是有几分恬适了。在感觉恍如隔世的刹那，似乎又回到儿时，似乎又拥有了那份在很早以前失去的不谙世事的纯真。

吃罢晚饭，就如同很老的歌中唱的，太阳下到了山的那一边，夜色开始弥散。

我向来是"夜猫子"，在城市中，灯火阑珊、汽车轰鸣，习惯了辗转反侧，习惯了在很深很深的夜里，伏于书桌，写下疲惫的心情。

　　梭嘎的夜是很爽的，夜静得没有一点声音，也许人们都劳作了一天，很累了，此时，在这月色洒满村寨的夜里，他们正享受着一份清闲吧。只听见风很轻，很轻……

　　杨老师提议说，我们出去走走吧。也好，这里海拔1400—2200米，绿树成荫、风清气爽。

　　站在居住的石屋前，仰望天空的时候才突然发现陇嘎的夜空实在是城市的黑夜无法比拟的美丽，美得让人有几分惊诧。那夜空比城市来得高，来得远，来得深邃。满天的繁星，或明或暗地遥相辉映着，唯美而浪漫。这就是我几十年前见过的银河啊！俯瞰山脚下，一个彝族寨子温柔的灯光闪闪烁烁，星光与月光铺天盖地而下，流淌在山谷中、梯田里、枝叶间、木楼的屋角上，它们以不同的声色和风格奏出梭嘎夜晚的交响乐。我看到一幅意想不到的"天人合一"的景象。于是就这样，我们两人站在夜色中，久久无语。

　　此时，不远处悠悠地传来了萧笛声，这是梭嘎特有的"三眼萧"，它是长角苗的一种乐器，低沉幽怨的萧声，时而如泣如诉，时而欢快的旋律仿佛要把人们带到一个久远的神话中，去品味那古老而悲伤的爱情，以及千百年来生活在这块土地上的人们的质朴情感。这种民族乐器也是情窦初开的长角苗青年男女传情达意的一种音乐媒介，一问一答的吹奏，使缠绵之情表现得酣畅淋漓。

　　山寨、银河、萧声，也许正是我们要寻找的一份纯粹的心境吧。

　　其实，不论在乡村，还是在都市，重要的是一份心情。来乡村寻找真纯，在山寨，在夜色中感动，之后就带着这份真纯归来。我真的很喜欢那样的生活，也很喜欢那里的人们，我觉得他们就像没有被污染过的明净的水。我喜欢他们的服饰，简直就是一件件精美的艺术品。我还喜欢他们的歌声、萧声，有点淡淡的哀怨又有些缠缠绵绵，在山里回荡，让你突然很感动，思绪停顿下来，什么也不想说，脑子里很空旷，心里就像是一片蓝天或原野，觉得人就是那么自然地活着，一切都是如此的简单、纯净。

　　虽然在梭嘎仅待了两天一夜，但这却是我终生难忘的美好记忆。

2013 年 5 月 30 日记

侗乡深处桃花源

刚刚告别了述洞村，便踏进了被称为桃花源的地方——地扪。

地扪侗寨位于贵州省黔东南苗族侗族自治州黎平县茅贡乡所在地北部，地处清水江支流源头的大山深处，距离黎平县城47公里。海拔740米，地扪河自西向东蜿蜒穿过。村落面积22.1平方公里，耕地面积1667.3亩。全村分为五个自然寨：围寨、模寨、寅寨、芒寨、母寨。这是我第二次到此造访，第一次是七八年前的事了，当时主要是到天柱采风，赶到这里时已近黄昏，听了侗族大歌又匆匆赶到黎平。

一

今天是2015年国庆日，带着我的两个研究生又来到这里，环顾左右，村寨变化不大，青山依然逶迤，村寨依然宁静。一条小河流缓缓流淌，任古榕婆娑着水面。吊脚楼屋檐下挂满一串串玉米包，禾晾上挂满禾糯，整个村寨被秋天渲染得金黄耀眼。几个妇女坐在店门口闲谈，有说有笑，把收割后的清闲从容地晾在秋阳下。我们进入路边的一个小卖铺打听歌师、戏师的住处。木屋里坐着一个老年的妇女和她的孙女，我们用侗语向她表示问候并说明来意。她脸上的皱纹涟漪一样荡漾开来，慈祥而和善，用手一指："都上山去了，收谷子咯。"

顺着老人手指的方向眺望侗寨，秋收时节的地扪，笼罩在灿烂的阳光中，鼓楼和花桥（也称风雨桥）的尖顶，映出鲜明的侧影，清澈的河流也不时闪烁着霞光。

和大多数寨子一样，年轻人大多在外打工，留下老人和孩童在家。不时可见侗族妇女身背孩子，或牵着孩子在田边地头走动的身影，也有一些妇女身背柴火，挑着刚采摘的蔬菜，与我们擦肩而过，她们毫无怨言地扶老携幼，挑起生活的重担。有劳力的都上山收割去了，为我们开车的司机杨师傅自告奋勇成了我们的向导。

杨师傅说，"地扪"是侗语发音，在侗语中为"原生地"之意，直译过来就是"泉水不断涌出的地方"。的确，这里山水相依，吊脚楼与水稻田相伴，门前绕阡陌，满目稻禾青，行走其间，仿佛能闻到秧苗的青涩之气。随处可见汩汩清溪，流淌于房前屋后，是地扪人取之不尽的源泉。

穿行于青山绿水间弯弯曲曲的青石小路，看着身穿侗族服饰、笑容淳朴的村民，听着潺潺的流水声、啾啾的鸟鸣声……地扪侗寨就在这里诗意地栖居着。徜徉于此，让我感觉到不仅仅是空间在转移，而是时光在倒流，仿佛回到了一千多年前陶渊明描写的桃花源。

"地扪，还有一个称呼叫'千三侗寨'"，杨师傅告诉我们：听老人们讲，地扪比贵州建省还早，1000多年前侗族祖先的一支从江西一路过来落寨定居这里后，人丁兴旺，不久发展到了1300户。之后分到了茅贡700户，腊洞200户，罗大100户，地扪是"千三"总根，于是前辈们认为地扪是"千三"发展的总根，所以取名"地扪"，象征为泉水的源头，村寨的发祥地。1000多年以来，地扪侗族人过着自给自足的传统农耕生活，人与自然和谐共生，乡间邻里和睦相处。

"如此悠久的历史，难怪目击之处，到处留着沧桑的印记。"

谈话间，一座宏伟的鼓楼矗立在面前，杨师傅说这就是地扪的标志性建筑"千三鼓楼"。通过杨师傅的叙述我们得知，如今地扪是全国第二大侗族村寨，有528户2300多人口，一条穿村而过的溪河，将地扪划分为五个自然寨。如今约莫有1200人在外地打工，他们一个月可以挣几千块钱。但是，富裕的农民工却依然怀念简单生活，怀念地扪的宁静与平和。

杨师傅径直带着我们往地扪人文生态博物馆而去，来到寨子边一座精美的花桥旁，几栋全木结构的侗式吊脚楼博物馆就建在依山傍水的山脚。一条狭窄的土路蜿蜒而去，对面是大片葱茏的稻田，偶尔有挎着背篓或挑着担子的农民或牵着耕牛的孩童慢慢走过，空气中到处弥漫着悠闲静谧的气息。遗憾的是博物馆馆长不在，甚至工作人员都上山收谷子去了。杨师傅说："这里最大的吸引力就是深度体验和回归田园生活，了解许多当地的风俗，比方说，稻田里养鱼养鸭，稻米长势非常、鱼鸭也肥美，又不需要肥料，这里的人们每天吃纯天然的绿色食品。看来今天是没办法体验了，都上山打谷子咯。"

看我们有些遗憾，杨师傅问我们想吃什么，我说："既然来体验生活，所以当地人吃什么我们就吃什么。"

"那好，"杨师傅让我们自己在村里走访，他笑嘻嘻地安排晚餐去了。

二

此行，虽没有拜访到歌师、戏师，但好在还是拜访了寨中78岁的吴学祯老人。他是村里较有文化一位老人，看过很多书也见过外面的世界，村里也有人叫他风水先生。老人看上去精神矍铄，知道了我们是来做田野调查的，于是兴致勃勃，对村里的事如数家珍……

"就说这千三侗寨吧。"在老人家门口席地而坐，秋风徐徐，聆听着吴学祯老人对往事的侃侃而谈，好不惬意。他一边说着，还不时从屋里抱出一摞书给我们翻看。他说：地扪每年正月都要举行"千三欢聚节"。在节日里，村民们会展现自己的民间艺术、服饰和民俗。由于"千三"是根，所以该寨的老人们商定，原来所分出去的每一支系，每年的正月十一至十五必须到地扪来欢聚，主要内容有：合歌祭祖、踩堂唱歌、唱侗戏、聚会叙情、斗牛取乐五项内容。那时，旌旗林立、锣鼓齐鸣、芦笙奏响、人山人海，特别的热闹。

说到"千三欢聚节"，说到祭祖，说到唱侗歌，侗戏，老人总是眉飞色舞、笑逐颜开。

地扪还是侗戏的发源地，千百年来，生活在这里的侗族乡亲日出而作，日落而息，唱侗歌，奏芦笙，跳芦笙舞。他们没有过多世俗的骚扰，过着平平淡淡的日子，简单、舒缓、清幽、宁静，构筑了地扪的自然之美。我们来访时，不逢节日，整个村寨平静如初，尽管我们没能听到悠扬的侗戏和大歌，没看到优美的侗族歌舞，但脑海中想起2008年11月深秋，我在地扪，在鼓楼下，目睹了身着盛装的侗寨人围在一起唱侗歌、演侗戏的热闹情景。虽然是一次匆忙的邂逅，但至今仍历历在目，难以忘却……在母寨寨脚的风雨桥边的木楼里，年青的侗家姑娘吴红春姐妹舒展歌喉，跳着一个端庄优雅的侗族舞蹈，"千三艺术团"的演艺人员还演出了侗族大歌、对歌、情歌和侗戏《珠郎娘美》等剧目。歌声起处，有时如春天和微的涟漪，有时像雨中穿过树林；闭目聆听，感觉像春景煦暖，鲜花绽放，一种寂静古朴而幽远的艺术感染力，不禁从心灵深处慢慢涌起，这歌声里流淌着侗族的人情风物之魅力，这歌声浸润了侗乡这块神奇的土地。

吴学祯介绍说，每年的春天，当插下去的稻秧返青时，人们就把鲤鱼苗放进了水田，小鱼和稻米一起成长。秋天，收割水稻的时候，先打开稻田的田埂，把田里的水排出后，几十条、几百条手掌大小的鱼在泥地里扑腾。村民们把捉上来的鱼开肠剖肚，然后把五种自制的调味香料塞进鱼腹腌制起来，一个多月后，腌制的鱼可以吃了，味道真是独特鲜美。地扪积淀和沿袭着很深厚的侗族农耕文化，稻田养鱼习俗深深烙印在纵横交错的田畴堪称一大特色。

不知不觉，几个小时就过去了，杨师傅已在村民吴在莲家备好了农家饭。的确，如杨师傅介绍，在地扪，至今依然保留和延续着自己生产满足自己需求的生活方式。此外，腌鱼、腌肉、牛瘪、羊瘪、烤鱼、烤肉、油茶等，都是地扪的特色饮食。本地居民喜欢吃酸味菜肴和糯米，除了腌制鱼、肉外，还腌制蕨菜等酸味食物。而采取水稻、鱼、鸭共育共生的自然生态耕作方式，生产出的红香米和香糯米，是地扪独有的食品。

今天我们品尝到的就有：腌鱼、腌肉、牛瘪和野菜火锅，主人家堂屋一个小矮桌，所有的菜肴全部摆放在上面，我们坐在矮矮的木凳上高高兴兴地开吃。山里采摘的野菜和火锅摆在中间，没有太多的调味，已经鲜美异常，再加上刚刚蒸好的糯米饭，绿野飘香，天地自然。要是在城市里，这种饭桌、菜肴肯定是无人捧场；但在地扪，这就是毫无修饰的民风民俗。不管是外来的游客还是路过的其他村民，主人都会热烈欢迎他们来喝口酒，席地而坐的美味，自酿的美酒，优美的侗族歌谣，多么热闹喜庆。

因为还要赶路，我们没喝酒，但早已醉倒其中，只是因为这叫吃"生态饭"。也许城里人对席地而坐的农村宴席会有一种脏乱的感觉，但如果你了解当地每一道菜是怎么来的，你会毫不顾忌地大口大口去吃那肥而不腻的猪肉、鲜甜甘润的野菜。地扪的原居民依旧以传统模式种植禾稻、茶叶、油茶、山核桃、高山冷凉果蔬、香料、竹木等。中草药、杨梅、野菜等都能随便在山中采摘。罗大小香鸡、己炭小黑猪（萝卜猪）、蚕洞小黄牛、樟洞小香羊以家庭散户养殖，没有激素，用的饲料只是单纯的被收割的稻秆。

此时，已近黄昏，依山傍水的地扪侗寨，秋景更加旖旎，紧凑而错落有致的民居吊脚楼；建于水塘之上，富有浓郁民族特色的禾仓、宁静的鼓楼和秀丽的花桥；明亮的戏台和宽阔平整的歌坪。潺潺的流水，炊烟袅袅，鸡鸣狗吠，青山隐隐，一派世外桃源的秀丽风光，这一顿农家饭就格外有味。

三

地扪侗寨的生活环境，在南侗方言区中具有典型的代表性，群山簇拥中的一块山间盆地，接纳了侗家人在这里繁衍生息，沿河流而建的两条石板道，又从河畔伸向田畴和山野，把五个村寨的木楼串联成一个网络。五个侗寨的群众大多从事农业生产，至今保持着自给自足的自然经济形态和农耕文化的生产生活方式，沿袭团结互助、尊老爱幼、和谐共生的社会风尚，保留热情好客、淳朴厚道的民族秉性。良好的自然生态和田园牧歌般的农耕生活中，保留下了丰富多彩的传统文化习俗。"行歌坐月"中男女青年互诉衷肠；婚丧嫁娶中节日礼俗，"月也"中村寨之间的竞争和友谊，"千三节"中场面宏大的祭祖仪式；春节里各寨中热闹的侗戏。地扪五个侗寨都有自己的老中青三支歌队，在盛大的节日期间，歌队都会合理组织安排进行鼓楼对歌和各种文艺活动。地扪得天独厚的地理和自然条件，加上保留完整和多样的南部侗族地区的民俗文化，使地扪当之为愧地成为典型的侗族民族文化村寨。这些都是侗族人对生活的热爱，他们没有过多世俗的繁琐，延续了前人的生活哲理——整个侗寨由德高望重的老者（寨老）充当管理者，由他们来决定侗寨的大事，所有问题都依循简单的处理方式。据老人们说，2007 年，诺贝尔经济学奖得主、前世界银行副行长兼首席经济学家、纽约哥伦比亚大学教授约瑟夫·斯蒂格利兹曾慕名到访过地扪侗寨，对地扪"古朴宁静的村寨聚落、美丽自然的田园风光、随手可摘的山间野菜、简单纯朴的侗族村民"留下了深刻印象。尽管他不能完全理解中国原始农耕文明，但他却深深明白绿色生态的大义，如今他仍旧期望在纽约的餐桌上可以吃到天然生长的"地扪野菜"。2005 年，由香港非政府机构——中国西部文化生态工作室资助，在这里创办了中国第一家民办生态博物馆，帮助当地社区村民传承民族文化、发展地方经济，并为有兴趣探究侗族文化的学者提供支持和帮助。博物馆由文化社区、社区文化中心和社区文化研究中心三部分组成。社区文化中心和社区文化研究中心建设在地扪村，博物馆的文化社区包括地扪、腊洞、登岑、罗大、樟洞、蚕洞、己炭、中闪、额洞、茅贡、高近、流芳、寨南、寨母、寨头等15 个村、46 个自然寨，占地面积 172 平方公里，覆盖人口 15000 多人。这种方式不仅获得了当地居民的参与和认可，也引起了国内外的普遍关注。目前已有美国、新加坡、澳大利亚、中国香港等国家和地区的近一百位艺术家来到地扪调研、考察。地扪吸引人、感动人的，不光有绝代的风景、花桥、鼓楼的建筑，还有生生世世传承的日出而作、日落而息，自给自足、淡然自在的农耕之美，它是一种淳真自在、安然若素的生活状态和生活方式。

简约而不简单，舒缓而自然，宁静而不失欢愉，在地扪侗寨的日子就像是一部慢生活的影像纪录片，每个到过这里的人都是对原生态的美好向往，走进地扪侗寨，有如置身于一幅古朴的画图，仿佛空间在转移，时光在倒流，重新回到陶渊明笔下"不知有汉，无论魏晋"的时代，淙淙清流，漫过人的心里，让人心变得柔软而平和，快时代的慢生活在地扪河缓缓流淌，流淌……

2015 年 10 月 3 日记

第二章

贵州原生态民族饮食文化

贵州原生态民族饮食文化是在贵州各民族生产生活的环境下、在各民族文化习俗背景下形成的,它根植于贵州各民族数千年的生产和生活实践,集中反映了贵州少数民族在食源开发、食物制作、饮食健康和饮食审美等方面创造、累积的观念、制度、习俗、礼仪和规范。

一 贵州原生态民族饮食文化发展简况

从贵州发现的旧石器时代和新石器时代的文物表明,早在五六十万年前贵州人的生活,前后经历了很长一段采集、狩猎、渔业为生的阶段。古代的先民通过"烧塘",将获取的猎物加工成熏肉、腌肉、腌鱼、腊肉、腊肠或风干的风肉、鸡、鱼等;春秋战国时代,夜郎国就与周边的云南、四川、广西等地区交往密切。在汉代和三国时期,交往更频繁,饮食文化也不断发展;明代时期,朱元璋发动频繁的"平滇"战争,先后调集30余万大军驻扎在贵州,这是贵州历史上最大的移民。这些屯军将士大多是来自江南的汉族,他们把当地的风俗、食品原料、烹饪文化带到了贵州,对贵州政治、经济、文化都有很大的影响,同时也推动了贵州饮食文化的发展。特别是明朝两次大规模移民中,四川、广西、广东、江西、江苏、湖北、湖南人相继来到这里。人烟稀少、山高沟壑,运载全凭人挑马驮的贵州很快繁荣起来。历史上贵阳、安顺、遵义、镇远等地也曾商人云集,政治、经济、文化繁荣,移民和商人不仅带来了商品的跨越,也带来了烹饪方法和南北菜肴,本地民众在提高本民族菜肴的同时,取长补短,结合本地的食材及民族禁忌,对本民族饮食进行了改进和丰富;清末时的民族菜肴奢香玉簪、镇远陈年道菜、思南甜酱瓜、安顺麻饼、夜郎面鱼、威宁荞酥、青岩状元蹄和鸡辣角等食品于今仍然是人们喜爱的特色食品。

新中国成立以来，在各级政府的关心重视下，贵州少数民族饮食渐渐从民间走向市场，在保留民族特色的基础上吸收了黔菜甚至各大菜系菜肴风格，在国内各地都有亮相。在《黔味食谱》和《黔味食谱》的续集、《黔味荟萃》《民族风味》《黔菜集锦》等贵州菜食谱中，少数民族食谱占有很大比例。

贵州地处亚热带高山地区，气候独特，提供各种动物和植物（包括国内和野生）生长的最佳条件，这些天然馈赠的动物和植物，又给贵州各族提供了生存和制作丰富的饮食文化所具备的食材，加上大杂居、小聚居的生活状态。各民族的饮食生活风俗既有相对的独立性，又受到其他民族的影响，从而形成了独具特色的贵州民族饮食文化。尤其依山傍水的民族地区，漫山遍野的山珍野味、河鲜野蔬比比皆是，为贵州民族饮食文化的发展提供了得天独厚的优质食材资源的条件，形成了贵州各民族以大米为主食，以辣、酸为特色且酒文化丰富多彩的饮食文化特色。

二　各民族不同的主食和副食

主食原料：粳米、籼米、糯米、小米、包谷（玉米）、荞麦、红薯、洋芋（土豆）及豆类等。

肉禽食材：猪、牛、羊、狗、兔、鸡、鸭、鹅和禽蛋等。

水产食材：以稻田养鱼为主兼有池塘养鱼和江河溪湖捕捞鱼为辅，品种有鲤鱼、鲫鱼、草鱼、团鱼、黄鳝、泥鳅、田螺、蚌壳及河虾等。

蔬果菌类食材：白菜、青菜、芹菜、萝卜、辣椒、西红柿、丝瓜、豇豆、辅八月豆、魔芋、芋头、黄瓜、南瓜、冬瓜、丝瓜、桃子、李子、柑子、柚子、西瓜、核桃、板栗、银耳、木耳、野生竹笋、蕨菜、各种野生菌（大脚菇、奶浆菌、红菌、石膏菌、松菌、刷把菌）和各种新鲜野菜、猕猴桃、野葡萄、菜籽油苞、木瓜等上百种种植或野生植物为原料。

油脂食材：菜籽油、茶油、花生油、猪油等。

调味食材：自然调味品辣椒、花椒、生姜、葱、蒜、橘皮、木姜子、芫荽、野薄荷、荜拨、鱼柳、山胡椒、野蒜、折耳根等，经过加工的酸汤、盐酸、土醋、酸辣椒、米酒、豆豉等。

虫蛙食材：野外的田鸡、石蚌、马蜂蛹、稻蝗虫、草蝗虫、松树虫、油茶虫、小米蝗虫、葛麻树虫、麻栗树虫等。

　　生活在贵州的多数民族，以农耕经济为主，兼有畜牧业和养殖业。由于不同的居住区域，主、副食品也有差异。一般来说，生活在平地坝子、河谷地带的布依族、侗族、壮族、水族、土家族等，以水稻为主要粮食作物，他们常年以大米为主食。而生活在山区的彝族、苗族、仡佬族等，水田很少，主要是旱地，以种植、栽培薯类和玉米、麦类为主，所以在很长的历史时期内是以小麦、玉米、土豆、荞麦等粗杂粮为主食，吃米饭是在近几十年才有的改变。

　　大米不仅是贵州许多民族的主食，而且还制成了各种风味的食品，最有代表性的是米粉。米粉呈条状。一般居家吃米粉，制作方便，用猪油、辣椒油、大蒜、姜汁和酱油、醋等配制，盛一碗汤，再放入热熟的米粉和新鲜蔬菜或炒牛肉和羊肉就可以食用了。米粉呈白色，香浓软滑，是一种老少皆宜的食品。

　　另外，黔东南的侗族栽种糯米具有悠久历史，特别是南部侗族地区盛产优质糯米更是久负盛名。由于糯米一般是生长在高山岭的水田，因而水质、土壤、气温的特性，决定了它都是施用农家肥，是一种无污染、纯天然的绿色食品，也是一种便于储存、携带、经济实惠的食品。

　　糯米饭也是贵州各民族喜好的食品，一般是把糯米饭蒸熟，然后用猪油在锅里炒，起锅后，把准备好的炒花生、鸡蛋丝、萝卜酸颗粒，或用引子、糖做馅子，捏成饭团，裹一层黄豆面即可食用。糯米性温，长期食用糯米饭及糯米食物有养胃、健胃之功效。糯米饭团还被侗族青年男女作为社交的食物，每当"游方""赶坳""浪哨"（一种恋爱方式）的时候，姑娘们就会带着糯米粑饭团（一般带 12 个，闰年则带 13 个）赠给自己的意中人，取其团圆和美之意。"糯米糍粑"也是贵州民族最喜欢的食物，用糯米做的。其制作方法是，先把糯米浸泡一段时间，待其充分吸收水分后，用甑蒸熟，然后倒进石碓或木槽里春打，称为"打糍粑"，打到没有米粒时为止，然后把它揉捏制成大小不同的饼状即可。除了自己吃，糍粑还是节庆馈赠亲朋的美食。此外，布依族、苗族、侗族、壮族"五色糯米饭"，一直享有良好的声誉。

　　除了大米、糯米饭外，各族还以当地出产的粗杂粮制作美味食物，绿色美味的荞麦饼就是威宁彝族人民的食物。贵州过去流传一句民谚："黔西、大方一枝花，威宁、毕节苦荞粑"，是描述威宁、毕节县的人们生计艰难，一般人家只能是以苦荞过活。聪慧的彝族人却用苦荞制成了美味食品荞酥。其制作过程十分考究，先挑选出最细的一层苦荞面，按一定比例加红糖、菜油、鸡蛋和少量的白矾、苏打、白碱搅匀，然后用豆类、熟植物油、芝麻、玫瑰、水果等制成馅心，将馅心包入荞面后按压成形，再进行烘烤。荞酥色泽金黄、清香扑鼻，酥嫩可口，以其独特的风味和物美价廉，成为目前流行的绿色食品，深受广大消费者欢迎。

三　酸、辣饮食习俗

贵州地区各族饮食文化，在"味"的方面以香辣带酸为主，这是由其特定的历史地理因素决定的。贵州人不害怕辛辣，因为历史上盐缺乏，"斗米斤盐"的时代环境，使辣椒成为贵州民族菜的百味之主。贵州地区历来缺盐，食盐主要靠川盐，于是盐价昂贵，广大贫苦百姓只能"望盐兴叹"，特别是生活在山区的苗族和侗族等，长期短缺盐。勤劳聪敏的苗、侗等民族，在长期的生活实践中，探索出了以酸代盐，以酸补盐的烹饪技术，所以，苗、侗民族的酸味菜特别有名，如酸汤鱼、酸菜鱼、酸菜豆米汤等。

酸是各民族菜的基本味，谚语说："三天不吃酸，走路打蹿蹿"，就是苗、侗、布依、仡佬、水族等兄弟民族都喜食酸的写照。这些民族基本上家家有酸菜坛，户户有酸汤缸，几乎每天都以酸辣汤烹饪菜肴。常见的泡酸萝卜、酸豇豆、酸盐菜、酸蕨菜、酸韭菜根、酸鸡、酸鸭、酸肉、酸辣盐酸菜、酸辣椒等酸得适口，酸得令人回味。

贵州少数民族饮食中的酸可分为两类：一类是作为饮料和调味酸，叫酸味汤；酸味汤分米水酸汤、番茄酱、鱼酱几种。其用料、制作有别，口味各异。另一类是指酸味食品，近年来，贵州菜馆在各大中城市纷纷亮相，多半以贵州民族菜的苗族酸汤鱼等为主打菜，贵州民族菜的亮点和价值逐步被市场所认可。

贵州各民族都喜食辣椒，并利用天然发酵酸烹制菜肴，具有一辣二酸的民族特色，堪称"辣出品位，酸出特色"。各少数民族的家常菜几乎无菜不辣，辣是家常菜的灵魂，所以用辣椒制作的调味品便有几十种，如糍粑辣椒、糟辣椒、煳辣椒面、泡辣椒、酸辣椒酱、辣椒油、阴辣椒、辣椒豆豉等都有自己的特点。本地人能够用一种或多种辣椒制作出干辣、油辣、糟辣、酸辣、麻辣、复合辣等10多种独特的味道系列辣。贵州辣味品已经形成了一种红而不辣、辣而不猛的香辣风格。

蘸水是民族菜一绝，堪称民族饮食一绝的"辣椒蘸水"，种类极多，不同的菜可用不同的蘸水，同样的菜也可根据不同的口味用不同的蘸水。常用的有油辣椒蘸水、煳辣椒蘸水、烧毛辣椒蘸水、糟辣椒蘸水、折耳根蘸水等。

贵州各民族在长期的食辣生活实践中，创制了形形色色、琳琅满目的辣椒食品和系列辣椒菜肴。贵州人嗜辣，一般解释为"天无三日晴"，气候环境，湿度太大，所以用辣椒御寒驱湿，这虽然是一个原因，但主要是因为贵州的土壤、气候等自然条件适宜辣椒生长，而富于创造的贵州各族人民，在长时间种植、食用辣椒的实践中，赋予了辣椒更为丰富、诱人的饮食文化内涵。

贵州民族菜辣香异酸、古朴醇厚、野趣天然、风味独特，洋溢着浓厚的民族风情。

四　各种特色菜肴

崇山峻岭和纵横交错的河流，广阔的丛林，给贵州各族人民提供了充足的食材资源，勤劳智慧的各少数民族人民，在长期的生产生活实践中，创制了多姿多彩的饮食文化，烹制出了很多闻名遐迩的名特菜点。进入21世纪现代工业文明时代后，人们更加重视饮食的健康。"西式快餐"以及一些经过油烹、煎、炸、爆、炒的菜肴其营养成分和人体所需的微量元素，遭到严重的破坏，使菜肴营养破坏或丢失，而且影响健康。许多国内外游客到贵州少数民族地区旅游，就是为追求一种返璞归真，回归自然的享受。而一些少数民族菜肴，无论是种植生长过程还是在烹饪过程中，都是一种朴实自然的饮食风俗和烹调工艺，比如水烹、水煮，清蒸、烧炖或用清水洗净后直接凉拌，配上蘸水，恰好能保留菜肴的营养，被认为是一种原生态的绿色保健食品，所以备受青睐。

肉类菜肴

贵州地区的少数民族，除回族因其传统习俗禁食猪肉外，其余各民族都以猪肉为主要肉食品，兼食牛、羊肉。猪肉，除了一般的炒、炖、煮外，各民族都创造了不少地方特色的肉类菜肴。水族比较注重养殖业和渔业，所以，各种牲畜禽及水产品为水族生活提供了必需的肉类食物。

　　苗族、侗族喜吃"剖汤"。即杀猪后，把猪内脏洗净切碎，加之边角次肉，加放姜、蒜、辣椒和调味料一起煮成一锅，邀请朋友一起分享。每人面前一小碟蘸水，用大碗舀出"剖汤"，主客团团围坐，吃菜饮酒。"剖汤"味道鲜美，酒到半酣，主人还唱苗歌、侗歌劝酒劝菜，气氛和谐温馨。

　　苗族的"腌胙肉"也久负盛名。其制作不复杂但独特，把肉洗净晾干，把粳米炒熟春成粉，用一口小缸（或土坛），铺一层粉，放一层肉，一层层铺放好后，用芭蕉叶封住坛口，然后把坛倒置于地，有的还用黄黏泥密封坛口，通常经过大半年就可取食，无须再烧熟。也有的腌好存放二三十年，在孩子诞生时腌一缸肉，等到孩子长大娶亲时才用来待客。启坛后的肉胙，颜色鲜黄透亮，味道奇美无比。

　　侗族的"洗澡肉"也别具一格。杀猪时，选取膘肥肉厚的，切成巴掌大的一块肉片，而后置一大铁锅，盛清水烧煮开，把切好的生肉片沿锅边放下，主客围坐，每人面前有一碟放盐和煳辣椒面的蘸水。等肉片漂浮至锅面，就算煮熟了，就可以蘸点蘸水食用，主客彼此劝酒劝肉，边吃边戏谑嬉闹，酒香肉肥，欢声笑语不断。

　　彝族的"坨坨肉"独具特色。其方法是把肉切成块，最大的可达半斤左右，用锅煮，煮开后加入辣椒、姜和野生的香料、盐、酱油等，与汉族的红烧肉近似，但更粗放古朴。煮熟后放葱花，或围锅而吃，或以大盆舀上桌面，以肉佐酒，随便享用。"坨坨肉"一般在过年过节或待客时食用。[①]

　　布依族的腌骨头颇有名气。其制作食材是以骨头为主，杀了猪，把猪排骨、腿骨和其他部分的骨头剃下来，但不要把肉剃光，留点瘦肉，还要加点肥肉，然后用斧头将骨头砍成碎片，捣烂成末，再加上盐、姜末，干调味品如辣椒、五香粉，混合拌匀，入坛，一个半月后食用。食用时，通常用糟辣椒油炒，加少许水焖一下便可。腌骨头鲜脆酥香，酸而辣，非常可口，吃起来令人难忘，是理想的餐饮招待的上品。笔者经常下乡调研，有幸在布依村寨品尝过"腌骨头"，留下了深刻的印象。

　　牛瘪肉。是主要生活在黎平、从江、榕江三县侗族同胞所钟情的一种传统食品。"牛瘪"是侗语和汉字意译的结合词，指积蓄在牛胃及小

---

　　①　赵泽光：《贵州少数民族饮食文化概述》，《贵州民族研究》2007 年第 3 期。

肠里还没有消化的草料中压榨出来的汁液。杀牛时，剖腹后把牛胃及小肠中的草料取出，经压榨过滤得到灰绿色的汁液，再加入少量苦胆汁，入锅用适量的植物油焖煮，就成了黄绿色，它的味道清香微苦，以供烹制牛瘪菜的特殊佐料。牛瘪肉是采用牛腿肉或牛千层肚洗干净，肉切成细丝或剁成末，千层肚切片，炒或煮菜，加洋葱、大蒜、姜、香菜、辣椒、盐等，最后浇上精制的牛瘪拌匀便是奇特的牛瘪肉了。牛瘪集百草于一身，被称为人工无法合成的"液体味精"，它不仅是一道可口的民族风味菜肴，还可强身治病，具有滋补润肺、清火提神之功效，所以也有"百草药"之称。

鱼类菜肴

贵州位于长江和珠江两大水系的上游，河流众多，溪涧密布，是鱼类和其他水生食物丰富之地，有许多著名的水产品牌，最具代表性的是大鲵（贵州俗称娃娃鱼）。大鲵肉嫩鲜美，是高档的好菜，贵阳的八宝大鲵、红焖大鲵长期以来一直是黔味菜肴的名品。大鲵也有一定的医疗作用，对血虚、血亏、霍乱、痢疾、疟疾等症状都有一定疗效。如今大鲵已被列为国家重点保护的珍稀动物，严禁捕杀，现在人工孵化、放养已获得成功，这为更多的人能够品尝到娃娃鱼提供了可能。

侗族的"腌鱼"别具特色。制作方法也很独特：鱼切取内脏，用盐水浸漂，然后蒸糯米或炒米饭、辣椒面、花椒、米酒、姜、蒜，加草木灰水和盐拌匀，一部分装入鱼肚子内，一部分均匀撒在鱼皮上后装入木桶，上面覆盖水芋叶或棕榈叶、笋壳叶后用石头压上。一个月或两个月后就能开桶，但腌两年左右是最好的。也可以是泡菜坛腌制，但透气效果不如木桶的好。食用时取出蒸熟，其色泽金黄，骨刺已酥脆，连肉一起嚼食，味道非常独特。侗家请客时，腌鱼是必不可少的一道菜，如果没有腌鱼，不管其他的菜有好多，也觉得美中不足。

烧鱼是侗家喜食的一种菜肴。烧鱼有两种方法：一种是于暗火上烘烤，以内脏烤透，不焦黄色为最好；另一种是置于茅草当中烧炙，等草烧尽，鱼亦透熟。以草烧鱼，有青草的芳香。烧鱼通常的吃法是蘸食，即烤辣椒捣碎，加葱蒜、芫荽等佐料拌成辣酱，以烧鱼蘸辣酱拌食和酸汤拌食。辣酱烧鱼是将烧熟的鱼捣碎拌入上法所制的辣酱中即成；酸汤拌鱼是用芋头酸汤和辣椒面、葱蒜、芫荽、折耳根等佐料与捣碎的鱼拌匀食用。

特殊汤锅

苗族的"瘪汤"，也是独具一格的风味食物。"瘪汤"有羊瘪汤和牛瘪汤两种，夏季以羊瘪汤为最佳食品。"瘪汤"的制作方法是：杀羊后，选取其粉肠、肺脏，略洗一洗（大都不洗），切碎，拌以盐、酒、香料。待锅中油水滚沸后，将切碎的五脏六腑倒进去，盖严，俗称"瘪"。待煮熟后，再把羊血、羊胆放进去，又盖严，片刻后即可食用或敬客。"瘪汤"是苗家待客佳肴，宋朝朱辅的《溪蛮丛笑》中就有"牛、羊肠脏，略洗摆羹，以飨客，臭不可近，食之则大喜"记载。"瘪汤"营养丰富，药用价值极高，许多苗族老寿星都得益于"瘪汤"。牛瘪、羊瘪也可干锅烧制，笔者曾在黔东南的剑河县品尝过羊瘪，其味微苦，香辣爽口，是佐酒的佳肴。[①]

酸汤是侗、苗、瑶、水等民族的特色菜，一般有坛制品和桶制品之分。坛制的酸食有酸汤、虾酱、盐菜、糟辣椒等。酸汤是以淘米水存于坛内放置火边酿制而成，主要用以煮鱼虾、蔬菜等，犹以酸汤鱼最为有名。

在人类和自然社会的发展中，现代文明的飞速发展给人们的身心健康带来了一定的负面影响，食品中的添加剂、催长素等激素导致很多孩子性早熟，患肥胖症等。从中也使人们意识到返璞归真、回归自然的重要性和必要性。现在人们都爱吃不被污染的食物，所以开发和利用绿色食品必定成为大势所趋，这是人们消费心理生理健康的需求使然。

五　多姿多彩的酒文化

贵州气候温和，物品丰富，食品种类齐全，加上地处长江、珠江两条河流的上游，水质优良，这给酿造业创造了一个先决条件。所以，贵州历来是名酒之乡，不仅有闻名世界的茅台酒，且各族百姓用特别的资源及酿酒技术酿制出了具有当地特色和民族特色的种种佳酿。加之，各族群众热情好客，所以喜欢饮酒，几乎每个家庭都会酿制低度米酒，民间称"夹酿酒"或"米酒"，用以自饮和待客。黔东南一带的苗、侗民族自酿的米酒，花溪、青岩一带布依族自酿的刺梨酒，惠水、平塘一带布依族自酿的黑糯米酒，三都水族自酿的九阡酒等，一般度数不高，酒味清甜醇和，别

---

① 赵泽光：《贵州少数民族饮食文化概述》，《贵州民族研究》2007 年第 3 期。

具风味，可相对加量饮用。

饮酒习俗

各少数民族喜欢饮酒，在许多重要场合中都离不开酒，"无酒不成礼""无酒不成席"，常以酒来调节、融洽气氛。很多民族还有敬酒的歌舞，用来劝酒，让来宾在热忱周到的礼仪中尽情尽兴，久而久之，各民族逐渐形成了不同的饮酒民风。

1. 咂酒

土家族、苗族、彝族的"咂酒"也别具一格，古称"打甏"。它不是酒，而是一种饮酒习俗。"咂"即吮吸，"咂酒"是用竹子和藤管、芦苇等把酒从器皿中吸入杯或碗中饮用或直接吸入口中。这种习俗盛行于贵州的彝、苗、侗、布依、土家、仡佬等民族之中。清嘉庆李宗昉《黔记》载："咂酒，一名重阳酒，以九月贮米于瓮而成，他日味劣。以草塞瓶颈，临饮注水平口，以通节小竹，插草内吸之，视水容若干，征饮量。"可见，这种饮酒方式颇有情趣。用冷开水或凉水倒入瓮中，浸泡几十分钟，用两根长约七尺，根部四周有小孔的空心竹管，插入瓮中，引出酒液。吮吸时口内发出"咂……咂"的声音，所以称为"咂酒"。"咂酒"浓郁醇正，清香爽口，是待客的佳品。咂酒一经开坛，剩酒无论浓淡，均不再饮用。传说太平天国的将领石达开经过贵州的时候就喝过当地少数民族的这种咂酒，并赋诗一首，"万颗明珠一瓮收/君王到此也低头/双手抱着擎天柱/吸净长江水倒流"①。生动形象地描绘出咂酒的特色。

2. 转转酒

也称"彝人贵酒"。彝族人民酷爱饮酒，无论男女，几乎人人皆饮酒。有一句谚语："汉人贵茶，彝人贵酒。"他们喜欢饮酒，民间有"饮酒不用菜""有酒便是宴"的说法。不管是在家里，还是在场坝上，甚至田边、草坡上歇凉的地方，拿出酒来，席地而坐，围成一圈，一边倾心相谈，一边端着酒杯，依次轮流饮酒，称为喝"转转酒"。若是中途有人来，不分男女老幼，也不分生人熟人，互相挤出一个空位，让来人参与畅饮，反映出彝族人好客善待的生活作风和朴质诚挚、坦荡豪爽的性格。同时，转转酒也起到了彼此交流沟通的作用，蕴含了一种难以言传的心理整合的意义。

---

① 潘守永：《三峡饮食诸题》，《读书》1998年第5期。

3. 过关饮酒

过关饮酒即在迎客的道路上，设置一道道关口，客人必须先饮酒然后才能通过的一种待客饮酒方式，表现出主人以酒迎客的至诚与坚决，流行于我国南方苗、瑶、侗和布依等少数民族社会中。

瑶谚云："桌上客常有，杯中酒不空"，瑶族人以此为荣。瑶族待客，有饮"三关酒"的习俗，凡是喜庆事，客人到，唢呐、鞭炮响起，主人家就拿出酒，在屋外组成三道关。每一道关必敬每一位客人两杯酒，称为"三关迎客六杯酒"，充分表现了主人迎客之盛情。

拦路酒是苗族人民的一种迎客习俗，凡是客人进入村寨，村民们便在门前大路上设置拦路酒，对客人唱拦路歌，让客人喝拦路酒。拦路酒设置的道口多少没有硬性的规定，少则 3 至 5 道，多至 12 道，最后一道设在寨门口。客人要一道关一道关地喝完拦路酒，才能进寨门，既表示对客人欢迎之热诚，又表示主人待客之盛情。每逢丰收庆典或重大节日时，这种礼仪更加隆重。另外，侗族、布依族也有与此相似或相近的过关饮酒习俗。

苗族人饮酒因时间、地点和对象的不同而又有不同的名称，如"拦路酒""进门酒""嫁别酒""迎客酒""送客酒""双杯酒""交杯酒""转转酒""贺儿酒""平伙酒""酬劳酒""慰问酒"，等等。苗族人也很讲究好客的饮酒礼仪，如主人向来宾敬酒要敬两杯，这叫"两条腿走路"，敬酒者双手端杯，按正、反方向敬两周，最后一人时，双方交杯对饮。苗族人敬酒的时候要双手交递，受敬的人也要双手接过，喝之前要向在座的人表示"得罪"，喝完之后双手交回酒碗。而且，来宾来这里是双脚走来的，因此必须喝双杯。"斟酒不过面"，不论从什么方向开始斟酒，都要一个一个来，不能因为其中有老少、主客的区别而不礼貌地跳过某些人。有酒肉的时候，要先掐点肉（除牛肉、鱼肉外）、倒点酒在地上，表示祭祖。如果主人以牛角酒杯敬酒，客人有两种饮法，一是不用手去接杯子！抿一口即可；二是用手去接，这就意味着要把牛角杯中的酒喝干。

此外，许多民族敬酒的时候都讲究"三杯"。各民族对这三杯酒有不同的解释。瑶族习俗认为客人喝第一杯，人还在门外；喝两杯，就是一条腿迈过门坎了；只有喝了三杯，才算进入家中。土族在招待客人的时候有"三次三杯酒"的礼节。第一次为"临门三杯酒"，第二次为"吉祥如意三杯酒"，第三次是在客人临行前的"上马三杯酒"。不能饮酒的客人可以用无名指蘸一点酒对空弹三次，表示领情和谢意。

侗族、苗族的拦门酒，就别具情趣。有来宾到苗寨、侗寨，主人就在寨门口牌楼下，姑娘们身着节日盛装，排成两行欢迎来宾，每一个姑娘手里都端着装满米酒的牛角依次向客人敬酒。一支牛角可装一斤多米酒，若是来宾不知道规矩，用手去碰牛角，就得将牛角里的酒全数喝下，有的客人就会被醉倒在寨门口，所以称"拦门酒"。正确的做法是，当姑娘们敬酒时，不需要客套，只需垂下或背着两手，仰脖伸嘴去接，这样一个姑娘敬一口也就算过关，而不是在门口喝醉了。

彝家待客的酒礼也豪放有趣。到彝家做客，主人要敬客人三碗玉米酿制的酒，客人三碗酒喝完，主人会陪客人喝酒吃蔬菜。

除日常饮用酒外，各民族还用当地特产酿制各类风味酒和保健酒。如刺梨酒是用维生素含量极高的野生刺梨，加入优质白糯米酿制而成，有健胃补脾、补中益气、补血助消化之功效。黑糯米酒是用当地出产的优质黑糯米原料配制酿成的，酒味香气浓郁，酸鲜适口，甘洌醇厚。天麻酒是用名贵中药材天麻酿制而成，可治疗晕眩头痛、四肢麻痹、风湿和身体虚弱、半身不遂及高血压等症。杜仲酒是用名贵中药材杜仲配制酿制而成的，有健筋骨、强腰膝的作用。还有杨梅酒、各种果酒等保健酒和风味酒都是深受广大消费者欢迎的佳酿。

六　古色古香的茶文化

中国是世界上种茶、制茶和饮茶最早的国度，茶也是我国最重要的饮料，它的滋味不分地域，不分民族，有的只是不同民族不同地域创造的不同的茶文化。而贵州又是中国种茶、制茶和饮茶最早的地区之一。

贵州高原被古生物专家称为"化石王国"，1980 年 7 月 13 日发现了迄今为止世界上唯一的茶籽化石。茶籽化石的出现，奠定了贵州是茶树原产地最有说服力的实物佐证。茶籽化石在晴隆的发现，不仅仅是贵州的骄傲，也是华夏民族的骄傲，是全人类的宝贵财富，是稀世之宝。

贵州是一个茶树资源宝库，这里茶品种最多，全国有 270 种茶叶资源，仅贵州湄潭县就占了 163 种。贵州青山处处，气候温润多雾，无污染，茶叶品质是天然的佳品，这样得天独厚的条件，使贵州几乎县县出产好茶，许多少数民族地区在唐代、明清时期就出产朝廷贡茶。千百年来，各民族留下了无数的茶歌、茶俗、茶故事等茶文化。

　　各民族同胞在长期的茶叶出产和饮用中，积累了丰富的制茶经验并创造了很多极富民族特色的茶礼和茶俗，诸如客来敬茶、浅茶满酒、凤凰三点头、捂碗谢茶、三茶三礼等，都是民族同胞独有创新的、特色的茶礼，不仅反映了长期形成的各民族具有积极意义的茶文化，而且还活跃在今天民族的生活当中。

　　贵州各民族在制茶、饮茶消费过程中，形成了多种茶文化。在多彩的民族文化环境中，茶在宗教、祭祀、婚礼、礼节、社交等方面的使用，形成了独具特色、丰富的民族茶文化。

　　另外，贵州少数民族饮食的风俗，还有歌舞相伴，大家一起欢愉地享用，一切有益于"身心的健康"。回归自然，返璞归真是21世纪发展的一个大的趋势和潮流，而具有悠久历史和独特文化的贵州民族饮食文化却一直都遵循着创造美味、注重健康、同享快乐的理念。尤其是在一些大城市的白领，高薪阶层，更追求健康、营养益智等消费时尚和饮食生活。贵州民族饮食因食材的原生态而营养丰富，烹饪加工技艺简单，吃法独特，具有回归自然，返璞归真等特点。

　　总之，在贵州的少数民族，在生活和实践的漫长时间里，创造了丰富多彩的民族饮食文化，增加了中国传统文化的辉煌。在西部大开发和社会主义现代化建设的进程中，在旅游开发，促进贵州绿色经济的发展中，少数民族特色饮食文化将起到十分重要的作用。

七　田野调查手记

风味独特的三都"辣椒酸"

　　"三天不吃酸和辣，心里就像猫儿抓，走路脚软眼也花。"这是流行在黔南民族地区的民间谚语。三都水族自治县也有"三天不吃酸，走路打偏偏"的说法。它道出了这一带水、苗、侗等民族喜好酸食这一大特点。

　　三都"辣椒酸"，本是这一带居民的家常食物，可谓源远流长，虽不及天津"狗不理包子"有名，但生息在这一带的民族兄弟都说：吃酸、制作酸都是祖辈传下来的，所以十分喜食它。制作"辣椒酸"的方法很简单，只要把新鲜的红辣椒洗净掺水磨碎，用糯米饭或碎米稀饭拌和均匀放在土坛子里，十天半月就能发酵变酸。所以，这种酸，不同于醋酸，也不同于杏酸，更不是青梅或杨梅的酸，而是一种发酵后的辣酸。这里的人们吃酸习以为常，但没有品尝过它滋味的来客往往十分好奇，会发出这样的疑问：好好的糯米饭和辣椒怎么放在罐子里让它酸了才吃呢？只要你深入当地老百姓之中，就会知道，酸食在水、苗、侗等民族饮食文化中占有特殊的地位。

关于酸食的来历，当地还有许多传说。古时候，水族人生活的地区非常缺盐，菜无味，人无力。万般无奈，水族的祖先只好用红辣椒与糯米饭拌在一起加清水泡起来，过了十多天开坛一尝，味道竟然很不错，酸辣而带甜。从此以后，水族人学会了做酸食，并缓解了缺盐带来的困难。"三天不吃酸和辣，心里就像猫儿抓，走路脚软眼也花"和"三天不吃酸，走路打偏偏"的谚语，可能也由此而来。又传说由于地理环境的原因，气候湿热，食物不易保存，为了调剂肉食、蔬菜淡旺季的平衡需求，生活在这里的各民族同胞在长期的生活实践中发明了制作酸食技术。酸食不仅味美可口，而且保存期相对较长。由此可见，酸食是水、苗、侗等民族为了适应环境、因地制宜发展起来的饮食风俗。三都"辣椒酸"不仅色、香、味俱佳，看起来赏心悦目，吃起来酸滋滋地含着辣味，红彤彤地刺激你的食欲，而且有深厚的民族饮食文化内涵。

自从踏上三都的土地，我们一行人也是天天吃酸：酸辣鱼、酸辣粉、酸汤火锅……对我来说，它比许多山珍海味还要可口。特别是夏秋时节，在外奔波了一天之后，暑热干渴，回到住地，喝上几口酸汤，那真是胜过城里的"可口可乐"。它既能止渴，又开胃消食。其实，"辣椒酸"的吃法很多，可生吃，可与其他食物炒、煮、蒸，吃起来都是别有风味。论色气，红彤彤；论味道，酸中带辣；用鼻子一闻，香喷喷的。你若是喜欢吃辣椒，再用干辣椒面或生辣椒切碎与酸汤拌在一起做成盐蘸碗，将菜在碗里一蘸，实在是一种美食享受。甚至吃完了还要向主人再要来吃，吃着吃着就上了瘾。

三都水、苗等民族喜好酸食，几乎家家户户都有腌制食品的土坛土罐，统称"酸坛"。每到收割的季节，家家户户，热热闹闹开始制作酸食，从猪、鸡、鱼、蛋到瓜果、蔬菜均可腌制成酸食，放入坛中，可一年不变质。吃时再取出，根据各自的喜好炒、蒸、煮均可。

酸食之所以受到如此青睐，除了它特殊的香醇味道与防腐外，据医生说，它还有一种营养价值较高的化合物叫"酶"，可以帮助消化吸收，增进食欲。因此，酸肉、酸鱼等酸食还是水、苗、侗等民族待客、馈赠亲友的佳品。

尽管黔南地区三都县与江南、洞庭、滇池等鱼米之乡比起来差距甚大，但千百年来三都人民在山间、峡谷中艰辛耕耘，不仅从石缝中夺得丰收，而且还以其聪明和智慧，在果腹之余，演绎出内涵别具一格的饮食文化，使简单的满足生活需要变成了更高层次的精神享受，为中华源远流长的饮食文化增添了奇光异彩。

要是有机会到都柳江畔人家做客，请一定亲口尝尝这"辣椒酸"，一定会余味无穷，流连忘返。

2003 年 9 月 9 日

赫章彝族酒俗

穿过层层相叠的山川，越过道道纵深的峡谷，离开河谷织横、千亩石林、万亩草场的韭菜坪，汽车缓缓行驶在赫章县珠市彝族乡环山公路上，扑入眼帘的是如诗似画的彝族山寨风光。明净清朗的天空下，袅袅的炊烟萦绕着山寨，和静的晚风携带着樱桃花淡淡的清香，从幽远的山冈源源扑鼻而来，这清香缕缕使我如痴如醉，心旷神怡。步入乡政府职工食堂，正当我们迷醉于淡淡花香，还未收回飞越的思绪时，笑容满面的主人已给我们盛满了醇香扑鼻的荞子酒，我们立即被彝家人浓浓的盛情深深感动。于是主客围坐在一起，喝起了独具风味的彝家荞子酒。酒喝了几圈以后，当地彝族歌手便放开喉咙唱起了广泛流传于赫章彝族村寨的敬酒歌谣。和谐悦耳的歌声更激起我们对彝族同胞无比的亲近感，你听：

　　　　　远方的贵宾，四方的朋友，
　　　　　我们不常聚，难有相聚时，
　　　　　彝家有传统，待客先用酒，
　　　　　彝乡多美酒，美酒敬宾朋，
　　　　　相聚要敬酒，请喝一碗酒。

一边品尝着"全羊火锅",一边喝着这醇香滴滴的彝家酒,倾听着发自肺腑的抒情演唱,更使我们感动万分。是啊,最甜不过彝族人的转转酒,最好不过彝族人暖融融的心。置身于这情满彝山,酒满彝山的村寨,使我们真正感受到了人间友爱洋溢的真情。"地上没有走不通的路,河里没有流不去的水,彝家没有错喝的酒,朋友,喝吧,尽情地喝吧!"乘兴的主人们一边给我们劝酒,一边给我们讲述彝族人浓浓的饮酒风俗:"彝族人好客好酒,酒是我们彝族人招待远方贵客最好的食物和饮料。我们彝族人有待客无酒不成礼之俗,酒在我们彝族人心目中是异常甜美的东西。喝起来舒服、畅快,是彝族山寨任何饮料和食品也无法取代的。"

乡里的一位老师告诉我们一个生动的故事:彝族有这样一个关于酒的民间传说:很久以前,在一座大山里,居住有汉、藏、彝三个民族。他们情同手足,结为兄弟,汉族为大哥,藏族为二哥,彝族为三弟。每逢节日喜庆日,三个兄弟必聚在一起,共度良辰。有一年,三弟开荒种了一片荞子,秋天便收得很多荞麦,于是他将荞麦磨成面后,请大哥、二哥来共享他丰收后的成果。由于荞面煮得多,第一天没有吃完,第二天再吃时,荞面竟然变成了水,并散发出甜丝丝的奇香,倒进碗里后,三弟兄都舍不得喝,围坐在火塘边你推我劝,碗在三弟兄手中转来转去,从早上转到晚上,都没有喝完。从此彝家就有了荞子酒,有了喝"转转酒"的习俗。自从有了酒,彝族便同酒结下了不解之缘。酒已成为彝族人缔结友情,待人接物,调解纠纷无以替代的法宝。

讲完他还强调一句"可以说,哪里有我们彝族,哪里就有这转转酒"。

早就听说彝族人有句谚语:"汉人贵茶,彝人贵酒。"他们常常是"有酒便是宴",所以有"饮酒不用菜"的习惯。过去不论在家里或在街上,甚至路旁、河边、草坡上歇凉的地方,拿出酒来,席地而坐,围成圆圈,一边倾心相谈,一边端着酒杯,依次轮流而饮。要是中途来人,不分男女老幼,也不分生人熟人,互相挤出一个空位,让来人加入畅饮,也就是习惯上称的"转转酒"。这种饮酒习俗反映出彝族好客善待的生活作风和质朴忠厚、坦荡豪爽的性格。还起到了相互交流沟通的作用,包含了一种难以言传的心理整合的意义。

　　今天我们又听到几位乡民介绍彝族山寨还有一种颇有情趣的饮酒习俗，叫"咂酒"。"咂"即吮吸，就是借助竹管、藤管、芦苇秆等管状物把酒从瓮坛中吸入杯或碗中饮用或直接吸入口中。饮酒时，将瓮口打开，注入开水（冬季用温开水，夏天用凉开水），然后插入竹管吮吸。竹管以水竹为佳，竹管的长短，以瓮的大小而定。饮酒时，在场者沿酒瓮围坐成一圈，由年龄最长者先饮，然后再由左至右，依次轮转。

　　"万颗明珠一瓮收，君王到此也低头，双手抱着擎天柱，吸得乌江水倒流。"据说，这是太平军统帅石达开到贵州彝族地区时，被彝人的豪情所打动而留下的佳句。酒对彝族来说，显得十分重要，但是彝族人喝酒却很有节制，在彝文经典《训迪篇》里嘲笑和鞭笞饮酒无节制的人并劝诫说道：彝中有些人，饮酒如饮水，酒后醉昏昏，东歪又西倒，出口便伤人，家中常吵嚷，妻离子又散，鸡飞狗跳墙，无酒找酒喝，酒醉无所事，屋里乱如厕，家也不像家，客来烟不炊，亲友告忠言，饮酒要适度，节约才有吃，饮酒要节制……贪杯一生穷，劳动才有穿，莫学酒醉鬼。

　　听着主人娓娓道来的彝族先民饮酒观，使我敬佩不已，是啊，养成了良好的饮酒习惯，才能真正地使源远流长的中华酒文化在我们生活中永远散发出迷人的醇香。

　　在彝族人和善亲切的面孔里，似乎藏着很多说不完、道不尽的彝家山寨有关酒的诱人故事和习俗。我们一边品尝着这醇香扑鼻的彝家酒，一边静静地听着主人们你一言，我一语，话语里流淌的彝族源远流长的酒文化。陪伴了我们一天的彝族小伙还满怀喜悦地又说起彝族的坛坛酒，这种就是用玉米、高粱、荞麦等多种杂粮，配以多种草药制成的酒曲酿造而成的，酒的度数约15度，营养价值和药用价值却很高。百闻不如一品，当我们面对这致兴致幻，醇香浓浓的彝家酒时，不由对这具有充饥解渴、抵御寒冷、舒筋活血诸多功效为一体的彝家酒赞叹连连。如果哪一天，你有机会到赫章彝族山寨来做客，你一定会沉醉在彝族人浓浓的一坛坛酒中。

　　宾主围坐，全羊火锅，三杯两盏，舒畅叙话，使我们畅怀淋漓。当我们赞叹之时，悦耳和谐的彝语祝酒歌声又唱起：

古老的大青山，

声声阳雀叫，

一切的祝福都在酒杯里，

来吧！来吧！朋友们！

举杯！举杯！朋友们！

干杯！干杯！朋友们！

······

2004 年 3 月 6 日记

茶浓情更浓

我原以为以茶待客只是蒙古族、藏族的一种饮食习惯，没想到在黔东南州台江县方召乡罩高堡苗族村寨以茶待客也是他们的一种礼仪习俗。

苗族是热情好客的民族，苗族人的心像大山一样坦荡，苗族人的热情如七月的骄阳，苗族人从不掩饰自己的爱与憎。无论你何时到达苗寨，苗族人都会用他们敦厚的热情来款待你。听到村口来人的欢笑声，苗族人就会很快出门前来欢迎你、殷勤地问候你，把你请进家里。主客坐定，主人便会为你敬酒敬茶。敬酒是苗族人普遍的传统礼仪，这可能无人不知，而敬茶待客也是苗族人的另一传统礼俗，是这次到黔东南台江县方召乡罩高堡苗族村寨之行才有的收获。

罩高堡位于台江县城东 12 公里处，即雷公山余脉向清水江过渡的苗岭山麓上，这里冬无严寒、夏无酷暑，遍山的野生茶树枝繁叶茂，据说有的茶树已有上百年的历史，当地人称"古茶树"。每到清明前后，当地村民就上山采摘嫩芽，经手工多次撮、揉、晾、晒、砂锅炒等多道工序的精心制作后，就成为当地村民的日常生活饮品。

2005 年 7 月 2 日在县委宣传部小王和杨乡长的带领下，我们一行人来到罩高堡半山腰的一户人家，也许是经过一夜细雨的沐浴，晨雾刚刚散去，木屋散发着山茅草和红杉木的清香味。这家男主人姓张，我们刚落座，他就用夹生的普通话向我们介绍这，介绍那。女主人一身青色的棉布衫，头发绾成髻，头上包着青布，全身穿戴既朴素

大方又庄重。她一边谈笑，一边用木棍将火塘的火撩拨得更旺，一鼎
小砂罐在火塘上吱吱作响。不一会儿，砂罐里的水滚开了，她抓了一
把茶叶放在罐里。茶叶在砂罐里煮了几分钟，女主人便把砂罐端下
来，放在火塘边。然后在客人面前一一摆好了茶碗，再给客人一一舀
茶……还没喝呢，茶香已在满屋飘荡。待到举起茶碗喝一口，感觉茶
味比较浓，略苦，但却回味无穷。这时我觉得喝了半辈子的茶，没有
任何茶水能蕴含这么浓醇的山野的芬芳。这是古老而原始的"古茶
树"的茶，这是纯天然、无污染的绿色饮料，喝下去能不通体舒畅、
使人年青长寿吗？土茶源于可爱的大自然，来自美丽的山野，它给人
们带来纯朴，帮助人们排除污浊，获得更多的清香……

　　土茶和米酒一样，都是苗族不可缺少的饮食，也是招待远方来客
的必不可少的饮品。按苗族的规矩，敬茶时一定得双手举碗（或杯）
送到客人手中，如果单手则被视为失礼，这一简单的行为会很快拉近
主客之间的距离。飘香的土茶不仅为来客润喉解渴，也有助于客人消
除劳顿，更有助于形成主客融融相处的氛围。当地有一首山歌唱道：
"金碗、银碗斟满茶，双手举过头……远方的客人来了，我们没有好
菜来招待，请您干了这碗茶，祝愿您幸福，祝愿您健康。"可见敬茶
之庄重，友情之纯朴。热情好客是大山的情怀，也是苗族人古老的遗
风，优秀的传统。在覃高堡，递给客人的茶，客人一定要喝完，最好
是喝完三碗，大有三碗才过关之气势，这样也算看得起主人家。喝完
三碗不能再喝时，要将碗递给主人，否则好客的主人会马上再打来一
满碗。喝完三碗还能喝或还想喝，主人家会非常高兴；即使不能再
喝，好客的主人也会盛情相劝再喝一碗。这些古老礼俗的遗风，至今
仍为人们遵守着。因此，当你走出纷乱的都市，来到这里做客时，带
着你的诚挚和尊重来就可以了，苗家人会热情地款待你，使你在古朴
的民风中恢复自然。在美丽的山野上，在苗家人热情而诚挚的款待
中，你会感受到这种自然、慷慨的美。当你离开苗族人的家，主人举
家站在门前向你挥手告别时，你从心底油然生出一种依恋，这是一种
没有物欲的依恋。心底里有这样一块绿洲，你就不再为城市的喧嚣狭
隘终日戚戚了。不管怎样，苗家的土茶浓，苗家的真情更浓。

　　从台江回来，应朋友之邀，到贵阳一家茶楼喝茶。坐在设施豪华
的包间里，手脚总感到有些不自在，蓦然间又想起了在覃高堡苗家火

塘边喝土茶的情景，我忽然明白，与眼前的灯红酒绿、时尚音乐相比，是它纯朴自然的风韵打动了我，而这种朴素的美，在我居住的城市里，已很难见到了。

2005 年 8 月 13 日补记

醉茶园

以茶当酒，是一种雅趣。到了黔西南普安县江西坡镇细寨万亩茶园，领略了一番醉人的旖旎风光，多喝了几杯"细寨雪芽"，竟真的醉了。

那是极富魅力的好去处。万亩茶山，风吹蝉鸣、深邃、柔和。缥缥纱纱的雾嶂给早晨的群山披上一层蝉羽般的轻纱。山道逶迤，七弯八拐，山坳里，一座座古朴的居舍，灰瓦、板墙，风雨剥蚀，宛如遗落多年的梦。这就是布依族聚居地普安江西坡镇细寨，也是普安万亩茶园场部及茶叶加工厂的所在地。

到了茶场，场长和一些职工早已等候在此。茶叶加工厂规模不是很大，也不富裕。听说写了副对联"山居偏隔树为邻，莫嫌细寨茶当酒"，却也没找到合适挂的地方。"虽然对仗欠完美，但很贴切，主人一片谦和好客的盈盈之心，也溢于言外。"我跟一位职工开玩笑。茶场简洁、清爽，简朴的桌椅，不染纤尘，我们刚一落座，工作人员飘然而至，利落地摆上茶壶、茶杯，于是，很不正规的品"雪芽"绿茶开始了。茶的确很清香，色泽嫩绿，品一口，略有些苦涩，稍许时，舌根间悠然又有点甜味。那滋味用"醇、厚、鲜"三个字来形容一点不为过。说来也怪，渐渐地，便觉浑身松爽，耳聪目明，干渴如云消，飘飘然，仿佛染上山野的灵气了。

这样清幽的茶园，场部没有一个像样的茶楼，确是一件憾事。品茶的地点是场部的会议室。遗憾归遗憾，我并不感觉扫兴。品茶间歇，我爬上办公楼顶，抬头一看，满目皆绿，深深一呼吸，只觉得脸上一片沁人的清凉，潮润润的，似八月的甘霖。阳光斜照，拭目细看，依稀有七色的彩虹在闪烁。原来，水花如雾、如沐，正飘飘洒洒地从云天落下。座座茶山的甘露，滋润着一个绿色的神话。

听场长介绍：这里是国家级贫困县，20 年前这里是 3 万余亩连片的荒山野林。村民们只能靠在山上种点包谷，吃救济，好的人家也只是多一两只山羊而已。日子的艰辛可想而知。1985 年，国家为了改变这里贫穷落后的状况，决定充分利用这里"冬无严寒，夏无酷暑"的地理气候环境，发挥布依族人在山里种茶、制茶、饮茶的传统工艺和习俗，在江西镇和地瓜镇的大田、细寨、岗寨等 12 个村寨开发新建"万亩茶园"并列入"星火计划""科技扶贫"项目。到 2004 年，茶场已累计投入资金 1920 万元，持续和间断开发茶园 19810 亩，已投入生产的有 11000 亩。拥有 2 个分场、4 个茶叶初制加工厂，1 个精加工车间和 1 个名优茶加工车间。年产干茶 4982 吨，产值 900 万元，辐射 3660 户 15807 人。经过近 20 年的种植管理，目前普安县已创出"普天"牌茶叶名优系列近 10 个品种，产品以质优价廉而声名远扬，远销河南、湖南、湖北、重庆、四川、广西、福建、广东、北京等地。今年新茶还未上市，就有远方的客户蜂拥上门收购，产品供不应求。2002 年普安茶叶顺利通过 ISO9001 质量体系认证和 IS014000 环境体系认证，2003 年，经国内最权威的质量鉴定机构——农业部杭州茶叶质量监测中心检测，普安茶叶农药残留量为零，超过欧盟标准。到目前为止全县茶园面积已达 2.06 万亩，满山的绿色生态茶园，为当地群众找到了致富的门路。

茶是贵州各民族长久以来的主要饮品，青山绿水滋润着漫山的茶树，很多民族村寨几乎家家会土法制茶，但基本都是自制自饮。今天茶园给细寨带来了财富，细寨让中华名茶的品种更加丰富。细寨的名茶多，最驰名的是"细寨银峰""细寨雪芽""普天银针""碧螺春""扁形龙井"。极品"细寨银峰""细寨雪芽"每年产量不多，一般人难以有品尝口福。但你如果来到这里，却是可以如愿以偿的。细寨名茶属岩茶类，长在深山野坳之中，仿佛是清高的名士，朝饮甘露，暮啜岚影，更兼风声、雨声、林涛声，别有一番风骨和异彩。

离开茶园时，正值下午四五点钟，灿烂的阳光下，树，绿得发亮；天，蓝得发光；云，白得如玉；空气，清得沁人心脾。山风吹来，一望无际碧绿的绵绵山峦，绿浪滚滚，置身在这空明澄澈、梦幻般的画屏之中，五彩缤纷的遐想和憧憬就会向你飘来，令你目不暇接，满目皆画，满目皆诗，满目皆回肠不止的歌。我不禁感叹起来，感叹好政策的妙手，写出这么美的诗，描出这么美的画！一路上同行的老教授袁昌文老师仍兴致不减，一路停下车来叫我拍这拍那，真后悔自己忘了带备用电池，不能更多拍下这醉人的每一个瞬间。我想，2007 年高速公路通车后，假如我们在这里修建一两间民族风格的简易茶楼，让远方的客人或旅游者在长途旅行时，停下来歇歇脚，品品"雪芽""银针"，肯定风味殊异。因为它不会像成都茶馆，人流如织，闹哄哄犹如集市。也不会像广州茶楼，讲究的雅座中，茶客们个个西装革履，正襟危坐，让人产生隔膜之意。这里只需一排茶桌，无遮无拦的木制或竹制茶楼，临窗远眺：翠峰插天，茶园锦绣，尽收眼底。若是清晨，新爽的山风，携着朵朵白云，飘然而至，你可和天地对话，也可以和天穹耳语。待白云飘过，山色空蒙，千峰如洗，此时，你可以品茶树上露珠的清香，也可以慢慢咀嚼叶芽的一缕芬芳。蓝天白云下，茶园里，身着民族服饰的妇女牵来了逝去的岁月；山坡上，放羊的牧童身影如遥远的回忆印迹着朦胧的童话；伴着布依村寨传出的悠悠古韵。

浪漫，写意。

哦，要是能在这样的氛围中品茶，定会如醉如仙，终身不忘。品细寨的山光水色，品人生的苦甜酸辣，也品世事的艰辛劳碌。一个人便是一个世界，平生拼搏，难闲暇，即使忙里偷闲，也难得佳境，在远离尘世的细寨品茶，你可以真正品味到这个世界的万般味。

从细寨万亩茶园回来，毫无倦意，一夜未眠，同行的吕瑞华老师说我是醉茶了。是"雪芽"的奇功，还是茶园的神韵，我说不清。

2004 年 7 月 11 日记

在三门塘侗寨喝油茶

第一次来到三门塘，第一次喝到侗族的油茶，从侗族人的喝油茶，让我感受到侗族饮食文化的丰富内涵，仍然完好地传承至今。

这次国庆长假到天柱县，大学同学姚学银安排得十分周到，第一站就是到三门塘。三门塘是清水江边的一个古老的侗寨，属于贵州省天柱县垒处镇管辖范围。地处天柱县东南面，距天柱县城约 40 公里，濒依于清水江的中下游河畔，距今已有 400 多年的历史，以文化厚重，民风古朴，宁静祥和，碑刻铭文，刘氏宗祠而声名远播。姚同学几年前还在县委宣传部担任部长时就极力推荐三门塘，所以，对三门塘他是如数家珍。

一大早，从县城出发，沿着清水江畔，车行近一小时，在一片清澈如镜的清江水边停了下来。举目对望：三门塘依山傍水，风光迤逦，江边鱼虾浅游，鸭鹅戏水；空中白鹭低飞，声声悦耳，江中舟楫穿梭，如履平地；两岸纤道依稀，如奏古韵。我们一行五人乘坐一条小船抵达了对岸。上岸后，沿着上山的小道，远远就看到"拦路酒"已摆好，村民们已身穿民族服饰，唱着侗歌在迎接我们了，一下子我就被这种热情所感动。

进入村寨，附近全是优质的树木，包括银杏、水杉、榉木、香樟等稀有物种，每一棵树都编了号，用一个木制的小板挂在树上。那些高大挺拔，荫蔽一隅的古树，向游人展示着悠久历史的村庄。侗族向来与自然和谐相处，保护生态是他们的一贯理念，一进三门塘，你就会感受到这一点。

之所以喜欢上这儿的油茶，是因为刚进村就到王老支书家喝了油茶，而且不单是油茶的味道确实好极了，更在于制茶、喝茶的方式让我称奇！

历史上的三门塘是主要的木材贸易港口，因长期接待长江中下游喜食甜味地区的客商，形成了能适应甜、辣咸的一种饮食风味，连油茶也可调配成甜或咸的口味。刚进屋，女主人就高兴地喊着："快坐，快坐，我这就打油茶。"说着，就走进厨房忙起来。

我不知道，这"打"字是什么意思，姚同学已看到了我的疑惑，赶紧告诉我："油茶"是侗乡人自制的家常饮料，也是一种饮食习惯。"打"指的是制作这种奇怪饮料的方法与过程，侗族人几乎都会"打"。侗语称为 dosxeec，意思就是放茶、做茶，本地汉族人叫"打油茶"。

这时只见女主人在橱柜里拿出大碗，一一摆放在茶几上，有条不紊地忙起来。

我知道，在贵州村民一般都会在谷雨时节上山采茶，又晒又炒，说喝了谷雨茶肚子不痛，有益于身体健康。眼下，我想到有句古诗

"寒夜客来茶当酒"，也许主人家因为我们远程而来，用谷雨茶消除疲劳吧！但看到她忙了一段时间，竟然是在锅里煮茶。

看起来，"打油茶"似乎不复杂，所用炊具很简单，只需一口炒锅，一把竹篾编成的茶滤，一只汤匙。其实侗族人"打油茶"是有一套程序的：先把煮好的糯米饭晒干，用油爆成米花，再把米放入锅里干炒，而后放入茶叶再炒一下之后加入少量的水，开锅后将茶叶滤出放好。要喝茶的时候，将事先准备好的米花、炒花生、肝、香肠等放进碗里，将过滤茶倒入，想喝甜的加糖，想喝咸的加盐，色香美味的油茶就"打"好了。

说话间，一碗碗油茶端上茶几，一股热气和香味迎面而来，碗是大粗瓷碗、深蓝花边，我一看，茶水上面浮着一些炒米花、炒花生、酥黄豆、猪下水（猪肝、猪肠、猪肺）、葱花等佐料。

我说："王支书，这茶多丰富多营养啊！"他笑得好开心，说："这是侗家油茶，快趁热喝吧！"

话语兴奋中，已是茶香满屋了。我拿着主人给的一根竹筷子跟着他们的节奏学喝油茶了，这必须连汤带食挑着吃喝，与在城里和朋友细细品茶，确是新奇不解。这喝茶不但用勺，还用一根筷子。

"勺子是给远道而来的客人的，怕客人不习惯用筷子，侗族人喝油茶，是用一根竹筷配合。不过你们用筷子挑时，要准确，不然扒不进嘴里，就会从嘴边漏掉了。"在主人家的指导下，我学会了只用一根竹筷喝油茶，真新奇。

村民刘启根是三门塘有名的打油茶高手，每一种佐料和每道工序都娴熟于心，知道我们要来，专门过来"打油茶"。侗族的油茶文化记载着侗族特殊的茶历史，他告诉我们：侗族有喝"年茶"的习俗，就是除夕晚上，当吃完"年饭"后一家人就开始喝"年茶"了。这个时候村寨的青年男女们都会走出吊脚楼，相互交流、喝年茶、对情歌，场面很欢快，有的也因此结了姻缘。所以喝油茶还有求婚的意思，当月老给新娘的家人说："一个年青的让我到这里向你家姑娘讨碗茶喝"，如果女方父母同意，女孩喜欢，提亲事就算成功了。年纪大的人，也串门喝年茶。主要是把一年中相互间发生的大小纠葛、误会，在油茶中消解了。

听了刘师傅的话，我感觉侗族人代代和睦相处，纯美的心境都寄托在传统的油茶里了，这也许是喝茶喝到的最高境界了。

在支书家喝完油茶，我们与刚才敬"拦路酒"的几位村民在石板小路漫步，参观古建筑，了解民俗，当然话题也没有离开油茶。

在一口古井旁村民们的话匣子打开了："听老一辈人讲，用这吉祥井水煮出的油茶，喝了一年都吉祥如意。无论是邻居还是来客，侗族人都会用热油茶待客。油茶是侗族敬神、祭祖、红白喜事的必备礼物。侗族人代代和睦相处，纯美的心境都寄托在传统的油茶里了。"

"打油茶的用水不同一般哦，要求洁净。在年夜的头一天，女孩们已经在井旁排队等着担水了。这是大山里流出的清泉，等村寨的一位老人在井边敬拜，念着吃水不忘掘井人的句意后，由一个女孩开始拿勺子舀水，直舀到井水泛起白泡沫，那便是吉祥的水沸腾了。这时候，担水的姑娘们就可以往桶里舀水担回家了。"

"我们侗族喝油茶也有讲究的，喝油茶时，第一碗油茶是敬给长辈，然后是贵宾。不管是到哪家请你喝油茶，你没必要讲客套话，太客气了，是对主人的不尊重。喝茶时，主人只给你一根筷子，如果你不想再喝，就把筷子放到碗上，主人一看，就不会再倒一碗。如果不是这样的话，主人会陪你一直喝。"

七嘴八舌，听下来，我对侗族这一饮食习俗有了更多的了解。例如，春节来临，侗族山寨吊脚楼里早已飘出缕缕芳香，他们以古老的传统方式在制作油茶，那场景很热闹。有的男女还载歌载舞，一边打油茶一边对歌："妹是茶叶哥是姜/茶叶和煮一锅汤/管它火烧开水烫/哥妹生死结成双。"油茶始于何时，尚无可靠的考证，村民刘启根就给我们轻声哼哼一首代代相传的民谣："香油芝麻加葱花/美酒蜜糖不如它/一天油茶喝三碗/养精蓄力劲头大。"末了他说："喝油茶能除邪祛湿，提精神、防感冒，这一点是肯定的哦！"所以村民们都把打油茶看得和做饭同样重要，家家户户长年都喝。

"老一辈人说，油茶是我们老辈传下来的手艺，不能失去，做什么东西都还要原汁原味，不然就丢失了老一辈传下来的文物，丢失了我们的历史。"侗家女李兴姜的话让我对三门塘人对文化遗产保护意识肃然起敬。她还说，每年农历春节、三月三、五月五、七月半、九月九、除夕等，三门塘人都会打油茶来祭祀祖先。

在三门塘，我不但学会了一根筷子喝油茶，还了解了侗族人的这一美食，而且特别体会到侗族人的好客，那份待客的深深情义。进村时的几道拦门酒，把侗族人好客的热情，盛满在酒盅里，身穿民族盛装的妇女们热情洋溢的劝酒歌唱得我未喝已醉。在村里，美味独特的油茶，让遍尝南北口味的我仍称赞不已。离开时，村民们唱着民歌相送，而且送了一程又一程，我们已走出好远，袅袅江风送来的歌声仍然持续不断：

> 吃碗油茶香甜美，清茶一碗待客人；
> 老人留下茶根古，煮碗清茶留客人。
> 主人爱好油茶香，吃碗油茶情义长；
> 老人留下茶根古，留在家中万年长。
> ……

2009 年 10 月 2 日记

黄平美食，挡不住的诱惑

在黄平县兴坝村好家苑，质朴的苗家人为了迎接客人摆起了长桌宴。长桌沿着河边的木制长廊一字排开，那桌子上密密麻麻五颜六色的美食，简直就是挡不住的诱惑。

餐桌上有酸汤鱼、酸汤牛肉、白切鸡、折耳根炒腊肉、粉蒸肉、米豆腐、炒蕨菜、泡酸菜、腌菜汤、红鸡蛋，有大盆盛装的鸡稀饭等，美味飘香，口水直流。尽管我也知道暴食暴饮不是件好事，但是这一桌原生态的美食实在诱惑太大，不由自主地也加入到海吃海喝的行列当中了。

长桌宴是苗族最隆重的待客礼仪，已有几千年的历史。通常用于接亲嫁女、满月酒和村寨联谊宴饮活动。座位的安排是，一边是主人座位，另一边是客人的座位。主客相对，品味着苗家的美食，敬酒劝饮并对酒高歌。一曲曲苗歌伴随苗舞，恍如天籁之音，远道而来的客人顿时没了距离，吃着、聊着，宾客尽欢，像一家人一样，过足"饕餮"之瘾，直到泛起醉意……

今天，坐我对面的是当地的向导方红英，她谈到了长桌宴的由来："传说在很久以前，有亲朋好友跋山涉水来到寨子里，因为寨子里人太多，很难做到去每家每户做客走访乡亲，寨子人家又想表达他们的热情。于是，寨子里主事的苗王就想到了一个两全其美的法子，即每家每户都亲自做上自家拿手佳肴，每家一至几桌，统一摆放到寨子里开阔的场地，按顺序一路排下去，这样就形成了我们现在看到的长桌宴了。"现在在黔东南苗寨，每逢重大节日，寨子总会摆设长桌宴招待客人。身穿节日盛装的姑娘们和吹芦笙的小伙子们会站在苗寨大门前，摆上迎宾酒，用悠扬的芦笙曲、动听的歌声和优美的舞姿，欢迎远方的来宾。

　　三杯两盏淡酒，主客尽欢之时，好家苑的村民敬酒开始了。一队是身穿红色盛装的年轻人的歌队，一队是50多岁身穿绿色盛装的歌队，到我们桌旁用苗语唱起了"迎客歌"：

　　　　客人来了我不慌，
　　　　种有白菜几大筐。
　　　　白菜杆当肉来炒，
　　　　白菜叶子当鸡汤。
　　　　好客人啊来苗寨，
　　　　我们有缘来相会。

　　主人将歌词一翻译，掌声四起，我连连称赞"好朴实、真诚，好感动！"我们吃得高兴，歌队就唱得更欢：

　　　　来吧！来吧！
　　　　远方来的客人，
　　　　愉快的歌声唱起来，
　　　　苗家的米酒端起来，
　　　　吉祥的红蛋挂起来，
　　　　苗寨的情谊深似海！
　　　　（苗语）吼啊吼啊！吼啊吼啊！
　　　　吼啊吼啊！吼啊吼啊！
　　　　打亚打（来啊来）打亚嘎布（来吧朋友）
　　　　吼啊吼啊！（喝啊喝啊！）

　　她们唱完一曲，我们喝一杯米酒，再喝一口鸡稀饭。这里的鸡稀饭熬得味道浓郁，尤其是吃了荤菜、喝了米酒后喝上一口鸡稀饭，很舒爽的感觉，喝了许多米酒，竟然毫无醉意。

　　"这鸡稀饭咋做的，这么爽口？"

　　唱歌的大妈杨惠、潘义英、吴绍芬七嘴八舌说开了："就是把鸡打整干净后，用清水煮半熟时，再放半斤到一斤米与鸡同时炖煮，直到把米煮烂，鸡饭就成功了。"

　　"那腌菜呢？"

　　"腌菜嘛，就是把青菜洗净晒干，切细，用糯米饭和一点盐拌匀，放入坛子里加上盖子，几个月后开盖就是可口腌菜。如果把腌菜与螺、鱼肉等同时煮着吃，味道更鲜。"

　　接着她们还介绍起黄平的豆腐干、米酒等各种美食。

　　对于苗家人来讲，美食是一种文化，也是一种生活态度，黄平的苗家人尤其讲究一点，从她们唱的歌词就可以看出来。美食的定义不是富丽堂皇大酒店里的山珍海味、生猛海鲜，而是乡间村野农家再普通不过的农家菜。关注的重点不是价格问题，而是味觉的感受和用餐的美好心情。

　　也许你没有参与几十个人或近百人，甚至几千人同在一张长桌子上吃饭的机会，而黔东南苗寨的长桌宴，不但能满足舌尖上的快感、视觉上的享受、心情上的愉悦，它还能够让你尽情陶醉在这浓厚的民风之中，让人久久不能忘怀。

　　长桌宴接近尾声时，已是华灯初上，好家苑里的红灯笼绽放出温和的光芒。离开宴席，我已经是酒足菜饱，但仍然意犹未尽。

　　第二天是安排到重安镇采访，我仍然念念不忘昨天的酸汤鱼，说者无心，听者有意。热情的主人杨元华副乡长就在镇里一家叫"小江南"的餐馆预订好了中餐吃酸汤鱼。

　　大约中午十二点多，我们回到小江南，酸汤鱼已经做好了。

　　一进门龚老板说："今天让你们在这里吃正宗的原生态酸汤鱼。"

　　正宗的酸汤鱼上桌后，我们一边品尝，一边听向导小田介绍什么是"正宗的原生态酸汤鱼"：苗寨里做酸汤鱼的食材，是稻田里土生土长的鲤鱼，这种在大山中的稻田里长大的鲤鱼，喝的是山泉水，吃的是杂草和害虫，完全是纯天然的绿色食品。此外，酸汤鱼最关键的就是酸汤。

　　"酸酸的米酸汤是怎么做出来的？"

　　"简单，就是淘米时把第二道淘米水留下来倒进坛子里，再把自酿的米酒放点进去，一天搅动几次，让淘米水和米酒融合，充分发酵，几天后，淘米水就变成米酸汤了。"我们吃起来是很难得的美味酸汤，在苗家就是很平常的菜肴。

小田还告诉我：煮鱼之前，把适量的酸汤放进锅里，等煮开后，把收拾好的鲤鱼放进锅，在苗寨里吃酸汤鱼有一个最大的特色，那就是鱼是不刮鳞片的，大家觉得稻田里的鱼干净不用刮鳞片。等鱼快熟的时候，放入适量的盐、姜、蒜和时蔬或者野菜，正宗的原生态酸汤鱼就烧好了。

苗家的酸汤鱼分为白酸汤和红酸汤，红酸汤是在米汤里再加入番茄果一起发酵，味道比白酸汤要更浓。

"今天我们吃的是红酸汤，"小田说。

确实，这酸有酸的特点，辣有辣的讲究。苗族人还为煮好的鱼肉配制了一种特制的调料，调料要根据不同的菜有不同的配制，粗略算来也有十几种，包括辣椒面、花椒、薄荷（当地也叫鱼香菜）、山胡椒、木姜子（或木姜花、木姜油）生姜、盐等，往鱼肉上这么一蘸，既保留了鱼肉原来的鲜味，又让人感觉鱼肉酸辣入味。如今苗家酸汤鱼正走出大山，风行大江南北了。

经常到贵州的民族地区进行田野调查，在田野之间、在村寨、在古镇寻觅自然美食，我认为真正的美食在农村，绝对不是在酒店里那些色彩艳丽中看不中食的花盘子。美食文化在当代，除了讲究味道外，更讲究绿色、环保、健康。伴着山野的美景，品着山里的新鲜菜肴，淡然一切世俗烦扰，感恩着上天的恩赐，留在唇齿之间味觉的刺激，绝对是一种享受！

一方水土一方特产，在黄平这块土地上，独特的环境造就了独有的舌尖美味，无论是否有美酒和美人相伴，苗家绿色美食的诱惑是挡也挡不住的。

2016 年 7 月 2 日记

第三章

贵州原生态民族服饰文化

服饰被喻为"一本无字书"，蕴藏着一个民族或一个地区的历史风貌、民风民俗、审美观念、生态观等。民族服饰的产生有其必然的历史渊源，与人们的文化心理相关联，反映出一个民族的生活方式和集体的智慧和创造，是民族文化的一个重要组成部分。贵州各少数民族都拥有各自代表性的服饰。这些民族服饰好似灿烂、鲜丽的画卷，或深邃，或古朴，或烂漫，总令世人赞叹。掀开它，我们看到民族生态文化、历史痕迹、民族的期许与崇尚、民族的符码和表征。

中国各族的服饰，大多是延续了人类服饰文化中的无结构自然形式。概括人类几千年服装文化的结构形式，大致归为两类：一类是"有结构形式"，这类服饰的款式以"突出表现人体"为主要特征；另一类是"无结构形式"，这一类服饰的结构设计不要求突出人的形体，而要求服装款式以装饰人体为主要特征。[①] 形成这两种不同的表现形式，主要是由于各民族的历史文化背景、地理条件和风俗习惯不同，形成了不同的思想观念、审美情趣等。中国的民族服装多为无结构形式，服装款式表现为"宽袖大袍"，如苗族少女的绣花上衣和百褶花裙，布依族姑娘的大襟上衣和长短不一的胸系青布围腰，侗族姑娘的右衽大襟无领衣等，都是这类结构形式的典型代表。其服装线条简洁、流畅，体现出一种不留痕迹的自然韵味，从而表现了人与自然的和谐，对神秘的宇宙万物的整体感悟及更深远的了解与认识，这种风格千百年来已成为中华民族服饰艺术所追求的理想尺度。这种无结构形式的造型，虽然不符合人体的形态，但它是通过掩盖人体的原型，以其宽敞的空间，模糊了人与自然之间的界限，把一种重情感、讲究群体性、历史性、社会性与民族

---

① 孙奕：《中国民族服饰文化略论》，《装饰》2002 年第 7 期。

民间信仰的博大精神内涵诉诸具体的服饰之中，从而形成了贵州民族服饰艺术的主要特征。

一　生态美学视角下的贵州少数民族服饰

贵州少数民族的服饰文化有着悠久的历史，其文化体系繁多，且生态文化气息浓厚。由于贵州山地人居环境的自然条件和过去经济形态的多样性和风俗习惯的不同，进而产生了各种不同款型的民族服饰。不仅不同的民族有不同的服饰，同一民族内部，也有不同的服饰，如苗族可分为白苗、青苗、红苗、花苗、黑苗等五大类，都以不同的服饰划分。尽管贵州各民族妇女大多穿裙子，但裙子的款式差异很大，有百褶裙、筒裙、超短裙；有单色裙、彩色裙；有以各色布分段拼接的，也有印蜡染花边、刺绣边或以花带镶边的裙。苗、布依妇女的百褶裙长者曳地，短者及膝，有的布依族、彝族妇女的裙子还是分节的，但彝族的裙子色彩更丰富鲜明。苗、侗等民族妇女还扎护腿，有的以毛织品制作，有的绣有花纹图案，可见贵州少数民族的服饰文化多样丰富。

（一）服饰彰显不同的地域性

依照生态文化学的观点，文化形态首先是人类适应生态环境的结果。苏联美学家彼得·波格达列夫在《作为记号的服饰》这篇著名的论文中指出："服装的穿戴不但关系他自己的个人趣味，并且也顺应地域的需要，以符合他的环境的标准。"[①] 作为文化的一个组成部分的服饰，诚然离不开它的地域性，有它的区域文化的共融性。其恣肆风采，不免受到地理环境的影响。皑皑白雪，巍巍高山，滔滔江河，茫茫草原，无不在不同的民族服饰中留下印记。纵观我国56个民族的服饰，人们似乎不难从各民族的地理环境和生态空间中，找到它的独特风采。通常是地处边陲，或与外面的世界几乎隔绝和交通不便的少数民族，或本民族较集中聚居一地，不与其他民族杂居的，服饰往往带有奇特的、鲜明的民族色彩。反之，地处中原，或靠近交通便利的城市，民族小群居、大杂居的，服饰的

---

① ［捷克］彼得·波格达列夫：《胡妙胜作为记号的服饰——在人种学中服饰的功能和结构概念》，《戏剧艺术》1992年第2期。

民族特色易于淡化。另外，同一地区、同一民族的服饰，也由于山水的阻隔、气候的不同、语言的差别、风俗的差异，形成不同的民族支系，其服饰又在大同中见小异。美国文化人类学家罗伯特·莫菲在《文化和社会人类学》一书中写道"人对环境的影响是显著的，但环境对文化的影响更突出。"[①]居住在不同地区的同一民族的服饰，不可能是完全相同的；而在同一地区内居住的不同民族，却可能找到他们在服饰上的相近之处，这就是环境影响文化的原因。

1. 闭锁式社会环境的特殊产物

因为历史和地理的原因，贵州少数民族大多聚居在偏僻的高原或山区，而且长时期处于封闭的自然经济形态。古代时期贵州多数地区山高林密、谷深流急，古人称之为"不毛之地""瘴烟之乡"。生活着苗、仡佬、彝、白等民族的先民。这样的地理环境无疑对人们的生产方式、生活风俗、劳动格局、服饰形态起着很大的影响。比如苗族的服饰与险峻封闭的地理环境也有密切的关系，苗族主要聚居在潮湿的苗岭山脉和武陵山脉，气候温润，水绕山环，大小田坝点缀其间。如黔东南境内沟壑纵横，山峦延绵，重崖叠峰，原生态留存完好，境内有雷公山、云台山、佛顶山等原始森林，原始植被保护区与自然保护区 29 个，其中雷公山自然保护区为国家自然保护区。一向被人们看作是一个类似"生态绿洲，世外桃源"的地方，其地势险要，一般外人难以到达。其爬山之难，非平原居民所能想象。苗族人爬山，除持刀开路，拄着竹竿前进外，在悬崖绝壁处还使用"天梯"，即用一根独木，在上面砍几处刀痕，以石缝为支点，靠在崖壁上，向上攀登。清水江被陡峭的高山大脉紧紧环抱。山势跌宕险峻，流水轰然击石，在山间引起巨大的回响。清水江犹如一条青色的长龙，奔跃呼啸于云雾萦绕的群山之中，江水时而在脚下咆哮，时而从天而降。那贯穿南北的大峡谷，人们称之为"神秘的峡谷"。苗族人就生活在这样一个几乎与世隔绝的社会环境内，受现代文明和外来文化的影响较少，在经济方面长时期处于欠发达状态，但另一方面，却使富有独特风貌的民族服饰得以完好地保存下来，为我们的研究工作提供了极为珍贵的活材料。

2. 山水的纯真情致

任何服饰都不是一件自然的东西，而是人的创造，是特定人们共同体

---

① [美]罗伯特·F. 墨菲、王卓君、吕迺基：《文化与社会人类学》，商务印书馆 1991 年版，第 97 页。

在特定的生存条件下生存的展现。由于地理、气候条件的不同，从总体上看，贵州少数民族服饰款式的多样化甚于北方，色彩的绚丽远超过北方。天是无情的，然而人却是有情的。山水风情，花鸟虫鱼，借助于有情人的审美情愫，物化到审美对象的服饰中去，形成为贵州民族服饰的一大艺术特色。

德国美学家、心理学家立普斯认为审美快感的特征在于对象受到主体的"生命灌注"，而产生"自我的欣赏"。立普斯在《论移情作用》这篇著名的论文中写道："这个道芮式石柱凝成整体和耸立上腾的充满力量的姿态对于我是可喜的……我对这个道芮式石柱的这种镇定自持或发挥一种内在生气的模样起同情，因为我在这模样里再认识到自己的一种符合自然的使我愉快的仪表。所以一切来自空间形式的喜悦——我们还可以补充说，一切审美的喜悦——都是一种令人愉快的同情感。"① 立普斯所说的"同情感"，即是移情作用。人类在创造美的活动中，也会把这种"同情感"物化到审美对象中去。因而立普斯又指出："移情作用所指的不是一种身体感觉，而是把'自己感'到审美对象里去。"② 朱光潜对"移情说"做进一步论述道："移情作用就是外射作用的一种。外射作用就是把在我的知觉或情感外射到物的身上去，使它们变为物的存在。"③ 贵州民族服饰的设计和创造，可以说也是移情作用的表现，是一种山水纯真情致在服饰上的体现。不同地区、不同民族的人们，把对赖以生存的自然环境的审美情感外射到服饰上，使本民族的服饰仿佛被注入了生命，体现出山水移情的特点。如，布依族的服饰，从色彩到纹样图案都明显表现出上述的移情作用。贵州安顺、平坝、贵阳一带的布依族生活于云贵高原，境内山峦重叠，丘陵起伏，山水秀丽。闻名于世的黄果树瀑布，就在布依族苗族自治县西部的滇黔公路旁，几里路外都可以听到雷鸣般的瀑布声，当太阳西下直照瀑布时，常有一道彩虹在水雾上呈现，壮丽无比。被誉为"贵州高原之花"的贵阳花溪，依山傍水，万紫千红，也是著名的游览胜地。黑格尔在论及山水和审美心情联系时指出："自然美还由于感发心情和契合心情而得到一种特性。静谧的月夜，幽幽的山谷，蜿蜒流淌的小

---

① ［德］立普斯：《论移情作用》，《古典文艺理论译丛》1964 年第 8 期。

② 同上。

③ 陈琰：《论朱光潜的移情观》，《四川师范大学学报》（社会科学版）2001 年第 1 期。

溪，一望无边波涛汹涌的江河以及肃穆而庄严的星空气象都属于这一类。这里的意蕴并不属于对象本身，而是在于所唤起的心情。"① 云山烟水，绮丽幽邃，同样唤起和陶冶了布依人淡雅洁净的审美情趣。布依族不论男女，服饰崇尚青、紫、白色，这是青山绿水的映照。诚如立普斯所说："对象就是我自己，根据这一标志，我的这种自我就是对象；也就是说，自我和对象的对立消失了。"② 布依族男子青壮年多以蓝色或蓝白与黑白方格相间的头巾缠头，穿对襟短衣和长裤，老年人大多穿大襟短衣或长衫，也多为青白色。布依族妇女爱穿青、紫色大襟短衣和长裤，在衣肩、盘肩、衣袖和裤脚处镶有雅致的花边，显得分外灵秀。镇宁扁担山一带的布依族妇女的装束，也充分显示了淡雅洁净的审美情趣。她们爱穿百褶长裙，姑娘头顶一块头巾，用发辫压住；已婚妇女在包头布内衬有箕形的竹皮假壳，其长近尺。她们的服饰色调清雅，裙料多用白底蓝花的蜡染花布，系青布围腰或绣花围裙，脚上穿一双十分精美的翘鼻子满花绣鞋。整套服装可以说集纺织、印染、挑花、刺绣等手工艺于一身，显示布依族妇女的艺术潜质和对色彩美的偏爱（青、蓝色）。

色彩明快、图案精致的布依族蜡染布是布依族服饰的一大特色，其纹样图案或描摹龙爪菜和茨藜花，或移用水涡纹、螺旋纹，或作连锁式的图案。这种蜡染布做成的衣裙、头巾、背包等服饰，已经成为畅销国内外的珍贵工艺品，布依族热爱山水也由此可见一斑。

立普斯在撰写他的美学论文时，并未见过中国布依族和水族的服饰；而布依族的民间艺术家在设计他们的蜡染衣裙时，也未曾拜读过立普斯的宏论。然而，不同时代、不同地域、不同国籍的理论家、艺术家在探索美的历程时，却有幸殊途同归。

3. 色彩旋转的世界

如前所述，贵州少数民族大多生活于边陲地区，山峦横亘、风景奇丽之处，青的山、银色瀑布、绿的溪流、红黄的花、灿烂霞光，风景极其诱人。以黔东南为例，聚居在"生态绿洲，世外桃源"美誉的地域，苍松翠竹，百花争艳，景色宜人。这就是贵州少数民族服饰的颜色五彩缤纷的重要原因，但从总体上看，其整体色调清爽和谐、浓淡相宜，浓艳但不失

---

① ［德］黑格尔：《美学》第一卷，商务印书馆 1997 年版，第 170 页。

② ［德］立普斯：《论移情作用》，《古典文艺理论译丛》1964 年第 8 期。

庄重，醒目而又大方。其服装较少单色，而是多色间杂。因为不同的地理环境，也影响了民族服饰的色彩构成。服饰的形式美是点、线、面和色彩的某种组合关系。因此，色彩也是服饰美的一个重要因素。色彩是一种很奇妙的东西，它本身具有不同的性格，又具有强烈的美的表现能力。红、黄使人感到亲近、温暖，蓝、紫则使人感到寒冷、沉静和收缩，白色令人感觉纯洁，但又会产生膨胀感，绿色令人感到生机盎然、爽心。贵州大多数民族的服饰都是五色缤纷的。总体而言，色彩是丰富多样的，令人眼花缭乱。如将贵州 50 余个民族的服饰荟萃于一堂，则展现出一个色彩缤纷的世界。各民族服饰的色彩，表现的是唯善唯美、自然和谐的意味。尽管贵州民族众多，各民族都有自己的色彩崇拜，然而热爱生活、憧憬美好是各族人民共同的意愿和永恒的追求。除了汉族人很喜欢传统的红色，每一个民族的服饰大胆应用色彩，层次丰富。这不仅体现了少数民族服饰艺术品位的多样化和审美追求，更反映出不同民族、不同时代及不同文化背景下的不同审美理念。少数民族服饰之所以具有这样动人的魅力，其中丰富的色彩感当是重要原因之一。

　　贵州少数民族服饰的色彩大体可分为三大类型：一是追求绚丽色彩的类型，以五色斑斓的大红、大紫、大蓝、大绿为装饰特征，其色调层次非常显著，色块间所形成的对比和反差较大，视觉冲击力非常强烈。比如，苗族姑娘服饰上缀满银饰、绣满神话故事和花草、蜂、蝶的"银衣"，妇女服饰不仅在袖、襟、围裙等部位刺绣上五颜六色的花卉图案，就连手帕、荷包等都绣有精美的纹样，强化了服饰及其配件间的整体协调统一，延展了本民族服饰文化的视觉创作艺术空间，并强化了服装整体效果的艺术表现和审美传达，这也正是苗族被称为"无人不穿花"的真正缘由；二是追求明快和谐的色彩，服装的色彩，虽鲜艳明丽，但一般以浅色调为主，表现出一种恬淡优雅的审美情趣，这种色彩搭配方式以彝族、白族的妇女服饰最为典型，尤其是白族妇女的服饰，可谓色彩调配的艺术佳作。其青年女性的服饰以上衣为主色调，多为白色、嫩黄、湖蓝、浅绿等颜色，然后以红色点缀其间。这是一种追求明快和谐色彩的类型；三是崇尚黑色和蓝色，在服装中经常被用为主色调，它是庄重严肃、平静而简单、沉稳而朴实显现。例如，仫佬族无论春夏秋冬服装均为黑、蓝两色，可谓崇尚黑与蓝的典范。还有壮族服饰多以黑与蓝为主色。造成这种多色调服饰的原因是多方面的，有宗教信仰、民俗风情、能歌善舞等因素，但地理环境的差异性，亦是不可忽视的因素之一。

当然，地理环境并不是决定一切的，从上述服饰现象来看，我们应当承认生态环境对于民族服饰的款式、质料、色彩以及符号寓意都有重要的影响，但是，也决不能一概而论。英国著名历史学家汤因比在《历史研究》中提出："环境的因素并不能成为创造'冲积'文明的积极因素，如果我们再看看别的环境，它在一个地方产生了文明，而在另一个地方却没有产生文明，那么我们就会相信这个结论了。"① 汤因比接着列举下述史实加以证明：安第斯文明是在一片高原上出现的，它的成就同高原下面深藏在亚马逊森林里的蒙昧状态恰成强烈的对比。那么，安第斯社会之所以比它的野蛮的邻人先进是不是由于它的高原呢？同样地，玛雅文明出现在危地马拉和英属洪都拉斯的热带骤雨和丛林当中，可是在亚马逊河和刚果河地区，虽然条件相似，却没有在野蛮生活中出现这样的文明。这两条河流的盆地，的确是横跨在赤道上的，而玛雅文明的故乡却在赤道以北15°处。如果我们沿着北纬15°这条线走到地球的那一面，我们就会在柬埔寨的热带骤雨和丛林当中碰上吴哥古寺的大量遗迹。当然，这些岂不是正好可以同科潘和伊克斯孔的玛雅古城遗址相比吗？但是考古学家所提供的证据却说明吴哥古寺所代表的文明是由一支来自印度的印度文明的支流。汤因比的论证，对于我们研究地理环境与民族服饰关系的另一侧面，同样具有重要的启迪。比如北袍南裙，就不是绝对的。地处北方的少数民族也有着裙的，而地处南方的少数民族也有着袍的，地理位置并没有将袍和裙的穿着一刀切。

（二）丰厚的文化内涵

丰厚的文化积淀

民族服饰作为一种文化符号，是民族文化的载体，解剖这一符号，对于我们解析民族的文化心理和精神特质，对于解析民族的生存方式及历史文化有着重要的意义。民族服饰天地，是一个充满奇异色彩的神奇世界，几乎每一个少数民族的服饰都会有着一连串美好的传说，都可以编制成一个个动人心弦的故事，而每一种民族服饰的款式往往都会有林林总总的缘由：地理与气候，宗教与艺术，道德与修养，政治与经济，心理与审美

---

① ［英］汤因比：《历史研究（上）》，上海人民出版社2010年版，第72页。

等，服饰就像一块民族文化的海绵，将民族文化的各种因子尽情地吸收在一起，以至于，即使一件极为普通的装饰和服饰的产生，也不会是一种简单的巧合，而成为一个民族内心精神活动的外化，成为他们文化积淀的代表。例如，从一些民族的着装可以看出，年龄、性别、职业、富人和穷人的差异，在明显的差异中，蕴含着文化意识。从服饰中还能看出节庆、婚姻、丧葬、崇尚、信仰、礼仪等风俗习惯。各民族在节庆里都着盛装，在娶亲时都有专门的嫁衣和新装，新人与参加婚礼的人有显著的区别。由于文化积淀的不同，各个民族都会将他们内在气质特征、审美观念和民族喜好充分反映在服饰上。一些民族以富贵为美，于是很重视服装面料的质量及首饰的珍稀与华贵。除苗族银饰外，侗族有纯银制成的花帽，上面有十八罗汉像和十八朵梅花，两鬓有银月，正中有双龙戏宝，帽檐上有水波云朵等图案，银光闪闪。这与侗族的"银饰越多人越美"的观念相一致。

纹样图案设计多源于大自然。虽受历史与环境的影响，各民族的传统文化存在一定差异，但在服饰的纹样图案设计上，取材于大自然是他们的共同趋向，将大自然中的山水、飞禽走兽、奇花异草，信手拈来，融入本民族的服饰设计当中。这里除了像汉族服饰中常见的"吉祥如意""龙凤呈祥""连年有余"等深含寓意的图案外，各少数民族中也有许多深刻寓意的图案。如：土家族服饰中的"富贵长春""孔雀牡丹""鸳鸯戏水"等，堪称异曲同工；苗族服饰中，往往把大自然中的花、鸟、蝴蝶等刺绣在衣裙的重要部位，以简洁夸张的表现手法，采用平衡对称的几何图形，构成主体纹样，并用相关装饰物作为衬托，形成一个严谨的平面布局，使整个图形结构和谐统一，形成一个更完整的画面的装饰图案。这些寓意不同的设计，反映了各族人民对生活的无限热爱和对大自然的深刻感悟与崇尚。这里应该指出的是，在各民族服饰纹样中，还往往表现出对自然的崇拜观念。这与某种自然灵物的崇拜或原始宗教信仰的"遗存"或某种禁忌有着直接的关系。正是由于这种渊源及历史文化背景的原因，从而产生了不同民族服饰各自不同的纹样图案特点极其强烈的民族文化特征。服饰设计不仅可理解为一种艺术，更应理解为一种文化，它是各民族行为方式和造物方式的反映，它一方面是文化发展的产物，另一方面则是服饰文化的物化形式，是中国社会文化体系的一个组成部分，与少数民族文化体系相关联。

贵州少数民族的服饰文化再现了中华民族服饰文化的多元特征，其最突出的特征就是无处不在的民族生态自然美。笔者下面以苗族、布依族为例，分析其服饰中渗透出来的生态美。

二　生态视角下的苗族服饰文化

苗族堪称"服饰大族"，其种类达 300 种之多，令人眼花缭乱。苗族分布较广，支系众多，服饰具有明显的区域差异性，女性的典型服饰是短上衣、裙子；配饰以头、颈、胸及手等部位的银饰为多见，苗族的银饰在各民族首饰中数一数二。苗族服饰的历史源远流长，不仅具有多姿多彩的形式之美，而且浓缩了苗族从远古走向当代的历史内容，充溢着艺术与文化的双重魅力。苗族这个没有文字来记载民族文化与表达自己的迁徙民族，用他们身上的衣饰隐晦而感性地表达着苗族人与自然的亲密关系和对历史苦难的深刻体验，也抒发了苗族人在历史的沧桑与现实贫苦严酷的物质生活中也不放弃对诗意栖居的追求，充分显示了苗族人的聪明智慧，于今仍保持自身的民族特色。苗族衣料过去以麻织土布为主，普遍使用独具特色的蜡染、刺绣工艺。裙子以白色、青色居多，服饰的用料、色彩、款式、刺绣等方面，都极具民族风格。

（一）苗族服饰与民族历史发展

服饰是民族文化的表象特征，也是折射其历史的一面镜子，许多民族的服饰或款式结构，或首饰佩件，或装饰纹样图案，都有一定的含义，一定的渊源，形象而含蓄地负载着本民族或辉煌或悲壮的历史，如迁徙、逃亡、抗争等。苗族服饰图案就被称为研究民族历史文化的活化石。有的学者称其为"穿在身上的史书"。少数民族服饰的花纹与饰物不仅是一种形式美，它常常是符号与意义之间的一种肯定与结合，承载着诸多史迹，完全可以当作一部浩繁的史书来读。例如，生活在云贵高原的苗族支系"红苗""黑苗""花苗"裙裾上那极其简单的抽象线条，象征着一条条迁徙过的河流与山路。苗族人竟能指出哪一条是长江，哪一条是黄河，哪一条是洞庭湖，哪一条是嘉陵江，哪一条是清水江，哪一条是通往西南的山路；那背牌上的回环式方形纹，象征着苗族先辈曾经拥有的城市，苗族人也能指出哪是城墙，哪是街道，哪是角楼，哪儿有士兵把守；那披肩上的云纹、水纹、棱形纹，象征着北方故土的天地和一丘丘肥沃的田土；那花带上的"马"字纹和水波纹，象征着迁徙时万马奔腾飞渡长江黄河；那围腰上的刀枪剑戟弓弩纹，象征着英雄祖先蚩尤发明的"五兵"……这些都被笃信无疑地视为本民族生息发展和迁徙漂泊史迹的形象记录。如今居住在黔西北、滇东北一带的苗族同胞，几乎没有稻田，但他们制作使用的蜡染刺绣饰品上却有阡陌纵横的田地的图案，这与史书记载的秦汉时期其先民生息在江淮湖滨地区的情形相吻合。黔中镇宁县革利地区操川黔滇次方言第一土语的不同苗族支系，则分别把饰有"江河"图案的裙子称为"迁徙裙""三条母江裙""七条江裙"。迁徙裙为老年妇女所穿，它的裙面有八十一根横线，分为九组，每组九小条。流传于当地民间的《蚩尤传说》讲道：古时候有个叫赤炎（蚩尤）的祖先居住在黄河岸边的赤炎坝上，他生有九个儿子，七个女儿。他的九个儿子每人又生了九个儿子，组成了八十一个兄弟氏族，曾建立过九帅七十二将的军事管理制度。当地苗家自称就是这八十一个兄弟中的一个的后裔，由于长时间远距离的迁徙，这支苗族的妇女就在裙面上绣制八十一根横线，以示不忘是九黎八十一兄弟的裔嗣。而所谓"三条母江裙"，就是这种裙面绣染有三大条线，据当地《苗族古歌》的开路词所唱，系为记录其祖先迁徙经过的黄河、长江和嘉陵江。至于"七条江裙"，民间传说是为纪念苗族迁徙中涉过的七条仅次于黄河、长江的河流。这些服饰图案与苗族的历史，特别是战争迁徙史有千丝万缕的联系。它们的纹样、图案系列，蕴涵了苗族关于自己族源、生息、繁衍以及战争、迁徙的文化含义。他们笃信自己的祖先发祥之地原在中原地区，古时因战争失利，被迫南迁，来到西南山区。为了怀念故乡和祖宗，为了让子孙后代铭记苗家祖籍，便在服装上织绣这样一些花纹图案。苗族服饰是一种文化载体，也是一种民族文化象征，与我国其他民族相比，苗族服饰从文化到形式上的发展历程更为突出，究其原因，是因为苗族服饰在不断发展中与民族历史文化、风俗自然及人文环境之间有着更加和谐的生态关系。

（二）苗族服饰自然性和原生性

提起生态，人们总是觉得与环境保护相关，其实生态归根结底是说人与自然的关系，人们看到了自然作为生态体现的美，因此，人们将生态作为自然载体的审美对象进行研究，从而使整个过程具有生态美的重要含义。这种生态美在苗族服饰中自然地体现了出来，具有自然性和原生性。

充满生态美学的苗族服饰具有三种寓意：第一，体现了人与自然共同存亡的生态和谐价值，表明人与自然不离不弃。第二，民族文化符号依附于服饰上，与人的生活、情感、内心形成了和谐的生态体系，同时与其他种族文化也形成了和谐生态关系。第三，苗族种族内部体系及其与他族的和谐社会关系。

1. 苗族服饰突出了人与自然的和谐

人与自然和谐关系是苗族服饰最突出的生态美学，自服饰形成之时，生态自然就与其发展密不可分。苗族服饰的最初选材来自于大自然，而现代苗族服饰从取材到编织，再到印染与款式设计，生态美贯穿在服饰制造的每一个过程当中。苗族先民常使用麻作为服饰原料，这种材料也是苗族人现在公认的服饰材料。苎麻纤维被织出成型的服饰，最后经过一系列加工得到现今色彩斑斓的服饰。苗族人之所以坚守原料选择，与其说是一种顽固，不如说是对自然的坚持。苗族人认为，大自然赋予了他们最神圣的自然服饰，他们应该友善对待原料和服饰。此外，服饰在一定含义中包含了苗族先民对生活的一种精神寄托，至今，苗族重大节日中，人们都会穿着苗族盛装以示对本土文化的皈依和对大自然的厚爱。

2. 苗族服饰的色彩美和装饰

首先，苗族在服饰的色彩选择上，往往倾向于选择自然界的主色作为主打底色，即选择蓝色、青色、白色等主色为底色。古远时期的苗族人为了躲避外族的挤压和追赶，往往将自己隐蔽在深山老林当中。苗族人将自己打扮成与外界环境保持一致的颜色，以期能够安全生存下去，这种集自然于一身的装扮主要采用蔷薇科植物的根与皮充分捣烂，同时将布匹埋入泥土当中使纤维产生反应变成黑色。这种自然化染色也是苗族服饰最基本的染色工艺。后来，苗族女子利用这些装饰保护自己时，将暗色系布匹上绣出不同颜色图案，或者运用扎染或者蜡染形成不同方式的花纹。苗族先民相信苗族服饰的制作，就是人与大自然之间无声的交流合作。其次，苗族服饰上的花纹和装饰是苗族服饰最贴切自然的典型标志。苗族最传统的服饰总是可以看到花型不一的各类花纹，或者是手工绣上去，又或者是染上去。此外，花纹非但形状不一，包含的内容也十分深厚，主要有动物图案、植物图案、几何图案、符号标志等。除了符号标志无法定义之外，前三种图案都是对大自然的一种反映。动物图案中有龙、虎、象等，植物图案则有向日葵、菊花、辣椒花等，几何图案中有云图、水纹、星图、雷雨等。苗族人通过对服饰的诠释向大自然诉说着崇拜之情，他们将许多生活化的东西刻画在服饰装饰上，通过服饰赋予自然现象的独特诠释，更突出了苗族人的精神意义。

3. 苗族服饰的生命溯源

苗族服饰深厚的文化还需要从其自身的生态性说起。苗族服饰本身具有深厚的文化意味，是因为服饰承载了太多苗族人从古至今的历史气息。苗族服饰的文化寓意是无声无息的，在没有文字的历史传承中，服饰成了唯一传递精神和情感的介质，同时肩负着苗族深厚文化名垂万古的重要责任，而正是因为苗族民族文化具有生态美，才使得苗族服饰能够较好地完成先民赋予的历史使命。基于对自然图案的描绘，苗族人民在民族发展中深入凸显了图案所蕴含的文化意义，即用图案传达着对生命的理解，用图案宣誓着对自然的忠诚，服饰中体现生命溯源的图案包括蝴蝶、枫树等。比如人文象征上说，苗族服饰不仅表示了人与自然的和谐关系，还将大量地理、历史、文化信息无声地传播给世人，供人们翻阅历史上苗族发展的这一精彩篇章。在苗族服饰中，包含人文象征的图案有英雄伍莫系、骑马飞渡等。英雄的诉说是热血的，英雄的故事也应该被人们一代代地颂扬下去。苗族服饰在大自然的巧合协助下陈述了古老的历史文化，苗族服饰静静地将历史深化于表象，无声地宣扬着英雄们的精神，同时向苗族人民传达着无论苗族经历过什么，又将面临着什么，都不要忘记先民是如何用生命为苗族争取一寸土地的精神。从宗教意义的广义上来说，苗族服饰所传递出来的文化底蕴及表现出来的生态美，与图腾文化相似。图腾相当于一个民族的族徽，是族源的标志。体现出的是原始宗教文化与社会文化。因此，苗族服饰在一定程度上也具有宗教意义。

4. 苗族服饰与生态系统关系

社会本身就是一个可循环的生态系统，而苗族生态系统关系则反映在族内社会关系方面。语言家索绪尔将语言作为符号，苗族人民的服饰就是代表自身身份的符号。在不同场合，苗族人会根据社会需要选择不同的着装，以便他人可以一眼看出自己的身份。其中，最为常见的苗族服饰生态系统关系表达则是婚姻状况方面。苗族不同支系的女子，服饰装扮上所传达婚姻信息并不一样。而且还可以清楚表达出人的年纪大小，如，黔东南的苗族少女，幼时上身穿青布右衽长服，下身穿开裆裤，头顶一个绣花帽；进入少女时期便开始穿裙子，且装饰较为简单；步入青年时期，穿着变得复杂些，衣着佩戴装饰也较为华丽；老年时期的女子，将逐渐褪去华丽，转为淡雅为主的素色。苗族本身没有专属民族文字，但是却有着自己的制度，服饰的制度化也推动了苗族族内各种关系的形成，从而实现社会生态系统的可持续发展。①

三　生态视角下的布依族服饰文化

布依族服饰的发展历史极其悠久，带有浓郁的民族色彩与地域性特征，显示出了很高的文化价值和艺术价值，是布依族人民在独特自然环境和社会环境的基础上形成的一种民族艺术。

（一）布依族服饰图案中的生态美

布依族生活洁净简朴，服装基本是自织棉布，自种蓝靛染布。在布依族服饰中，最引人注目的是蜡染。布依族蜡染纹样多为几何，结构严谨精细，虚实有致，刚柔相济，风格明快清朗。镇宁县一带的布依族妇女蜡染裙子上的图案爱用一点浅蓝色，白蓝相映，显得层次变化丰富。女性的着装具有浓厚的民族特点，多穿短襟长裤，配有栏杆花纹装饰，也有穿裙子的。而且喜欢蜡染，领、肩、襟、袖、衣摆都镶有花边。地区不同，服饰也各有异。包头帕，盘围腰，妇女喜欢银饰等。男性式样简单，与汉族大致相同。布依族服饰图案作为布依族服饰文化重要的表象符号，体现出布依族人对装饰纹样的选择性创造和对艺术美的独特追求。丰富多彩的布依族服饰文化，以其多样的纹饰、古朴的图案、精湛的工艺诉说着一个布依族古老的文化传奇，那些表面上看似各不相同的图案纹饰其实是布依族社会经济生活的特写，是布依族文化心理象征性的表述和特殊审美情趣的传达。

布依族服饰的图案非常精美，变化多端，具有很强的装饰效果，不仅有花、鸟、虫、鱼等写实图案，还有抽象的几何图形，如曲线、方格、圆圈、水波等纹饰。并且，布依族妇女在往服饰上绣花朵的图案时，非常青睐蕨菜花、刺梨花等图案，那是因为布依族妇女非常喜欢用本地区特有的、常见的植物，她们将对这种植物的喜爱，内化为本民族服饰上，彰显

---

① 此节部分内容笔者曾于 2012 年在"多彩贵州网"（原金黔在线网）发布。

出对大自然无比热爱的思想感情。当然，这种植物生长也与布依族人民生活的地理环境有着密切的关联。比如刺梨花这种植物就是如此。刺梨花是贵州特有的一种植物，正是布依族地区特有的土壤及气候条件才适合这种植物的生长。在布依族人眼里，认为此花不畏风霜雨雪，只要有一点土，它就能生根发芽，是生命力极强的一种植物。夏天开花，粉红花蕊，娇艳可爱；秋天结果，其花柄和果实都长满了刺，如今已被誉为"维 C 之王"。这种果实，象征着刚强、坚毅、财富、幸福等，与布依族人民追求完美生活、性格刚毅、奋发向上的性格品质相吻合，因此成为布依族的文化符号，深受布依族人民的喜爱。由此不难看出，刺藜花作为布依族服饰的图案，表达布依族人民对美好生活的向往和追求。

无论是抽象的服饰图案，还是写实的服饰图案，我们都不难发现，布依族人民的聪明才智以及对自己所居住环境的无比热爱之情。布依族妇女在用抽象的图案时，常常会用谷粒纹这种传统纹饰，我们可以设想：这是布依族原始谷魂崇拜的意象。当然，这与其所居住的自然环境及生存背景是分不开的。大部分布依族人民的居住地都比较温暖，可以说是冬无严寒，夏无酷暑，无霜期较长，年降水量也较丰富，这种气候条件非常有利于稻谷的生长。据史料记载，布依族的稻作文化是比较久远的。所以布依族是世界上最早种植水稻的民族之一，这对贵州和西南地区的开拓发展做出了积极的贡献。①

由于布依族所居住的环境，大多是群山环绕，交通比较闭塞，与外界接触的机会较少，又加之在历史上曾经受到战火硝烟的弥漫，其经济文化水平相对滞后。所以，当布依族人民靠自己的聪明才智发现种植稻谷的方法后，生活质量较之以前有了明显的提高，人民的体魄也更为强健，人民的生活也逐渐富裕起来，所以布依族人们对稻谷有着一种特殊的感情。因而，将其图案内化为自己服饰的一部分，让人时刻铭记稻谷的恩情。可见，我们对布依族服饰图案的深度挖掘，可以探究出一系列的文化内涵，这不失为一部意义深远的文化生态史，布依族人民时刻都将自己与大自然紧紧地联系在一起。

（二）布依族服饰工艺中的生态观

21 世纪，人类的生存环境可以说受到了前所未有的挑战，生态环境

---

① 周国茂：《论布依族稻作文化》，《贵州民族研究》1989 年第 3 期。

受到极为严重的破坏，频繁发生的地震、洪水、火山喷发等一系列自然灾害，让人类对征服自然、利用自然一味索取的贪婪心态开始做出前所未有的反思，对所谓的"文明"开始重新审视，从而"绿色生态"与"和谐相处"成为人类生存的保障。

布依族在服装用料上喜欢选用纯天然的材料。据有关史料记载，布依族很早以前就会植棉、纺纱、织布，并且这些在布依族的古歌、传说、童谣等都有所反映。布依族喜欢用蜡染布制成百褶裙及在领口、袖口等部位刺绣，以上所使用的蜡染物及刺绣品都是用棉布制成。可见，棉花的种植，在布依族服饰史上有着重要的意义，这种植物的生长与布依族人们所居住的自然环境有着极为紧密的联系。

布依族人民的温暖湿润的居住环境，为棉花的种植提供了无比优越的生长条件。据史料记载，布依族是从明代以后开始种植棉花，并且将其作为自己服饰的主要原料。据布依族古歌《造万物·造棉》中唱道："远古那时候，世上没有棉，人人挂树叶，个个裹树皮。"后来人们才发现："山上有种花，叶子真大张，叶片圆又滑，真像大巴掌……拿花慢慢捻，细细丝又长，结实不易断，好比蜘蛛网。"于是"大家快去拣，拣来野花花，姑娘就捻线，线子挽成团，就把布来编"。① 《南史·夷貊》中载："林色国，木汉曰南邵象林县"，有"古贝者，树名也，其华成是如鹅毛，抽其绪纺之以作布，布与苎不殊，亦染成五色，织为班布"。《后汉书·南蛮传》中已有了"织绩木皮，染以革实，好五色服"。上述这些记载，都说明了布依族人民从大自然中取得原料，并经过自己的加工后织布为衣的服饰工艺传统。

布依女性所穿的百褶裙就是用蜡染布做成的。蜡染，是布依族最负盛名的工艺品，而且历史悠久。《宋史》四九三卷记载："南宁特产名马、朱砂……蜜蜡、蜡染布……"② 清乾隆《贵州通志·苗蛮》记载："永丰州之罗斛、册亨等处……妇人首蒙青花布手巾。"③ 这里所指的青花布就是蜡染布。有着"中国术"之称的蜡染布，主要以"青、蓝、白"为主要色调，制造工艺可谓是独特精美，所染颜色也是非常牢固，从不轻易褪

---

① 罗汛河：《造棉·造布歌》，贵州民族研究会编《民间文学资料》，1986年版，第46页。

② 周启萌、田艳：《非物质文化遗产视角下的布依族蜡染技艺的传承和保护——基于贵州镇宁石头寨的调研分析》，《原生态民族文化学刊》2011年第4期。

③ 丁文涛：《布依族印染工艺探源》，《贵州大学学报》2007年第2期。

色。这种蜡染所使用的原料都是从大自然中取得的。据史料记载布依族人民在很久以前就已经发现能从有些植物的根、茎、叶中提取青、蓝、红等天然染料。布依族人们之所以有着如此丰富的染料来源，主要与布依族人民温暖湿润的居住环境息息相关，并且这种环境适合多种植物生长繁衍，这就为布依族印染工艺的发展奠定了坚实的物质基础。

从以上的叙述中，我们不难看出，在布依族服饰的制作工艺上所使用的原料，完全没有任何化学元素的加入，加之布依族人民的高超技艺，才制成一幅完美的服饰画卷。由此可见，布依族服饰文化不失为一种绿色文化，因为在其加工过程中，无论是从选材、取材还是浸染等过程，所采用的原料，无一不是从大自然中所取得。毫无疑问，在当今生态环境已经受到严重破坏的情况下，对此种"绿色工艺"的发扬光大，当是一件功德无量之事。[①]

四　各具特色的其他民族服饰

1. 彝族服饰色彩的魅力

彝族服饰分为礼装和生活装。从整体上看，黑色是彝族服饰的主基调，兼以红黄白等色搭配。黑色是彝族服饰的基调。原来是自织的土布，根据经济状况也有丝绸、棉麻和羊毛织品。彝族地区畜牧业较为发达，这些布料经过加工染成黑色，从质地和颜色上看去显得淳朴素净，温和内敛，给人一种朴实感。这样的质地、颜色的服饰给人带来一种美感。其美在它的深沉厚重，含蓄蕴藉，使人感受到东方式的静穆崇高、神秘朦胧之美，引人产生一种无限的遐想。黑色更是一种空间感和深度感，给人一种能够吸收所有自然色彩的感觉。当然，仅有黑色未免太过于凝重，缺少活力。因而彝族服饰在整体上一方面充分利用黑色，另一方面又想方设法打破黑色一统天下的局面，于是，种种精美的刺绣，花边纹样图案装点在黑色男装、女装、裙子及头饰的边角上，并佐以黄色和红色就显得格外醒目。

彝族服饰从上到下，从前到后都有红黄色点缀。最为醒目的有三处：一是头帕，瓦盖上；另外一处是袖口，衣服下从右衽后片起绕肩一周经左

---

① 此节部分内容笔者曾于 2012 年在"多彩贵州网"（原金黔在线网）发布。

前胸至衣衩都绣有花纹线条组合图案，这些图案彝语称"毕力妥罗"，加之镶有的红、黄色及其他颜色花边与黑色长袖相连接；再有一处就是百褶裙和男装的下部镶有略宽于袖口的火纹、螺纹、羊角纹、八卦纹、虎纹等组合图案与黑色裙身相衔接。这三处均有红、黄和其他颜色的嵌入，让整个色块起了很大变化，在原来非常古朴，厚重的色彩上增深了优雅与变幻。另外，除与红色、黄色为主并列装点的颜色外，还有蓝色、紫色、绿色及其他各种各样的颜色。这些颜色一般不大面积使用，而是编织在一条花边彩条上和图案连在一起，或镶在袖口边或衣服边，或嵌在围腰上及百褶裙边，尤其"涡旋纹"是彝族人传统服饰的灵魂式图案，彝语称"输必孜"，白底是"米古鲁"，黑纹是"靡阿那"，这样处理使本来以黑色为主的厚重古朴一下变成了一个绚丽多彩的世界。加上红、紫、黄、绿、蓝等这些装饰的色调，让人们从大自然中的天空、太阳、彩霞、土地、植物甚至从流淌的血脉里去感触去遐想。把人与自然结合起来，让人感受到一种古朴而又优雅，厚重而又细腻，深沉而又明快，静穆而又流动，神秘而又自然的美感。也正是由于数条花边彩条装点使彝族男士分外英俊潇洒，女士格外美丽动人，从而形成了彝族服饰文化的独特魅力。

　　2. 南北部方言区不同的侗族服饰

　　居住在北部方言区的侗族因为水陆交通较为便利，生产水平较高，文化较发达。因此，男装的演变与汉族的演变是相似的。只有妇女的服装除了在县城以外的，仍然保持着传统的特色。以锦屏县侗族服饰为例：平秋地区妇女服饰的盛装，其衣着布料从栽种棉花、纺纱织布、靛蓝印染、缝制织绣都是妇女自己一手操作，展示了她们的勤劳与聪敏。外套大多是青色的，右衽圆领，斜襟开扣，托肩彩色绲边，衣长至大腿中部，衣脚有红色内套露出，衣袖口镶有花边。腰系彩色腰带的背后有两条流苏，随着人物走动而翩翩起舞。内衣为白色或浅蓝色，袖长超过外衣袖口露在手腕上。下身穿青色裤子，脚踏翘鼻绣花布鞋。女装最讲究的是头饰和银饰装饰品，长发上用红头绳扎发盘再包黑纱帕，脑后别上银簪、银梳，头戴银盘花、银头冠，耳吊银环；领口两组银扣对应排列，外加斜襟扣两组；颈戴五只大小不同项圈；胸佩五根银链和一把银锁用以镇魔压邪；手腕戴上银花镯或四方镯等。银饰品中有龙凤，鸟虫花草等图案，都是本地手工艺匠人打造。

　　南部方言区的侗族服饰则迥然不同。由于地处山区，交通不便，因而至今仍保持着较为古老的裙装。南侗妇女好绣花，服装很美，女子穿无领大襟衣，衣襟和袖口镶有马尾绣精品。图案以龙凤为主，间配有水云纹、花卉纹，下穿百褶裙，脚蹬翘头花鞋。髻上饰环簪、银钗，头戴盘龙舞凤的银冠，并佩戴多层银项圈和耳坠、手镯，腰系银饰腰带，青布包头。盛装时穿古老的、百鸟衣、银朝衣、月亮衣等。

侗族在服饰的颜色使用上，与其他民族既有共同之处，也有明显的不同，主要是因为各民族之间有着共同的地理环境，同居一地构成了重要的民族地缘关系，也使各民族之间长期共生存的外部空间联系及风俗习惯、传统文化互容与互补。同时，各民族生存空间和地理环境也有各自的独特性，从而产生和保存了不同支系的个性，并由此积淀发展成为"有意味的服饰色彩形式"。况且侗族服装设计中的种种构思，并非孤立进行，而是与环境、经济等有着千丝万缕的联系。侗族服装中那些鲜艳夺目、层次丰富的色彩，一方面反映了侗族对服装色彩的把握与意识，另一方面也反映了不同民族、不同时代和不同文化背景的色彩主张。

贵州民族服饰之所以具有强大的吸引力，其深厚的文化内涵和强烈的民族情感，也是其中的重要原因之一。而色调意念的表现都与服装结构形式相关联，且通过后者得以抒发。民族服装结构的色彩特征与民族服装的结构有机结合，构成了内涵深邃、丰富多彩的贵州民族服饰文化。

此外，因贵州民族服饰内容非常丰富，除了上面苗族、布依族、彝族、侗族的叙述外，还有许多少数民族服饰都有其自身的特点，如仡佬族传统服饰是白色的和绿色的，多用丝绸和棉布，上衣大襟右衽，领口、袖口、襟边都以青布花边装饰。裤子短且窄，裤脚镶云彩形宽边，重大场合还要加穿绣花较多的"提裤"。水族服装面料以棉麻为主，色调以淡蓝色、白色、青色为主，全套服饰色调显示出休闲、和谐、典雅的基调，其中"马尾绣"堪称神品。马尾绣绣出的图案有浮雕的感觉，绣一条马尾绣的背带，一般用半年，甚至更长的时间，所以它成为检验水族妇女心灵手巧，善良坚韧与否的试金石。土家族妇女穿左襟大褂，绾髻包头。还喜好用头绳、垂吊头绳的，示意已许配人家；头绳盘在头上的，示意已订婚；头发结粑饼的，示意已成亲。少女盛装是粉红色或蓝色右衽大襟短衣，高领滚花边，胸前用彩线勾花，穿宽裆大脚筒裤，裤脚镶花边。妇女便装时要包头帕，帕子一般有两米或四米长。

民族服饰的生态文化意蕴固然不仅是上面的论述，并且，上述几个方面的文化内涵在服饰中的表现又往往是交错在一起的，且各有特点，大都又偏重于某一方面或若干方面。作为民族文化的一种符号，一种载体民族服饰不仅表现了地域特征，而且它凝结着贵州各族人民历史以来形成的民间宗教、政治、经济、美学及风俗习惯等方面的传统观念，蕴含着他们在文化结构深层的心理积淀。探讨研究贵州少数民族服饰的生态文化，需要从每个不同民族的历史文化本源开始，对今后保护中华民族文化资源，弘扬和发展贵州原生态民族文化，都具有非常重要的现实意义。

五　田野调查手记

服饰中的历史情结

贵州平塘，大山大水，沟壑深切，奇石急流，人也豪放潇洒。所作所为，自与江浙一带的细腻多情、华北一带的平稳大方和华南一带的大红大绿有别。在这块土地上，一切创造都有点野味，朴实浑厚，给人一种雄浑的震动。

从平塘县城出发，西行约30公里，有一个30余户苗族聚居的小小村寨——孔王寨。这里地处中亚热带岩溶喀斯特地区、云贵高原东南坡向广西丘陵的过渡地带上。境内有峰林谷地、坡立谷、间歇泉、落水洞、地下河、漏斗井泉、溶洞、阴潭等，景色秀丽，风光迷人。远眺苍松点翠，近观果树成林，柚子的清香，沁人肺腑。它的寨名和它的风景同样耐人寻味。车刚停稳，迎接的村民立即前来，欢声笑语，又是敬酒又是歌唱，一派欢腾的景象。

服饰是民族文化的一个重要组成部分，也是一扇探视民族心理的窗户，自然，我们一行几十个人的镜头都聚焦在身着盛装的妇女们身上。

采访中村民们自称他们是一支红花苗，在村民中一直流传着一个美丽的故事：很久以前，苗族一直过着大迁徙的生活。一天，突然从天上传来一阵阵雀鸟的叫声："到美丽的山谷坝子去，那里会让你们过上幸福的好日子！"人们昂首一看，原来是一只花孔雀，花孔雀说完，就展翅向远方飞去。人们跟着花孔雀向前跑，跑啊，跑啊，人们历经了许多坎坷悲壮的磨难后，终于来到了平塘这块土肥水绿的山谷坝子。于是，这支苗族人在这里定居下来，决心用自己的双手建设自己的家园。一年年过去了，坝子慢慢变了样。一排排整齐的吊脚楼矗立在山间，吊脚楼周围是数不清的竹丛和果树，有柚子、桃子……一树树、一枝枝挂满累累果实，远方是葱葱郁郁的丛林，一队队牲畜，金黄的稻田……人们安居乐业。后来人们为纪念花孔雀，就把这个建好的寨子起名为"孔王寨"。

为了记住孔雀的俊丽，更为了把本民族的历史加以展示与传承，于是她们用五彩线把孔雀奇特、繁复和美丽的图案刺绣在衣裳上，图案纹样取自苗族迁徙的历史、传奇和大自然的美丽，还有他们的生活。这些图案纹样写意夸张，风格独具，其技法有平绣、十字绣、辫绣十余种，纹样有几何纹、万字纹、雷纹、波浪纹、螺丝纹、菱形纹等。平绣是孔王寨女装最普遍的绣法，这种绣法色调鲜明，尽显孔雀的鲜艳美丽，有明确的物象感。而十字绣是非常严格和复杂的，必须是一根纱、一根纱地数着挑，一针也不能错位。裙沿上都有几条横线，记录跨过了黄河、长江；披肩上绣有山林、田园、城池，记录了她们生活过的地方；尤其是领花、肩花、襟花、背块花、袖口花、裙镶花，令人眼花缭乱。看上去，整个衣服花纹图案山环水绕，田连阡陌，就像一幅美丽富饶的田园山水画。当姑娘们张开双臂展示绣衣时又宛如一只美丽的花孔雀在亮羽开屏。

艰辛的迁徙路，历经磨难，造就了苗族人坚忍不拔、自强不息的豪气与韧劲。黄河、长江的博大、雄浑、深邃，大山的坚实、崇高、沉稳，还有贵州大地遍野的鲜花，抱着他们成长，赋予他们品格、灵性、不尽的活力。农忙时苗族妇女们耕田种地，农闲时她们凝神挑针刺绣。一套盛装要绣几年，甚至几十年。如果没有顽强的品性和毅力，没有独到的审美观，就没有眼前这让人心醉的服饰艺术。孔王寨的苗族女装从形式和内容看，都有着鲜明的美学价值和历史价值，以及较高的艺术收藏价值。它不仅具有强烈的表意功能，被誉为"穿在身上的史书"，而且款式奇特，想象丰富，色调强烈，风格古朴。图案中反映和体现了苗族女性的内心情感世界，同时抒发了她们对大自然的认识和对美好生活的憧憬。所有纹样，特别讲究规整性和对称性，图案结构严谨，给人以整齐、紧凑感。粗看五彩斑斓，细观则色线分明、组图明确，交错重叠，既复杂多样又结构严谨、条理清晰，色彩与图案搭配完整，协调统一。

返程的时间到了，村民们欢歌笑语，依依不舍。我的视线还在服饰上，还有问不完的话题。乡里的周书记、村民吴天琴一再邀请我们春暖花开时再来：若你们是4月走进寨来，家家柚花开，处处桃花香。到八月和九月之间，柚子树枝头挂满果实，加上藤竹婆婆，如伞的树，青青小草，碧玉菜畦，万绿丛中闪现出身着苗族盛装的妇女，人与自然交相辉映，如诗似画。

我听得心驰神迷，看得如痴如醉。直到返程的汽车喇叭声不停的催促，思绪才被惊回。

科学与文化的突飞猛进，人们逐渐被积木式的高楼大厦、现代材料包围起来。回到大自然中去，返璞归真已成为世界性的思潮。具有朴实的山野风格的苗绣服饰除了自身的美外，还表现了对民族某一重要历史片段的追思，寄托着本民族的期冀与追求，负载着族群对生命的热烈追求和对一切美好事物的赞美，体现着一种民族精神与历史责任感。使人的心灵获得了一种激荡、一种铸造。受到来宾的如此欢迎，看来是不足为奇了。

2007 年 12 月 23 日记

瑶乡风情

地处黔东南麻江县龙山乡的河坝村，是一个距离县城 30 多公里的瑶族村寨，位于县城的东南部，清水江上游，属武陵山脉余脉，平均海拔 900 米左右，方圆 24 公里，有 30 个自然村寨，总人口 3450 人，瑶族占 88.98%。河坝瑶族原称为"绕家"，自称"育"，史称为"幺家、禾苗"，居住于此距今 700 多年。

从县城出发，车行不到一小时，眼前已是风光旖旎的瑶乡河坝村平寨。满眼的青山碧水，到处绿树成荫，将古老的瑶寨装饰得分外妖娆。一幕幕优美风景，朴实纯真的原生态生活景象映入眼帘。乡民们在地里劳作，孩童们在树下嬉戏，欢快清朗的笑声在丛林中飞越，宛如那林间婉转轻唱的溪流一样明净清澈。那泥土的芬芳，稻谷的清香，还有微风掠过林间带来的几许清凉，使这里成了人们夏天消暑最快乐的地方。深林里偶尔几声清脆的鸟鸣，如天籁在林中轻灵地飞扬，是那样的悦耳动听。

一分耕耘一分收获，瑶乡人没有辜负大地的养育与厚爱，更没有辜负今天党的好政策，乡民们生活一年比一年殷实了。瑶乡人笑了，笑得那样灿烂。山风吹过，沉甸甸的谷穗频频点头，似在告诉人们秋收将会多么灿烂；绿绿的，圆圆的，润润的西瓜，密密地躺在阳光的余晖中闪烁，情趣盎然，令人赏心悦目，流连忘返，陶醉于这瑶乡特有的风景。

沉醉在这古朴的瑶寨风景中，自然要欣赏河坝村瑶族服饰了。随行的麻江县委办公室的小龙不断地回答着我们提出的一个又一个问题，不时给我介绍麻江。当然，聊得最多是瑶族的服饰，不但让我们知道了当地瑶族服饰特色，而且对瑶族服饰的整体风貌也有了初步的认识，使这次采风收获不小，很感谢小龙。

据不完全统计，全国瑶族共有28种不同的自称、他称。贵州的瑶族主要聚居在荔波、从江、榕江、黎平、都匀、麻江、三都和望漠等县市，与服饰（头饰）有关的称谓就有"青裤瑶""白裤瑶""长衫瑶""板瑶"等，支系间的服饰差异较大，表现出特色各异的传统服饰文化。贵州瑶族服饰的多样性与瑶族的族源、迁徙历史、生存地理环境以及生活习俗、宗教、民间传说有密切关系。在风俗习惯上保持了民族传统的特点，特别是在男女着装上更为明显。瑶族妇女长于刺绣，在衣襟、袖口、裤脚镶边处都绣有精致的图案纹样。发结细辫绕于头顶，围以彩色珠子，衣襟的颈部至胸前绣花纹。男子则喜好蓄发盘髻，用红布或青布包头，穿无领对襟长袖衣，衣外斜挎白布"坎肩"，下穿大裤脚长裤。瑶族男女长到15—16岁要换掉花帽改包头帕，标志着身体已经发育成熟了。

麻江县河坝瑶族服饰是贵州"育"这一支瑶族的代表，以麻江县龙山乡河坝村为代表。县境地势西高东低，处于云贵高原向湘桂丘陵过渡的斜坡地带，县境美丽的自然景观，东部山峦重叠的山峰，西部峰林高耸，北部群山巍峨。麻江县瑶族又称"阿夭""夭家"，史称"夭家""夭苗""绕家"。1992年10月，贵州省人民政府同意批准认定为瑶族。定居于麻江县河坝地区境内瑶族"所居深山"，史称"随溪谷群处"，经济发展迟缓。穿衣主要靠自己种棉、纺织、染色。

迁入贵州前的瑶族服饰已无文字可考，明清以来，《黔记》《贵州通志》《都匀县志稿》等一些史志记载："夭苗"在"陈蒙烂土夭坝者，缉木叶以为上服，衣短裙"。《贵州地理志》载："男女衣俱尚青"，《黄平州志》载"妇人长裙"，民国《麻江县志》载："妇人穿细折长裙。"瑶族妇女自清代后期，为劳动和缝制简便，平时改穿便装。便装头式去银饰，仍包帕、搭头巾。上衣为右衽齐膝的矮领中衫，下装仍穿大裆长裤，不穿长裙。脚部去掉裹腿和翘鼻鞋，改穿轻便的布鞋和细鼻边耳稻草芯草鞋。现在仅遇节日盛会、婚嫁访友、赶场赴宴等才穿盛装。盛装，瑶族称为"相育"，意为绕家人的衣服。妇女盛装的头式均蓄碗顶长发（用碗反扣于头，将周边头发剃光），不着辫，在后脑勺处绾高髻，髻上插牛眼杯大的带柄银瓢，银瓢边缘挂尺余长的双环银链，髻顶插若干支银花，银花边缘缀以若干短柄半球形小银泡。头上包折叠平整的头帕，头帕两端留线须，须端横镶两道白色或红色布褊。头顶上外搭两端留有寸许线须的青底白花头巾。耳垂挂银柱（少女挂枫叶形耳柱；已婚妇女戴耳形内空的耳柱）。颈上戴大小不等的数只银项圈。瑶族妇女穿右衽和敞领无扣的绣花衣，全套六件，长不过膝，短仅及腰，从里到外，一件比一件短，恰好露出衣角一道花纹。衣袖长短亦然。

　　瑶族服饰工艺中，最具特色的是"枫脂染"，即将枫树油脂（瑶语为"歌舅"）、牛油或羊油共熬，用油钵盛装，再用蘸油刀蘸枫脂油在衣料上绘出图案，谓之"点花"，再将之置于蓝靛染料中浸染，捞出晾干后，将枫脂油去掉，即现出底色图案。至今，枫脂染只在瑶族中传授。瑶族盛装全套6件，要求衣脚、袖口要依次比前一件短，因而根据着装者身材，按内长外短一次裁剪。同时，瑶家刺绣是一项高度密集型劳动堆积活动，一块一尺见方的背牌图案，往往耗费一个姑娘半年到一年的农闲时间；姑娘从七八岁起开始学刺绣嫁妆，种棉、织布、养蚕、挑花，待把精美的裙子绣制满意时，已到待聘出阁的妙龄青春期了。瑶族女盛装，全套六件，耗时多达几年甚至花费一生的农闲才做完一套。

　　世居麻江的瑶族与其他民族交往甚少，较为封闭，因此完整保留了民族的许多传统文化特征。瑶族服饰尤其是女盛装，不仅做工精细、构图优美，而且整体结构严谨，穿戴打扮别具一格，在有语言无文字的情况下，历史的变迁除口传身授外，服饰也是传承其历史文化的重要载体。瑶族服饰表现了瑶族古代的图腾崇拜，承载了瑶族许多历史文化信息和原始记忆，寓合了瑶族人民的精神信仰、价值取向，充分体现了麻江瑶族人民的艺术审美观，高超的工艺水平和创作天赋，记录着瑶族民族服饰的形成、发展历史，折射出瑶族深厚的文化内涵。

在村里荷塘边，我们一行围坐在赵大娘家吊脚楼前，受到主人家热情的接待她说："河坝瑶族服饰以青和藏兰为主色，多以红色花纹相配。"确实，瑶族服饰相较其他民族服饰，色彩并不艳丽，主要是用深沉、厚重的色调来显现拙朴、凝重，蕴含了瑶家人内敛的审美取向，体现瑶家人在宁静中追寻生命意义和心灵源泉的精神诉求，折射出独具光彩的文化韵味。

来这里前就听说枫脂染是麻江瑶族服饰的独特手工艺，也是"国家级非物质文化遗产"，至今瑶家女还用古老的"竹刀"点蜡花，枫木蜡是蜂蜡应用前的防染材料，竹刀也是铜刀使用前的工具。竹刀不易导热，不贮蜡，故一笔一画，笔画长度有限，因此大有朴拙之味。在村长家，我们细访了这个瑶族山寨古朴神秘的民间艺术的制作……瑶族枫脂染世代传承，距今已有400多年的历史，是麻江瑶族的独特手艺，她们自纺、自织、自染的土布服饰仍保留着清朝之前的风格。她们没有集体手工作坊，至今沿用的是古老的染织方法，工艺制作流程相当复杂。

我们一边聊一边观赏点蜡技艺，一边问这问那，引来了好多邻居观看。看着我对枫脂染尤为感兴趣，又不知这枫脂为何物？从哪里来？她们就有说有笑把我团团围住，你一言我一语介绍说：每年六、七月份，在枫树的主干皮层用刀斧划出若干道条痕，待流出枫脂后即取回待用。当地瑶族妇女在自织白土布上绘上精美的图案，需要印染花布时，将枫脂和牛油大约按十比二的比例混合（代替蜡），装在一只小土碗里，置于盆装的热草木灰上，灰中埋上少许红炭火，以保恒温。待两种油缓慢融合后，就用竹制小蜡刀（自制）蘸油复涂于画好的图案纹络，图案主要以花、草、虫、雀、鱼等为主，间以几何纹、雷纹、云纹、锯齿纹等。待蜡干后，经过染坊浸染、河边漂洗、去蜡、阴干，便可出现青底白花、蓝底白花，或青底蓝花等色彩对比鲜明的花纹图案。

听着她们的叙说，我不时拍手称赞，看着展示在我眼前的这些枫脂染衣料，图案形态各异，色彩调配和谐，优美典雅。而且风格是粗中有细、布局饱满而不杂，手法夸张、图案生动细腻。我真的被这种来自民间生活中的自然审美所感动，被瑶族妇女的智慧所慑服。

当地的妇女和姑娘们都是热衷于这一手工艺的，她们告诉我，点蜡绘画可以三五个人一同作画，也可自己一人独作。只要有空闲时间，就点制各种各样的蜡花图案，以备浸染、脱蜡、漂洗、缝制等之用。这也成为瑶族妇女们交流的一个平台，在瑶族民间流传的歌谣中就这样唱道："兄弟姐妹情深深，在家闲着没事做，邀请姐妹进家来，一同拿笔点蜡花，染成放入闺深处，等到乡里芦笙场，妹才穿出给哥看……"由此可见，枫脂染艺术在过去的瑶族同胞生活中占有举足轻重的地位。两位正在表演枫脂染技艺的瑶家女笑容满面地告诉我们，每天她们都会做枫脂染和刺绣，不仅自己缝制服装用，还作为美术手工艺品远销国内很多旅游地。

瑶族人美化了瑶乡大地，也改变了乡民们的生活。近年来，农产品、手工艺品使她们的钱包渐渐地鼓起来了。你看，绿丛中一栋栋新颖别致的民居拔地而起，碧水青山间一座座整洁漂亮的新村横空出世，瑶乡人民的生活有了很大的改善。

在河坝村平寨，这些瑶家女，穿着质朴的瑶族服装，不论是路上相遇，行走挑担，路边下田工作，或家中操作家事，甚至在吊脚楼里歌舞时，她们头上都顶着枫脂染的头帕，留给我深刻印象。靠近拍照，行、住、坐、跑，正侧向背各种角度拍摄，都显得清新自然而又雍容，真有一种淳朴的美丽。

瑶族群众一贯以热情著称，在瑶乡，主人用河坝特有的"沙沟鱼""滚子鱼""糯米酒"招待我们，对来访的客人非常热情。快乐的时光总是短暂的，夏日下的瑶寨，处处彰显着迷人的瑶族风情，真想留下来，着实不愿意离开……

2009 年 7 月 28 日记

远古的文明符号——僄家服饰

在贵州省山峦重叠、沟壑纵横的漫山深处，散落着五万多一个待识别的民族群落——革家人（"革"应为单人旁加一个革字，"僄"，音 gě。字库中无，以下用"革"代替），自称"羿"的后裔。

由于高山阻碍、沟壑切割，这些群落自古以来少有和外界沟通。几千年过去，他们的生产和生活，他们的传统和信仰一直保持在亘古不变的祖先遗存中。当外面的世界日趋同一的时候，革家人却依照祖先的脚印缓缓行进在独隅的文化旅途中。他们的历史就藏在老人的传说里，记载于奇异的服饰上：

"传说在帝尧时期，天上出现了七个太阳，晒得大地河井干涸，树焦石裂，哀鸿遍野，民不聊生。面对天灾，是一名叫羿的首领，用自己的神弓射下了七个太阳，拯救了这个世界，重新给大地以富足与祥和。"这就是流传在革家人中关于祖先的英雄故事传说。革家人的传说除了太阳数量等个别细节上稍有不同以外，其他和《山海经》相同。不管是从《左传》《楚辞·离骚》或《楚辞·天问》，还有《山海经·海外东经》《淮南子·本经训》这些典籍来看，羿这个族人是存在的。

革家人主要集中分布在贵州的黄平、凯里、关岭三个地区，其中又以黄平的重兴乡、凯里的龙场镇最为集中。麻塘位于龙场镇东南面，距凯里城区 15 公里，目前全寨有 100 余户人家，是凯里市革家人聚居区最大的一个寨子。

11 月 3 日，瑟瑟的秋风丝毫没有影响我们前往凯里龙场镇麻塘革家寨，去探寻那远古文明的好奇心。还没进寨，村口的山间小道两旁已聚集了近百名身着盛装的老老少少迎接我们，载歌载舞好不热闹。

麻塘革家的村寨依山傍水而建，已有几百年的历史了。木制排楼也掩隐在绿树翠柏之间，100 多户革家人就在这绿水青山间辛勤劳作、繁衍生息。弯弯曲曲的鹅卵石铺就的小路，把寨子的各家各户串了起来，也把我们引入到革家人的内里。革家人的房屋多为三间式木瓦房，大都用石墙围院，看起来十分的干净整洁。

来到村支书袁启忠的家，一跨进堂屋，我立即就被高悬于神龛上方小巧玲珑的红白弓箭所吸引。袁支书热情地告诉我："革家人每家每户都这样，神龛上祭祀的除了祖先的牌位，就是用竹条做成的红白弓箭了。这不仅是为了纪念和缅怀先祖的丰功伟绩，还是革家人传宗接代、历史传承的标志。也算是祖先崇拜吧。"袁支书看上去瘦瘦小小的身材，但言语间不时透露出一种坚毅和自豪。弓箭作为武器和狩猎的工具，在不同的人群中都广为出现。而革家这样把它作为整个族群的香火供奉，在我国少数民族群落中极为罕见。

穿行于麻塘革家寨，最引人注目的就是革家女人的服饰了。作为一个没有文字的民族，服饰便成了记载历史的最好载体，袁支书的媳妇告诉我们，革家女人这从头到脚的服饰，都记满了革家人的历史。

革家女人的服饰分为盛装和便装两种，盛装为革家人的古婚装，便装是革家人的生活装，其盛装主料用蜡染、挑花缝制而成，在款式、结构、用料、色泽以及工艺制作等方面，都显示浓厚的民族特色，全套盛装以串珠红缨珠帽、蜡染、刺绣四块衣、贯首衣、三段式百褶裙、刺绣红绑腿、制衲帮钉鞋等部件组成，这些部件组成的套装，集中体现了以太阳为主线，即头戴的红缨珠帽是星球中心的太阳，上装胸部和背部又各有大大小小的星球围绕太阳运行，形成太阳高照，彩霞满天的格局。银饰穿戴起来以后，又俨然是一派武将英姿，细细端详，则精致玲珑。

盛装只有在遇到重大节日和活动时才穿上身。整个服装主要以红、白、蓝、黑四色相配，革家银饰多是妇女服饰中的装饰品，分为头饰、颈饰、手饰三个部分，银饰中的纹样仍是以太阳为中心。这些造型别致、纹样丰富的银饰，全都与革家人的信仰习俗有关，叙说着革家这支古老民族生存繁衍的神奇历史。袁支书拿出一副银簪让我们细致端详，告诉我说："这簪子共分五段，花纹各异，有弓箭、弓弦、弓体，第四段是太阳，喻示纪念先祖射日的丰功伟绩。一般的未成年女孩只戴白箭射日的头饰，而妇女佩戴太阳和月亮的头饰，因为它是被射落的，所以要深藏在头发里，不能被人看见。"

在与当地人的交流中，我们还得知，蜡染是革家历史悠久的传统手工艺，主要用在衣服、裙子、头巾、围腰上，革家妇女盛装的上衣就是一件蓝底白花的蜡染衣。图案均匀、疏密相间、花纹别致、风格独特。革家女从七八岁就开始学习蜡染、刺绣。革家的蜡染没有底纹，没有草稿，只靠祖先留下的古老图案和直觉，用蜡刀在白布上信手画来，通常以太阳为定位点，其它还有星辰、鸟兽、花朵都围绕太阳展开。

"为什么都要围绕太阳展开?"

还是袁支书解开了我的疑惑，他说：这反映了革家人以太阳为中心的宇宙观念和对事物主次的认识。在革家女人的蜡刀下，绘出了她们对美的认识，也绘出了她们对祖先的敬仰和崇拜。

在村里采访时，一直陪伴在我们身边的是几位美丽的革家姑娘，她们身着民族盛装，英姿飒爽，靓丽照人。整套盛装中，最引人注目的是姑娘的帽子，其款式和饰物都精美华丽，十分讲究。象征太阳的串珠红缨帽中央有一小孔，插入一根利箭般的银质簪子，意为箭已射中太阳，所以也称太阳帽。太阳帽由红、黄、黑三色丝线精绣而成的太阳圆心，帽顶绣有太阳、月亮、星星等。帽檐的位置有很多一缕一缕的丝线，象征着太阳的光芒，银簪是箭，银圈是弓，整个图案就是射日的意思。妇女后脑勺上网的髻，里面包着的一个圆球是太阳，弯弓是月亮。按革家人的说法，因为它是被射掉的所以要深藏在头发里。帽檐除了点缀一些抽象的动物图案外，还镶嵌着革家别致的银锁、银铃、银像等。

这些精美的服装都是革家女亲自手工绣制而成，平时农闲和做完家务，革家的女人们就会三五人聚在一起做手工活，蜡染和刺绣是她们最常做的。她们一边对歌一边缝制自己的服装。由于服装做工精细，内容复杂，一般两套服装完成的时候，生命旅程也走过了大半。革家人就是这样一笔一画、一针一线传承着祖先的印迹，而今的我们却从服饰中寻找那远古的文明。

革家服饰保存着众多远古时期的文明符号，他们就是这样执着地信仰着自己的祖先，那个传说中的英雄——羿，崇拜着使禾苗生长的太阳。革家寨就如同一个文明演进过程中的独特文化孤岛，任岁月流逝，仍独自前行。

在麻塘革寨极为有限的时间里，悠扬的芦笙古韵、浑厚的古歌、稚嫩的童声民谣此起彼伏。虽然这祥和宁静的村寨因我们的到来而热闹了许多，却处处不失古韵风雅。我漫步在青山绿水环抱的村落间，穿行于身着盛装载歌载舞老老少少的人流里，探寻着革家寨的远古与神秘，感悟着革家平凡而朴实的生活后面，隐藏的丰富而博大的心灵世界，享受着那远古时期的文明，久久不舍离去。

2009 年 11 月 3 日记

石头寨布依风情

　　贵州省中部的镇宁布依族苗族自治县扁担山一带是布依族人聚居区，有 48 个布依山寨，石头寨是其中之一。金秋十月我再次走进石头寨，这里距著名的黄果树瀑布仅 6 公里远，居住着 200 多户以"伍"为宗姓的布依族人。据记载，早在 600 年前，他们的祖先便在此落地生根。现在，这里已成为闻名的蜡染之乡、石头王国了。

　　从贵阳到黄果树后往镇宁方向走六七公里，沿路有一条清澈的河道，它是著名的黄果树瀑布的水源地——白水河。当你还在享受着这如画的风景时，一座圆形石拱门便迎面而至，门上镶了用石头镌刻着的三个大字："石头寨。"冒着烈日从贵阳长途奔袭到这里，在经历了一路塞车的痛苦和漫长的煎熬之后，安静的石头寨依然给了我意外的惊喜！

　　几个月前，当我第一次走近它的时候，就深深地爱上了这个石板构筑的村寨，爱上了这里质朴的人们，今天再次造访也不觉厌倦。这里的自然环境非常安静，周围遍布着数百亩的绿色山脉，椿树、刺槐、香树和多年的灌木林，整个村庄被绿色包围。进入村寨，家家房前屋后都有一丛丛的翠竹。最令我难忘的是，寨中十二株巨大的古榕，最大的一株直径有十六米，必须十几个人手拉手才能围抱，巨大的树枝覆盖着一亩多地，遮天蔽日。石头寨的人把榕树称为"黄桷木"，老人们说，这是石头寨的"神树""保寨树""风水树"。此外，寨中还有柚子树、柿子树等果树，很多人家还自己栽种了芭蕉，整个寨子竹木掩映，绿树成荫。

　　或许是被城市森林的闷骚包围太久的缘故，或许是"久在樊笼"，石头寨这种绿色环境和宁静使得我的热情仿佛被激活一样，在瞬间就释放了出来，竟然展臂欢呼。绝不是夸张，也不是矫揉造作，而是一种来自心灵深处的情愫，身处其中，情不自禁。说真的，多次来到这里，我只渴望自身就是这青山绿水的一分子，可以用一种虔诚的姿态站立在自然当中，享受着上天的恩赐。每当我来到这里，都会像摆脱束缚的笼子里的鸟儿回归大自然，像一个无邪的孩子，兴奋得难以控制自己的情绪。拍照、尖叫、跳跃、欢呼，每次都自觉或不自觉地摆弄着各种姿势，用镜头慢慢留下白水河的风姿。

白水河上游的左前方就是石头寨，四周环绕着秀丽挺拔的群山，山峰形状各异，特点鲜明，和蔼可亲，丝毫没有半点高原山脉那种煞人的霸气，或许，正是这种潜在的温柔孕育了这一方布依人家的特性。白水河从远山青黛缓缓流过，像一个纯洁的女孩，温柔地把寨子肥沃的坝子一分为二，给布依人家送来了一地的水灵和祥瑞，宽阔轻柔的流水清澈见底，河中石墩左缠右绕，七弯八拐，紫褐色、白色与绿色相互浸透，流水与石墩的相拥相抱，演绎出一地的浪漫和暧昧，更是把寨子的历史和故事种植在两岸的田间阡陌之中，给人以无尽的遐想。漫步河畔，风韵别致的石墩上，随处可见点蜡、漂蜡的女性村民。这里的成年妇女80%都长于这种传统的民间工艺，有一半人家有染缸；可以说，她们的一生都有蜡染制品相随。石头寨的妇女心灵手巧，个个都会飞针走线。做蜡染、织锦是她们的特长。其蜡染和织锦以古朴、典雅的风韵著称。稻田、竹林、绿树、牛马、鸭鹅与石板房上的炊烟相辅相成，在阳光的辉映下，一座座石筑民居前的妇女们点蜡、刺绣，描绘出一幅独特而别致的山村风景画。

不可否认，石头寨最让人心仪的当然是掩映在绿色丛中的石头古建筑。村寨都由浅灰白色的石料修建，阳光下银光闪烁，月色中凝霜盖雪。是布依人赋予了这些坚硬石头以鲜活的生命，民居、村道，乃至桌、凳、灶、钵、碓、磨、槽、缸等，全是石头凿的，一切都朴实淳厚如布依人。经过300多年的石头建筑既是不朽的史诗，更是凝固的音乐。而我多次到此处则是因为这里的布依族服饰，尤其是服饰上的蜡染。这里不仅有石头的坚硬，更有蜡染的柔情。可以说这里的布依族妇女都是蜡染大师，功底深厚，技艺精深。寨中这种蜡画与染色相结合的艺术从秦汉时起便开始，一直传承到今天，已经有着千年历史了。作为贵州安顺蜡染的源头和中心，蜡染工艺在这里一代接一代地传承下来从未中断过。

沿着斑驳的石阶上上下下，不知不觉来到了村民伍德华家，上次她还穿着布依族盛装让我们拍了很多照片，今天还想和她再聊聊布依服饰的蜡染布。

还好，主人和家人及几位村民门口，大家围坐一圈，有的正在画蜡染，有的在说笑。见我们过来，都热情地让座，在她家门口我们聊开了。

"族长"伍定坤把石头寨的蜡染特色归为三点：一是历史悠久的传统手工艺、染料主要是来源于天然植物，绿色环保；二是独特的染料配方，不褪色，色泽持久；三是蜡染图案具浓厚的乡土气息，结合各民族风情又具备布依族风格。他还介绍说：对于石头寨的村民，蜡染是日常生活中必不可少的手艺，从刚出生的婴儿的小毛巾、襁褓，年轻人谈恋爱、结婚的手帕、腰带、婚纱、床单、日常生活使用的被套、枕头、窗帘、钱包等，尤其是妇女的节日盛装，都是蜡染手工艺制品。就如同男子会石匠活一样，这里的成年妇女几乎都会蜡染。

的确，一进入寨子就发现，不管是坐在树下纳凉的，还是家门口边的，手中都会拿着一块棉布，熟练地把用铜片制成的蜡刀，放在炭炉盆保暖的瓷碗里，蘸上溶解的蜂蜡，不用画什么底图，就直接往棉布上描绘出自己想要的图案。如此熟练的手艺，也只有从小开始长期的锻炼，才能做到。

主人伍德华说，布依人使用蜡染布已经沿袭了几百年，清朝史书上说的"青花布"就是蜡染布。我们这里的布依姑娘从7—8岁起就开始跟着母亲学习制作蜡染布。

看布依姑娘蜡染制作，是一种美的享受。我被伍德华正在画螺旋纹的技法惊呆了，只见她拇指就是圆规，随手一画，一个个圆形水涡纹样图案与用圆规几无差别。她说，她在画的这块蜡染布是用在袖口上的，这圆是水涡纹的"水神图"。说着她进屋拿出一件下装的蜡染百褶裙，当她展开裙幅时，我眼前一亮，满天星图及无极图裙腰，蜡染纹样极其精细，工艺堪称一绝。她说，穿上这样的蜡染裙可煽走冰雹和鬼魅，所以一般人是不会轻易改变其纹样的。为了制作这样的盛装，石头寨的布依族女孩们从小就要在严格的"点蜡""画蜡"熏陶中成长，以至于她们用蜡刀随手绘制的圆形，与圆规绘制的相比几乎没有区别。蜡染是蜡画和染色的合成。布依族的传统蜡染用山里的天然蓝靛液浸染，呈蓝白相间的效果，因点、线、面的有序组合，宾主、大小蓝白疏密恰当，自然生成的冰纹虚实变化，使白底蓝花或蓝底白花看起来更为清雅娟秀而富有韵味。

对于城市人来说，"男耕女织"已是久远的传说，而在这里是真实的生活。姑娘们从小学习纺织，几乎每人都有一架木制的纺车，每年除两三个月的农忙月份外，平时白天耕作，晚上纺织。她们能够自种、自纺、自染，自己缝制漂亮衣裳和节日穿的盛装。

因为有过几次接触，村民们都很健谈，今天就谈得比较深入。

这里的上衣袖子上最有特色水涡纹（也称"螺旋纹"）是固定不变的，这是因为它表现了族群的宗族意识，具体地说，布依族衣上的蜡染图案主要由七个水涡纹连接组成。中心的水涡纹象征宗族里的大宗，围绕着中心水涡纹的六个水涡纹代表宗族里的小宗。圆弧外围围成一圈表示各支系下的各房各辈；圆形表示着氏族的完整性，同时，水涡纹中并置有六个"寿"字，每个寿字中间是左右蜷曲的"V"形，这也是"夫妻"即"家"的标志；最外围三角形状的花瓣，表示各家的下一代将向外繁衍。由此可见，尽管图案的形态是抽象的，但所反映的内涵却是具体的、现实的、庄重的。所以，也可以说衣袖子上的水涡纹蜡染图案也是宗族体系的"网络图"。

听了这么多，在我看来，石头寨布依族服饰上的蜡染纹样最多的是与"水"有关的图案。"想必，与这里的水环境不无关系？"

"是的，可以这样说。"伍德华没有犹豫，肯定地回答。

可以说，石头寨蜡染服装及蜡染的水涡纹图案，源于他们的生态环境、源于他们的生产与生活，是民族历史的写照与民族文化的传承，个中所包含深厚的文化内涵，对少数民族和整个人类社会来讲，是一种无形财富和巧夺天工的艺术，不但能给人极佳的视角效果，还反映出他们对自然的敬畏和各种图腾崇拜，可以让游客感受其博大精深的文化。

在石头寨里穿行，处处都能够领略到缓慢流淌的诗意。无须说绿树青山的丰满，也无须说布依人家的质朴，更无须说温柔秀美的白水河景致，单就布依妇女绝世的蜡染手工技艺，就足以让你拍案叫绝。

布依同胞生活在大自然的怀抱中，青山为他们立起层层屏障，石头为他们筑起坚韧品格，流水为他们日夜歌唱。他们是山的儿子，水的女儿，他们热爱家乡，热爱大自然，他们是纯洁美丽和感情丰富的，他们美得自然，美得和谐，美得令人羡慕。

石头寨，一个触动灵魂的村寨，一个诗意流淌的村寨！

2010 年 11 月 7 日记

第四章

贵州原生态民族建筑文化

在贵州，到处都可以看到绿树掩映、云雾萦绕、青山碧水彼此环绕的民族村寨。聪慧勤劳的贵州少数民族，依山傍水，依势而建，营造出不同风格、内涵丰富的传统建筑文化。可以说，有什么样的生态环境和经济生活，就有什么样与之相适应的建筑风格，这是对"天人合一"思想"因地制宜"的合理阐释和发挥，体现了人类寻求住所与自然环境最佳适应状态的追求和选择，是人们在自然压力下为了更好生存的创造性记录。同时，建筑的类型、样式、风格及构造方式，也反映了不同地域、不同民族伦理标准、价值观念、审美情趣等文化因素。

贵州很多少数民族建筑，不论是公共建筑，还是住居建筑，都有非常鲜明的生态个性与传统特质。

一　自然生态与贵州民族住居建筑

民族建筑，也称风土建筑。它是原始建筑的承继与发展，人们能从中看到纯朴的传统样式，在它的深处可探寻到人类生活的原点。它土生土长，乡土气十足，体现了一个民族特定地域所独具的生活理念。它无拘无束，自由地与自然环境融为一体。它是在公共生活中产生的，崇尚实用性和功能性，结合民俗，成为各种民俗文化活动的空间和场所，也构成了民间活动环境的一部分。

生态文化学，即运用生态学原理研究文化现象与环境关系的一门交叉学科。生态学是其研究方法，文化学是其研究对象。文化存在于生态环境中，与环境密不可分，相互影响。自然生态是一切文化发展的基础，不同地区的自然生态孕育出不同的文化类型。近些年来，在对生态文化学研究不断深入的基础上，人们逐渐将这一理论延伸到关于住居建筑地域性差异的讨论研究中，其中自然生态因素对居住建筑文化的影响最直接、最典型，也最明显。

　　建筑是人类思想观念的物质外显，其风格是最为鲜明的文化景观。它客观反映和记录了住居地的文化特征。其本身就是一种文化的体现。居住建筑是人类的栖息之所，是与人类生活联系最为密切的活动空间。因此它受自然环境影响更为明显，它所显示出的地域文化特征与自然环境密切相关。文化生态学中的自然生态主要指气候、地质、水文等。这些因素对民族住居建筑形成与制约、适应、选址等关系很大，所以贵州少数民族民居选址受自然生态因素的影响是很大的。

　　一个民族其民居之所以形成自己独特的形态，生态文化学中的物质文化因素固然重要，但最直接最根本而且强度最大的影响还是来自于自然生态因素的作用。例如贵州有一座明朝石头城堡——镇山村，是一座始建于明代万历年间的布依族古老村落。这里是明代边塞军队的一个屯军，清代成为布依族为主的居住区。这里是三面临水一面向山的环境，盛产一种水成页岩，可层层揭开，成为薄厚均匀的石板。布依族人就地取材，用石头（板）建造成为一个石头建筑的民族建筑，1999 年镇山村成为国际上独一无二的布依族生态博物馆。这些独具特色的民居建筑形式与布依族所处生态环境有密切关系。

　　1. 与气候的关系

　　贵州气候类型属亚热带高原山地型气候，夏季炎热多雨，冬季阴冷潮湿，故少数民族聚落选址多依山傍水，寨前有河，寨后有山，利于冬季吸收充足的阳光，既可驱除潮湿，又可阻挡冬季寒冷，有利于村寨的生产与生活；"近水"因夏季炎热，高山地区失水是对生态最大的威胁，水是不可缺少的生命之源，"近水"便于生活和生产取水。

　　2. 与地形地貌的关系

　　云贵高原地形错综复杂，西北高，向东南逐渐降低。从温润多雨、四季如春的河谷平坝，到海拔 2000 多米以上的高寒山区，这种复杂的地形地貌和气候类型，造成了贵州民族地区民居建筑类型丰富多彩的格局。从原始的洞穴和巢居，简单的权权房以及吊脚楼、石板房等等不同类型的住宅，都与生态环境和经济发展水平有直接的联系。

　　贵州省内地势险峻，地貌复杂，山峦密布，山高坡陡，山是少数民族世世代代生活的依靠。故少数民族聚落也顺应地势而建，建筑基地多选择崎岖不平之地。从文化生态学的角度分析，贵州少数民族世代以最原始的耕种生产过着自给自足的生活，因此在群山峻岭中平地尤为重要，故选址时村寨常常是依山而建，以便让出土地进行耕作。

3. 与水文地质的关系

贵州省内河流资源丰富，境内有大小河流98条，加之雨水充足，贵州境内大多数地区为夏季洪水多发地区，故少数民族选址多是地势较高处，避开水患，避免生命和财产安全受到威胁。

住居，是人们为生活和生产便利而构建的居所和休养的场所。然而，历史长河之中，劳动人民从当时的民族习俗和民族文化素养出发，设计构建出各式各样的民居。从住宅选址、立基、框架、室内外装饰、家具无不考虑"天人合一"，与自然景观和环境相协调，从而无数式样众多的民居一砖一瓦，一梁一窗无不渗透着各民族的文化底蕴。

二　生态环境与贵州民族建筑材料的原生性

贵州各少数民族受本地生态环境的影响，就地取材，创建了自己的家园。南方气候温热，雨量充沛，树木茂盛，在建筑材料的选择上就形成了以木质为主、砖石为辅的格局。布依族《殡凡经》中有个传说：从前人们没有住所，后来用竹作柱子发明了房屋。[①] 在木材资源丰富的地区，木材就成为主要的建筑材料。如贵州、广西、湖南接壤地带，杉树多，所以木质建筑随处可见。羌族居住在山上，所以他们的建筑材料主要是石头和黄土。黔东南多为山地，土层肥厚，保水条件好，适宜树木生长，木材产量丰富，就地取材的有利优势促进了雷山山脉杆栏式建筑在当地的普及和发展。苗家吊脚楼采用纯木质结构组合而成，其空间设计使房屋的结构、通风和采光、日照等方面都发挥着巨大的优势，具有省地、通风好、采光佳和日照充足的特点。再比如，南部方言区侗族的居住具有鲜明的地方特点。其地处苗岭南麓，到处是沟壑、溪流，有丰富的杉木，于是侗族人依山傍水，修建房屋。因受山区地形和潮湿气候的影响，几乎都建杆栏式吊脚楼，楼下圈养牲畜，楼上做起居室。这些住宅建筑面积较大，房屋高度较高。在竹木掩映的侗寨中，面阔五间，高三四层的庞然大物比比皆是，

---

① 周国茂：《论布依族稻作文化》，《贵州民族研究》1989 年第 3 期。

这也是得益于材料资源的原生性。

三　生态环境与贵州民族建筑空间的差异性

　　不同的地理环境导致了贵州少数民族居住建筑文化空间（地域）的差异，由于各个民族所处的地理环境、气候条件不同，建筑材料、建筑技术的差异，以及各个民族内部社会形态、婚姻形式、家庭结构、生计方式、经济状况、宗教信仰、观念意识、审美情趣、风俗习惯的差别，贵州各民族的传统民居建筑，也呈现出空间上（地理上）的差异性。这种明显的差异性，可以说是其生态因素导致的，也是各个民族对生活的不同看法和审美观、价值观等观念的一种外在表现，也是少数民族传统民居建筑文化特征的一种外显。其生态因素主要有：

　　1. 材料资源因素

　　这是影响贵州传统民居建筑文化差异最主要的自然生态因素，黔西南和西北部地区喀斯特发育较好，土层较厚，加之气候不适宜树木生长，故建造的房子多以土为质材；黔东部地区气候和土壤环境适合树木生长，林木茂盛，故建筑选材大多以木为原材料；中南部石山居多，石多形成一种特殊的石文化，房屋建筑材料是以石头为主，形成一种特有的石文化。安顺、镇宁一带的布依族聚居地区的石灰岩、白云质灰岩资源丰富，这种岩石岩层外露，材质硬度适中，节理裂隙分层，容易开采，为民间的石构建筑提供了良好的建筑材料。当地布依族因地制宜，就地取材，用石料为主构筑房屋。石板房的正面讲究装饰，以线条和图案为主，每一图案都有一定的象征意义。如安顺一带为中心的布依族民居建筑一般利用木材和石头建房子，房顶上盖茅草或稻草，但大多数都用石板盖屋。这种独特的建筑形式一般以木为架，石头为墙，石片为瓦，特点是冬暖夏凉，隔热驱湿，不怕火灾，这与特定的喀斯特地区有直接的关系。

　　石板建筑是布依族的特色建筑，但事实上，其形式因这些地区石板建材资源丰富易采而直接导致，它属于贵州的一种风土建筑。所有居住在这片区域的族群，包括汉族、苗族等，都采用这种材料，这是建筑文化与生态文化相结合的最有力论证。例如贵州花溪区镇山村，村内有布依族89户、苗族30多户，包括苗族居住建筑在内的房屋均以当地盛产的石板为建筑材料：石板垒墙，石板当瓦。走进镇山村，仿佛进入一个中世纪的城堡，走进了石头的天地。

2. 地形地貌因素

黔西北部地区喀斯特地貌发育较好，地势起伏缓和，做地基处理时开挖上方土少，所以多采用落地式建筑形式；黔东部地区因地层岩石和地质外力作用，境内可划分为岩溶地貌区和剥蚀、侵蚀地貌区。地形地貌复杂，所以在吊脚楼形式的选择上也分为落地式和不落地式两种。在地势起伏较大或靠近河流的地方，由于平整、开挖地基极为不便，所以选择不落地式，中柱不直接建立在平坦的地面；在地势较为平缓的地区，苗族居住建筑常采用落地式，中柱连接建立在平坦的地上，中南部地区地形也以丘陵和山原为主，所以在修建建筑时，建筑基座的处理也很重要，大都以石材堆积成人工的平地作为建筑的基座。以耕种水稻为主的布依族人民，其居住的村寨，一般建在河坝或依山傍水之处，故素有"布依水乡"。布依族的住居有好几种形式，一般以两层的楼房占多数，但也有双斜面顶的草房或瓦房、半楼房和平房。半楼房是依山势的斜坡修建，有的后半部为平房，前半部则是居住；有的则是右半部系平房，左半部为居所。建筑材料普遍利用当地所产的杉木和松木、茅草、竹子建造。

木结构体系是侗族建筑的主要形式，一般采用砖木结构和土木结构的为数较少。因为地形地貌因素又有所不同，南部方言区的侗居大多是杆栏式建筑结构体系；北部方言区的侗族住居除有部分半边吊脚木楼外大多是木结构平房。

四　生态环境与贵州民族建筑样式的同一性

贵州各个少数民族传统民居建筑异彩纷呈，千姿百态，显示出十分明显的空间差异性，然而，同一地区同一民族村寨，传统民居建筑形式却显示出令人难以置信的同一性。也就是说，在同一地区同一民族聚落内部，所有的民居建筑，皆按照一个既定的"模型"建造。黔东南雷山县西江千户苗寨的"杆栏式"建筑就是较典型的例子，寨子位于雷山县东北部的西江镇，它以独特的民居建筑和较为完整的苗族原始生态文化而闻名。西江苗族的12个自然村寨，房屋建筑以歇山式山字形木质杆栏式屋型为主，有平房、楼房及傍山依地势而建的半边多层吊脚楼。寨中苗族吊脚楼层层叠叠，鳞次栉比，高低错落，蔚为壮观，充分体现了苗族居住和建筑样式的同一性。这些按照既定"模型"建造的民居建筑，不能说不自具其美。但是，在这里，"美"并不专为某一所房子而创造，而是传统的、世代相传的。由于地形条件、实际需要等原因，各个地区、各个民族聚落内部"模型"化的民居建筑，在实际营造上也会演化出比较丰富的外显形态。但是，种种外显形态，充其量只是对"模型"某一局部所做的简单、谨慎的调整。这种调整，既不是有意识的美学抗争，也不是对某种样式所特有的兴趣，更不是超出已有的传统框架而造成视觉上或观念上的改变，因此也就理所当然不会遭受族群的排斥，它所象征的"家"，也顺理成章地得到族群的认同而进一步加强了族群的认同感，促进了群体意识的强化。族群认同感的加强和群体意识的强化，又有力地保证了民族传统民居建筑形式同一性的长久存在。

贵州少数民族建筑具有生态文化特征的不少，如侗、苗、布依、水、瑶族等，限于篇幅，下面仅简要论述侗族建筑的生态观。

五　侗族建筑生态文化观

侗族建筑形象鲜明，书写着这个民族的历史、文化。在此论述的侗族古建筑指一个世纪前所建的民间建筑，它包括：鼓楼、风雨桥、萨堂、戏台、民居、禾晾、禾仓、寨门、凉亭等。通过其平面布局、立面安排、空间序列、建筑装饰、村寨建立等的观察和分析，这些建筑在一定程度上反映了侗族人民的审美追求和艺术品位的痕迹；其质朴、自然，与环境有机融合的"天人合一"的风景特质，回应了当今世界性的生态思潮——"人与自然和谐"。"和谐"的建筑理念是侗族古建筑的中心思想，是侗族人的伦理观、审美观、价值观和自然观的深刻体现。[①] 建筑是生态的和谐，往往更多地从建筑的布局、结构、色彩、高度，甚至关系到古建筑之间的关系来探讨，在漫长的历史中，侗族的古代建筑所创造的辉煌是值得我们骄傲的。在贵州侗族地区，仍然留存的数百年以上的侗族村寨和围绕着它所形成的各类建筑构成了"天人合一"的景致，"和谐"的生态理念通过这些建筑体现得淋漓尽致。

---

① 何琼：《论侗族建筑的和谐理念》，《贵州社会科学》2008 年第 5 期。

（一）建筑布局、设计与生态环境

侗寨建筑统一的形态布局上均围绕鼓楼修建，犹形成放射状。就侗寨的整体布局而言，为了满足以族姓为核心的社会组织结构的要求，侗寨在平面形式与空间层次上多强调以鼓楼群为中心的布局形式。侗寨的平面由各功能要素构成，建筑群的总体多呈向心式布局。侗寨一般设有寨门，溪流绕寨前或穿寨而过，风雨桥横卧于溪流之上，是村寨与外界联系的必不可少的纽带。位于村寨中心位置的鼓楼、鼓楼坪、戏台、萨堂共同构成一个核心圈。[①] 围绕这一核心圈四周是杆栏式住居木楼，顺应地形走向的自由布局，但其群体形态却表现为较强的向心意识，住居外圈散布着鱼塘、禾晾、禾仓，接着是寨门、凉亭、风雨桥。寨内的道路系统因地制宜，主干道沿垂直等高线布置，辅以呈脉状分布的小径，并随地形弯曲延伸，凉亭、水井则星罗棋布于山道间。这些功能各异、特色鲜明的建筑就是在以鼓楼为标志的核心圈的总体布陈下，与自然环境巧妙结合，共同构成侗族村寨完整、和谐的平面布局。贵州黎平的肇兴寨、从江的增冲寨、镇远的报京寨等都是在建筑布局上有代表性的著名寨子。

侗族建筑布局空间层次的主要构成要素，即为鼓楼与鳞次栉比的住居建筑群。鼓楼以挺拔的身姿，别具一格的建筑风格，从高度与建筑艺术形象上都对寨落的空间层次起有统率作用。鼓楼在形象上来自于对杉树的模仿，从远处看，其造型极像一棵大杉树，给人一种清新、秀美的愉悦感，这与一个民族的"种族记忆"和文化根性、宗教信仰有关。在古老的歌谣和传说中，有许多对杉树传奇般的诉说。古时候侗族先民就有在杉树下"行歌坐月"的习俗，农闲时"一两百人为曹，手相握而歌"；下地劳作时，先把不同的耕具、雨具、饭篓、水桶挂在杉树上；休息时，在杉树下野餐，烤火，躲雨，乘凉，谈古论今、说天道地。具体到鼓楼的建造，侗族民间传说中就有古人按照杉树的模样来建造鼓楼的故事。把鼓楼同杉树联系起来，实质上是从文化上给鼓楼一个神圣的身份，使鼓楼和本民族原始信仰建立起一种渊源关系，这也是后来的鼓楼与宗族权威最深厚的鼓楼文化的合法性的基础。在杉树崇拜的语境中，高高矗立的杉树象征赋予了其周围的空间是一种神圣空间，许多神圣的事务都是围绕着它而举行。后

---

① 程艳：《侗族聚落及其文化初探》，《重庆建筑大学学报》2004 年第 2 期。

来在此基础上创造了结构复杂的鼓楼建筑，这座鼓楼就自然秉承了神圣空间的性质。侗族鼓楼在整体上看便是一个神圣的文化象征，但其前身却只是一棵大杉树，这在今天侗族的建筑中仍可看到其痕迹。黎平县述洞村寨最高处有一座古老得鲜有文字记载的侗族鼓楼建筑叫"独柱楼"，其因为两个特征入选世界吉尼斯纪录：一是长达 370 余年的悠久历史；二是以一根木柱居中直贯楼顶，模仿一棵大杉树建造的"独脚"（独柱）鼓楼。因为对杉树的崇敬和膜拜，侗族人自觉或不自觉地把"巢居"时期原始记忆里的"古杉"意象作为"内在尺度"，于是把鼓楼建造成像一棵大杉树，透着一股蓬勃的生机，且模样高雅、质朴，给人一种自然质朴、怡神惬意的特殊美感。

鼓楼周围建有住宅群烘托着气势雄伟的鼓楼，另一方面又创造了丰富的空间层次。住居的高层一般都低于鼓楼，尤其是位于鼓楼四周的住居更要从高度和气势上反衬鼓楼的统领地位。因山地地形起伏变化大，住居在建造布局上非常重视与地形灵活巧妙的结合，所以构成了住居群在空间上的高低错落，各楼之间廊檐相接，灰瓦若鳞，随着地势跌宕起伏。住居则鳞次栉比，结构紧凑，簇拥着鼓楼，营建出丰富且很有气概的空间层次感。

（二）村寨建立与自然的"和谐"

与自然和谐的选址理念在侗族人的村寨建设中得到充分的体现。村寨是聚落的一种形态，侗族人选择聚居之地，绝不是随心所欲，而是按照所处的自然地理环境，结合长期以来形成的生产生活方式与习惯，并遵循先祖传承的信仰、信念、方法，"最大限度上取自然之利，自然之害，选就自己安居的乐土"而进行的。[①] 侗族建筑在追求个性及意境营建的同时，特别重视与自然环境的合理交融，表现的是人与自然的和谐一致，其特质是"自然"。例如，在选址上，是十分讲究的。一般都是在位于两条河流或三条河流的交汇地带，溪水从山寨中蜿蜒流过，两岸绿树成荫。山寨周围群山环抱，森林茂密，自然条件优越。贵州省从江县西北部的增冲村就是侗寨选址的典型范例，增冲村建寨已有 600 多年的历史，村寨三面环

---

① 吴良镛：《广义建筑学》，转引自廖国强、何明、袁国友《中国少数民族生态文化研究》，云南出版集团公司、云南人民出版社 2006 年版，第 53 页。

水，周围青山环绕，村头寨尾古树参天，环境十分优美，一条小溪从增冲村北、西、南面绕村而过，东面有一水渠，常年水流不断，使得村寨四面环水，小溪之上分别架设三座风雨桥。气势宏伟的鼓楼，矗立于村寨中央，12 座明清时期的烽火墙式四合院，3 条青石古巷道，3 座风雨桥，5 块明清两代古石碑，40 余株百年古树，其中国家级一级保护树种红豆杉有 10 余株，还有星星点点的禾晾、禾仓，构成了一幅和谐、完整的画卷。

侗族生活在群山连绵、溪流纵横、八山一水一分田的山区，为了生活方便，生产有利，村寨大多选址于缓坡、山坳与河谷地带，寨落环境强调依山傍水，特别讲求山与水的和谐。村寨以山为依托，面向蜿蜒的河流和山脉遇水而止，是因为"寨前平坝好插秧，寨后青山好栽树"，这样的地理环境是有利于人的生存发展的，是自然选择的结果，另外，侗族人深受古代风水观念的影响，认为蜿蜒起伏的山脉可称为"龙脉"，山脉遇溪河、平坝而止的地方可称为"龙头"，"龙头"面朝环抱的溪河和开阔的平坝，背靠起伏跌宕、来势凶猛的"龙脉"，村寨建在如此的"龙头"之处，侗族人就称为"坐龙嘴"。[①] 侗族人把自身置于大自然中，仿佛自己就是当中的一分子。这种利用自然、尊重自然、注重风水的做法，正是中国传统文化"天人合一"建筑观的体现，也充分说明"相互依存，表里呼应"的一种协调与和谐，也是侗寨建筑整体结构的一个重要理念。

侗族建筑依山就势，依水布陈成为自然环境的生命整体。侗族先民从生命实践和生存发展的经验中获得的这样一套寨落选址理念，既体现了侗族民间建筑的实用思想，又折射出侗家人朴素的自然观和生态意识。

（三）诗意地栖居

从侗族的村寨建筑中，我们可以领略其诗意地栖居的境界，既可以感受，又可以欣赏，同时又有强烈的现实意义。侗族人用自己的聪慧，利用高山的壮美，将人文景观置于最佳的审美空间当中，使自然美与人文景观美巧妙地结合，组成了既宏大壮阔，又精巧雅致的建筑艺术境界，被建筑大师们高度评价为"花园式的居住环境"，"是中国也是世界建筑艺术的瑰宝"。[②] 这种"花园式的居住环境"并非从天上掉下来，而是侗族人世

---

① 程艳：《侗族聚落及其文化初探》，《重庆建筑大学学报》2004 年第 2 期。
② 冼光位主编：《侗族通览》，广西人民出版社 1995 年版，第 193—194 页。

世代代精心营构的结果。他们自古以来就有爱护生态的习惯，常年坚持栽树护林，在村寨里，凉亭、鼓楼、花桥、寺庙、祠堂周围或节日聚会的地方都栽种各类树木，其中不少为稀有名贵树种，如杉树、枫香、樟树、楠木、榉树、柏树、银杏等。这些树的树型优美，四季常青。过去，侗族认为这些树是保龙脉的神树，能保村寨平安、兴旺，人们视它若神灵，如有根子外露，人们会替它培土。树上被打上"草标"，以示受到保护，希望人人自觉遵守。侗族还依靠宗教和乡规民约强化保护力度。天长日久，这些树木变成高大翁郁、苍枝挺拔的古老树木，俨然一排排护卫村寨的武士，成为侗寨一道美丽的风景线。解放后，"风水树"改称"风景树""护寨树"，此外，几乎家家房前屋后都栽有橘、柚、桃、李等果林，建立庭院生态。

　　侗族非常崇尚天地，尊重自然，对自然资源既合理利用又积极保护，一直是侗族古代建筑发展的主要特征。这一理念的感性呈现，就是建筑群落顺应环境、顺应自然，依山就势，依水布陈，合理选择利用环境，与自然协调共生。在其思想指导下的侗族古建筑，因地制宜，就地取材，充分利用当地有利自然条件，用最经济、最自然手段达到抵御种种不利因素并得到诗意地栖居的空间。它不是向大自然宣战，处处与大自然斗争，而是顺应自然，融于自然的文明建筑。它的优越性引起了世界学者的关注。当今的建筑理念伴随着诸如有机建筑、生态建筑、可持续发展建筑、怪异的"野兽派"，以玻璃幕墙为代表的银色派建筑等派别，把人们的思维引向空前的混沌之中，但是具有深刻文化底蕴的侗族古建筑所体现出来生态观，回应了当今世界性的生态思潮——"人与自然的和谐"。

　　通过对侗族古老建筑概念的理解，人们深刻地意识到侗族独特建筑的民族特色和地方特色。从这一探究中，我们可以借鉴传统古建筑的成就经验，可以进一步启发人们创造和谐的人与自然的生活环境。千百年来，侗族人民生活在山区，积累了丰富的建筑文化。万物有灵的自然观、绿色的生态民族法、绿色的生态禁忌和绿色的生态习俗等构成了侗族建筑的生态文化。这种生态文化既体现了他们对自然的敬畏和崇拜，也凸显了人与自然和谐共存的生态智慧和伦理道德。所以，侗族基于独特的山地环境而形成的建筑生态文化，对于新时期构建绿色的生态文明理念和建设美丽中国提供了重要的参照。

　　综上所述，贵州多姿多彩的少数民族居住建筑文化吸引了世界各地的研究者，建筑文化的形成源自民族独特的民族文化，但建筑作为物质文化景观的一部分，其更多的是受自然生态因素的影响。依山傍水的侗寨、苗寨、布依寨等民族村寨，风情浓郁，引人入胜。汇集了侗寨鼓楼和风雨桥、苗家吊脚楼以及布依石头寨等少数民族的建筑精品，体现了少数民族建筑艺术的精湛，这都是建筑文化与自然生态因素相互作用、共同影响的表现。贵州聚居的少数民族种类繁多，极具代表性，从生态文化学角度解读贵州少数民族居住建筑文化，更加全面地了解其形成及发展过程，去推动少数民族居住研究在其他领域的拓展。

六　田野调查手记

悬挂在山崖上的村寨

这是一座原始、野性、俊美的苗族村寨，它掩映在雷公山脉之中；这是一座沉甸甸的村寨，它积淀于正史、野史之间；这是一座很有研究价值和经营前景的村寨，当民族旅游热烤制得吱吱作响时，它仍静静地躺在国家级自然保护区雷公山的怀抱。

在它名声大噪、声名远播之前，你能看到它，你会升华出无限遐思，你会获得很多的启迪。

这村寨，名叫拥党村，建村于清朝年间。它坐落在黔东南州台江县南宫乡东北面，距县城 54 公里，全村有 5 个宗支，200 多户 1000 多人，全部是苗族的后裔，至今仍保持着比较完整的古建筑历史风貌。

拥党之名，是解放后一位区长取的，过去一直叫"阻道村"，一看这名字，就叫你魅惑于山势的奇绝和高险，牵扯着你跃跃欲试的游思，不由得一步步趋向村寨的山门。

2005 年 8 月 13 日我们乘坐的越野车从台江县城出发，两个多小时几经穿越了青山，趟过了巫迷河，拥党村渐渐进入我们的视野之时，才发现那通幽的曲径，那沿河一路走来时秀丽的自然风光，只是步入奇境的引线；那态势突兀的奇岩怪石、原野丛林，只能算作花边或插图。真正的大手笔，真正的神来之笔是悬挂在山崖上的吊脚楼群！

吊脚楼即杆栏式木楼，是苗族最有特色的民族建筑形式，主要流行于黔东南苗族侗族自治州境内的凯里、雷山、台江、剑河、榕江、丹寨等县市的大部分地区。吊脚楼有半吊脚和全吊脚两种形式。半吊脚的屋基分两极，靠山一面为平房，前为吊脚，吊脚这层不住人，而用做存放柴草或牲畜圈之用。吊脚基上铺楼板与靠山这边的地基高度一致。如果大门朝山，吊脚的半边不加栏杆；若大门背山，则从侧面加栏杆转到大门。大门背山的吊脚楼视野较开阔，空气清爽、舒适。拥党村的吊脚楼的房架、板壁、楼枕等全用杉木建筑，就连房顶也是用杉木皮来盖的。修建时不挖地基，在靠山处挖一水平线为准，往下则依地势高低而决定柱子的长短。楼房为三层三间，不封闭，大门朝山，以正中一间为堂屋，其余各间布置，基本与平房相同。吊脚的地方有的空敞着，也有的利用稍平处堆放些柴草。200多户吊脚楼建在险峻的悬崖边上，远远看去，高悬的楼房重叠交错，就像悬挂在山崖上的一幅气势恢宏、古朴、壮观的民族风情画，令人惊叹不已；又像是典型的苗族杆栏式木楼群展。在这里，你不仅可以了解农耕文化、苗族文化，而且可以感受到村庄建筑艺术的魅力，其建筑形式拥有很高的研究价值和欣赏价值。不管怎样，它在一定程度上反映了山区民族的智慧和能力。

建筑本身就是一种跨越时空的形式，坐在村小学校的小小操场，我一边聆听着村支书、村长、小学校长和村里老人的叙说，一边凝视着这些承载着民族历史文脉的建筑，我的思绪不由得穿越了时空，思绪万千……

拥党村开宗撑起门户的是李氏、邰氏、付氏三大家族，200余户吊脚楼也仿佛在纷纷叙说着往事，竞相招来着或研究苗族历史，或研究苗族住居文化，或探奇寻险，或……的今人。

遥想当年，这里每个家族都有一拨抗清勇士集聚着，且像水泊梁山的好汉们一样排着座次。那些陷入清军铁蹄之下的人们，利用这天然的屏障，或出击，或拒守，和清军作着殊死的战斗，他们和他们那种不屈于外侮的民族气节虽未能详尽地彪炳史册，却有幸和这青山相融，正所谓：青山不老，绿水长流，英气长存！

站在昨天，站在那个抗清的时代，回头再看那险峻绵延的古道，这才发现那小道也是十分重要的了。山石峡缝之中，宽不过一两米的一条道，一条唯一的道，一条一夫当关万夫莫开的道，不能不说是一条至关重要的生命线了！也许，这里的故事最后是一个壮烈的悲剧，山道上遍洒着苗民起义领袖张秀眉之辈们的英雄泪。因为战争，因为起义，他们才被迫来到这深山峡谷之中，借助高大的山体和茂密的森林，凭着顽强的意志、坚韧的毅力、不屈的心力、勤劳的双手，开梯田、建家园，繁衍生息。经过数百年的苦斗，特别是解放后几十年的努力，在深山大沟里开辟了万亩耕地，不断改变自己的生存条件，生活得充实而又充满了欢乐和自信。

对于战乱中的前人来说，他们借重的是易守难攻的"天堑"；对于热衷于游乐的今人来说，迷人的当是原始古朴的吊脚楼群。

当我的思绪尚停留在对它的遐想时，返程的时间到了。村民们吹着芦笙、唱着山歌送了我们一程又一程，依依不舍、恋恋惜别。

此行我与同事游老师外，还带有两位贵州大学的硕士生做调研，村民们是一个星期前就准备着我们的到来，每家两斤糯米、一斤鱼，五六天前就开始酿米酒，昨天就开始蒸糯米饭、煮粽子了，今天一大早，村长、村支书家就开始杀鸡宰鸭。我们的到来村里就像过节一样。酸辣鱼、白斩鸡、糯米饭、香粽摆满一桌，歌声、芦笙、舞蹈一直没有停止，我深深被村民的热情、朴实感动。在这悬挂在山崖上的村寨欣赏苗族舞蹈，聆听了苗族迁徙史，饱餐了苗家饭，现在村民们又把粽子挂满了我们的背包和所有能挂的地方。

原汁原味的民族民间文化、纯朴热诚的情感……感觉一半是收获，一半是沉重，难以言壮的复杂感情，别是一番滋味在心头。

2005 年 8 月 14 日记

花桥情韵

春雨绵绵，沿路满坝子的油菜花、荞子花，在春雨雾霭中开得兴高采烈，张扬着春之生机。连阴天气，虽然没有灿烂的阳光，但热忱好客的主人，依然足暖人心。黔东南三穗县雨勤，水多，河深，纵横交错，相拥相抱，有河自然有桥。今天的目的地便是青洞乡木界村的风雨桥。

　　撑着雨伞，迎着寒风，我们在县委宣传部杨副部长和青洞乡乡长的陪同下走向木界村。木界村的风雨桥离公路约有近两里地左右，环睹皆山，美丽的木界河蜿蜒曲折，穿寨而过。除了我们一行五人，几头黄牛徜徉于田间，还未看到风雨桥，已被这里浓郁风光所吸引。走过一道道田埂，穿过一片片菜地，虽然春寒料峭，雨夹着寒风，扎在脸上生生刺痛，但心情轻松愉悦。清亮的雨滴声点缀着山林，自然、无言地打动着人心。这时虽然不是旅游的最好季节，但能享受这份难得的空幽宁静，任心绪在闲寂中沉潜，感悟着大自然的内蕴，却也别有所得。

　　风啸声中，举目眺望，木界风雨桥在青山绿树的映衬下跃然入目。我急不可待地加快脚步，走向风雨桥。

　　侗族风雨桥，亦称"花桥"。它既是侗族人民过往河溪的交通设施，又是劳动之余休息纳凉、躲风避雨、摆古论事、唱歌娱乐、社交消闲、交流生产生活经验的场所；它是侗族人民聪明智慧的结晶和古建筑艺术的杰作。木界风雨桥是县城通向魁计、巴冶、良上和稿桥的要道。桥横跨于县城南3公里木界村河上。桥身东南至西北走向，五礅四孔，长30米，宽2.8米，水面至楼顶高8米。桥墩青石料砌成，呈菱形，高3.4米。这座桥建于清朝中叶，桥廊上修筑有桥楼三座，中间大两头小，顶部置芦宝顶，为三层四角钻尖顶，覆盖青瓦。桥两侧置坐板、栏杆，供人歇息。整座桥不用一颗铁钉，全系木橡穿榫衔接。桥上24桩木柱和桥面上铺的厚木坊，虽已被风雨剥蚀得斑驳陆离，踩上去却觉不出丝毫晃动，我不禁为侗族工匠们精湛的工艺所慑服。

　　风雨中，我们在风雨桥上，慢慢地徘徊、静静地观望。站在桥头凭栏眺望，雾绕远山，微雨梯田，屋上孤烟，有种"举目皆风景，处处可入画"的感觉。隐约迷茫的境界，思绪仿佛飘在历史的空间……恍若梦境一般。

　　或许这里亲历了太多的故事，花桥的身上，风和雨郑重地刻上岁月的痕迹。田野的风，村庄的风，低吼着压过来时，与山水抱作一团；雨来得凶猛的时候，一大滴一大滴的，将花桥剥蚀得斑驳一片；太阳出来时，花桥又收起了自己巍峨沧桑的面容，温顺地躺在木界河上，水一样透明的日子便被细细地梳出来，甜滋滋地流到心底里。

木界花桥没有贵州著名的黎平地坪桥之壮观，雄浑，凝重，但不失古朴典雅。它经历了几百年的风风雨雨，仍泰然自若；它小巧玲珑，美观大方，古色古香，看上去，使人有种古意盎然之感。在烟雨雾霭的撩拨下，在木界河水的缠绕中愈发绰约灵动，仿佛在娓娓述说着一个个故事，人们被感染着，被打动着。

当地人说，逢年过节，村民们都会穿上盛装，聚集在桥上唱歌跳舞。每当春光明媚，月明星稀的时候，青年男女也会来到桥上互诉衷情。花桥牵情，只等瓜熟蒂落，桥上再相聚。今天我们虽然未能亲历迎亲的场面，但不难想象，在那吉祥的日子里，女人们花枝招展，男人们身挑礼担，桥上出现的迎亲队伍是多么壮观，多么热闹。人们走过村寨，走过人群，相聚花桥，老人们向新郎新娘祈福、祝愿新人的爱情如花桥般经得起风雨，幸福永驻。

侗族人尊老爱幼、讲究礼仪、重情意。木界村就有"三敬"：敬爹，敬娘，敬桥。每到民俗节气，村里人会到桥头烧香磕头，默默许愿，祈求来年更福禄吉祥。敬桥就像尊敬他们的长辈一样，桥就是他们的图腾。人类与桥一样，都要有一颗好心，都要踏踏实实做够一年的好事。爹亲，娘亲，桥也亲；爹长寿，娘长寿，桥更长寿。在这里，天上的桥，心灵的桥，风雨桥，已不单单用世上最美丽的字眼所能比拟，唯有将这份恩、这份情，景仰百年，铭记千古，才是本分。三穗地处320国道、310省道、65号高速3310道交汇处，交通发达。虽然侗、苗族占全县人口的70%以上，但大多已汉化，唯有这花桥仍风姿依旧。可见木界人对花桥的爱之深，情之切了。

回来的路上，雨时断时续，过去与现实在心中交替演绎。几位放学的小学生嘻嘻哈哈沿河走过，那桃红的校服装点着田野的绿，正是怡红快绿。河岸边村寨的炊烟袅袅升起，远处群山叠翠，近处河水柔得像丝绒，绿的像碧玉，花桥倒影，如诗如画；历史、现实，后来人……一齐涌上心头。烟雨濛濛中虚虚实实的房屋、山、水、桥融汇成一曲大自然的和谐旋律。

2006 年 3 月 12 日记

纳蝉石韵

纳蝉，听上去一个极富诗意的名字。"纳"在布依语里是"田野"的意思。这里三面环山，三山相拥中，有一片平整整的田园，这就是黔西南州贞丰县珉谷镇纳蝉村。该村位于贞丰县岷谷镇，距县城不足十公里，居住着 256 个家庭，每个家庭都是布依族。他们的生产劳动、婚丧娶嫁、待客接物、节日庆典、语言、服饰、文化、娱乐等生活习俗传统而浪漫、古朴而纯真。村寨没有寨门，乡村公路可通往这里，给人以宁静、开放的自然状态。宛如一首悠悠的乡土诗，让人沉湎于它的淳朴之中。

幽深、淳朴的石巷是几百年历史纳蝉村的生命线，是纳蝉居民交往、劳作生活的通道和场所。纳蝉的石巷形状各异，纵横交错，四通八达，它有别于江南水乡的巷子，更不是北方的那种胡同。我们一行人主要穿梭在一条"大巷子"里，大巷子没有什么名号，来历也已无从考证，也许它是纳蝉最重要的一条巷道吧。大巷子是当地村民的称呼，其实它并不大，三四个人可以并行通过，最宽的地方也不过 10 来米。巷道曲折，依山势高低错落，随意自然，两边有许多参差错落、高低相间的石木结构的老屋。大巷子是开放的，与它衔接的道路有十余条，条条可通往村口；大巷子是宁静自然的，它没有磨刀剪、收废铁、收报纸的吆喝声，没有买卖的争吵声，没有建筑工地的嘈杂声，有的是远离尘世和超凡脱俗。但是，在"二月二""三月三""四月八""六月六"等富有布依族特色的节日里，大巷子敞开地迎接着一批又一批的中外游客，清脆悠扬的木叶声，浑厚质朴的山歌声，铿锵有力的铜鼓声……热闹非凡，这里又是另外一番景象。大巷子汇集了纳蝉最精彩的场景，深藏着山民的幸福与和谐。

大大小小、形状各异的青石从巷子这头延伸到那头，铺满了纳蝉的每一条石巷，也构筑了这里山民的坚强、倔强的躯体。布依人对美极为敏锐的鉴赏力，对自然的亲近感和最平实的人际关系，也显现在青石建筑的形式和风格上。这里的石筑民屋和村落特别朴素，所用的都是没有斧凿的原木和青石，随弯就曲，仿佛随意衔接砌筑而绝少雕琢，更没有钢筋水泥，以致这些古民居看上去浑然天成，既与山川草木一切生命相和谐，又飞扬着率真自由的性格。但它们事实上是经过

精心推敲的，原木、青石的本性、本色、本形的美被一一发现并合理
利用，巧妙地构筑在一起，相互映衬，才达到"清水出芙蓉"的境
界。这些古民居，体形很自由，不受程式的束缚，但依山就势，层层
叠叠，沿着山坡自下而上，高低错落，虚实相映，正侧变化，光影对
照，非常活泼而又布局井然有序。构成院落，纵横交错；有的石屋有
石砌围墙，有石拱门进出。粗犷的材料构成古朴的石屋，四处流露着
千姿百态造型的石头的魅力，它们虽然没有江南民居的华丽秀气，却
充满着朴素平易的灵气，这正是布依人心灵手巧的写照。

　　青石是有悠久历史的，经历了许许多多的风风雨雨，坚韧而沧
桑，在这里默默地守护着历史，见证着人世间的离合悲欢，见证着生
活中的每个变化。青石是纳蝉的基石，是纳蝉的精神所在，缺了它，
纳蝉也许就失去了生机和魅力。青石一块连着一块，错落有致，各自
随遇而安，坚韧而不可摧，这也许就是纳蝉的精神吧。

2007 年 6 月 22 日记

纳孔的古建

　　一座座古朴的石桥，一片片矗立于田边的高墙，一弯弯清澈的三
岔河，高高凸起的山冈上是茂盛的风水林，好一幅"古树高低屋，
斜阳远近山，林梢姻似带，村外水如环"的山光水色图。布依族热
爱大自然的民风培育了乡民们的山水情怀，千百年来涵养着纳孔天然
清新的布依文化，也引得多少游人流连忘返。

　　纳孔是距黔西南布依族自治州贞丰县城 18 公里的布依村寨。这
个名称表明了这里的原住民就是垦食骆田的骆越人的子孙。"纳孔"
为布依语，"纳"是田的意思，"孔"是门的意思，直译过来就是
"田野之门"。

　　今天的纳孔村有 502 户人家，2000 多人口。一片郁郁葱葱的树
木覆盖其中，民居或密集或稀疏分散在田野和三岔河畔，形成一个个
的小寨子。纳孔大坝良田万顷，奇丽的三岔河弯曲盘亘于山间田坝
中，充沛的水量浇灌出肥沃的稻田，也滋养着当地布依人稻作文化的
风貌。纳孔的乡民们，生活在如诗如画的山河之中，受着热爱自然的

民族文化的熏陶，他们对山川草木有很精敏的审美意识，很亲切的情感。这种意识和情感，一直渗透进他们生活的方方面面。

亲近自然、和悦处世的人文气质教化着纳孔人对生活环境的追求。他们为村寨和重要的公共建筑物选择风光最美的地段，他们庇护着这片土地上风景的美丽，而且品味、点染和增益，从青山河岸到古老的树木，乃至花草。

亲近、点染、增益，仍然不能满足乡民们对山水的一往情深，于是他们一代又一代人不断地构思和创造，创建出今天纳孔的山水之美、人文环境之美。

纳孔最有创建性的是住宅建筑。和周围的布依族村寨的住居大不相同，纳孔的建筑与苏皖浙赣一带的颇为类似。墙是徽派的封火墙，檐也是高翘的角，被青瓦覆盖下的封火墙上均饰以灰白粉，与苏皖建筑略有不同的是，这里青石仍是建筑的主要材料，而不是灰砖。就细部而言又兼容了许多外来文化。如，在窄小的窗上，精致的窗棂就吸收了苏皖雕绘技艺的精华，令人赏心悦目。为什么在地处黔西南的贞丰县会有江南风格的建筑？这不免让人有些诧异。

当地人长相端庄秀气，说起话来轻声细语，路遇村民，你可以自由地与他沟通。我随便走进一户有封火墙的人家，这家的主人姓韦，是一位老师，坐在他家高大的榕树下，主人一边准备着迎接游客的饭菜，一边讲起了纳孔人祖先和老屋的故事。

最早的纳孔人是苗骆越人的一支，他们沿着北盘江来到这片土地肥沃、水源丰沛的地方定居下来，并在这里开垦了一片又一片的稻田养育了一代又一代的子孙。这些骆越人因骆田而得其名，"骆田"就是"山间谷缝里的田地"之意。他们，就是纳孔人的祖先。

到了元末明初，还有一支远程迁徙的人群来到纳孔，他们是忽必烈大汗的子孙。强大的元王朝灭亡后，为了逃避明王朝军队的追杀，他们这一小支蒙古人，带领一批四川、广西籍的家眷从广西一路避祸于此。等一切安定下来后，他们便开始修建那些高大的、防盗又防火的民居建筑，并与当地人开亲通婚，逐渐融入了布依人平平淡淡的日子。

纳孔的老屋都沿着三岔河而建。依水而居，靠水生活，用水灌溉，水成了纳孔的命脉。甚至民居中的天井中都有一个用石板造的水缸，也被村中人视为聚宝盆。雨水顺瓦流入天井四方水缸里，再沿水缸流入地下的水道。在纳孔这有"四水归堂"的聚财之意。

歌德曾说："建筑是凝固的音乐。"氤氲的雾气笼盖着一顶顶飞翘的屋檐，或高或低，犹如跳跃的音符。稻田里层层荡漾的绿浪波涛，仿佛是徐风抚起的阵阵乐章。纳孔的建筑是徽之歌延续的变奏，小巧的院落，院门偏隅一边。屋角砌成无棱无角的弧形，配以装饰的木门、雕有花格的木窗仿佛一支舒缓的小夜曲，伸展着夜盼人归的情思。天井下铜币形的青石板连接着下水道，叮咚的雨水顺檐而下，从铜币的缝隙潺潺流入，仿佛一曲动人心弦的天籁之音。住宅中石雕、木刻或浮雕，或透雕，或阴刻，或阳刻，有龙凤吉祥、喜鹊叫悦的喜庆，有莲花鲤鱼吉利的谐音，也有蝙蝠寿桃"福寿双全"的喻言。整个住宅由上而下、从外到内，四处都洋溢着浓郁的文化底蕴、高超的艺术技艺和醉人的民俗之歌。无论是漫步于"封火墙""三滴水"相拥的石板巷，或是徜徉于飘荡的炊烟之中，还是随意进入一户农家小院，在任何一处流连，都能感受到纳孔古建筑优美的韵律。

悠久的民族文化孕育了贞丰纳孔布依村寨，纳孔人在其独特的地理环境中创造了以"山水"为中心，以布依风俗为主导，兼容外来文化的独特生活环境和建筑样式，体现了布依先民勤劳智慧的美德，充分反映了贞丰布依文化的历史积淀。

2007 年 6 月 24 日记

郎德的桥

郎德，苗语为"Nangl Deik"，是音译。"郎"的意思是"河流下游"，"德"是村前河流的名字，合起来就是"住在德河下游的寨子"。这座秀美的苗寨像一颗钻石镶嵌在贵州省雷山县望丰河畔，是融人文景观和自然景观为一体的国家文物保护单位，贵州省人民政府命名为民族文物村，国家文化部授予"中国民间艺术"之乡。这里拥有各种各样的桥，每一座桥都有故事。好像桥是为了故事才修造的。先发生一个故事，然后围绕着这个故事，就造出一座桥来。于是，我们走过桥就走过了故事。回头看看，桥老了，故事也老了，老了的故事要把一种人世沧桑说与人们听，而老了的桥则见证了历史。

　　从郎德下寨往上寨走，一路风景，一路桥。我们究竟走过了几座桥，谁也说不清。但是，不论木桥或石桥，它们的年岁都在百年以上，甚至长达千年。它们或苍老深沉，面孔皱褶，或挂满藤蔓。它们都有一个属于自己的名字。如，独木桥、马凳桥、板凳桥、风雨桥、碇步桥、石板桥、石拱桥、楼梯桥、木仓桥、封檐桥、求子桥、祈寿桥、保爷桥、赎魂桥、扫寨桥等。如此繁多的名字后面，是它们年代的标志，如宋朝的、明朝的、清朝的；同时还包含着丰富的文化意蕴。如，在河面较宽的寨前望丰河上，村民需在河中放置若干架马凳，凳上架设若干块木板，才能到达彼岸。以三根原木支撑形成的马凳，是此类桥梁的基础，所以，当地人称这类桥为"马凳桥"。"马头"顺水，"马尾"迎水，似昂首面向下游状。下游即为东方。苗俗认为，东方是先祖世居之地，昂首向东，吉祥如意。

　　据说，在郎德有近200座桥，到底该欣赏哪座桥？跨过哪座桥？在哪座桥上歇歇脚？哪座桥更让人亲近呢？如此之多的桥，使我目不暇接，拿不定主意。

　　随着民族风情游的升温，很多游玩郎德的文人，他们敏感多情的心灵，常常因了郎德的桥而惊羡不已，这样，他们就写下了一些关于桥的文字。但文人们有时仅仅为了一些绮丽的梦想，有时为了那么一点欢乐，就把情感投向了那些木桥、石桥、风雨桥之类的桥。于是这些桥就风姿绰约，风情万种，就成了文人的风景。也许恰恰由于这种情形的影响，我到郎德，看桥就变得特别风雅起来。我仿佛成了艺术家，总是走在最后，不停地选择角度，选择背景，选择光线，选择流动和旋律。在选择中，桥的价值被虚拟化了，它们从日常情景中升华了，因而，桥就不可避免地进入我的文字，进入影像，成为我记忆中永远抹不掉的风景。

　　郎德村民之所以酷爱架桥，与特殊的地理环境和悠久的传统民俗有关。郎德地处雷公山麓、望丰河畔，森林覆盖率达75%。寨后郁郁葱葱，村前流水淙淙，数十眼山泉，潺潺流淌，进入山寨，切出条条沟壑，形成若干溪流。树多泉多，沟多溪多，桥梁建筑自然多。最早住在"左洞庭，右彭蠡"水乡泽国的苗族先民，辗转迁居苗岭山区，仍然保留"遇水架桥"的优良传统。甚至将架桥观念引申到求子祈寿、消灾祛祸等民俗事象中，演绎出丰富多彩的桥文化。郎德上寨雄伟壮观的杨大六风雨桥不仅是望丰河上的交通设施，每逢月明星稀之夜，还是青年男女"游方"（谈恋爱）交友的活动场所。

至于我这次郎德过桥兴趣，已不是"小桥流水人家"的那种感觉了。在郎德上寨，我对过一座独木桥留下了深刻印象。说是独木桥，实则由两三根直径20—30厘米的杉木搭建而成，跨度约70—80米。对岸风景如画，但过那座独木桥是需要勇气的，它似乎在召唤人们勇敢地从上面走过去，走到对岸，练练胆量。这是一种类似"渡"的经验，通向彼岸，那是对人的诱惑和考验。走过去了，但留下来的是惧怕。我想，这样过一座桥，既非日常的，也非艺术的了。那天我远远地看到同行的小杨，久久地待在桥中间不走。原来她走了大半，望而却步了。正纳闷时，听见她大声呼唤我快去帮她。听到求助声，我快步走过去，拉着她小心翼翼走出每一步。顺利到达彼岸后，我站在桥头环目四周，了无人烟，只有一道细细的水流和砾石，衬托出乡野的无比安宁、静谧，我不禁估量起我人生走出的每一步来，觉着过这小桥特别有意义。在危险面前，惧怕难免；相扶相帮，理当如此。

郎德有几百座桥，我不会忘记这座小桥的。

2009 年 12 月 26 日记

一座藏在黔中腹地的水东司署

在行走的时候，我更愿意将自己作为一个没有负担的普通游人，因为我的历史知识储备不算丰厚，因此在大多数的情况下，我总是在仓皇不及中闯进了历史的迷宫而浑然不觉。今年 7 月 16 日当我走进黔南瓮安县猴场村水东安抚司署的时候，感觉亦如此。

猴场又叫草塘，安抚司署位于文化多元又迷人的猴场文化新村内，首领是贵州明代有名的四大土司之一的"水东宋氏土司"。有人说宋家是汉族，有的说宋家祖上过继给了彝族。我无法去考证，但中华民族的历史就是一部融合史，你中有我，我中有你，很正常。土司是宋元明清时期在西北、西南地区设置的由少数民族首领充任世袭的官职。"世领其土，世长其民"，即世世代代在有限范围内统治人民。

土司文化以制度文化的神秘、精神文化的神圣、物质文化的神奇而闻名遐迩。在遵守国家律令的同时，宋氏土司根据需要，制定出一些似法非法的，尚不规范的条文，以维持其统治秩序。比如，有土司家族内部约束条文所写的"训荫官""遗训""族示""家训"等，意在劝官族成员要读书，明事理，讲忠孝，要耕织，服劳奉养，要学曲艺，勿游手好闲，要行商贸易，要勤俭持家，勿忘本贪财等。这些规范和条文从思想上、政治上、行为上对土官及官族子弟的约束，起到法制作用。土司的地位和作用，常常被称为"一座土司府，半部民族史"。贵州土司特别密集，元代在今贵州境内设有大小土司三百余处，明代加以归并、改置，建立了贵州、播州、思州、思南四宣慰司，并建有金筑、都云、黄平、草塘、瓮水等安抚司及九十余长官司，这在国内是罕见的。经历史的变迁，贵州境内的土司署衙大多荡然无存，而这座在瓮安县草塘安抚司署却壁瓦尚存，实属难得。

土司制度，是中国封建王朝在偏远的少数民族地区实施的一项政治统治制度，它源于隋唐时期对少数民族地区实行的羁縻政策，称首领为土酋。元代授各族首领以宣慰使、宣抚使、安抚使、招讨使、长官等官职，又在各族聚居的府、州、县设立土官。明代采取了不同的措施，比较进步的地区，裁撤原来的土司，改设府、州、县，由朝廷派出流官，担任知府、知州、知县；在偏远地区仍保留土司制度，对当地少数民族首领以原官授职，将宣慰使、宣抚使、安抚使隶属于兵部，土知府、土知州、土知县隶属于吏部，皆世袭其职，给予符印，并确立承袭、等级、考核、贡赋、征发等制度。部分地区则为"土流兼治"。清雍正年开始逐步推行"改土归流"，但部分土司仍保持至清末，少数土司至民国初。

土司制的形成、发展与衰落，反映出这一区域内少数民族社会经济、政治、文化及民族关系的深刻变化，这种变化直接影响着该地区的近现代历史。在今天实行社会主义物质文明、精神文明建设以及处理民族关系时，仍是一个不能被忽略的历史因素。

瓮安在古代就是少数民族聚居区。元代，境内旧州草堂（塘）等处长官司属播州军民安抚司所辖1府32长官司之一。

明洪武五年（1372年），播州宣慰司隶四川承宣布政使司。十五年置平越卫指挥使司（后为军民指挥使司），卫治平越（今福泉），先后隶四川、贵州都指挥使司。十七年，草塘等处长官司升为草塘安抚司，同年置瓮水安抚司（今珠藏、玉山、龙塘、天文等地），均隶四川布政司播州宣慰司。瓮安之名源于瓮水蛮夷长官司和草塘安抚司。万历二十九年（1601年）改土归流，以瓮水、草塘2安抚司及平越卫右所干平、干溪、梭罗等15堡地合置瓮安县，隶贵州布政司平越军民府，府治平越卫城。清代至辛亥年（1911年），瓮安县隶平越军民府、平越府、平越直隶州。

草塘安抚司历代为宋氏掌管，宋代前为土酋时期，从宋景阳世袭到宋盛岑。元代，宋都裕之孙宋万璋从草塘起步，成为雄长贵州水东、水西的大土司，明万历二十九年改土归流，土司改为土县丞。

如今经过修葺的草塘安抚司署，现存全本结构房屋大堂一间配以抱厦，厢房各两间，前厅三间。大堂是土司官审案的地方，里面陈列有许多兵器和刑具。在大堂有一幅牛头虎身的画，在古代，牛是宋氏族众的崇拜物，而土司官就相当于一个土皇帝，主宰生杀大权，所以将图案做成了牛头虎身。在画的上方有一块匾，内容为"天鉴在兹"，表明土司官清正严明，上天可以作证，相当于"明镜高悬"。雕梁画栋，木雕门窗，配以雕花挂落和斜撑，青石板天井，石料雕刻栏杆。整个建筑庄严肃穆、气势非凡。它既是封建专制的办公场所，也是本地区政治、经济、军事、文化的一个重要中心，同时也为我们展示了元、明清时期的古建筑风格。从安抚司署大门，周转至各个院落，在土司衙门的每个院落门牌上都安置了"牂牁古治""天鉴在兹"等大匾，其蕴涵的文化含义不光浓缩了草塘安抚司署显赫的历史。进入公堂后，有麒麟屏风，据说这是四品官的象征。所谓司署，就是衙门，署内除了办公处外，兼有住宿及所需要的附属建筑物等。从建筑的装饰来看，土司建筑装饰中避开为帝王官殿建筑中常见的金黄色彩，大量使用赤色，体现其富贵和权威。建筑的装饰中，除人物形象外，动物有蝙蝠、蝴蝶、鹿、鹭鸶、仙鹤、喜鹊等，植物有松、竹、梅、葫芦等，器物有石鼓，文字和符号有"卍""寿"等。这些装饰都体现了土司追求"福、禄、寿"的思想观念。当我们细细欣赏这些雕花戏文和镂空木雕时，我无法想象，土司社会究竟是一番怎样的天地！

尤其值得一提的是草塘安抚司署的窗棂艺术，其在造型上，雄伟、浑厚，装饰上富丽、豪华，表现出强悍与富贵的气派；基本上又体现出贵州中部民族建筑装饰上的一些特点，在表现内容上，构图缜密，雕刻精美。并通过谐音、成对、顾盼、呼应、回旋等表现手法，用传统吉祥图案来喻事、抒情。建筑装饰所表达的内容，一般是以各种抽象的图腾、图案，用会意、借喻、谐音、比拟、象形、联想等手法表现出来。如用梅兰竹菊和琴棋书画比喻志行的高尚雅洁；蝙蝠表示福，鹿表示禄，戟表示吉祥，花瓶表示平安，等等。比较复杂的则把几种方式综合使用，如一只蝙蝠和一只绶带鸟在一起，叫作"福寿双全"，莲荷底下有游鱼喻义"连年有余"，以云纹、蝙蝠来表示"天降洪福"，五只蝙蝠展翅表示"五福临门"，等等。其他还有四艺（琴、棋、书、画）、暗八仙（八仙所持之宝物）表达了主人的美好向往和精神企盼。所有这些题材被用作装饰不仅在于外在形象具有一定的形式美，而且还在于它们能够表达出一定的思想内涵。其所包含的意义主要是教化、吉祥、言志和颂赞等，寄托着主人的理想和感情。

　　没有导游和历史专家的指点，凭着古建筑的外观，却不难看出这就是"土王官殿"。如今这猴场村溪水环绕，一条条青石栈道与外界相通。我们走在这栈道石巷里，两旁是晾晒着百姓衣物的民居，路边是爬满豆角、南瓜藤蔓的竹篱笆，偶尔有路人经过，也都是彼此交流着洗衣、做饭等日常生活的话题。所谓的古迹凭吊，不过是人们寻求心灵宁静的一个借口而已，来到这样的灵山秀水中，会有几个人愿用自己快乐自由的心，去换取缅怀历史的沉重？现在，这座深藏在猴场秀山丽水中的千年水东土司署，已渐渐成为游人寻古探幽、游览观赏的好地方，成为学者研究民族史的好去处。

2011 年 7 月 16 日记

雨中侗寨——大利

　　大利侗寨位于贵州省榕江县城东面，距县城约 23 公里，这里四面环山，风光奇秀，洞溪河穿寨而过，是极具特色的侗族村寨，被称为"深山明珠"。全村共有 200 余户人家，皆为侗族。大利村物产丰富，楠木丛生，植被保护完好。进入大利，仿佛进入生态园林；在这里，既能踏着始建于清乾隆五十八年的石板古道漫步，可以欣赏到构造精巧的侗家四合楼院，还能倾听到天籁般的侗族大歌。

这样的侗寨，已经不多了。它们的日渐消失，十分可惜、十分心痛。当然，古老的侗寨现在在黔东南还有几座，它的存在已成为一种标志的范本。它陈列在那儿，每一块砖瓦，每一块石头，甚至每一棵树木，都表达了某种意义深远的含义。

在黔东南一带，我们可以去肇兴侗寨，去三宝侗寨，去堂安侗寨，也可以去大利侗寨，或者还可以去别的一个什么侗寨。这些绿色的侗寨都有着同样的标本形象，"依水而安，依山布陈"。今年8月初秋时节我与同事杨老师、吴老师选择去了大利。去大利路途现在已很方便，沿着清水江东行就是了。

初秋的小雨淅沥沥沥下个不停，洞溪的河水哗啦啦啦流不尽，大利湿漉漉地镶嵌在一片绿荫之中。寨子周围没有石头垒成的围墙，出入侗寨只需要通过一道寨门楼，这是侗寨设置的象征意义的"关隘"，不仅说明侗寨在过去与现在都处于一种安全的状态，而且说明侗寨开放式的生活特性。侗寨的构建理念是"人与自然的和谐"，所以它始终采用一种敞开的、顺应自然姿态，过着自足的生活。掩藏侗寨的还有四周繁茂的树木，这些树木中不乏千年以上的杉、松、楠，还有一簇簇的翠竹，它们对侗寨长年累月的遮蔽，使侗寨更加隐秘在一种原生态氛围之中。这是某种具有审美性和理想的乌托邦式的遮蔽，它让我们想起陶渊明的"桃花源"，古木环合，溪水夹带着野花流过去，只有一道小小的门与外界沟通，这不是"桃花源"的范式吗？

我们沿着小溪边一条青石板和鹅卵石铺就的小路往寨子深处走去，这条小路可不简单，据说它建于清乾隆五十八年，是榕江县境内历史最为悠久且唯一有石雕和拼花的石板古道，它全长2公里，宽约2米，共480余级，当地侗民习惯称之为"三百磴"。环顾寨子四周，是一群精心修筑的明、清风格的侗族民居，大多是杆栏三合、四合的木楼和吊脚楼，还有大小不同、风格各异的风雨桥5座，木质结构，青瓦盖顶，均有几百年历史；脚下面则是狭窄的巷道，巷道连接了侗寨每一座门户。这些门户大多敞开着，巷道便显得安静而不冷寂，于是，在侗寨我们能够看到"屋舍俨然"，也能看到怡然自乐的生活情景。我们不仅将眼光流连在村寨的外表形式上，更仔细而耐心地穿行在这组合的建筑群中，反复琢磨它们几百年间形成的统一格调。走过一座花桥，桥上正有一些村民在纳凉，见到我们，都友好地与我们打招呼，这样的风雨桥大利共有5座。风雨桥横跨于利洞溪上，分布在大利寨头、寨中和寨尾，以其秀美玲珑的身姿将大利侗寨装点得更加妖娆。位于寨中央的一座风雨桥最具特色，亭廊式，木结构，始建于清光绪年间，由寨中侗族老人所建。桥面由七根长条杉木并排铺架而成，六排五间，悬山顶，小青瓦；桥廊两侧设有栏杆和长廊；桥廊正中有桥亭，重檐四角攒尖顶，葫芦宝顶。大利的风雨桥，是大利侗寨居于溪水东西两岸寨民相互交往的便利通道，也是他们集会议事，歇脚乘凉，行歌坐月的最佳场所。

与桥上老人们的交流中，我知道了村寨有一座四合院很有名气，在一位学生的带领下我们来到这家四合院。跟门口的主人打声招呼，我们走进大门参观，这座几百年的四合院是杨氏家族的祖宅，它屹立于穿寨而过的洞溪河畔，坐东南而朝向西北，全杉木结构，立地三楼，青瓦屋面，通面阔14米，通进深16.5米，通高14.7米，占地面积231平方米，建筑面积585平方米。楼院从平面看，与北京四合院相仿，由前堂、两厢、正屋组成，中有天井；从立面看，宅院有两楼一底，大门阔绰，匾额高悬，大门额"楼宇维新"，正屋门额"年进期颐"，雕窗对立尽显当年的繁华与气派。最为精巧的是三楼的三面回廊，俗称"走马转阁楼"，人可沿着回廊，从左至前至右，居高临下，观赏三面侗寨风光，楼屋层叠，风雨桥相伴，溪流回环，田畴绿野，茂林修竹，尽收眼底。闲时，坐在廊中的竹椅上品茶，临风赏景，听鸣蝉叶间小唱，看孩童溪中裸泳，满目尽在画景中。我们心悦诚服地说，再也没有哪儿比这里的村寨所设计的居住方式，更能突出它的实用性与观赏性了。看到我们的手指指着四合院里各种形状的漏窗，还有镶嵌在一座门楼上的木雕，以及镂花木刻不停地品评、鉴赏，主人喜形于色，脸上写满了自豪。

离四合院不远处是一座历史久远的鼓楼，鼓楼是侗寨的象征，几乎每一个侗寨都有一座。鼓楼顶悬挂有一面牛皮鼓，村里如有重要事情，可登楼击鼓，召集村民商议。或是发生火灾、匪盗等事项，也可击鼓呼救。大利的鼓楼是九层、六面、宝塔冠冕式，古朴典雅，工艺精湛。鼓楼坪上是小鹅卵石拼成的图案，鼓楼旁边还有一座石头堆起的半人高"萨坛"，上面插着小旗和雨伞，是侗族祭祀女神"萨"的地方。我似乎明白，这一切都是通过能工巧匠的创造，从而借助这精致典雅的建筑形式，来蕴藉他们自己生活的方式、信仰与追求，也许我们就这样不经意地走进了村寨的本质。

这次调查采风，贵阳学院大二学生杨再仙同学和她高中的老师吴秀竹（榕江县中学）全程陪同，大利是小杨同学的家乡。在村里与几位村民边走边聊，就来到了小杨家，主人家里已经挤满了七八个中学生。我们运气不错，正值假期，这些漂亮的侗妹子热情欢快地为我们高歌一曲又一曲的"侗族大歌"，正宗的原生态大歌、多声部、无指挥、无伴奏，天籁般的自然和声在这里回荡，令人心旷神怡。我们沉浸在无比的幸福之中，祥和喜庆的氛围使人似乎进入了一片桃源胜地，这种感觉是在城里无法享受到的。小杨的外公杨昌宁老人已经88岁高龄，是远近闻名的歌师。我们的到来老人也很高兴，他不但详细给我们讲解大歌，还给我们介绍起侗族戏剧。

今天我们真的是收获满满。

在小杨同学家吃过农家饭、听完侗族大歌，已至傍晚时分，当我们就要离开大利的时候，寨子上空又开始飘落起淅淅沥沥的小雨，进寨的路上，一位穿着侗族服饰、戴着斗笠的老农民，牵着一条耕牛走向家园，后面留下了一串湿漉漉的蹄声，洞溪水从山谷走来，哗啦啦流个不停，这是一个真实而温馨的侗寨，这是一个原生态的绿色侗寨，这是一个历史悠久的侗寨。老藤古树的掩映之下，好似一曲优美的侗族大歌，在舒缓的混声中发出优美绝妙的颤音。

2012 年 8 月 20 日记

与鼓楼"老祖"的相遇

今年国庆期间，我带两个研究生到贵州黎平县进行一项关于侗族民间文化艺术的调研。这次调研得到县委宣传部办公室主任杨成非常大的帮助，当他得知我们准备到侗族戏剧的故乡地扪去，从县城到地扣的新公路正在维修，只能走一条老路，而我们自驾的小车是无法抵达的。杨主任为我们租了一辆底盘高一些的面包车，并再三嘱咐驾驶师傅一路多关照。上午8点15分，我们从县城宾馆开始出发了。山路虽颠簸泥泞，一路上绿树成荫。大家说说笑笑，一眨眼就要到了。驾驶员杨师傅也是一位侗族，他说："地扣附近有个述洞村，你们不去看看我们侗族鼓楼的'老祖'？"

"是著名的述洞独柱鼓楼？"我早就听说述洞村有一座古老得鲜有文字记载的侗族建筑，叫"独柱楼"的鼓楼。它因两大特色入选吉尼斯世界纪录：一是历史最悠远，长达370余年；二是顾名思义，以一根木柱居中直贯楼顶，这种建筑特色在所有侗族鼓楼中是独一无二的。到述洞一直是我的愿望，只是述洞村地理位置较为偏僻，交通极其不便，一直未能成行，不曾想今天歪打正着，有幸与独柱鼓楼相遇，这真的是缘分，当然求之不得了。我说："去，马上去。"汽车行驶了十几分钟又拐了个弯，述洞，这个美丽的侗寨终于大大方方地把全貌展现在了我们面前。

述洞所有的民居都是侗式吊脚楼，浅灰色的屋顶与山林显得很协调。与岩洞、肇兴侗寨不同，述洞的民居比较稀疏，房子之间的巷道相对宽敞。村口一株苍劲的大树遮天蔽日，毫无疑问，这就是述洞的神树。走近仔细一看，树干上还缠绕着一些竹子和红纸做成的祭器，好像是人们刚刚做了祭祀神树仪式。神树旁边是一条小河，小河的上游是述洞的花桥，桥上有木制桥廊，分有三个楼亭，凸显出侗族的建筑风格。村里很清静，没有人注意到我们，我们直奔独柱鼓楼而去。

著名的独柱鼓楼呈四角形，共有六层檐，中间有一段方形木阁，顶部则由厚重的木阁支撑。这座鼓楼没有任何雕饰，就连翘檐末端亦然用瓦片搭起，给人一种古朴而沉稳的感觉。我们去时，鼓楼旁边恰巧有三位老人在闲坐聊天。据寨里69岁的老人吴章明介绍，这是目前全国最古老的侗族鼓楼，至今约有三百多年的历史。原来鼓楼所在的地方有一棵大杉树，村民们喜欢在树荫下休息。有一天突然下了雨，人们还没来得及回家躲避，不得不躲在树下。大雨过后，人们惊讶地发现，身上穿的衣服竟然没有褪色。从那以后，人们便认为它是一棵神树，这座鼓楼的掌脉师父从大自然中杉树的形象得到启发，从而按照杉树的结构建造出来的，希望它能够护佑全村。这座鼓楼的建造独特，榫孔层叠交错，不用一钉一铆。从公元 1636 年建成至今，已在寨中矗立了 370 多年，是所有侗族村寨中保存历史最久远的鼓楼，大家称他为鼓楼的"老祖"。鼓楼内里和周围地面，都用大小几乎一致的鹅卵石铺设，美观大方的花纹图案表示着祥和如意。里面有一根四方形悬柱，每一面都刻有"天官福佑"四个大字。站在鼓楼坪仰望其造型，真像一棵大杉树，给人一种清爽、俊美的愉悦感，这的确与一个民族的"种族记忆"和文化根性有关。在远古年代，侗族古先民曾在大杉树的荫护下休养生息，由于对杉树的崇敬和膜拜，自觉或不自觉地把"巢居"时期原始记忆里的"古杉"意象作为"内在尺度"，进而把鼓楼建造成像一棵大杉树。远远看这座"独柱"鼓楼，极像一棵杉树，透着一股蓬勃的生机，且外形高雅、质朴，给人一种赏心悦目、怡神惬意的特殊美感。值得一提的是，述洞村的独柱鼓楼为后人研究侗族早期建筑艺术提供了实物标本。独柱鼓楼不仅是侗族建筑的代表，也是世界建筑艺术的瑰宝，吸引着众多的观赏者、学者前来参观、探究。

鼓楼的旁边有一座建在池塘上的戏台，村民们每年都要在此上演《珠郎娘美》等传统侗戏，再往前，就是述洞的萨坛了，这是一个用石头垒起来的环台，上面还长出了一些青草。鼓楼、戏台、萨坛都是侗族的代表性建筑，它们出现在同一个地方，这又是述洞的一大特色。由鼓楼坪沿着青石路缓坡而下，我们便来到了寨子边的水上谷仓建筑群。这里有上百年历史的大小谷仓五六十座，清一色修建在水塘之上离岸两米左右的水塘里。谷仓分上下两层，上层是存放谷物的仓库，下层无横枋连接，也不装木板。之后，我们又去看了另外两座鼓楼。其中一座也很古老，同样是四方形，有三层檐。这个鼓楼没有太多的装饰，简单实用。但它有自己特殊的地方，那就是在一个侧角建有土地公神坛。神坛上面贴有对联，只见横批写着"护佑一境"，两侧的对联已经褪色，模糊不清。旁边同样有一座戏楼，但已经有些歪斜欲倒了。再向前走几步远，又是一座小鼓楼，六角形，两层屋檐，紧凑，整洁，是新建的，有几个孩子在里面玩耍。

在村里走着，每条路都铺着石板，四通八达。据村民说，全村的居民都是侗族，有 320 户人家。每一年的正月初三至初八，他们都要身着盛装，开展合歌祭祖、踩歌堂、唱侗戏、青年男女对歌谈情等活动。鼓楼"老祖"和风雨桥都有很多故事和特殊的功能，在这安静的村庄里，在鼓楼旁我聆听着几个老人向我们娓娓叙述：2010 年 8 月 22 日，贵州黔东南州黎平县有 13 个寨子的寨老相聚在岩洞镇的述洞村，把隔断了 250 多年的"侗款"，在侗族神秘的仪式下又从头续上。当时，这里汇集了从周围寨子赶来的侗族同胞，不论是男女老少都身着盛装参加这一百年前传说中的"款会"。侗款有两层含义，一是古代侗族社会人与人之间、家族与家族之间以及村寨与村寨之间的一种公共约法，是侗族社会人们的行为规范，即款约，法学界称为"民族习惯法"；二是通过推选产生的以执行款约为职能的自治组织——款组织。依据范围来分，有大款和小款，大款由若干个小款联合，相当于古代社会的氏族联盟或部落联盟，小款由几个或十几个邻近的村寨组成，往往以小流域或相邻片区为单位，款组织的最高首领为"款首"。其主要职能是维护社会治安、制定乡规民约、调解邻里民事纠纷、处理违约行为、组织公益建设、传承民族文化等。侗款在构建侗族地区和谐社会的历史进程中发挥着不可替代的作用。清朝乾隆二十二年（1757 年）二月初五，如今属于黎平县的岩洞、述洞、铜关、宰拱、竹坪、新洞、朋洞、山洞（今三龙）、四寨、坑洞、觅洞、几碳、摆东十三个侗族村寨的款首或寨老在竹坪寨罗汉坡脚齐集，商讨维护当地社会治安的民间公约，并竖立"款禁碑"留存至今。这是历史上十三寨地区最重要的一次起款，一直维护村寨之间、邻里之间的和平相处。因而款就这样深入在十三寨村民的生活之中，在接下来的 250 多年中也没有再续新的款，仅仅是时不时例行举办"讲款"活动，活动中通过各种形式向款民们重申过去的款词，让大家牢记在心。

在述洞短短的几个小时，收获颇丰，也明白了侗族人的许多事理。鼓楼及鼓楼坪就是侗族人公众场所，他们在此击鼓召众，或讲款执规，或示警抗侮，或喜迎宾庆，或款首聚会议事。款首、款丁无尊卑之分、贵贱之别，村村寨寨夜不闭户、路不拾遗。虽然古代的侗族没有文字，但是如此治村安寨的智慧，实乃遵圣贤之治也。任何伟大的民族，均有其道，侗族之道早系于鼓楼，而不彰显于书卷。侗族先民创造鼓楼，制定款规款约实为构建和谐社会。巍巍鼓楼岿然不动，载大道而不言，侗族人素以鼓楼为尊，认为先有楼后有住居。每寨必建鼓楼于中央，巍然矗立，若父若母，挺拔端庄。住居木屋齐聚四周，如子如女，恭侍在旁。绿水深林环拥村寨，三两族支居一寨，村村寨寨都有鼓楼。据相关资料显示，黎平县境内就有 300 余座鼓楼。

"建筑作为一种艺术，比其他各种实际活动更专一无二地服从美感要求。"随着社会的发展、历史的推移和审美意识的嬗变，代表侗族建筑艺术典范之一的鼓楼，自然是"服从美感要求"，由原先的"独柱"向四柱、六柱演变，它的造型也越来越雄伟、壮观。今天，在侗寨山乡里，鼓楼和风雨桥齐名，享誉国内外。鼓楼、风雨桥、吊脚楼、寨门楼、禾晾、谷仓所构成的建筑群，独特的风格、强烈的艺术魅力，其简单、自然，与环境有机融合的"天人合一"的景观特征，顺应了当今世界性"以人为本、人与自然和谐"的生态思潮。可以说，侗族建筑艺术不但有其完整、独特的体系与建筑理念，而且有其与现代生态急切呼唤的终极意义。毋庸置疑，侗族建筑是具有人类学研究价值、建筑学价值、美学价值及生态文化价值的。

相遇是缘，与鼓楼"老祖"的相遇让我对侗族的建筑艺术更加着迷，我决定要深入去探究。

2015 年 10 月 1 日

第五章

贵州原生态民族婚恋习俗文化

恋爱、婚姻与家庭，是人类永恒的主题，是人类社会生活的一个重要组成部分，它不仅与具体的个人息息相关，而且也反映出当时社会的政治、经济、文化、社会心理等。人的自我发展的最基本形式是婚姻。婚姻是家庭和社会的基础。各少数民族的婚姻在其发展过程中，形成了不同的风俗习惯，这些不同的习俗，都留下了不同历史阶段的社会生活印迹。对一个民族婚俗的研究，是我们认识其社会形态、民族特点、民族融合过程的一个重要方面。马克思认为："在生产、交换和消费发展的一定阶段上，就会有一定的社会制度、一定的家庭、等级或阶级组织，一句话，就会有一定的市民社会。"① 即一定的家庭制度为一定的社会生产方式所决定，与一定的社会生产方式相适应。在特定的环境和历史条件下，贵州各兄弟民族的社会生产力水平是极不平衡的，不同的社会生产方式和一定地区内民族习惯法及其文化和伦理道德规范，造成了贵州各民族婚恋家庭形态的差别，各少数民族青年男女在择偶、婚嫁方面都有不同的习俗。苗族的"游方"和"跳场"、瑶族的"凿壁谈婚"、布依族的"丢花包"等，都有不同的特点。仡佬族的婚姻习俗古朴淳厚，迎娶都很俭朴，迎亲不用车轿，更不必复杂的彩礼，新娘自撑一伞，接亲和送亲者步行送往夫家。新娘到夫家不拜天地不拜堂，由迎亲者直接引入洞房。而苗、侗、布依、水等民族"不落夫家"的习俗便是母系氏族过渡到父系氏族社会时期的产物。婚姻是一个家庭组成的基本条件，其目的就是生殖繁衍，让民族生生不息、发展壮大。至今贵州少数民族还保留了一些传统的、健康的、积极向上的民族婚俗，它是我们研究贵州原生态民族文化的重要内容。

---

① 中共中央马克思恩格斯列宁斯大林著作编译局编译：《马克思恩格斯选集》，人民出版社1995年版，第321页。

一　贵州各民族恋爱文化

恋爱是男女双方在结为夫妻之前发生的彼此爱慕不舍的心理和行为的表现，男女之间的恋爱既有以异性间的相互吸引为核心的自然属性，也有以意识决定取向的社会属性。[①] 一般来说，恋爱是一种社会行为，是两性之间的一种特殊的社会关系。世界上没有无缘无故的爱，在阶级社会里，恋爱和婚姻除异性间的相互吸引之外，还必须有许多附加条件。[②] 就贵州少数民族地区的总体情况来看，历史上不同民族自有不同的婚恋习俗，他们的择偶方式更是独特奇异，形成了独具情趣的恋俗。一般来讲，许多少数民族地区的恋爱自由度大，恋爱自由并不等于婚姻自由。就绝大多数民族的情况看，结婚就必须征得父母甚至长辈的同意。有的青年男女，因不能与自己的恋人相结合，而进行艰苦的斗争，甚至殉情而死，几乎各个民族都有真实的爱情悲剧或歌颂为纯真爱情献身的故事和传说。

我国仍然是一个发展中的国家，还存在着城乡之间比较富裕的地区和比较贫困的地区之间的差别，特别是我们贵州少数民族地区的经济欠发达，文化发展相对缓慢，即使是同一民族，由于地理环境和生活条件不同，社会经济的发展也不平衡，同样存在着地区之间的差别，这些往往都会在不同程度上直接、间接地反映到婚姻习俗上来，也使得千姿百态的传统婚恋习俗得以保留至今。比如，贵州许多民族节日活动中的一项重要内容就是未婚青年男女在一起舞蹈、对歌、交游、择偶。以苗族为例，不同的婚礼习俗在他们的传统节日中都有保留，如麻坡歌节（黔南独山、都匀毗邻地区）、坐花场（贵定县）、跳月（贵定、龙里、福泉、开阳等地）、跳坡节（黔西北）、二月三（台江县施洞）、闹冲节（凯里舟溪和麻江县）、翻鼓节（黔东南）、姊妹节（黔东南台江、施秉）、三月爬坡节（雷山县、镇远县和黄平县部分地区）、龙舟节（台江、施秉清水江中游地区）、六月六歌会（松桃）、香炉山坡节（凯里市）、谷陇芦笙会（黄平县）、苗年节（台江、雷山、剑河、凯里、丹寨、从江、榕江等县）等。正因为如此，贵州民族传统的求婚方式，不同民族自有不同的婚恋习

---

① 何琼：《西部民族文化研究》，民族出版社 2004 年版，第 144 页。

② 何琼：《西部少数民族文化概论》，民族出版社 2009 年版，第 137 页。

俗，他们的择偶方式更是独特奇异，形成了独具情趣的恋爱习俗文化。

由于历史上苗族为了躲避战争而大迁徙，大多聚居深山，因大山的阻隔，苗族分布的地区很广，支系较多，他们的恋爱方式最为丰富多彩，各地在农闲时间都有青年男女进行社交恋爱的活动，如"游方""走坡""跳芦笙"等。恋爱的方式主要是青年们结伙在村寨外、山坡上、树林间对唱情歌，彼此有好感后，双双离开众人去进一步交流，交换信物。此外，苗族还有被称为"走寨""射背牌""爬坡""踩花山""揉耳朵""赶坳""抢头巾""赶歌节"等的恋爱活动。其中"游方"就是苗族传统的、符合民族习惯法的，也是最有影响力的一种恋爱方式。游方活动场所叫游方场，一般设在村寨边或村寨中，场内设石凳，木凳，粗大的古树庇荫下就成了游方的好地方。寨子小的一般设一个游方场，大些的寨子可设两个以上的游方场。游方一般是每年插完秧或打完谷子之后，苗族青年男女就出去游方，所到之处，当地姑娘们都会相约备酒、做饭，带到游方场地，和新认识的小伙子们一起聚餐，苗语叫"吃情谊饭"或"吃伙伴饭"。在游方过程中青年们向自己的意中人表达思念之情，也可以对素不相识的人大方地对唱山歌。语言没能抒发的感情，歌声能真实地流露。歌词入木三分，因此，情歌是苗族青年恋爱婚姻不可缺少的一种交流媒介。通常，一对青年男女要在游方中结成伴侣，要经过对唱情歌和单独接触两个阶段。通过歌唱互相盘问，增进了解，建立友谊。单独接触阶段主要是双方的单独或偕同"中间人"深谈了解，加深感情。男女双方建立感情后就互赠信物订婚。女人通常给男人一个戒指或手镯，男人一般送女人一条毛巾。然后，经过说亲、订婚、结婚等程序，正式成为夫妻。

苗族"姊妹节"历史悠久，是一个极富民族特色的"东方情人节"，台江县施洞地区姊妹节是最具代表性和影响力的。该节以苗族姑娘为中心，以邀约情人游方对歌、跳芦笙舞、互赠信物、吃姊妹饭、订立婚约等为主要活动内容。五颜六色的"姊妹饭"，代表着不同的象征意义，绿色象征着家业兴旺发达，紫色象征着美丽的花衣裙，黄色象征金秋丰盈，白色象征苗家人心地善良，纯洁朴实，红色象征着炽热的爱情。姑娘为得到男青年们的青睐，会把精心制作的花糯米饭用植物的叶子或手帕包成一包装满竹篮，在其中一至二包里放上东西，然后，做上特殊的记号，穿上盛装，由妈妈挑着篮子将女儿送到村寨口。姑娘们拎着篮子等待小伙子们前来讨要"姊妹饭"。小伙子们在这天三五成群走乡串寨，去寻找那些拎着篮子的姑娘们。无论是相识或不相识，姑娘们都非常热情地欢迎他们的到来，并和他们排开阵式对歌，女问男答，唱词纯朴，歌声清脆，悦耳动听。在对歌进行到高潮，小伙子们便唱着山歌向姑娘们讨"姊妹饭"吃。讨"姊妹饭"实际上是试探姑娘，向姑娘表达好感或求爱。姑娘们不会让小伙子们空手而归，会赠对方一包姊妹饭以示礼貌。得到姊妹饭的小伙子找一个没人的地方将它打开，里面的不同示物，则表示姑娘对小伙子不同的态度。以特定的形式传达着与众不同的含义，也是民族青年男女山盟海誓的爱情凭证。如果糯米饭中什么也没放，说明姑娘对小伙子没有好感，是婉之拒绝；两根平行的小棍，暗示小伙子，我对你也有好感，可继续交往，但是只能做一般朋友；一个钩，表示可以进一步深交，确定恋爱关系；如果两个钩钩住，表示永结同心，可以到女方家提亲；一个杈，表示志不同，道不和，分道扬镳；松针，要针线；树叶，要一段布。一般要针线和布的这种情况，多数都是订了婚的未婚夫妇，一为答谢，二为暗示。女方暗示男方，可择日迎娶一份天长地久的爱情，总是从定情信物拉开序幕。

　　贵州松桃的苗族青年男女有一种恋爱形式叫"掐手传情"。每逢农历"四月八""龙舟节"等传统节日及其他对歌场合，通过多次的对歌等方式，如果男女双方有好感后，男方便伸手轻掐女方小指，试探女方态度。女方回应，表示接受男方情意，如果不愿意，以不理会作为拒绝。

　　侗族的恋爱方式写意而浪漫。比如"行歌坐月"，有的地方叫"玩山""晾月""走寨"等。侗族青年到十四五岁时，不分辈分，聚在一起，女的或做针线或纺织；男子携牛腿琴和琵琶，结伴前往姑娘家唱歌作乐，深夜以至黎明才散。在此过程当中，小伙子满意一位姑娘的话，可以"讨糖"为名求爱："听说小妹糖很甜，哥想吃糖没带钱。"姑娘同意就会唱："小妹有糖糖太酸，大哥吃了腰会弯。"小伙回唱："大哥想糖眼望穿，小妹糖酸心不酸。"通过"讨糖"，姑娘离开，小伙紧追上去。若姑娘已有意中人，就说："小妹有糖早卖完，大哥吃糖别处尝。"黔东南一带侗族青年还有"踩脚后跟"的交往活动。侗族小伙看上姑娘，就会在赶场期间，跟在身后故意踩对方脚后跟。对方若中意，就会跟着小伙走。若不中意，就可以不理睬。小伙发现对方不跟着自己出来，就会再进场另觅对象。

　　布依族地区山清水秀，自然风光多姿多彩。男女青年的恋爱社交活动显得开放而生动。每一年的农历正月初一至二十一进行规模盛大的"跳花会"，参加人数过千，一些单身青年男女通过吹木叶、对歌订婚。布依族还有一个别具特色恋爱形式叫"浪哨"，"浪"是坐，"哨"是姑娘，浪哨就是指布依族青年男女自由恋爱、择偶和交友的独有方式。比如春节期间、三月三、六月六以及农闲时节和赶场时进行。青年男女不论婚否，都可自由选择"浪哨"对象，通过唱歌方式结识恋人、表达爱意的群体社交活动，在节日、走亲访友或赶场时进行，赶场当天，青年男女穿戴一新，在路上或者场坝上以歌声拦路，邀请姑娘到田坝中或山坡上，二五成群嬉戏对唱。在浪哨中，木叶、姊妹萧、月琴，都成为布依族青年男女谈情说爱、交友不可缺少的乐器和媒介。居住在贵州南北盘江边的布依族青年男女，多次"浪哨"后，彼此存意，借传统的民族节日场上"丢花包"来表明心迹，这种盛行于布依族地区的寻偶风俗，深受年轻人的喜爱，所以传承至今。布依族称"花包"为"告袋"，也有称呼为"冬"，"冬"是布依语"心"的意思。每逢节日赶场时，未婚的布依族男女青年聚集在山坡、树林、河边、竹棚或是在街上人家屋檐下，男女分别排成两排，对唱山歌，借此相互了解，寻找意中人。姑娘选中了意中人，便把"花包"甩给他。小伙子如果有意，他们会约到人少的地方互诉衷情，表达爱意。

瑶族的恋爱奇异而有趣，如荔波瑶族有一种恋爱方式叫"凿壁谈婚"。在瑶族"杆栏式"吊脚楼上，靠正门的厢首，在临街面板壁上凿有一小孔，瑶语称"客笛"。入夜，小伙子们前往吊脚楼谈恋爱，闺中淑女靠着枕头，通过"客笛"与户外的小伙子谈情，互唱"捞丢崽"。如此你来我往，彼此有了好感后，姑娘起床开门，把小伙子们迎入堂屋，端上糯米饭和米酒招待。然后，意中人就避开同伴，独自到"客笛"孔边与姑娘交换信物。几个月或一两年后，姑娘嫁妆齐备，感情成熟，就唱"碗筷歌"，准备婚嫁。另外瑶族还有"抢腰带"建立恋情的习俗，瑶族女孩十七八岁就可以加入"抢腰带"的队伍，利用赶场、陀螺节、婚礼、祭祖等活动，吹箫、对歌，向男方表露心迹。双方情投意合，便双双离开队伍，单独对歌、叙谈，并将腰带拴于腰间与情人相会。

贵州少数民族青年男女虽然通过自由恋爱择偶，但在缔结婚姻时，仍然按照传统的婚礼习俗"请媒说亲""出嫁迎娶"，使婚姻显得严肃而庄重，但又不失喜庆祥和的氛围。

二　贵州各民族婚姻习俗文化

　　婚姻是维系人类自身繁衍和社会延续的最基本的制度和活动,是男女两性结合,并被一定历史时代、一定地区内的社会制度及其文化与伦理道德规范所认可的夫妻关系。[①] 婚姻关系的建立和解除都需要一定的礼仪或手续,丧偶,则婚姻关系结束。婚姻关系存在,夫妻双方便相互存在着相应的权利和义务。婚姻是家庭的基础,是男女之间的一种特殊的社会关系,它受自然属性的影响和制约,但主要受社会关系的制约,被物质资料的生产方式所决定。社会构成的基本单位是家族,而家族的构成、发展与延续亲族之间社会关系的构成与扩展,都源于婚姻。婚姻,即女婚为嫁、男婚为娶,是两个或两个以上的男女之间建立为社会所公认的性的关系,并在此基础上建立经济的联合,使其产生的后代合法化,同时在丈夫和妻子间肯定了一种相互的权利和义务。婚姻是构成家庭、产生亲族,进而形成社会结构稳定的因素的基础。因此,结婚就表示一个人开始为人类的繁衍与社会的发展承担责任。家庭是以婚姻和血缘关系为基础而产生的一种亲属间的社会生活组织形式,在原始社会中自然产生。婚姻是产生家庭的前提;家庭是缔结婚姻的结果。由男女缔结婚姻形成最初的家庭关系——夫妻关系,继而产生出父母子女、兄弟姊妹等其他共同生活的亲属之间的关系。

　　一定的社会发展阶段,各民族都有其生产方式和经济基础决定,并有与其社会制度、政治、文化、法律等诸因素密切相关的婚姻习俗和制度。就婚姻形式的发展而言,婚姻主要有三种形式,而这三种形式的婚姻,一般都适应于人类发展史上的三个主要阶段:即群婚制是与蒙昧时代相适应,对偶婚与野蛮时代相适应,一夫一妻制与文明时代相适应,从人类社会发展规律来说,世界上所有的民族都曾经历过这些发展阶段。贵州少数民族绝大多数实行一夫一妻的婚姻制度,与之相应的便是一夫一妻制的个体家庭。家庭文化的研究范围或内容,应当包括家庭本身以及以家庭为基本单位所进行的文化活动。由于民族地区经济、文化的发展特点,各民族都有敬老爱幼的良好传统,一段饱含着浓厚道德情感的婚姻是值得称颂

---

① 何琼:《西部少数民族文化概论》,民族出版社 2009 年版,第 145 页。

的，而一种浸润着深刻民族性格的婚姻伦理观更是需要在拨云见日中寻找其真谛。苗族便是这样一个民族，其悠久的历史和辉煌灿烂的文化铸就其独特的民族风格和文化内涵。坡脚寨是贵州省黔南州苗族中部方言地区典型代表村寨，至今仍保留着古朴深厚的苗族文化底蕴。其浓厚的苗族婚姻风情，更是映射出黔南苗族的漫长发展历史。黔南州坡脚寨苗族的婚姻伦理观，便在其婚姻形态、婚姻程序以及婚姻生活中得以一一体现，其特殊的婚姻伦理观，包括恋爱中的伦理观、嫁娶中的伦理观、婚姻生活中的伦理观。其中恋爱中的伦理观表现在人性自然与提倡婚嫁、崇尚自由与遵循规则、性爱开放与彼此忠贞；嫁娶中的伦理观表现在婚姻自主与尊崇礼仪、重情义与轻财礼、尊重女性与男女平等；婚姻生活中强调互相忠诚与真挚永久，注重繁衍与提倡生育、善待父母与立德敬孝、友好协商与互谅互让。这些独特的婚姻伦理观，是离不开生于斯养于斯的坡脚寨这块土地的。山水相连的自然环境、贫困的经济环境、相对宽松的人文社会环境以及传统的文化观念构成了坡脚寨苗族婚姻伦理观的形成背景。坡脚寨苗族的婚姻伦理观的当代合理性表现在肯定爱情在婚姻中的重要作用，强调女性的人格独立自由，倡导个性自由与解放。局限性，体现在过于重视"多子多福"无益于人的自我发展，且因过于重视群体本位致使个体表现的压抑，过于重视道德规矩约束而忽略道德理性的引导。

此外，历史上，在苗、布依、侗、水等民族中，都有大致相同的"不落夫家"的习俗。这一习俗从一个侧面反映了这些民族的历史、经济、文化和心理素质，正如恩格斯所说："唯物史观是以一定历史时期的物质经济生活条件来说明一切历史事变和观念，一切政治哲学和宗教的"。[①]"不落夫家"的习俗，是这些民族从母系氏族向父系氏族过渡阶段产生，并经世世代代演变而长期流传下来，它与上述民族的生活紧密相连。这种习俗，既是这些民族长期社会历史发展的产物，也是由他们的社会物质生活条件决定的。因此，对这一习俗必须正确认识，既不能一概肯定，也不能一概否定，要进行历史的、辩证的分析，既要肯定它在历史上曾经起过积极的进步作用，也要正视在客观上由它引起的一些消极的社会后果。松桃苗族自治县的仡佬族有"行走""装香""报日子"等习俗。

① 谷景华：《恩格斯晚年对历史唯物主义的重要贡献——纪念恩格斯诞辰170周年》，《内蒙古社会科学》（文史哲版）1990年第6期。

毛南族的"讨八字"婚俗：婚礼中，男方邀约舅爷、姑爷等内亲带礼物往女家。女家用男方带去的笔墨把姑爷生辰八字写在"鸾凤单"上，然后大摆筵席宴请宾客。

　　婚姻是生活的重要组成部分，是一个民族中最有代表性的文化特征，是文化特色的重要组成部分。人类婚姻习俗文化从根本上说，是与经济社会发展密不可分的，一定的社会形态决定了各民族的婚姻家庭形态，而一定的婚姻家庭制度又构成了一个社会的最基本的社会基础。由于贵州民族社会经济发展程度的差异性，加上各民族所处的特殊的地理环境，构成了贵州民族独特的婚姻习俗文化。婚俗作为一种文化现象，自然与其他地区有很大的不同，有着自身的表现形式。通过上述各民族的婚俗可以看出，贵州各族人民以无穷的智慧，创造了丰富多彩的民族婚俗文化。且民族恋爱文化涉及面很广，与民族文化中情歌、舞蹈、服饰、礼仪、定情物、游戏等相联系。此外，还涉及自由恋爱与包办婚姻所导致的不同家庭生活方式等。解放前夕，我国少数民族的绝大多数已实行一夫一妻的婚姻制度，但在择偶范围、求爱方式、订婚情趣、婚礼仪式等方面至今仍保留着许多古老婚制的残余和各自的特点，呈现出丰富多彩的婚姻文化事象。贵州奇特的民族婚俗，演绎了历史，创造了民族的优秀文化，促进了社会生产，使人类社会不断健康发展，向前迈进，并创造了各民族别具一格的婚恋习俗，使其世代传承。政府和文化的主人都意识到婚恋习俗是民族文化遗产不可缺少的一部分，并且采取了保护行动，这不仅能够维持文化的多样性，而且有助于提高民族的自尊心和自信心。

三　生态文化视角下的贵州民族婚恋习俗特点

　　生活在祖国贵州地区的少数民族，在其自身特定的生存地理条件和历史文化传统的影响下，形成了各自多彩的文化和鲜明的民族特点。其中婚恋习俗积淀着各民族特定的人文情感、审美情趣，体现出不同的审美心理和审美追求。

（一）恋爱习俗中爱与自然美的追求

　　婚恋与美的关系一个重要的方面就在于两者的结合，使人类的两性关系越来越注入了情感的因素，所以美满的婚姻总是与真挚的爱情相伴随的。同样，爱永远是美丽的，没有美的吸引和爱慕，美的愉悦和快乐，就没有真正的爱。正因为如此，凡是热爱生活的人，无不对它表现出心旷神怡和热烈向往。在贵州少数民族中，当青年男女步入成年之后，便以各种独特的方式去大胆地追求美好的爱情。以歌为媒、对唱求偶、以歌传情是贵州许多民族共同的求爱方式，也是贵州少数民族恋爱习俗中的一大特点。男女青年通过对歌相识、相交，传达爱的讯息，所以爱情往往不是谈成功的，而"歌"才是爱的"月老"。苗族是一个能歌善舞的民族，如前所述他们的恋爱"游方"多是唱情歌，在农闲时节的夜晚，青年男女来到传统游方场上互诉情义，小声唱道："你寨树木高，棵棵栋梁材。你寨姑娘美，个个招人爱。要是还没嫁，嫁到我们寨。善良又勤劳，生活真愉快。"姑娘唱道："我寨树木矮，难以长成材。我寨姑娘丑，难得有人爱。因此还没嫁，等待情人来。要是不嫌弃。由你挑着带。"男青年又唱："我们想你们，想得愁死人。真想娶你们，不知行不行。不要哄我们，随便乱答应。应了又不肯，干活难安心。"姑娘接唱："想得烦死人，不是想我们。姑娘到处有，不知想何人。若是想我们，开口说真情。我们两颗心，永远不分离。"若是情投意合，互赠信物，妥为珍藏。如果以后婚恋不成，"把凭"可以不退，各自留作纪念。① 贵州很多民族年轻人正是通过唱歌表达了自己的衷情，在歌声的艺术美中产生了爱的共鸣。

　　生活在青山环抱的侗族是一个能歌善舞的民族，侗族社会，男女婚姻自由，青年男女可以自由沟通。每逢节日或农闲之余，青年男女可以聚集在一起唱歌，用歌声来表达爱情寻找情侣。"行歌坐月""玩山"等是流行于侗族聚居区的恋爱社交习俗，我们从这名称就可以看出其恋爱方式与他们生存的空间有关系。贵州天柱县都岭、石洞一带侗族婚恋习俗通常是先从玩山自由恋爱，再到举办婚礼，整个过程以歌为媒，以歌传情。玩山时，男女青年三五成群，相约在坡上或树下对唱情歌，有时是通宵达旦，通过这种形式来相互了解、建立感情，这是恋爱的初级阶段。玩山时唱的玩山歌意为"高坡歌"，也是北部方言区侗歌的主要演唱形式，当地青年男女常常在山坡上谈恋爱时或者节庆活动时唱。玩山歌曲调具有大山的高亢嘹亮、起伏婉转、音域宽广之特点，演唱时常用一种独特的装饰性颤音，使歌曲独具风韵。歌词多是山里人朴实地赞颂男女爱情的，播下爱情

_____

① 吴正光：《贵州苗族婚恋文化》，《当代贵州》2005年第8期。

的种子，实现彼此心曲的沟通。恋爱中的歌声不仅能使有情人相互倾诉衷肠，在两颗年轻的心之间架起一座爱的桥梁，而且情歌的美，使得爱的情意显得更浓、更甜，使青年男女在爱的甜蜜中获得了艺术的享受。玩山一般都会经过初会、请坐、约日子、赠定情信物（如鞋垫、绣花鞋、绣球、连心带等）、再会、盟誓、成双等过程，不同的阶段要唱与之适应的玩山歌，随着感情由浅入深，玩山歌的内容也相应地变换，按玩山的程序和场合，有邀伴歌、约日子歌、初会歌、请坐歌、难得歌、赞美歌、自谦歌、盘答歌、结伴歌、试探歌、借物作凭歌、相思歌、约逃歌等样式。这些情歌在长期的流传过程中，经过人们的不断创作和修改已经形成了自身完整的套路，歌唱者往往根据自己的心情和爱情发展的阶段自由选择吟唱。

　　布依族青年男女"浪哨"谈情说爱方式是通过唱歌、吹"木叶"来互相认识，互相了解，增进感情，进而选择自己情投意合的伴侣。而"木叶"就是他们生活环境中触手可得的自然植物，即树叶。

　　相恋时，用美的信物表示爱心，也是贵州少数民族青年示爱的方式，这些信物大多数是生活中手工艺实用品。比如，各民族青年在初恋时，姑娘往往送给小伙子一条亲手绣制的漂亮腰带。这五彩的腰带编织着她们对自然的认识与热爱，更融入着姑娘的深情，表现出对美好爱情生活的憧憬。或男女双方互赠戒指、手镯、手帕、烟袋等信物，以表示自己对对方的爱慕与忠贞之心。美的信物往往具有一定的象征意义，隐含着耐人寻味的审美意蕴。一件极为普通的信物，总是饱含着恋人深深的情意，使对方"睹物思人"，形成难以忘怀的共同的审美观，共享恋爱的甜蜜和生活的美好追求。正是这奇异、独特的美，使那些深深陷入爱河的恋人所陶醉。又如，仡佬族的小伙子和姑娘有情后，便摘下厚实的榕树叶，用角帕包身，意味着爱情像榕树那样万古长青，感情像榕树叶那么厚实。过后，小伙子就用红纸包着一双筷子，去姑娘家求婚。青年人走进屋，把红纸摊在堂屋的方桌上。姑娘的阿爹阿妈、阿哥阿嫂见了筷子，就知道小伙子是来干什么了。还有彝族姑娘出嫁的时候，娘家的姐妹和伙伴们都要给姑娘手工刺绣一双漂亮的勾尖绣花鞋，让姑娘穿着到婆家去。据说，这种勾尖绣花鞋能使姑娘一路平安，生活美满幸福。

　　婚姻作为男女爱的升华，充满了美好愿望的内容，人们总是希望新人能永远相亲相爱，同甘共苦，共度美好的人生。这种审美心态在贵州少数民族的结婚仪式上，常常以奇特的方式表达出来，这不能不说与他们的生态文化有密切的关联。

上述择举的这些不同民族的婚恋习俗事象，不矫揉、不造作，但都具有一定的象征意义，体现出各少数民族在对爱与自然美的追求中体现出的生态审美观。

（二）喜庆欢乐声中的"悲怆"古韵

婚姻习俗，是人类创造的文化积累，有其自身相对的独立性和稳定性。当一种婚姻形态随着社会经济发展和制度的变革而消失之后，有关的婚姻习俗却仍在传承，或以某种变异的形式保存下来，使我们从保留的一些传统婚俗中，仍能窥视到原婚姻制度的某些影子，感受到早期婚俗文化中表现出来的某些观念意识，以及古俗在流变中表现出的一些特点，这应该是属于人文生态研究的范畴。

我国古代《易经·爻辞》中"乘马班如，匪寇婚媾"，是对古代抢婚习俗的描绘。这种古老的婚俗时过境迁之后，在一些民族的婚俗中仍被保留下来，当然，它在历史的流传中已逐步失去原来抢婚的性质，而变为模拟性、象征性的婚礼仪式，这种远古婚俗戏剧性的重演，仍隐隐透出一曲不同民族婚俗的悠悠古韵。

如今贵州土家、侗、彝、苗、水等民族仍有抢婚习俗，但它与古代的抢婚已经不是一样的性质了。在婚姻发展史上，从妻居向从夫居的转变，使婚俗在这场革命中发生了剧烈变化。在母系氏族社会末期，随着生产力的不断发展，男子在物质生产中的地位日益突出，当男子的经济地位和由此而决定的社会地位超过妇女，发展到占绝对优势的时候，男子便产生了用这种形式增强地位来废除母权制的要求，父权制遂应运而生。母权制向父权制过渡，在内容上主要是母系继承制和从妻居制向父系继承制和从夫居制的变革。这是人类所经历的最激进的革命之一，但在当时遭到了母权制残余习惯势力的顽强反抗，而新兴的父权制势力为了强制实行从夫居制，采取了抢劫妇女的方式来缔结婚姻关系。抢婚，亦名"掠夺婚"。抢婚习俗的由来，一般认为是古老的掠夺婚（也称劫夺婚、抢劫婚）的遗存或变异。掠夺婚盛行于以男性为中心的游牧时代。此时因女子已是男子的所有物，所以成为部落与部落、民族与民族发生斗争时的掠夺对象。而今，抢婚与古代抢婚有了完全不同的内涵。男女主角往往是一对相亲相爱的恋人，而且是事先已得到女方默契，由男方邀约伙伴"佯抢亲"，主要是为了使热闹的婚礼又增添些喜庆的色彩。

在贵州有哭嫁习俗，当新娘被扶上马，准备离家启程时，愁眉紧锁，用长长的袖口捂住半个脸，呜呜咽咽地哭起来。送嫁的女眷们拥在新人坐骑左右哭唱着送嫁的歌。此时，新娘哭得愈是凄惨，愈会博得亲朋们的赞美。

在结婚喜庆之日，新娘心中即使充满蜜一样的欢乐，为什么也要放声痛哭呢？对此人们有种种解释。我们认为要真正发掘出哭嫁习俗的原生文化内涵，必须沿着人类婚姻历史发展的轨迹向前探寻。从婚姻发展史的角度来看，哭嫁是对母权制丧失的一种嗟叹，是女子对抢婚的恐惧和反抗，这才是哭嫁深层结构的隐义层面。哭嫁发生在父权制逐步取代母权制的抢婚时代。在抢婚的过程中，被劫持的妇女全力抗争，但又无法挽回失败的命运，内心感到万分悲伤以致放声痛哭。在抢婚习俗风行的时期，哭嫁已形成了习惯。"可以肯定，哭嫁是历史上妇女为女权的丧失和母系时代的结束，即妇女神圣的至高无上地位的丧失而哭泣的行为。母权制被颠覆，乃是女性具有世界历史意义的失败。历史为了让人们记住曾经有过的变迁，在集体无意识行为中保留了哭嫁之风，使妇女们的哭泣成为一代又一代的文化本能。"① 今天，抢婚习俗在贵州少数民族中已逐步消失，但在历史特定时代伴随哭嫁习俗而形成的审美观念，却在各民族心理结构中积淀了下来，并形成了出嫁姑娘善哭为美的习俗。姑娘出嫁哭唱是否动听，歌词是否优美，往往成为公众对新娘的审美标准之一，所谓"送嫁不善哭，虽美也不姝"。会哭、善哭的新娘总是受到人们的赞美。

可见，最初的哭嫁是为女权的丧失所做的最后哀叹和哭悼，歌中充满了忧郁的感情色调，体现着一种历史悲剧美。随着婚俗的发展嬗变，哭嫁原生的文化内涵逐渐淡化，在哭声中更多的是伴以欢乐的感情，体现出浓厚的喜剧色彩。当然，在这喜剧的悲歌声中，我们仍能感受到忧郁的历史古韵，获得一种特殊的审美感受。

在贵州，还有一种变悲为喜的婚俗，就是苗族的"射背牌"。有情人难成眷属，由于某种原因双方不得不忍痛分手，这无疑是场悲剧。碰到这类情况，贵阳郊区的苗族同胞采用一种类似喜剧的手法，即"射背牌"婚俗。据《元史·本纪》载："至元二十九年，正月丙午，从葛蛮安抚使

---

① 向云驹：《中国少数民族原始艺术》，青海人民出版社 1994 年版，第 139 页。

宁子贤清，昭谕来附平伐、紫江、翁眼、皮陵、九堡等处诸洞猫蛮。"
"皮陵"为今日高坡乡"批林"村，这说明"高坡苗族"先民早在元朝
时就在这里定居。关于"射背牌"习俗，有着一个古老的传说：地玉和
地莉是两个相爱的男女，他们感情至深，却因为父母之命不得缔结婚缘，
不能成为夫妻。于是，他们向父母和族人提出了"阳间不能婚、阴间结
夫妻"的要求，并要求双方父母和全部族人到场，通过"射背牌"仪式，
缔结阴间婚姻，即"结阴亲"。父母同族人被他们的爱情所感动，同意了
他们提出的这一种既不悖父母之命，又能了结双方情愫的做法。自此，
"射背牌"为所有不能成婚的恋人所效仿，渐演成俗。[①] "射背牌"风俗
是因为古时候青年男女对父母指定婚姻不满而又不能反抗，同家庭达成妥
协的产物，它成为执着爱情者的精神慰藉场。所谓的"背牌"是在苗族
女孩的背上放一个方形十字绣饰品，是传说中"大印"的象征。男女相
亲相爱，但因各种原因，长辈们又不许他们结婚，因而，根据祖规"射
背牌"。射过的"背牌"由男方收藏，身后殉葬，枕于头下，意为今生今
世无缘，到另外一个世界再会。以此保持心态平衡，维护社会安定，是一
定历史时期的产物，它从一个侧面表现了苗族历史文化的特征。

　　高坡苗族"射背牌"是苗族人民在独特的地理、自然环境中，经过
长期的生产、生活相沿成俗的一种独一无二的"文化空间"形式，集中
展示了高坡苗族的芦笙舞、射击、盛装服饰、银饰等丰富多彩的民俗事
象，是苗族婚俗文化中绝无仅有的独特模式，仪式有力地佐证了苗族
"来世婚、结阴亲"的独特婚姻习俗。它通过服饰、传说以及习惯法，来
承认血缘氏族内婚或爱情的合理性，却又不破坏现实氏族外婚的家庭关
系，严格执行血缘内不能结婚的准则。同时，进行"射背牌"时苗族女
子的服饰、背牌等均表现了其非凡的刺绣工艺技艺，背牌分盛装背牌和简
装背牌。盛装的背牌是黄色的，尺寸较大，多以丝线绣制，黄色是主色
调，兼以红色线条，显得富丽尊贵而庄重，一般高坡妇女一生只有一至两
块。简装背牌为白色，多为棉线织绣，简洁、素净而美丽。仪式进行时表
演的芦笙舞蹈表现了苗族人民对美好生活的向往和追求，在中华民族文化
中亦为罕见，具有极高的非物质文化价值。

　　世界上各个民族都有自己的婚恋习俗，这些婚姻习俗的形成和社会环

---

　　① 吴正光：《贵州苗族婚恋文化》，《当代贵州》2005 年第 8 期。

境、经济制度、风俗文化、自然条件等因素都密切相关，反映了民族的文化特征及风俗习惯。纵观贵州各民族的婚恋习俗文化，我们可以这样认为，任何婚恋习俗都不是无缘无故而形成的，它是历史发展的必然产物，是受着不同的地域政治、经济文化等方面影响的结果，一些传统婚恋习俗具有极高的非物质文化遗产价值。古往今来时代各异，沿袭下来的传统形式的婚恋习俗有的含义已与过去不完全相同了。加强对各民族人民婚恋习俗文化研究，对更好地继承和弘扬中华民族的优秀文化，加深对各民族历史的认识，探究各民族文化发展的轨迹，并促进今天的社会主义生态文明建设有重要意义。

四　田野调查手记

浪漫淳朴的侗家恋曲

谁说浪漫只是法国人的专利，在银潭，这个黔东南从江县极富诗意的侗族村寨，笔者就感受到深深的浪漫人生。

银潭是一个神奇的、诗意的村庄，该村距从江县20公里，从江至谷坪的路从寨边经过。全村共323户，1669人。在一条简易的山路上，几根杉木搭建的寨门默默地接纳着来自远方的来宾，满山笔挺巍峨的杉树林像列队在欢迎大家，真是别有一番风景。寨门前一群身着民族盛装的姑娘和小伙子盛情地载歌载舞欢迎着山外来客。盛满米酒的竹杯里散发着清香，让人不饮自醉，清纯动人的侗族大歌仿佛是来自远古的天籁之音，与美妙的芦笙声伴随我们进入了神奇的银潭村。

走进寨门，一条小溪呈多个S形，沿着山谷往下在寨中潺潺流淌，寨子里的稻田、池塘和溪流在阳光下泛起片片银光，听说银潭因而得名。不过，县里陪同的小杨告诉我们说，关于村名，还流传着另外一个极富浪漫的爱情故事：古时候有一对年轻的恋人相亲相爱，但因为封建礼教不能相守，为了反对"姑舅表亲"的封建婚姻，美貌机敏的大族千金，暗地里携带家中一坛银子与勤劳诚实的农户的小伙夜奔他乡，来到这青山环绕的地方，立家创业，圆了爱情梦。于是这村寨便叫"银坛"，后来因这里依山傍水，阳光洒下，波光粼粼，溪潭中犹如洒满了银子，慢慢地人们就叫"银潭"了。传说这里银子特别多，不信你看，眼前这些侗家女个个都拥有着属于自己的精美银饰。这银灿灿的头花、银链、饰品激发了女孩的理想，也装扮着朴素耐劳侗族人的五彩世界。

"银潭"名字缘由虽有不同，前者是一个美丽的田园风光，后者则是一首为婚姻自由的恋歌。早就听说过侗族有一个婚恋习俗叫"行歌坐月"，却一直不明就里，一直想探探究竟。这次来到银潭侗寨，黎平县委宣传部的小杨说，侗族男女青年婚前都有比较自由的恋爱生活，比如可以"走寨""走坡"等形式进行交往，等到了一定年龄就可以"行歌坐月"，今天我们可以看到什么叫"行歌坐月"。

进入第三道寨门，沿青石铺就的步梯而上，终于来到了寨子的核心地带。眼前的一切，似一幅自然的风水油画铺展在天际之间。村里的人，不管是老人和小孩，或妇女和年轻人，传统服饰映衬着一张张朴实的脸，不时地给你一个微笑。尽管外面的世界很精彩，然而，这古老的村落，却依然执着于传统的民族文化，在现代和传统的背后，是一份崇尚自然的本性。在高高地矗立于村中心地段的鼓楼坪（广场）的一座13层高的鼓楼是侗寨的支柱和象征，也是祭奠祖先的圣堂。

今天是国庆日，鼓楼坪上早已聚集了不少男女老少。纯真的孩童，靓丽的少女，帅气的小伙在鼓楼坪跳起了芦笙舞。当天籁般的侗族大歌响起，从悠悠深邃的多声部无伴奏合唱声中，我们仿佛走进了大山的内里，真的有一种"返璞归真、回归自然"的感受。

整个下午几乎都是在歌声、芦笙古韵和舞蹈的欢快中度过的。

当月亮刚刚爬上树梢，七八个侗族小伙结伴来到心仪已久的女孩的家门前大树下，深情款款地对歌，互诉衷肠。姑娘们也早早地约了同伴，精心打扮好之后静候心上人到来。"这就是侗族年轻男女特有的谈情说爱的方式——行歌坐月"，小杨告诉我表演即将开始。

我对小杨说："侗族人恋俗真浪漫，连名称都有着诗一般的意境"，还没有看表演，我已经醉了。

今天，潭寨将为国庆期间的来宾再现侗家人浪漫的恋爱情景，六个美丽的女孩，七个帅哥，表演的侗戏小品，把行歌坐月的过程表演得生动开心极了：六个女孩挤在一起，一边忙着手工刺绣，一边轻轻地哼着小曲。男孩子们弹起琵琶，坐在他最喜欢的女孩旁，对歌谈情。情歌唱到最后，六个男孩旁都坐有了女孩，只有一个男孩"落了单"。所有的女孩和他们的"男朋友"交换了一件信物，而"落单"的年青人却什么都没有。这时，一个女孩把项链挂在这个"落单"男孩的脖子上作为问候，他还以为是"柳暗花明"，结果女孩微笑着还是随着中意的男孩子翩翩而去，急得他坐在地上号啕大哭。

"为什么他落了单呢"，一旁的小杨解释说："不是因为他长得丑，而是因为他从开始到结束，没有对唱一曲歌。在我们侗族，不会唱歌，是娶不到老婆的。"

"那家长们不干预？"

"不，侗族少女对自己的婚姻有绝对的选择权，父母不会干预她的决定。况且，追求她的男孩子越多，父母会觉得自豪。"

这个短短的小品表演没有台词，没有翻译，从开始到结束都是用侗语演唱。但无论是我这个不懂侗语的汉族人，还是对贵州民族文化一无所知的外宾或学者，或是把鼓楼坪围得水泄不通的来客，都看懂了这出浪漫的戏剧小品。"尽管唱的歌听不懂歌词，尽管追求女孩的方式不一样，尽管婚恋各有各的形式，但是，人类的某些本质是相通的。"一位外地来采访的记者，一边看着台上正红着脸的侗族女孩把她的手镯塞到情人手中，一边说，"这种本质能够使我们很容易跨越语言界限。"这种独具特色的婚恋习俗不只是一场简单的"相亲会"，它还是歌舞、音乐、服饰的竞争舞台，也可以说是侗族文化的综合展示场，在侗族生活中占有极重要的地位。不仅是侗族群众数千年来繁衍生息之重要载体，而且也是维护民族团结的重要文化因素。与其他各兄弟民族的特色婚恋文化一起，共同组成了和而不同、多姿多彩且有着顽强生命力的中华婚恋风俗。

"其实他们对唱的一些歌词蛮有意思的，不信你听听。"见大家议论纷纷，宣传部的小杨用汉语翻译了最后对唱的歌词：

　　　　我俩对爱要执着，

　　　　就像晨雾升上山顶而终成云朵；

　　　　回忆起我们过去幽会的时光，

　　　　就像一双白鹤落入菜园。

直白与含蓄、传统与现代交融，是侗族青年男女对美好爱情的追求和对幸福生活的向往。我兴奋得直拍手叫绝。

月光下，古寨银潭油一般的石阶，那翠绿的菜田、杉林，显得越发的幽静与温馨；那深邃悠长的侗族大歌和如痴如醉的芦笙古韵，那充满纯情的少男少女的"行歌坐月"，欢乐而浪漫。侗族人的青春、恋爱、婚姻、家庭就从这浪漫的习俗中开始并薪火相传……

2008 年 10 月 1 日记

自由的爱与歌唱——"游方"

苗族的婚姻颇为独特，自古以来，苗族人就有"以歌传情，以歌择偶"和"歌场定终身"的说法。据《夜郎史传》载："四方的民众，所有的臣民，男女婚姻事，不准硬逼，男女相慕爱，歌唱定终身。"这充分反映了苗族人的婚恋习俗和民族法规制度。

多年来，因为在苗族聚居地采风调研，所到之处都会谈到苗族人为爱而歌唱的婚俗——"游方"，最近刚从黎平、从江、榕江回来，对这一问题又有了一些感悟。

古时候苗族人有同姓同宗不结婚的习俗，严禁同宗族者婚配，一般是异姓通婚，但同姓不同宗有的也可通婚。婚姻的主要形式是自由恋爱、自主婚姻，在过去，有一些由父母安排，但年青的男女结婚前都有相对自由的爱情活动。这种传统的青年男女间的交往活动就叫"游方"。"游"即"约会"，一般在节日或者农闲时举行，场地一般在村寨附近的空地或专门为青年男女约会设立的"游方坪"。有的设在山坡上，又叫"游方坡"。因各地习惯差异，有不同的名称，黔东南称"游方"（又称"摇马郎"），黔西北部地区称"走月亮"，松桃县一带称"会姑娘"，还有的地方称为"情歌"或"玩表"与"采花"等。即使在歌场上情定终身了，婚姻一般都是征得父母的同意。据《苗俗纪文》中载："男子壮而无室者，悉登山四望，吹树叶作呦呦声，未字之女群从之。"《黄平州志》也有这样的记载："吹笙间以山歌，木叶两相色引于深沟密菁，促膝私语，谓之'摇阿妹'，又谓'摇马郎'。"这里的摇阿妹和摇马郎都是"约会"的意思。

游方时苗族男青年怎么把女方请出来？

　　他们很聪明，来到村头寨尾时就唱情歌，或吹口哨或吹树叶，以示意他们来找女孩玩的信号，那些未婚的女孩听到他们唱歌或吹口哨之后就瞒着家人偷偷跑出去与之约会。如果有看上的男青年，她们就跟男生约会。这种歌声就成为男生求爱的信号，女生也总会赴约，所以这种求爱信号被大家公认了之后流传下来，成了苗族男女青年游方的最佳方式，后来这种游方的求爱信号就称为"游方歌"，游方歌也因此被流传下来。为了自己的爱情，为了"游方"，苗族人从十几岁就要学会唱歌，而且要学会唱很多的情歌。

　　这一习俗可以说是来自苗族家庭对自由恋爱的支持，族群为年青人的恋情创造了一个温馨的空间、宽松和谐的环境。即使遇到少数父母的干涉和反对，恋人们也能够通过"游方"来实现自己的愿望。按照传统，"游方"活动有白天的，也有夜晚的，有的是在"公房"进行，也有的在姑娘的家中，但大多数是在野外，并且大多数并不只在固定的民族性节日里举行，而是即兴而发，时间、地点有一种相对的约定俗成，并没有严格规定。但它几个共同点是不变的，即，主角永远是青年男女，主题永远是爱情，方式永远是纵情歌唱。一般"游方"活动都是松散型、开放性的，它使族群的青年男女们得以自由地为爱而歌唱：

　　女：啊，远方的客人／我们好好地坐在自己的村庄／你们好好地坐在自己的村庄／你们这样黑咕隆咚地走夜路／来打扰我们安静的地方／到底是为了哪样？

　　男：啊，聪明的姑娘／你们心里明白嘴里故意讲／如果真的那样想，／请听我来唱一唱：你们坐在自己的村庄／我们坐在自己的村庄／就为这一双讨厌的脚呀／拖着我们这样黑咕隆咚地走夜路／来打搅你们安静的地方／为的是想来和你们游方。

　　"游方"这类传统的社交形式源远流长，只要不违反同宗同族的禁忌，其他一切都可以打破，不再有贫富、贵贱、亲疏之分。它给少男少女一个自由交往、平等相处的机会，给了姑娘们一个展示美丽、聪慧、能干与温情的平台，给了小伙子一个展示健壮、机智与勇敢的机遇。通过歌唱，他们增进相互之间的了解，选择自己的意中人；通过歌唱，他们表达自己心中的渴望和爱慕，表达对对方的赞美与忠诚。

　　的确，在这美妙的时刻，一切都显得多余了，只有青春、智慧和爱，只有醉人的歌声：

　　山水隔断几千年/游方情思绿苍苍。你不认识我/我不认识你/五湖四海来游方。山不断，水不断/千山万水走他乡。你不认识我/我不认识你。为了梦想来游方。你的梦想/我的梦想/都是共同的游方梦想。

　　除了"公房"、歌场之外，无论田间地头、树林溪畔，还是山坡牧场，都是青年男女约会传情、爱与歌唱的地方。如果说在公共场合我们听到的情歌中较多地使用"我们""你们"这样的复数词汇，那么在"游方"的时候却充满了情哥情妹两个人的"秘密"形式来演唱：

　　男：十月谷子进了仓/双脚闲久会生疮。听妹养心闲在家/夜里双脚禁不住/踏破草鞋行夜路/如今才到妹妹家/哥哥心意妹心领/怕我父母家未还/不能陪哥摇马郎。

　　女：哥哥趁早快快回/苦我夜里踏破鞋/行了一路又一程/别说看清妹脸蛋/连把手儿未拉成。哪个山沟出泉水/哪个上坡出太阳/哪个山寨来的哥/深沟泉水才能出/坡远太阳不害羞。……

　　这是一个依然拥有自由与欢乐的世界，这是一片片充满生机、流溢芬芳的土地，这是一群群被神灵和祖先的灵魂宠爱着、护佑着的后生们。在这里，少男少女们如水中的鱼、山林里的鸟，他们真诚地相爱，尽情地歌唱，没有什么来打破他们甜蜜的美梦。或许会有那么一对不慎的恋人，无意中被老人看到了不该看到的事情，听到了不该听到的歌声，他们定会招来老人的责骂，可他们能猜到，老人嘴里骂着，心里却在笑着。老人知道，这是生命的规律，这是神灵和种族的希望。也许这支歌还是老人传给后生们的呢，他们就这样一代一代地传唱：

　　年轻不唱歌/老来想唱唱不了/我们像一棵李子树/不开花怎么能结果？男女青年像一根竹笋/没有竹笋哪里又有竹根？竹根老了没有用/青年不唱歌/老来想唱唱也不哟/哎嗨哟、哎嗨哟。……

　　热爱生命，珍视生活，不负春光，该开花的时候就开花，该结果的时候要结果。古今中外伟大的哲学家、思想家和艺术家们探索人生的结论与这首歌有什么本质的区别吗？只不过这歌声更易理解、更富感情、更为真诚、更为生动形象罢了。

自由的爱情以歌为媒，成就了一桩桩美妙幸福的人间姻缘。正如清朝乾隆年间贵州的《镇雄州志》中所述苗族"游方"之俗："婚姻不先媒妁，每于岁正，择地树芭蕉一株，集群少，吹声笙，月下婆娑歌舞，各择所配，名曰扎山。两意谐和，男女归告父母，婚通媒焉。"可见，青春之花、爱情之果之所以芬芳美丽，那是因为有了适宜的土壤、阳光、雨露和清爽而自由的风。

在苗族地区，爱情的自由通常是被族群和社会所容许的，并且多数时候能得到长辈们的鼓励和支持，而且青年人并没有把这看作一种额外的恩赐，因为自由是爱与歌唱的灵魂，也就是说，在年青人的心里，自由本来就是属于爱情的。

2011 年 8 月 16 日记

"讨葱定情"的传奇恋歌

黔东南各民族以自己的勤劳和智慧，创造出"一山不同族，十里不同俗"民族文化的奇迹。这里有很多的原生态的东西，吸引四面八方的朋友的到来。应贵州省侗族学会的邀请，我与同事杨经华前往镇远的报京侗寨亲身体验和感受报京侗家人传奇的三月三"讨葱节"。

农历三月，初春的早晨，风是那么的轻，阳光是那么的柔和，思绪也是那么的飘逸，我们坐在车上穿行于连绵起伏的群山峻岭之中。一晃而过的山坡，河边的柳树、杨树、榆树已经绽放新叶，燕子、喜鹊、布谷鸟在其间叫着、飞着，蓝天、白云悠悠；低洼处，时而被雾气笼罩着，偶尔的几户人家在丛林中若隐若现。打开车窗，山野里的空气竟那般新鲜，我闭上眼深深呼吸，享受着这山野清醇的芬芳。近三个小时的车程，我们到达镇远县酒店住下，这里离报京侗寨就 37 公里了。

第二天一早，晴空万里，从县城出发，我们怀着好奇的心境来到了报京侗寨，报京是侗族北部方言区最大的侗寨，有 300 多年的历史。寨子有四百余户人家，约两千多人，距县城 37 公里，东邻三穗县，南连剑河县，海拔 800 米。年平均气温 15.2℃，冬无严寒，夏无酷暑，气候宜人。自古以来，交通闭塞，保留了原有的生态生活方式和独特的爱情习俗。

这里南北山峦环抱，整个大寨从北到南，从高到低，像一个撮箕口形状。清一色的木结构房屋，依顺地势，疏密相间，十分协调地布局在两侧之间的狭谷中。寨内青石板拾级而上，鳞次栉比、星罗棋布的吊脚楼、禾仓、古井、碾坊、鱼塘布局错落有致，和谐融洽，天、地、人浑然一体。报京，不愧是闪耀在舞阳河畔的一颗璀璨的明珠。我们刚下车，就听到了村口飘来欢快的歌声：

　　　男：三月牡丹朵朵开，我俩同把花树栽。

　　　同栽牡丹要同摘，多多开花香且白。

　　　女：三月桃花开满坡，三月初三喜气多。

　　　你我栽花花不开，还得用心浇才开。

　　　……

我们循着歌声来到村口的稻田旁，歌声就是从这里传来的。田里有人正在插秧，我们沿着小路走过来，听她们唱歌，和她们聊天。

一位稍显年轻的村民说："刚才唱的是恋爱时的情歌，报京人基本都会唱。一会儿'讨葱节'开始你们就会听到更多的情歌……"

正在栽种的几位大妈也热情地过来教我们几句，并说，报京人讲究"饭养身，歌养心，年长者教歌，年轻者唱歌，年幼者学歌，善歌者受赞扬，歌师傅受尊敬"的风尚。"讨葱节"其实就是谈恋爱、定情的日子。

神秘且有魅力的侗族男女的"讨葱节"更具吸引力，为一探究竟，我们必须加快步伐。

刚进入村里，我们遇到了一个非常热情的老人。当老人知道我们的来意之后，立刻给我们推荐了本地很有名的情歌歌师吴熙乾。他看起来像 50 多岁，是地道的报京人，从小喜欢唱情歌，因为歌唱得好，在本地已小有名气。吴熙乾还自豪地告诉我们，他的妻子是他唱情歌唱来的。因为对侗族情歌的挚爱，他在 1982 年加入了中国民间文艺研究会，致力于传承侗族情歌，从那时起，他开始收集侗族情歌，已收集了 2000 多首歌曲。

吴熙乾说，报京青年男女爱唱情歌，但也很讲究。情歌内容丰富，分为五个步骤八大类，即初相会、新的伴、久的伴、相思歌、相劝歌、伴嫁歌、断交歌、失望歌。其中初相会、新的伴、久的伴、相思歌、相劝歌是根据侗族男女见面的次数算起为五个步骤。当男女双方唱到第五个步骤时，如果唱得情投意合，最后就唱伴嫁歌，如果两人没有相互爱慕或不得已时，才会唱断交歌或失望歌。加上前面的五个步骤与后面的伴嫁歌、断交歌、失望歌就组成八种类别。他还说，报京侗族情歌是有传奇故事的，因为要忙于节日的事情，他推荐我们去听听寨老讲故事。于是，我们又如饥似渴地赶快去找寨老，找了半天都没找到寨老。还好，路上遇到报京村六组的村民郐木香，她看上去40多岁，热情好客。于是，之下的时间一直是她在陪伴我们，讲解、做导游、讲故事。

郐木香给我们讲了个故事和"讨葱节"的来历：相传在远古的年代，报京有个叫良英的好女孩爱上了贫困家庭的青年乔生，但她父母不赞成，强迫女孩嫁给有钱人，良英姑娘死活不愿意，所以在农历三月三这天，这对爱人心有灵犀一块儿到了洗葱塘，就是如今的报京三月三洗葱塘，良英在塘里捞了鱼虾，在地里摘一些葱蒜并在水塘里洗干净，与乔生相约于莫嘎树下，她把鱼和葱蒜送给了乔生，表达着自己坚贞的爱情，不料被人告发其父母，他们双双遭受殴打辱骂，这对恋人为爱付出年轻的性命，在跳进洗葱塘殉情前他们脱下鞋子，在洗葱塘边一棵古树干上印下两个人的脚印，表达追求自由幸福爱情的愿望。这对青年追求自由和幸福的婚姻，敢于反对封建社会的婚姻观念斗争的爱情故事，感动了报京侗族同胞。同时报京人也希望自己的子女像故事中的这对恋人一样勇敢地追求自己的婚姻自由，于是在农历三月三这天用唱情歌的方式纪念这对恋人，同时用这种方法表达侗族青年追求自由幸福爱情的愿望，也为了悲剧不再重演。三月三这天，侗家姑娘会早早起来，梳洗打扮。穿上刺绣盛装，头插银花，戴上银手镯、银项圈、银锁、银链。提着竹编的菜篮，到菜地里讨上半篮葱蒜苗。早饭后相约几个女伴一起到井边洗葱蒜，并低声地唱着洗菜歌。之后，她们提着篮子来到莫嘎树下，排成一排，等着自己的意中人来讨葱篮（讨：恳求给予的意思，葱篮：装有葱蒜的竹篮）。讨到葱篮的小伙会选好一个吉日，准备好较丰盛的礼品，邀上好友，到姑娘家还篮子，实际上是征求女方父母的意见，进一步确定婚姻关系。久而久之这种讨葱蒜定情的习俗就演变成了今天文化深厚的三月三"讨葱节"了。

　　漫步在村里的石板路上，听着传奇恋歌的故事，不知不觉已近10点多，我们也赶到开幕式会场。10点多，开幕式游行仪式开始了。寨里的男男女女、老老少少穿戴民族盛装，排着长队从山顶上沿着公路敲锣打鼓、声势浩荡地走向寨中的芦笙坪，男青年捧着芦笙，女青年拿着牛角，中年人拿着铁炮、鞭炮，在路口夹道迎接远道而来的宾朋。欢迎的群众既有报京当地居民，还有附近的金堡镇、三穗县、剑河县、施秉县等地的侗族同胞。

　　在进寨的拦路酒中，来宾会在一种特殊的礼仪当中难以通行，如遇酒量差的来宾饮下一牛角陈年米酒后往往使你在对酒当歌的热闹气氛中"酒未沾唇人先醉"。"嘟嘟嘟嘟古，嘟嘟嘟耿利基……利细耿利基，嘟古嘟古"，柔美的迎宾芦笙歌的曲调，在广阔的山谷回响，此时一种乡愁情愫油然而生。团体的芦笙歌舞之后，青年男女们手拉着手，伴着芦笙的旋律且歌且舞。芦笙声、歌声、金银首饰的叮当声、欢呼声相互交织，使宁静的报京寨一下子沸腾起来。瞧，姑娘们头上戴有银龙、银凤、银鱼装饰的洁白银帽，脖上的银项圈，手上的银手镯，身上自织、自染、自己缝制的服装，让人看起来眼花缭乱。在近千平方米的芦笙坪里，主客手拉手围成一圈又一圈，鼓点欢快，芦笙悠扬，鼓声咚咚，歌声阵阵。人们踩着芦笙的节拍，翩翩起舞，场面很是热闹。

　　芦笙场散后，报京侗族同胞已在街上摆好了100多米长的"长桌宴"，在清亮的酒歌声中，主客尽情地品味着侗家的佳肴。

　　下午，"意中情人讨葱篮，莫嘎树下对情歌，捞鱼捞虾送笆篓"民俗活动开始了。姑娘们精心打扮，满身的银饰足有七八斤重，提着篮子到菜园里去采来葱蒜洗净，拿到桐树脚塘边的堰沟坎上摆好。这时候，小伙们相继来到塘边"讨葱蒜"。周围有一大群人围观，姑娘和小伙的父母们也在其间，看自己未来的女婿及媳妇。据当地风俗，只能在三月三这天，老人们可以看到自己的儿子和女儿的浪漫，平时是回避的。

　　再来到金池洞的莫嘎树下时，这里已人山人海。我勉强找了个位置，踮着脚在人群之中观看，人群不时发出阵阵笑声，原来是一个年青小伙伸手去讨姑娘葱篮，姑娘开始执意不给，后来姑娘把葱篮递给了年青小伙，小伙手提葱篮拉着心爱的姑娘向田边走去，他们的脸上洋溢着甜蜜的微笑。讨得葱篮的小伙，说明姑娘已默许了。否则，不是意中人。这时，周围的人们都发出阵阵的笑声，但并无恶意，而是开心。讨不到葱篮的小伙，也无须恼羞生气，大家都认为这是一种正常现象。在一般情况下，这种现象很少发生，但使节日的气氛更强烈。此时，芦笙场上跳芦笙还在进行。芦笙悠扬，鼓声咚咚，歌声阵阵。人们踩着芦笙的节奏，翩翩起舞，场面非常热烈。

看着这些幸福的青年男女，莫嘎树下我思绪联翩。

在爱海航船上的少男少女们，并非人人都能一帆风顺地抵达温馨的港湾，他们也许会遇到汹涌的浪涛，也许会经历不测的风暴，也许他们的船儿不够坚固，帆会破船会漏，或者姑娘变心了，这枝青藤又去缠别的树；也许小伙子弃信了，这只蜜蜂又去追逐另一朵花；或者由于父母、族人的干涉使得一对鸳鸯各分东西。如果说前一种情况他们还有能力解决、有勇气面对的话，对后者他们则往往无能为力。不幸的是，一旦爱的自由与某种力量更为强大的传统或观念发生冲突时，族群或社会则显示出它冷漠的面孔，爱的自由便随之面临严峻的考验与挑战，这时候，为了捍卫爱情和自由，痴情的恋人们往往会不惜付出高昂的代价：私奔或殉情。情人们深信，在这条道路上，自由与他们同在。这样便有了很多传说、故事。它们讲述着爱情的历程中一段段坎坷曲折、催人泪下的故事。"讨葱定情"实际上就是生活在深谷峻岭间的民族青年，用他们身边独特的自然环境、生活物品，形象地述说了对这种爱情悲剧的不满与两情相悦爱情的憧憬和美好愿望。

据了解，讨葱定情的风俗传统已经流传很久了，全国也只有报京才有，2014年列入国家级非物质文化遗产名录。

夕阳西下，人们都渐渐散去了。我们也踏上返程的路，望着远处将尽的夕阳，感受"讨葱节"，风情盎然，惹人心醉。心醉之意不在米酒的醇香，而在乎青山、在乎绿水，在乎侗乡优美传奇的爱情故事，在乎侗家人善良纯真的品格。

2015年4月21日记

第六章

贵州原生态民族传统节日文化

贵州，原生态的各少数民族节日文化内涵丰富，表现形式多样。因此，近年来对贵州民族节日文化的研究在学术界很受欢迎，个案研究成果也层出不穷，但综论成果较突出的不多。颜勇、雷秀武"贵州民族文化传统节日综论"全面论述了贵州多元文化状态下民族传统文化节日类型、价值，以及开发与保护传承等问题。应该是近几年综论突出的成果。加之贵州各民族传统节日数目众多，纷繁复杂，难以备述，本书只是从原生态文化的视角做探讨性的分类与综述。

一 贵州原生态民族节日特点

贵州至今仍然保留有大量的原生性民族文化和地方性文化特征，而原生态民族节日文化则是在日常生活仪式中保有文化原生性、传统性的重要载体和空间，在各民族的日常生活中如涓涓细流，长流不止。这一宝贵的、唯一的、不可替代的文化遗产是贵州进入现代发展和旅游发展中，不可或缺的生态资源。

（一）地域性突出导致节日的多样化

因自然环境、社会环境和社会发展历程等方面的不同，贵州民族传统节日具有明显的民族性、季节性、地域性，表现出不同的节庆，形成贵州丰富多彩的多元文化的画卷，这是贵州原生态民族文化传统节日的特征。

事实上，民族传统节日是民族文化的集中表现，民族饮食、民族服饰、民族体育、民族歌舞、民族交往、民族信仰等均得到最充分的展示。

贵州社会科学学者对贵州民族节日文化大量的研究表明，居住在贵州的苗、侗、布依、土家、仡佬、彝等世居民族都保存有丰厚文化积淀的民间传统节日，构成贵州民族文化多样性的基本模式。纪年性、祭祀性、纪念性、农事性、社交性等类型，应有尽有，娱神娱人，传承民族文化，塑造民族心理，样样俱全。"吃新节（尝新节）""牛寿节"等融祭祀和农事为一体，体现农耕文化形态下的节日和生活密切相关。融纪年、祭祀、纪念为一体的"苗年""侗年""彝年"等节日，虽然形式和内容相似，但反映了贵州民族文化交流与融合的轨迹。相关研究表明，在贵州1000多个民族文化传统节日呈现出时间性密集的状态，从正月初一到腊月三十，全省各地几乎每天都有少数民族同胞在过节，"大节三六九，小节天天有"[1] 是贵州原生态民族文化传统节日的真实写照，也表现了传统节日的多元性、丰富性和相对完好传承的文化样式特征。这一特征不仅在全国表现突出，而且就是在民族多样性的西部地区，也构成一道文化奇观。为什么会形成如此丰富多彩的文化风景？这是因贵州特殊的地理环境决定的。贵州的地形地貌是复杂多样的，高原、山地、丘陵、盆地、台地错落分布，环境独特，自然条件复杂，区域内部差异明显。贵州北部有大娄山，是乌江与赤水河的分水岭；东部有武陵山，是乌江与沅江的分水岭；苗岭横贯中部，是乌江与红水河的分水岭；西部有乌蒙山，是牛栏江、横江与北盘江、乌江、赤水河的分水岭。这种岭谷相间、水流湍急的山河大势把全省分割成大小不等的地块，造成四面受阻、交通不便的闭塞状态。正是这种闭塞状态形成了文化的区域性，即使是同一民族，因居住地疏散，他们的节日活动，不但地点不同，甚至连名称、内容也有差异。于是，就形成了贵州民族节日天天有这样一道文化景观。有人曾经把这一道景观认为是一道"迷人的陷阱"，认为贵州的贫穷与落后是节日太多造成的。当然，这种论断今天已销声匿迹。贵州少数民族传统节日文化已成为贵州大地上开放的灿烂山花，吸引着国内外四面八方的游客。

（二）节日内涵丰厚

贵州各民族传统节日是民族文化的重要载体，源远流长，延绵数千年，涵盖各个地区，它渗入生活的各个领域，形式内容丰富多彩。它是各民族精神的延续和继承，凝聚民族团结的强大的精神力量，各民族祖先留下的宝贵的非物质文化遗产。以理性的自觉态度分析和正确评价贵州各民

---

[1]　颜勇、雷秀武：《贵州民族文化传统节日综论》，《贵州民族研究》2007 年第 6 期。

族传统节日的文化精神，在承认我们全面弘扬中华民族传统文化的同时，积极创造具有时代新鲜气息和厚重文化背景的新文化，建立基础和发展空间，为构建和谐社会提供文化准备。民族传统节日的生态文化蕴含了追求和谐的文化精神，而这也正是贵州各民族传统节日文化在一浪高过一浪的现代化和西化潮流中奇迹般完好保存并独具魅力的重要原因之一。

　　"节日是一种综合文化"，① 是指综合性传统节日作为民族文化的重要载体，具有非常浓厚的包容性和涵盖性，是综合反映民族文化的博览会。从节日活动中，我们可以看到民族建筑和民族服饰以及工艺美术、礼仪、饮食、宗教文化、经济生活、娱乐方式等物质文化、精神文化和行为文化的广泛内容。节日文化的综合性的另外一层含义，是指具体节日的活动内容，绝大多数是多项的，不是单项的。例如我国西部多数民族都有的年节，几乎都有祭祀神佛、祭奠祖先、洒扫庭除、守岁迎新、吃年饭、访亲友、文艺娱乐、赶集购物等节日活动。稍微具体一点来说，在大多数节日里，人们要吃好的，穿好的，玩得痛快，得到物质上和精神上的满足。因此，人们常说，"像过节一样高兴"。贵州苗族、布依族、侗族、彝族等民族，在节日集会中，要把所有的好衣服好首饰都穿戴起来，有的年轻女性一次能穿 20 多件裙子，有的仅银首饰就有 10 多斤重，真是光彩夺目、华贵亮丽。为此，有些地方把过节称为"亮家当""亮彩"。苗族妇女的服饰"花衣"，衣袖、衣领、衣肩上绣有色彩强烈的纹样，图案有花、鸟、鱼、龙、房屋、人物等夸张的纹样构式，绮丽精巧。一条百褶裙，裙上罩着彩色缎带组成的带裙，每根缎带上都绣着精美的花鸟图案。即使是脚上穿的鞋袜，也经过了一番挑花刺绣，十分细致。苗族妇女在节日期间会佩戴银饰，既美丽和耀眼，又显示出财富和地位。贵州西江一带的苗家女过节时，头上插有一米左右的银饰，银饰上是双龙抢宝的图案，因为这种银饰形状像龙的角，所以叫"龙角"。除了插"龙角"之外，头上还要戴不少别的银饰相配，一般全套银饰有 50 多件，每一件都有一个名字，共 15 至 20 公斤。可以想象，当苗族妇女在节日盛装华丽的打扮下，将会是怎样娴静优雅的舞姿。吴仁的《苗族文化风情》中这样写道："有的地方干脆把过节称为'亮家当'，即展览财富。没有漂亮衣服或漂亮衣服少的人家也要借上几件去'赶场'。雷山县短裙苗族女子过节时穿八九条仅

------

　　① 　中央民族学院出版社编：《贵州节日文化》，中央民族学院出版社 1988 年版，第 13 页。

15 厘米长的超短裙，外面还有十几条刺绣围腰，超短裙都支起来，很像芭蕾舞'天鹅湖'里小天鹅的舞装。"可见苗族人的社会看重服饰，他们在节日中对服饰这种近乎崇拜的喜爱不仅是因为对美的热爱，展示技艺或展示财富，更是有着深刻的社会历史原因。

展示深挚悠久的民族文化，回应古老的祖先崇拜，呼应民族宗教的古老神秘，亮出绝美的手工服饰文化，抒发浓厚仪式的歌舞文化，展示独特味美的饮食文化，是贵州原生态民族传统节日的基本特征与功能。以节日连接感情，每个节日都是对本民族历史文化的传承，参与者通过传统节日传习民族文化，生生不息，世代相传。

在节日活动场所，可以看到不同风格的民族建筑和宗教建筑。如苗、侗、水、瑶、畲等民族的干栏式吊脚楼，土家族的衙院庄园，侗族的鼓楼、花桥，布依族的石头建筑等具有鲜明的民族特色和较高的建筑艺术价值。如果我们再进一步考察一下各民族在节日里吃什么、穿什么、喝什么、玩什么，为什么要这样吃喝穿玩？为什么要举行各种祭祀仪式？我们便会更深刻地认识到节日文化是民族文化的宝藏富矿，其内涵的丰富深厚与博大广阔，是少数学者的精力与智慧所不能穷尽其奥秘与深蕴的。民族传统节日文化已日益成为民族学、民俗学、文化学、人类学、历史学、旅游学、经济学等多学科所共同研究的课题，这从另一个方面说明了民族传统节日文化的综合性特征。

二　贵州民族原生态节日的分类

贵州民族传统节日众多，在民俗学研究中最常见和最通用的分类方法，是依据节日活动的节日主题的不同来划分。依此标准，大致分为以下几类：农事节日、祀祭节日、纪念节日、庆贺节日、社交生活，五个大类。

（一）农事性节日

这一类节日是以农事活动及农业生产习惯为标志的，贵州各民族的生产劳动与经济生活有密切关系，目的是敦促人们抓紧时机开展农业生产，反映人们关注农业生产、期待农业丰收的心理。这里所说的农事活动是指广义上的农业，即"农事性"的传统节日，是一个季节性很强的，又是农事性的节日，具有双重意义，包括种植业、林业、畜牧业和捕鱼业的副业（采药、织造、印染、陶瓷等）。典型的主要有苗族的"种棉节""讨树秧节""闹鱼节""水鼓舞节""捕鱼节""赶秋节"，布依族的"七月辰日龙山节""蚂螂节""雅蛔节"，侗族的"采桑节""种棉节"，彝族的"采茶节"，瑶族的"围鱼节"，壮族的"秧苗节"，瑶族的"老鼠节"，等等。① 这类节日的原生态文化表现突出，且是贵州民族节日文化的重要组成部分，约占整个贵州民族节日的四分之一左右。在许多人看来，生产劳动既繁重又枯燥，但许多民族却能寓乐于劳，将生产劳动变为一项欢快的活动，由此也逐渐演变成节俗。它一方面反映了各民族群众所从事的生产劳动及习俗，另一方面也表达了人们关心农业生产、期待农业丰收，祝愿人畜平安的美好愿望。与农事有关的节日很多的，至今传承且较有传统特色的如吃新节（又叫尝新节）、新米节，是苗、侗、布依、仡佬等民族庆祝丰收的节日。各地节日期间举行的活动不一，一般多在粮食作物成熟时举行。按照传统习惯，都要用新谷舂成米蒸饭，杀鸡祭祀。节日里还要将已经出嫁的姑娘接回家，共吃团圆饭。然后，大家身着盛装聚集在一起，唱歌跳舞，共庆佳节。仡佬族的吃新节一般在农历七月或八月择巳日过节，届时由族中长老在众家田地采摘少许稻穗、玉米、瓜、豆等，有的聚族杀牛、杀鸡祭祖，感谢祖先们的庇佑，然后共食。有的地方仡佬族则以新米馈赠亲友，以示过节，共贺丰收。

贵州各民族的传统农事节日，是农耕文明的伴生物，承载着农业社会张弛有度、应时而作的生活节律，从节日时间选择看，其本身就与农业生产和生活密切相关，比如与春种、夏锄、秋收、冬藏的生产性节律相适应，就有了春祈、秋报、夏伏、冬腊的岁时性生活节律：新春岁开，万物复苏，人们祭天敬祖、鞭策春耕播种；夏天，农业逐渐繁忙，少有闲暇，夏天炎热，容易生病，所以端午节的习俗主要是以驱邪避瘟、除恶祛毒。秋收时节，人们带着收获的喜悦，荐新祭祖，团聚饮酒；季冬来临，农事告竣、粮仓充足，人们杀猪宰羊、蒸米磨面，开始过忙年。一年又一年，循环往复，在这张弛有度的自然生活节奏中，一代代传承着本民族的习俗文化。

----

① 颜勇、雷秀武：《贵州民族文化传统节日综论》，《贵州民族研究》2007 年第 6 期。

（二）祭祀性节日

祭祀节日，（包括宗教信仰、祖先崇拜仪式活动）。

这类节日是以祭祀天地、神灵、祖先，祈禳灾邪、驱恶避瘟等信仰习俗为标志的。宗教与传统节日文化之间，有着密切的联系。从传统节日文化起源与演变的历史轨迹来看，不管是本土产生的宗教还是由异域传入的佛教、伊斯兰教，都曾在其中发挥过巨大的作用。[①] 民俗学者早就指出，在我国各民族民俗节日中，以宗教祭祀为主要内容的节日最多。[②] 祭祀性节日是贵州民族文化传统节日中祭祀形式最为多样、内容最为丰富、文化积淀最为深厚的节日类型。"祭祀性节日"主要源于原始宗教仪式，由原始的宗教仪式转化为节日。作为一种社会现象，"祭祀性节日"又可分为以解决"人"与"自然"之间关系为主要内容和以解决"人"与"人"之间关系为主要内容的两大类节日。在贵州各民族的"祭祀性节日"中，苗族、侗族的"吃鼓藏"，黔东南苗族的"独木龙舟节"，彝族、毛南族的"火把节"，苗、布依、侗、水、畲、仫佬等民族的"二月二敬桥节""四月八牛寿节"，苗、布依、侗、仡佬、水、瑶、壮、畲、仫佬等民族的"吃新节"。黔东南苗族的"踩鼓节"，布依族、壮族的"三月三社节""六月六社节"，仡佬族的"祭山节"，蒙古族的"三月三祭白龙"等节日最为典型。这些节日已成为民族风俗、习惯的一部分，是民族认同意识的重要体现。贵州的少数民族，在过去，有多神信仰、祖先崇拜、自然崇拜、图腾崇拜的祭祀节日在民间流行，约占民族节日总数的三分之一以上。

人类的历史，由于生存的艰难，事实上也是寻求庇护的历史。在古代甚至今天，许多民族认为祖先的灵魂是可以保佑自己的。贵州许多少数民族民间信仰就认为，祖先的灵魂能够保佑其后代子孙繁荣昌盛，能保佑家族兴旺发达。后裔要想获得祖先的暗地里的庇护，就必须举行祭祀仪式。祭祀是向祖先供奉祭品，并在祖先灵前祈求家庭幸福，子孙健康成长。祭祀也是使祭祀者和受祭祀者之间经常保持交流的一种方式，也表现了两者之间的密切关系。

---

① 蒋栋元：《论中国传统节庆中的宗教文化》，《宁夏社会科学》2005 年第 3 期。

② 乌丙安著：《中国民俗学》，辽宁大学出版社 1985 年版，第 302 页。

　　中国传统文化以儒家伦理为核心，有着极重的礼法要求和家庭观念，因此，中国人非常重视祭祖敬宗。中国人的祭祖活动多是在传统节日中进行，少数民族也纷纷在传统节日中祭祀他们的祖先。

　　与祭祀祖先有关的节日是相当多的，至今在贵州民族的"祭祀性节日"中，苗族、侗族的"吃鼓藏"，彝族、毛南族的"火把节"等节日最为典型。

　　苗族"鼓藏节"也称"吃鼓藏"，是黔东南苗族最隆重的祭祖仪式。据《苗族古歌》记载，鼓藏节在先秦以前夏王朝时期的古三苗国就已经有了。三苗国在与夏王朝的战争中解体，苗族在往西南迁徙过程中仍然过鼓藏节。苗族迁到雷公山地区定居后，鼓藏节更为盛行。鼓藏节的来历在苗族经典《苗族古歌》里说是为了祭祀创世的蝴蝶妈妈。传说蝴蝶妈妈是枫树生出来的，所以苗族崇拜枫树。既然祖先的老家在枫树心里，用枫树做成的木鼓就成为祖先安息的地方，祭祖便成了祭鼓。苗族最高的神是祖先，是生命始祖枫树和蝴蝶妈妈。鼓藏节就是祭祀神枫树和蝴蝶妈妈。[1] 苗族鼓藏节具有鲜明的民族传统文化内涵，是苗族人生价值观的显现，眷念祖先、尊老爱幼、和睦相处、勤劳俭朴、富裕安康等是鼓藏节的祷告主题。

　　"萨玛"节，是侗族现存古老的传统祭祀节日。"萨玛"是侗语的音译，"萨"是祖母，"玛"为大，"萨玛"即大祖母。相传在母系氏族社会，侗族一位英勇善战的女首领在抵抗外敌的侵略中，屡立战功，却不幸在一次与数倍于自己的敌人奋战中壮烈牺牲。侗族人民对她无比崇敬，将她视为能带来平安吉祥的神灵，尊称她为"萨玛"。

　　侗族村寨每一年的农历正月至二月或秋后择吉日祭祀萨玛，有的一个村寨单独祭祀，有的是几个村寨联合祭祀。届时侗族同胞身着盛装，头插预示万古长青的艾草，到萨玛祠给萨玛敬香敬茶，并在开路寨老和象征萨玛的手持半开黑伞的老人的带领下绕寨串寨，然后在多耶坪（唱歌舞蹈的场地）手牵手围成圆圈，唱多耶歌，赞颂萨玛，祈求萨玛保佑村寨平安、风调雨顺、五谷丰登。活动期间除了祭祀外，还有吹芦笙、唱"耶歌"、赞颂"祖母"等活动。

　　贵州少数民族中流行的宗教祭祀类节庆民俗活动很多，内容广泛繁

---

① 雷定智、杨培德、张寒梅：《苗族古歌》，贵州人民出版社 1997 年版，第 94—103 页。

复，影响深切，曾广泛流传和盛行，已成为各民族传统文化不可分割的组成部分，是民族认同意识的重要表现。

（三）纪念性节日

纪念性节日，主要是为了纪念民族的历史事件和纪念民族英雄及地方历史的崇拜人物而设立的节日类型。这类节日是贵州少数民族传统节日中最多、节日聚会最盛大、活动内容最多姿多彩的节日类型。一般都有准确日期和固定节日内容。在贵州的 17 个世居民族中，除布依族、仡佬族、回族、满族、蒙古族、毛南族外，其余的少数民族保留着以农历的九月或十月为"岁首"的纪年法，都有自己"纪念性"的节日，如苗族的"苗年"、侗族的"侗年"、彝族的"彝族年"、土家族的"赶年"、水族的"借端"、畲族的"冬至节"、白族的"十月初一过大年"等等。苗族纪念古代英雄"亚努"的"四月八"，布依族的"查白歌节"，黔东南侗族纪念民族起义领袖林宽的"林王节"，黔东南天柱、锦屏一带的"四十八寨歌坪"，大方白族"祖先遇困节""祖先受难节"等等。这些节日的内容一般都紧扣主题，并经常伴随着社交娱乐活动。

1. 四月八

贵阳市郊苗族的重要节日之一。传说这个节日起源于明朝。每逢农历四月初八龙里、惠水县及贵阳市的苗族同胞穿着盛装，聚集在贵阳市喷水池一带，纵情歌唱、凭吊民族英雄，祭祀自己的祖先，追念历史传说中的民族英雄亚努。20 世纪 50 年代之后成为各族人民友好团结的聚会。在黔东南的黄平、天柱、三穗、榕江县尤其盛行，农历四月初八这天他们会举行各种活动，例如黄平赛马、吹芦笙、斗雀、祭祖，天柱集会对歌，三穗敬牛王菩萨，榕江做黑米饭等。

2. 六月六

六月六又称"敬盘古""过小年"，是布依族的传统节日。布依人在农历六月初六、十六、二十六的任何一天，都可以过"六月六"。有的地方叫"六月场"或"六月桥"。在安龙地区还具有纪念布依族人民反抗压迫斗争的历史意义。传说在清朝同治九年（1870 年）六月初，兴义县大土豪刘三勾结龙广的大地主刘四，对安龙布依族人民进行屠杀和掠夺，布依族人民经过英勇斗争，终于在六月初六这一天获得了胜利。为了纪念这次斗争，布依族人民将这一天定为一年中最隆重的节日。期间，妇女们背着装满粽子的篮子，串寨走乡，看望亲戚朋友们。青年男女身着民族盛装，手提箫筒或二胡，口吹木叶，成群结队地来到广场，举行对歌、"赶表"抛花包等活动。

3. 查白歌节

查白歌节是流布在贵州省黔西南布依族苗族自治州的布依族传统民俗节日。节日以纪念古代当地一对为民除害并抗暴殉情的青年男女查郎、白妹而得名，是贵州省传统节日中影响较大的纪念性民族节日。

不论是因人物设节还是为事件设节，都真切地反映出尊重民族的历史，崇拜英雄的传统，也是其强大的历史意识的直接体现。

（四）庆贺性节日

在古代，贵州的少数民族其农业活动基本靠山吃山，靠水吃水。农业收入不稳定，因此欢庆劳动丰收、祈求来年五谷丰登等的民族节日非常多，已成为各少数民族人民热切期盼的幸福时光。例如在苗族庆祝丰收的节日赶社节中，苗族人民身着新衣，吹响芦笙，进行斗牛、赛马等表演，甚至举办惊险刺激的高台舞狮、苗刀、苗棍的展示，可以说群体式参与的民族节日承载着人们对未来生活的向往，对天地自然的无限热情。逐渐形成了众多的以庆贺五谷丰登、六畜兴旺、阖家幸福、吉祥为主题的节日。各民族的年节和庆祝丰收节，这一内容尤为突出。如蒙古族、满族、藏族、塔吉克族、苗族、纳西族、侗族等，也都无一例外地有以喜庆丰收、迎接新岁为主题的年节。当然，由于各民族所用历法及语言与文化的差异，各族年节的时间和具体民俗并不一致，年节的称谓也并不尽相同，但节日里的节庆民俗活动则都不约而同地以欢乐喜庆为主题和中心内容。

1. 芦笙节

芦笙节是黔南地区苗、侗民族最普遍、最隆重的传统庆贺节日，是以踩芦笙堂、赛芦笙为主要活动的节日。各地芦笙节在时间上稍有差别，有的来源于庆丰收，有的来源于古理古规的吉日，有的来源于神话传说。但一般来说，在节日前要举行一个仪式，先由某村德高望重的老人主持祭祖，与此同时，各家各户都在自家自行祭祖，随后各村各寨的姑娘穿着盛装，佩戴银花银饰，小伙子和芦笙手们都各自带着芦笙，从四面八方向芦笙坪涌来，村民们都各自围成圆圈，吹笙跳舞。有的持续四五天，气氛非常热烈，是一种融歌、舞、娱乐为一体的群众性节日活动。

2. 端节

端节是主要聚居在贵州省三都水族自治县最隆重的传统节日，相当于汉族的春节。水族端节，水语称为"借端"。"端"，意为"年初"或"新年"；"借"，意为"吃"。因此，端节可以直译为"吃年"，意思是"过年"。并由于这个年节的日期以水历为准，水历把九月作岁首，岁首要过年，端节就定在九月初九，通称"水年"。水族民间有"无鱼不成年"的说法。初一上午，每一个家庭都杀鸡宰鸭，准备丰盛的酒菜迎候登门拜年的客人。端节里的水族人民载歌载舞，相聚一堂，向人们展现着庄严肃穆的祭祖活动、古老神秘的水书、精湛的手工"马尾绣"，举行舞火龙、耍水龙、抢鸭子、赛马等传统民俗活动和"赶端坡"的娱乐社交活动。在"端坡"会上，人们尽情赛马、斗牛、斗鸟及各种歌舞表演。每逢亥日，各地按传统分批过节，要分7批（古代分9批），从开始到结束长达49天。可以说，端节是世界上时间最长的节日了。

3. 侗年

侗年是侗族地区传统节日。榕江县一带的侗寨于农历10月底至11月初过侗年，年前家家户户打扫卫生，杀猪宰羊。过节时，男女老少身着盛装，跳芦笙、踩歌堂、斗牛，欢快热烈。锦屏一带则晚一个月，同样举行大规模娱乐活动，走亲访友，谈婚嫁娶等。

（五）社交生活类节日

社交生活类节日是通过歌舞、娱乐活动来进行社会互动的节日。从最早神秘的性崇拜、生殖崇拜，经过漫长的历史岁月演化，变为公开的社交和体育娱乐民族节日活动，是既符合人类从野蛮到文明的历史发展规律，也是适应民族传统节日宗教祭祀因素逐渐淡化、娱乐因素不断增加的自身发展规律。这类节日是贵州民族传统节日中比例较大、活动内容丰富多彩、形式活泼多样、最具观赏性和参与性的节日类型。最有名的是苗族的"姊妹节""爬坡节""跳花节""花山节"，布依族、壮族的"三月三歌节""六月六歌节"，侗族"斗牛节""三月三讨葱节""采桑节""花炮节"，彝族的"赛马节"，等等。

1. 侗族斗牛节

侗族斗牛节是侗族最喜爱的娱乐活动之一。盛行于贵州的黎平、榕江、从江、锦屏县和广西的三江等地。每一个村寨都饲养有专门用来参赛的"打牛"（均为水牯牛，称"水牛王"）。"牛王"的圈通常建在鼓楼附近，干净通风，号称"牛宫"。牛王不耕地，有专人割草送水侍候，还时常用猪油、蜂蜜、米酒等喂养。牛王膘肥体壮，犄角粗大尖利。每头牛王还都取一个响亮的名字，如"春雷王""猛虎王""霹雳王"等。每一年的农历二月、八月的亥日是侗族的斗牛节。过节前人们吹着芦笙到其他村寨去"送约"，邀请对手。之后来到"牛宫"前吹奏芦笙，敬祭三天，这叫替牛"养心"。斗牛场地多选在四面环山，可容纳万人以上的山谷或坪坝中，也有的在专门的"打牛塘"（水塘）中进行。到了节期，斗牛场周围，人山人海，彩旗招展，锣鼓喧天，芦笙阵阵，热闹非凡。比赛前参赛的"牛王"在欢声笑语和芦笙乐曲的伴奏下，开始"踩场"。这一活动的最终目的不是为输赢，而是以娱乐、庆贺风调雨顺、人畜兴旺为主。

2. 歌圩节

歌圩节是贵州壮、侗、苗、布依等民族的传统节日，又称"歌婆节"（歌舞节），简称"歌节"。一般在农历三月初二举行为期三天的盛大的"歌圩"（三月三为歌圩高潮）。"歌圩"，是外族人给壮族取的汉名，壮语叫"欢龙垌"，意为到田间去唱的歌；有些地方也叫"欢窝嗽"，意思是出岩洞外唱的歌。壮族过去很少建寺庙，一般神像都放在岩洞里。岩洞中要办庙会，是神圣之地，必须保持庄严。"歌圩"唱的歌为"野歌"、情歌，所以只有到岩洞外、到田间去唱。举办歌圩的日子，壮族以及周围的苗、侗、布依等民族的男女青年对唱终日，以歌代言，相会情人，择偶成亲。与此同时，还举行抛绣球（选择对象）、打棍、演戏等民俗游艺活动。

三　生态文化视野中的贵州民族传统节日

节日文化是世界各国普遍存在的文化现象，节日的确定和节日的文化内涵再现了民族文化的生活情趣和精神境界。它集中地反映了一个民族或一个地区内的各个人们共同体在特定历史时期的物质文化特质及精神风貌，包括该民族的社会历史、生产活动、生活方式、社会礼仪、宗教信仰和民族价值观等方面的内容。也即它从不同角度、不同侧面、不同层次反映了一个民族的社会历史发展的轨迹。因此，节日不仅仅是单纯的文化娱乐活动，还具有人类学、史学、生态文化学等方面的研究价值。

（一）节日文化与生态文明的历史传统

中国的节日文化有独特的历史传统和丰富的文化内涵。作为中华民族大家庭的成员，贵州少数民族的节日文化仍然延续了中华的节日文化与生态文明的历史传统。

中国的节日文化体现了"天人合一"的思想，人道必然合乎天道，天人同步、天人同律、天人同命，天命是不可违抗的自然规律和生态法则（生态学规律和生态学原理），尊重自然、顺应自然、保护自然，这是中国传统文化的根本信仰和基本信念。春节，是中国传统节日中最为隆重而盛大的节日，也是最具有中国文化内涵的节日，最能体现中国人的生活情趣和精神境界。中国的历法是天文学和生态学的统一，二十四节气的根本依据就是天文学和生态学，因此，建立在二十四节气基础上的中国节日文化就有了生态文化的特征和生态文明的性质。天命为本，天道为尊，这是中国传统文化的基本观点和根本原则，也是中华文明的基本信仰，这种信仰在本质上属于生态信仰，体现了生态伦理道德之义，概括为一句话，就是"道法自然"。人类的思想感情和文化追求必须服从于这个基本原则和基本信仰。中国传统文化的这种生态信仰决定了中华文明的基本性质和根本特征，即是生态文明的性质。这与西方文化的传统不一样，西方传统节日大多有"人为性质"，崇尚人性和神性，无视天性（自然规律）和天道。中国文化则完全不同，主张"天人合一"，唯天为大，唯道是尊。哪怕是"万乘至尊"的"人间帝王"也只能是"天子"，以天为父、以地为母；天地之道是中国人的根本信仰，是最高的生态信仰。《庄子·达生》曰："天地者，万物之父母也"。绝没有违背天地，甚至超越天地的所谓"天父"和"圣母"。

因为中国传统文化的基本信仰是生态信仰，尊重自然、顺应自然、保护自然成为中国文化的基本观点。哪怕是圣人君子，无论是神仙佛祖，都不能超越天道和天命。正因为如此，中国传统文化永远不会"越轨"，不会"无法无天"，更不会"疯狂"到不可救药的程度。唯其如此，中国传统文化就不会走上自我毁灭的道路，不会泯灭"天性"和"天真"，不会"忘本"。作为中华民族大家庭的贵州各民族亦然如此。

（二）经济从业和环境条件差异的影响

贵州的少数民族，在生计方式上主要以种植业为主，与此相适应，贵州的民族节日在时间序列上具有很强的时令性，并与农业生产密切结合在一起。由于经济从业的不同和环境条件的差异所引发人们的意识导向和价值观念不同，而使同一民族的不同地区的节日活动具有浓厚的地方文化色彩。例如水族的卯节和端节，尽管二者流传于不同地区，但均具有"分批分期"过节的特点，并被认为是当地水族人民唯一的传统年节。在时令上，前者是人们栽插完毕后以庆祝的方式寻求松弛的气氛，并祈祷风调雨顺，预祝五谷丰登；而后者为收获后的庆贺及对来年丰歉的预测，这是因为所居环境和自然条件的不同所引发的结果。在黔南州三都县九阡及荔波县等部分过卯节的水族地区，由于地广人稀、人均劳动强度大，且气候炎热，又水源不足，给春耕栽、插秧带来了许多不便，栽插完毕后，凭借当地肥沃的土地，只要风调雨顺，便可望获得丰收。周而复始的这种作用，使生活于其间的人民形成了重春耕、赶雨水、勤栽插的行为习惯，每栽插完毕，都要以本地区本民族所特有的方式庆祝自己的胜利，形成了如今以庆祝栽、插完毕为主题的"卯节"。相反在都匀市套头山区等广大过端节的水族地区，由于人口密度大，人均劳动强度小，且近水源，因此，春耕春种与秋季收获相比，在人们的价值意向里，后者才是极其重要的季节，因为即使栽插完毕，亦不意味着丰收在望，且人多地少，往往会因某种原因而使耕种招致损失，因此，一年的辛劳总要等到收获来临才可定论，这种长期的规划行为，逐步潜化为相应的心理状态，形成了这部分水族人民重视收获节日的庆祝方式。

由于贵州在地形上表现为高山纵横、河流交错。分布于其上的各个民族又呈现大杂居、小聚居的局面，使得民族节日具有强烈的地方性文化特点。

首先，是节日集会的场所选择，它决定着节日活动的形式与内容，这种选择与节日流传地区人们的生活方式和生态环境有着天然的联系。如贵州东部清水江两岸苗族的水上节日（如龙船节）活动，黔东南中部凯里、黄平、雷山一带的爬山节，贵州中南、西南部布依族的赶桥等。这种选择显然与人类生活地区的生态环境和日常生活密切相关，是各民族对自然选择的结果，以布依族为例，他们"向来有在山清水秀的河边过节对歌的习惯，如果哪个地方有座小桥，他们便把在此开展的活动叫赶桥"①。在

---

① 吴正光：《贵州高原上的少数民族节日》，《中央民族学院学报》1984年第3期。

贵州中南、西南部的布依族地区，由于高山深谷阻断了人们交通往来，因而桥一直是人们梦寐以求的，它在当地人民的价值意向里，占有相当重要的地位，这种民族心态的形成，是他们日常生活中，对"桥"的价值高度估价与重视利用的结果。

　　其次，由于受制于所居环境的自然条件，反而使贵州民族节日多姿多彩。即环境必须提供足够的条件，才能使节日的某些活动得以实现。于是，聪慧的各民族因地制宜，创造性地创立了许多独具地方色彩的节日。例如，贵州少数民族一般居住在山区，平原少，斗牛场大多数选择在秋收后的稻田里，斗牛四周常是梯田，也就成为天然的看台。斗牛时梯田上密密麻麻站满人，场上鸣放铁铳和鞭炮，气氛十分热烈。贵州中部龙里、贵定、福泉一带清水江两岸苗族的"三月三"杀鱼节活动，显然是一种典型的对古代人类生活方式的象征性模仿，杀鱼节活动在分工上是男子到河边去杀鱼，女子做内务。活动过程中要推举有声望的寨老或杀鱼能手做"鱼头"，以统一号令。杀鱼时，如果两人同时杀中一条鱼，要平均分享等。① 不仅生动地体现了古代人类那种利用群体力量和智慧去适应环境，以保存和发展自己的生活方式，也使今天这一带的苗族节日活动独具地方色彩。

（三）人与自然和社会的关系在民族节日审美中的映射

　　人与自然、人与社会的关系在民族节日审美中的映射问题，实质是生态美学的话题。所谓生态美学实际上也就是人与自然达到中和协调的一种审美的存在观。② 生态美学来自生命美学和生活美学而又高于它们，是当今人与自然、人与社会关系的最好表现，它主张追求审美化的生存，强调与凸显生态和谐，趋向于发展生态审美文明，是站在"当代美学高原上的美学"。③

　　以生态美学为代表的不同阶段的美学从不同的角度反映了人与自然、人与社会彼此的关系，而当这些理论和观点投射到民族节日审美领域时，就产生了人的民族节日、美的民族节日、自然的民族节日三个层次的审美

---

① 杨光华、姚忠：《王卡等地苗族的杀鱼节》，《黔南民族节日通览》，第146—148页。
② 曾繁仁：《试论生态美学》，《文艺研究》2002年第5期。
③ 袁鼎生：《生态艺术哲学》，商务印书馆2007年版，第11页。

心理体验类型。

第一层次中，人与自然的审美关系是神化的自然审美，而在民族节日审美的心理体验中的"人"首先指人文。人的民族节日即体现以人为本精神的民族节日活动和民族节日事象，这里"人"的范围是随着历史社会的发展不断扩大的。在民族节日审美的观念中，实现审美价值主体性的基本途径是人的体验与实践。在人的体验与实践中，民族节日审美的价值得以揭示民族节日审美的内在活动经历，把握民族节日审美精神世界的复杂和神秘。人的民族节日比较纯真和朴实，抒发的是人内心深处最原始的本能，距今年代久远的习俗，人的美学意味更为浓烈，苗族鼓藏节、僳家人的哈冲节等祭祀节日都是其中的突出代表。人的民族节日的审美内涵在祭祀节中主要体现在：一是始终体现着一种对现实的反思意识和批判精神，在不断寻求反思人的缺陷时，理性地引入非理性，在自然环境对于人的自身发展不利时，人类更加强调的是自身的生产和后代的繁衍，通过对自己所在种群的理性改造增强在严酷环境下的生存能力。二是反映以人为本的思想，强调人作为万物之灵的本体地位，强调人性是整体的价值准则，实现对人的终极关怀，基于最原始动物性的阴阳交合和种族繁衍的人性，在祭祀的过程中得到了彰显，也是以人性为本的意志的体现，以人性为本位的意愿的体现。三是强调个人自由和尊严的重要性，每个人都有生命的独特价值，从而使主体意识得以张扬，个人的能力可以在良好的人际交往中释放出来，崇尚个性发展的合理化。祭祀这种带有极强巫术性质的民族节日活动本身就是主体生命价值直接诉求的表现，它利用较能为古人接受的巫术仪式向自然神或祖先神要求人的自由和尊严的实现，而仪式本身也是一场盛大的社交活动，在活动中释放能力强大个体的全部体能、智能和潜能，以获得更好的人际关系。四是人的民族节日强调一种超越的意识，推动人最大限度地实现自身价值，发挥自身潜力向自身的生命极限和精神极限挑战，追求超越现实的理想境界，实现人性的完满和提升。

第二层次，随着生产力的发展，人类初步具备了认识自然和改造自然的能力，此时人与自然的关系基本处于一种对立的平衡状态，虽然在大多数时候人类能够与自然和谐相处，但也有人类没能认识的自然现象和规律，人对自然的巨大威力尚存敬畏。在这样的客观条件下，对人性的追求是非常满足的，主体开始进入第二层次的审美心理，并开始追求美的民族节日。美的民族节日是民族节日实现审美内涵的全面升级状态。贵州许多民族的斗牛节、彝族的赛马节、侗族的芦笙节、布依族的赛歌节以及其他节日中的社交、娱乐形式，如游方、荡秋千、抢花炮等，都充分体现了人们从满足人性向追求美的进化过程。从节日的起源上看，无论是为了锻炼身手还是获得快乐，都是从满足人的欲望角度出发的。随着生产力的发展，物质的欲望、人的生理欲望在很大程度上得到满足后，便开始追求精神上美的实现，反映在斗牛、赛马、赛芦笙、赛歌、秋千、抢花炮上就是其功利性逐渐退去，变成一种单纯的娱人活动了。

第三层次，自然的民族节日是最高境界的审美心理，也是最完美的境界，这里的"自然"，不仅是指自然世界的客观存在，更是主体和客体以审美为唯一标准完全和谐地融合在一起的抽象自然。自，指自己，非他因而自有；然，指这样，这样的状态。自然指相对于人主观意识的客观存在。马克思说："整个所谓世界历史不外是人通过人的劳动而诞生的过程，是自然界对人说来的生成过程。"① 这个过程并不像我们想象的那样，充满了温情的面纱而富有诗意。文化的每一次进步一样会伴有淋漓的鲜血，伴随着自然界的一点点丧失。这个过程实际上从某一方面来讲就是"自然的人化"过程，人类的有意识行为和能动性实践活动将自然界不断地化为人的世界；与此同时，人类主体自身也逐渐在"人化"自然界的过程中不断地继续"人化"，人类的体力、智力、行为能力也在日趋走向所谓"成熟"的同时而"文化"了。因此，人类开始以自然作为欣赏的对象，去自觉地把审美视野伸向广阔的自然界，不断促使人与自然界之间新的文化关系状态的建立。从远古至今，从"祭祀节"到"纪念节"，再到"农事节""庆贺节"（包括娱乐性节日）等节日，能够绵延数千年不断，不是偶然的现象。在人和自然不断互化的长期严酷的过程之中，祖先成了我们最后最可靠的精神家园，祭祀节日在某种层面上与其说是人向祖先的崇拜和祭祀，不如说是祖先对后人的鞭策激励和安慰，也是人类最终寻求到的精神慰藉和归宿在节日活动的映射。

以上所揭示的民族节日中所积淀的丰富深厚的生态文化内涵中，在审美情趣的提高、人格完善、理想的追求和民族自信心等多方面为当代的人文素质教育提供了不可多得的宝贵素材。积极主动又合理科学地选择、提取其中

---

① 中共中央马克思恩格斯列宁斯大林著作编译局编译：《马克思恩格斯全集（第42卷）》，人民出版社1972年版，第31页。

的有用成分，对我们当前素质教育将大有裨益。它是民族文化中最有包容性的景观之一，它统一和规范了民族的文化心理、宗教信仰、伦理道德、价值观、生产活动和文化习俗。从民俗事象的饮食、服饰、婚恋、歌舞娱乐，到深层心理的宗教崇拜、民族意识、民族性格等，无不在节日中得到集中展现。节日是民族文化延续、传播的重要载体。贵州丰富多彩的少数民族的节日文化，在承载着民族共同的文化心理素质、维系着民族意识之时，也起到了丰富各民族的社会生活、加强民族间经济文化交流的作用。

四　田野调查手记

赫章彝族风情——篝火

午后，依山傍水的贵州赫章县珠市乡中学就热闹起来。彝族姑娘、小伙子们早早地就穿上了节日的盛装，四面八方的人们也渐渐地向学校走来，把劳作放在村边的田埂上，把抒情披在沾染了草汁和泥土芳香的肩膀上，胶鞋、草鞋、运动鞋、坚实的脚步声，踩响一片土地。汇聚的人群，男女老幼都在等待着接受一次火的洗礼。

天刚刚黑下来，珠市乡乡长一声令下，神圣的篝火点燃了，它照亮了珠市乡中学，照亮了乌蒙山，也照亮了彝族人火热的心。火龙升腾，尘土飞扬，歌声响起，"阿西里西""撒麻歌""乌蒙欢歌"……一首首动听的歌谣，把山水讴歌着，把草坡讴歌着，把庄稼讴歌着，把生活讴歌着。一双手，向着两边长长地伸出去，把另外两只手牵着，团聚在火的周围，将生命融入火中接受洗礼，赋予火的内涵，展示生命的颜色和美丽。圆形的舞阵内圈顺时针旋转着，外圈逆时针旋转着，歌声、舞步声、欢笑声，让珠市乡中学的操场沸腾着，把一种生活踩得浪花四溅。

这是一个热爱火、珍视火、崇尚火的民族，这是一个以火为中心，以火为支点，且歌且舞，尽情挥洒的民族。彝族人每年都要举行火把节，一般在农历六月二十四日或二十五日，少数在六月六日和二、八月的二十四日。彝族部分地区的火把节时间不固定，一般历时三天。如今珠市乡火把节定在十月，国庆开始，为期十天。那时，全乡18个村处处是火把，村村有篝火，十几支文艺表演队将在篝火旁尽情地欢歌舞蹈，举行文艺表演大赛。

　　关于彝族火把节的来历，民间有各种生动、美丽的传说，赫章县彝族地区有一个传说是这样的：很久以前，天上有个凶神叫斯热阿比，奉天王之命，经常到人间横征暴敛，敲诈勒索，激起彝族人民的反抗。为了战胜凶神，人们推举英雄阿提拉巴领着大家同凶神作战。他们点燃千万支火把，把通天梯烧毁，断了斯热阿比的退路，经过九天九夜的战斗，终于杀死了凶神。凶神被杀死的消息传到了天庭，天王大怒，立即撒"天虫"千千万万，意欲叫吃光庄稼，把人民饿死。此时是彝历"猴月"（农历七月），正是洋芋结薯、玉米抽穗的时候。铺天盖地的"天虫"吃了三天三夜，眼看庄稼毁于一旦，这时彝族人聚集于山头决定"举火把，烧天虫"。于是不分男女老少，人人手举火把，三天三夜烧死成千上万的"天虫"，保住了庄稼。可是还有一部分未烧死的天虫，钻进了地下，到第二年"猴月"又钻出来吃庄稼，因此彝族人民又举起火把烧害虫，害虫烧不完，火把举不尽，这样一年一年地传下来，便成了火把节。延续到今天已成为一个用火来表达感情的节庆。尤其值得一提的是，彝族在火把节中表现的火崇拜的图腾观念与民族气质和炽热、奔放的民族性格有着密切的关系。

　　篝火，把一切的烦恼忘记在身后；篝火，把歌声献给每一颗跳动着的心；篝火，把每一双手展现给大山中的每一双眼睛。粗壮的手、纤细的手、姑娘的手、小伙的手、年老的手、儿童的手，紧紧地牵着，不停地旋转、跳跃，轻巧的脚步踩在大地的胸膛上，为了你而微笑，为了我而愉悦，为了他而欢快。世界在这里变小了，旺盛的火焰照映着一群狂欢的人，他们在彝族人火样的热情中感受到永恒的爱。

2004 年 3 月 4 日记

这里的除夕静悄悄

　　听说贵州省石阡县甘溪乡铺溪村侗寨共有 150 多户人家，全都姓冯，有过"悄悄年"的习俗。冯家人为什么兴过"悄悄年"？而且是在腊月二十九过？带着疑惑，带着好奇，我们从县城出发了。铺溪村距县城约 26 公里，距乡政府 5 公里，交通还算方便。山峦、森林、溪川、旷野、田垅、木屋……斑斓映画似的一掠而过。山路走向与河道一致，河滩上分布着参差的梯田，木制民居星罗棋布，一路的景象宁静、安详。20多公里的路程，半个多小时铺溪寨就呈现在我们的眼前：春光明媚的时节，四周风景秀丽，重峦叠嶂，环境清幽。铺溪河碧绿碧绿地环绕着村寨，静静地流淌。一间间色泽深沉的旧木屋，卧伏在半坡上，掩映在绿树丛中，远远望去，就像覆盖大地的绿毯上，点缀着一块块黑灰色的神秘图案。村寨的木屋大多因地制宜，随意而建，背山向水，很有一种原始古朴的纯净。只要进入每家每户，堂屋正中墙壁上都设有祖先的香案，同时供奉着"四宝将军"的牌位，这确实没见过。斑驳的香案，遒劲的字迹，记录着怎样的历史和沧桑？几多感人的故事？

我们与随行的村副主任冯绍辉边走边谈，来到寨里，几位年长者已围坐在屋前，82岁的冯绍鋆老人是寨里年龄最长的，岁月在他脸上刻下了密密的皱纹，但他耳聪目明、精神不错，一身浅蓝色的装束，很质朴。与我相握的那双手很粗糙，很有力。他大概是从我们狐疑的目光中猜到了我们心里正盘桓的问题，当我们刚一落座，就很坦诚，又有些严肃地一边翻着族谱，一边语气有些郑重地讲述着600多年前的故事和祖训：

明朝洪武年间，冯氏先民冯必亮受命带兵征黔，此时，新年将至，冯应魁等三兄弟随其父冯必亮征战，冯应魁率领的队伍打了败仗，敌军穷追不舍，在紧急时刻冯应魁拉了四具尸体掩盖在自己的身上，一种对生的渴望，使他顾不得遗体的血熏，大气不敢出的他心中默默许诺：只要我能活着，一定报答你们，给你们过年。躲过了敌军的追杀之后，冯应魁和几名幸存者没有沉浸在痛苦当中，而是沉着冷静地拨开头顶上的乌云，寻求族人的生存和发展。于是他们掩埋好逝去的骨肉同胞，顺着清清的溪河，来到了大山的怀抱。他们拓荒耕种，定居下来，这就是今天的石阡县甘溪乡铺溪村铺溪寨。为了兑现许下的诺言，冯应魁在来到这里的第一个除夕，就把不知其姓名的四位救命恩人敬拜为"四宝将军"，供奉于香火神龛上，烧一炷长香，神龛前摆放四块刀头肉、四块豆腐、四个碗、四双筷、四杯酒。然后，他要大家不能出一点声音，喻示永远不忘"四宝将军"救冯家人的恩德，请他们在阴间过个年；希望将军的亡灵安息，愿子孙后代远离战争，家园清平、祥和。完了他告诫亲友，"人啊，要以诚信为本，要不忘感恩"。打这以后，冯家人的后代就把这一祖训铭记在心。

就这样，年年岁岁的除夕，每当夜幕将至，铺溪村口的大鼓就会响起，在寨老的主持下，村民们，甚至牲畜家禽都要默默地远离寨子，到山谷中去"躲兵"。全村安安静静，每家只留一位长老在家烧纸、祈求。默诵的内容千篇一律，几百年不变，就是：感恩、和平。一炷长香燃尽，祭祀"四宝将军"和祖宗仪式结束后，人们才纷纷回到家里吃年夜饭。喻示全村可平安迎接新的一年的到来。打这以后，冯家人的后代就把这一习俗传承了下来。

甘溪乡是一个生活着仡佬族、侗族、苗族的乡镇，冯家人过悄悄年，附近异姓寨子要过闹热年，为此，在清朝初，也曾发生过冲突，经官府调解，冯氏腊月二十九（月小二十八）过悄悄年，其余村寨不允许鸣放鞭炮打扰。这就是为什么铺溪寨过悄悄年提前一天的原因。如今，邻村人无意间在这一天开着车辆路过此地，他们会主动停车熄火，步行回家，第二天才来把车辆开回去。

说完这段不平常的历史，这位冯应魁的嫡系子孙，挺了挺腰板，深邃的目光望着前方的老屋，似有说不尽的感怀。

暮色里，满目青翠的铺溪寨更显得安静异常。

渊源于一场战争，一个承诺的"悄悄年"习俗，让我无比感慨和敬佩眼前这些老人，半天说不出一句话，甚至于在离开的时候，也没有一声告别。这在我多年的采访中还是第一次。因为打心里我真的不愿打扰这里的宁静，以表对他们的尊敬。

一个承诺恪守了600多年，祈祷和平的愿望也延续了600多年，一个祥和的家园在这绿水青山中繁衍生息了600多年……可见这一习俗在村民的精神世界中仍有很大的影响力，形成为家族中最突出的一种民族心理和认同感，并升华为民族内部的一种内聚力。这恰是铺溪寨"悄悄年"习俗丰富的人文内涵。

年夜静悄悄，草儿不动树不摇，没有锣鼓喧天，没有鞭炮声声，没有汽车轰鸣，没有节日的喧哗，甚至没有歌舞的欢唱，只有一个静字，这个静字诠释了这个村寨的古老，这群族人的信念，这个国度"诚信为本"的绅士。这个静字，也让自己的心灵停留在对传统美德的尊崇里。

静悄悄，静悄悄，这里的除夕静悄悄。

2010 年 3 月 29 日记

情醉寨头村

　　寨头古朴的民风民俗醉人，寨头香甜的米酒醉人，寨头苗家美女醉人、寨头人的热情好客更醉人……

　　3 月 6 日应黔东南苗族侗族自治州三穗县台烈镇镇政府的盛情邀请，我们来到了台烈镇寨头村，此行的目的就是参加欢度苗族同胞传统民族节日"禳桥节"。寨头村是三穗县最大的苗寨，距县城 20 公里，有 12 个房族，1000 多户人家，素有千家苗寨之称。每年农历二月二"龙抬头"期间都要隆重举行"禳桥节"（接龙节）。我们是提前一天到达，在镇宾馆住下。

　　第二天天才蒙蒙亮，杨镇长就来到宾馆接大家一起驱车赶往接龙地——也雾山纳佬山谷。车行约半小时，就到了青山环抱的也雾山。沿着一条卵石路，直通山谷底，天空飘着濛濛的细雨，山路有些湿滑滑，但一点都没有影响我们的兴致。桥就位于坡路下去的山谷拐弯处，从半坡望去，前面的一座山盘亘着朝一个方向延伸，那儿就是传说中的寨头村民祖居地——也雾山所在。我们脚下的这座山就叫龙头山，意思是祭桥之后，"龙"被接来后的所在地。山路上川流不息的人流中有摄影的，有寨子里的，有来看热闹的，男男女女，老老少少，欢天喜地不断从四面八方涌向纳佬桥。

　　当我们下到山谷时，谷中已见一些切割牛肉的人和缥缈的炊烟了。听说，他们都是凌晨就到了。祭桥就在桥两头、桥上、桥下未翻耕的稻田及溪边空地进行。桥两边已插了竹竿，并把一种绿草搭在上面做装饰，香蜡纸烛及各种祭品也已摆在了桥头的祭祀桌上，等待着祭祀的开始……

　　身着民族服装的妇女和姑娘提着篮子不断赶来，篮子里有粑粑、糯米饭和米酒、碗筷等，她们接连从桥上走过、烧香、烧纸，还摆放着各种祭品，村民们为这一天已做过不少准备。中午山谷里人越来越多，鞭炮声不断，十二房族的代表也到齐后，寨里的祭师万文均等老人的古歌声浑厚、低沉地唱响，刹那间，锣鼓喧天、鞭炮齐鸣，也雾山成了一片欢乐的海洋。

在"接龙"祭祀后，有的跳起喜庆的芦笙舞，有的忙于生火做饭，用极具地方特色的苗族宴席招待来宾。中午全寨人和远方来的客人围坐在还没有灌水的稻田里的篝火边吃团圆饭，缅怀苗族祖先，祈愿五谷丰登。当以房族为单位进行分吃祭品之后，也雾山的"龙"也就被接到了寨头。

接待我们的是第二房族的万昌泉一家，他们的热情实在让人感动，他的兄弟、儿子媳妇七八个人忙前忙后，唱山歌、敬米酒，还不停地为我们添饭、夹菜。甚至在听到我们要离开的时候，七十几岁的老妈妈马上到地里摘了两捆白菜苔，无论如何要我们带回贵阳吃。可见，我们喜欢吃原生态的蔬菜，老人家也细心地观察到了。

短短的三天相处，至今盛情难忘。

听万家人介绍，我也大体知道了寨头接龙桥的来历：一说，寨头接龙桥，苗语称"偕岛久纳佬"，该桥始建于什么时候，至今没法考证，只有一个神奇的故事，相传有700多年的历史。寨头先祖原居住在也雾山，一天，寨上有几个小伙子上山狩猎，为追一猎物来到寨头，发现这里青山绿水、土地丰腴，是人居住的好地方。小伙子们把情况告诉了寨里的长老，经长老们商定，才搬到寨头居住。住在寨头良柳处的柳家，有一对夫妻，结婚多年，没有一个孩子。在一个秋天的早晨，柳家这位男子到纳佬割牛草，他听到一位地理先生和一个和尚在石坪河旁的草坪地上谈论，地理先生说："如果在这里架一座桥，就可以把也雾山和寨头连接起来了，方便行人行善积德，一定能生儿育女。"和尚接嘴说："我这里正带有一对儿童，没有归处，无法入世，假如谁在这里架了桥，我就把这对小孩送给他。"柳家男子就将此事告诉了妻子，妻子大喜，夫妇俩就请先生推算日子，定于次年农历二月初二在纳佬这个地方架了一座桥。桥架好后的第二年，这位苦命的柳家媳妇如愿生下一对双胞胎男孩，柳家往后也人发家兴。但其后因柳家抗拒不了自然灾害，诸如洪灾等，柳家每一年需要耗费大量的人力、物力修桥，只好邀约全寨12房族来修桥。大家都争先恐后地修桥接龙，为了平安吉祥，村老百姓商量后，决定每一个房族各修一个孔，所以这桥有十二个孔。桥是在当年二月初二修架通的。

桥修架好后，把也雾山和寨头连接起来了，把也雾山的龙也接到了寨头。从此，寨头发子发孙成为千户苗寨。从那时候起，每年的农历二月初二清晨，全寨都到纳佬的石坪河去祭桥。

关于祭桥节的来历，还有另外一种说法。相传，寨头先民早年住在一个叫也雾山的高山上，并在那里修了一个芦笙坪。后来他们下山打猎，猎狗下到寨头前面的平地（当时是原始森林）石坪河旁，身上沾了些浮萍回来，说明山下这个地方水源不错。于是先辈们随后就迁到了山下。为了承接也雾山的龙脉，就在寨后一个叫纳佬的石坪河上架桥，把象征吉祥的"龙"接过来。

不管是哪种说法，寨头人认为，龙是祥瑞之物，更是风雨的主宰，而"二月二"则是龙欲升天开始活动的好日子，寨头群众欢聚一堂跳芦笙舞，邀请客人一起吃团圆饭，唱古歌、缅怀先祖。寄托了人们祈龙赐福、风调雨顺、五谷丰登、人畜兴旺、儿孙健康的强烈愿望。

也雾山、纳佬、石坪河、接龙桥，"龙荫福祉"的传说在这里流传了700多年，"禳桥节"（接龙节）也就传承了700多年。

我们一行人坐在稻田里，大口吃着新鲜的水煮牛肉，喝着苗家自酿的米酒，听着婉转动听的芦笙古曲，跳起象征团结的舞蹈，参与者无不如痴如醉、沉醉其中……这是寨头"二月二"演绎的自然、和谐、欢愉的场景。

短暂的三天，虽然还有苗家婚俗、对情歌、吹木叶、苗家传统工艺品展示等一些活动没参加，但足以让我体验了一回用心灵去感应历史，亲近自然，品味民风，并用发现的眼光，去追踪有文化底蕴的美丽与传奇。

在回首这次寨头之行的时候，我依然沉醉，只是醉的心境不同，因古老的气息在心中无法弥散而醉，因寨头苗家人的热情难忘而醉……

2011 年 3 月 5 日记

催人奋进的"新米节"

每年的 8 月中旬至 9 月初是黔东南侗族地区的"新米节"（也

称"吃新节"），期间要举行各种活动。今年 8 月 24 日我们来到了黔东南从江县洛香镇郎寨村过一次"新米节"。运气不错，今天有"芦笙对抗赛"。对抗赛邀约了邻近县、村寨的 39 支芦笙队近 2000 多人参赛，上万观众聚集在鼓楼坪对面的村小学广场，场面蔚为壮观。

在从江县洛乡镇梁勤猛的安排下，我们来到郎寨村小学临时搭建的主席台上，经介绍，我们与寨老梁立明进行了深入的交流。据他介绍郎寨村民间传统节日新米节赛芦笙已有 700 多年历史。今年贵州各地受旱灾影响较大，而由于良好的生态环境，旱情对郎寨村影响不大，稻田里郁郁葱葱，果实累累，一派丰收景象。今天侗族同胞和游客一起欢度这盛大的民间传统节日。

郎寨村位于洛香镇西北部，距镇政府所在地 3 公里，夏蓉高速和贵广高铁途经此地。我们从贵阳出发走高速约两个多小时就到达了，这里国土面积 6.4 平方公里，封山育林面积 108 亩，海拔 310 米，年降雨量 1246 毫米，年平均气温 19.3℃，全年无霜期 318 天。全村辖 1 个自然寨，10 个村民小组，共 276 户，1232 人。村寨里侗族特色的长廊、戏台、凉亭、风雨桥、鼓楼依山布陈，其中一座鼓楼为从江县第二大鼓楼。听寨老梁立明介绍：县里正以"生态农业的休闲区、人民群众安居乐业的宝地"为总目标建设郎寨村，芦笙赛已被列入重点扶持的民族文化娱乐项目之一。

上午，天空飘着细雨，但并没有影响村民的积极性。各支队伍从四面八方向矗立在村中心的鼓楼涌来，在鼓楼前先演奏三首曲子，算是进行了入场式，也告慰了祖先，然后步入赛场，因鼓楼坪不能容纳 39 支芦笙队，就把赛场设在鼓楼对面 100 米远的村小学校广场。中午在等待比赛抽签时，有的队伍就开始了热身，高亢的芦笙曲时急时缓，时高时低。寨与寨之间，芦笙曲此起彼伏，相互呼应，构成了从江侗族地区特有的风情。更特别的是开赛前一队装扮靓丽的侗族少女跳着甜米酒入场绕场一周，桶中的米酒是挑来犒劳芦笙队员的，如果有吹芦笙的"罗汉"（未婚男青年）看上了哪位姑娘，"罗汉"会主动上前与女孩搭讪，讨要甜酒喝，于是人群一片欢腾，这也是从江县侗族婚恋的一种方式。

比赛于下午三点半正式开始，雨停了，仿佛是在眷顾远道而来的人们。当寨老宣布比赛开始，霎时礼炮齐鸣，激荡山谷，乐队入场。乐队以村为单位，每村一队，今年因邀请了邻近的村寨参赛，所以一共有 39 支乐队。

芦笙赛的胜负判断也很特别，当裁判的不能带任何通讯工具，爬到对面山头后，才开始抽签。比赛是以声音是否洪亮、整齐为评判标准的，裁判远在一公里外对面的山头听声音，进行判断。因为不允许使用通讯工具（公平起见），赛场凭裁判高举挥舞的红旗或黄旗（有的是红或蓝，有的是红或绿）知道这一组的胜负，红旗表示胜出，黄旗表示负。为了公平，每一组两支队伍需要交换场地同奏一支曲子，经两次对抗才分出胜负。比赛是循环赛，两队一组，不断淘汰，最后一组决出冠亚军，结果以旗语通知比赛场的旗手和参赛者。

每当一曲奏罢，乐手们一个个踮脚翘首，远眺对面山头，心里怦怦直跳。若是山头红旗飘舞，顿时，广场又沸腾了，人们欢呼着、雀跃着，芦笙演奏声又响彻山谷。

尽管雨水使得场地有些湿滑，但丝毫不影响乐队的士气，经过几个小时的鏖战，"大桥队"获得了大组冠军、腊水队获得了小组冠军，平华队获得了小组亚军。寨老颁奖时，礼炮再次鸣响，掌声、欢呼声在山谷中回荡，三支获奖队伍则合奏结束曲以示回敬。

震撼人心、荡气回肠的芦笙赛结束了。我的心久久不能平静，不身临其境，你是无法感受这样一种气势、一种正能量的。

今天的"新米节"没有白过，通过"芦笙对抗赛"，我感觉到侗族的芦笙与苗族的芦笙还是有明显的区别，侗族芦笙音调相对比较简单，没有苗族的丰富、浑厚与悠远，更多的是强调一种气势和声势。因此，比赛中无论是吹奏者还是加油者都有一种极力向上的精气神。赛场上人山人海，场外围成一堵堵人墙。场内参赛队员个个拼尽了全力，兴高采烈的观众情绪高涨，气势和声势成为胜负的关键，场上场下都铆足了劲。作为观众也不禁热情高涨，这场面，这芦笙声声的确催人奋进，震撼人心。

2013 年 8 月 23 日记

自然，生命之本
——僙家人"哈冲节"祭祖鼓

居住在黔东南的革家人（"革"应为单人旁加一个革字，"僙"，音 gě。字库中无，以下用"革"代替）是一个目前我国 56 个民族之外的"未定族称人们共同体"，古老而神秘的历史、奇特的革家文化，都等待着我们去追寻去求索。

2016 年 7 月 3 日，在黄平县重安镇政务服务中心罗勋主任、杨元华副乡长的陪同下，我们乘车从县城出发前往革家人聚居最集中、最大的一个自然村寨——枫香寨。阳光透过云隙挥洒下来，抚在皮肤上，有些热。好在是山里，绿树葱郁，倒不显炙烤。周围的山峰，被山峦和云团环绕，透着一脉空灵的碧绿。穿过重安江半山腰片片茂盛的竹林，一眼可以看到枫香寨。进入枫香境内，一路上，泥土的芳香扑面而来，清澈见底的龙滩河环绕而过；层层叠叠的古梯田，顺着山路蜿蜒向前；一簇簇碧绿的楠竹下，鳞次栉比的农舍时隐时现。还没进入村庄，山间小道上走来了迎接我们的村支书廖廷栋和芦笙传承人廖朝良老人，相互介绍后，我们便随行进村了。

一路上听杨元华副乡长介绍，如今的革家人约有 5 万—6 万人，主要分布在黄平、凯里等地，黄平县有 2.1 万人，占全国革家人口的 43.2%，枫香寨为廖姓革家，有 740 多户、4300 多人，已有 700 多年的历史了。因为地处偏僻，原生态的传统文化在这里得到比较完好的保留。

采访中，"哈冲节"（也称"哈戎节"系革家语，即"大祭"之意）祭祖鼓给我印象深刻。据廖支书介绍，"哈冲节"古代是 60 年才过一次，后来 30 年过一次，现在也有十几年过一次的，时间一般在农历十月或十一月间举行，具体日期以当年的"蛋卜"为准。届时，每家杀牛宰羊，共祭象征祖先灵魂寄寓其中的"祖鼓"。祭祀时，整个过程程序烦琐、仪式肃敬、气氛隆重、场面壮观。枫香寨最近的一次"哈冲节"是 2009 年 11 月 23 日至 30 日，历时 8 天，这一节日已列入贵州省非物质文化遗产保护名录。

革家人在这深壑幽谷中依山而居，把自己视为大自然中的一份子、一种自然性的存在，与自然同生共荣。他们享用着自然的恩惠，又对自然的力量充满感恩和敬畏之情。正是这种感恩与敬畏，使得革家人相信，世间万物充满着灵性，人如同自然一样，亦有躯体和魂灵，风云雷电、林木自然如此，牛马鱼鸟动物或昆虫也如此。因而有了崇拜和祭祀，有了避讳与禁忌。我之所以特别关注"哈冲节"这一古朴、奇特、充满神秘色彩的节日，不仅仅是怀着对革家人的好奇，而是因为这隆重的节日背后所蕴藏的这个古老的人们共同体对大自然的敬畏与崇拜以及他们的思维与行动的本质，我决心一探究竟。

虽然错过了 2009 年的"哈冲节"很遗憾，但在重兴镇的帮助下，我们采访到了枫香寨的阴系、阳系族长及几位非遗文化传承人，收获仍然不小。

上午九点多，我们来到已 70 多岁的阳族长廖如钊的家，话题自然从"哈冲节"祭祖鼓开始了。

听说我们的来意，廖族长撇着嘴，真心地动了感情，嘴角边和额头上几道皱纹刀削斧刻般深刻，目光炯炯，有点不怒自威的感觉。他对我们敞开心扉，如数家珍般向我们叙述着神秘的革家文化，古歌、飞歌、山歌、芦笙、舞蹈，他样样在行，讲到兴致时，甚至在我们面前且歌且舞起来……不多时，小小的院子人也越围越多，阴族长廖学文（65 岁）来了，81 岁的芦笙大学匠廖尚凡老人拄着拐杖来了，73岁的芦笙传承人廖朝良老人来了，身穿民族盛装的革家妇女来了，革家人像过节一样热情地接待我们，也毫不保留地让我们分享他们的文化，歌声、芦笙、笑声不断。舞姿那么的自然，旋转也那么的和谐……

当我们和阴系族长廖学文谈到"哈冲节"祭祖鼓唱的古歌时，廖族长有些严肃起来，他把我们带到一棵硕大的枫树下，目光凝视着远方，那眼神仿佛穿越时空，透视着另一个世界，唱起了"迁徙词"，那声音缓缓地、远远地飘过来：

祖公要找大地种来吃，祖公要找大坝来居住。
祖公牵着水牛留绳来，抬着祖鼓保种来；
祖公迁徙层层来，陆续落业在这里。
我们的祖公廖姓，去住雄蒙地。
……

面前，群山环抱着的枫香寨，濛濛的小雨，时断时续。风吹过，仿佛送来鼓声歌声，环绕在这空谷之中，令人心旷神怡，心生肃敬。

"哈冲节"的主题是表现对祖先的崇拜，尊重天地自然，缅怀祖先功绩，魂魄归宗回鼓的朴素思想，至今已有2000多年的历史。在革家"哈冲节"的举办和操演过程中，祖鼓作为一种特殊的"符号"，始终扮演着核心或主导的角色，在仪式上具有丰富的文化象征意义。平日里，难得见革家人穿民族盛装，"哈冲节"这天不一样，无论多么遥远，无论多么艰难，大家都会赶回来，换上盛装，从四面八方汇集到枫香寨，共同见证和参与心中最神圣的节日盛典，强化了"我们都是一个祖先的后代"的家族认同。

廖族长说，在整个"哈冲节"的进行过程当中，人们所进行的一切活动也都是围绕"祖鼓"举行。祭祀活动夜以继日，一般要过七八天，白天祭祀，晚上击鼓吹芦笙、唱迁徙词和族谱词的古歌。

这是一种传承，一种精神的安放。

也许是风声、雨声的作用，也许是古歌声的呼唤，我耳边仿佛回响起鞭炮清脆炸响声。远山一派空濛，雨雾中，人影飘忽，回声深远。泥泞的石板路上，仿佛是男男女女、老老少少祭祖的人们细碎的脚步声，密层层叩响着革家人的故土……

作为中华民族的一分子，革家人能世世代代延续书写自己的历史，是一件了不得的创举。他们是穿梭森林、震慑百兽的山间枭雄，是欢歌踏舞、意趣不羁的自然之子。那弓，那箭，那树皮衣，那刀耕火种，结绳记事，无不书写着先民们的坚毅执着及其顽强的生命力，无不抒发着革家人的豪情壮志、铁血雄心，连同诗意栖息。如此远古的记忆，哪怕仅仅是聆听，浓重的神圣气息仍旧扑面而来。而关于祭祀祖鼓的古歌，听来，心仿佛已经跟随着远古的音韵，身临其境！

中午，我们来到枫香村14号廖福德的家，千呼万唤始出来的革家祖鼓终于展现在我的眼前。进入大门，堂屋的左侧革家灵魂的祖鼓静静地安放于此。进门的第一件事，只见廖福德老人恭恭敬敬地点上三炷香，在五只瓷碗里盛满米酒，再在火盆里烧上几张纸。完毕，老人家才向我们介绍说，祖鼓是用一棵完整的香樟树木，掏空树心做成的，鼓长4.88尺，直径1.18尺，鼓内装有银制肺腑、五谷穗、五色线、历书、家谱。革家人认为祖祖辈辈的灵魂都栖息在这木鼓里，所以祖鼓被视为革家人的生命之根、生命之本。祖鼓成了革家的神物之一，祭祖鼓就是祭祖，祭祖就是祭祖鼓。

阴族长廖学文介绍：鼓的两头，面朝东方向太阳的一面是祖公，另一面为祖婆。祖鼓一般是一个村寨的一姓拥有一个，也有大祭之时，几个乡或村的同一姓氏到姓氏最大的村寨去同祭一个祖鼓。做成的祖鼓要悬挂在堂屋进门左边壁上事先凿好的鼓洞中，并作为祖先的牌位。置放祖鼓的人家，每天进行两次祭礼，每次要两碗米饭、菜和两碗米酒。一年四季365天从不间断。每一氏族的人们，都得敬奉，态度虔诚，不得触犯。有违者，必须从鼓下走过，以示惩罚。有严重违犯者，还会被开除鼓籍，即不许再姓这个姓，或不许再生活在这个寨子里。"祖鼓"里放置的"五谷"有其特殊的寓意。相传在远古时期，革家"祖鼓"里并不是放的"五谷"杂粮。但是有一天，革家祖先居住的村寨发生了火灾，火将整个寨子烧得一团糟，眼看寨子就要消失在大火之中了，这时候一只猎狗冲入火海，拼命抢出一个小袋子。祖先打开一看，原来是家族备留的"五谷"种子。这次大火将村寨几乎烧为灰烬，留下的只有被猎狗救出的种子，正是因为有了这种子，才使得家族很快度过了饥荒，重振家业。此后，革家在制作祖鼓时，都会放入"五谷"，其目的是为了保存生命之本，以备灾难之时能解救家族。

我想，也正因如此，不论是之后如何迁徙，祖鼓都伴随家族，正如《迁徙词》中，每当叙述祖先迁徙到某一个地方时，都会重复这样的词句："祖公牵着水牛留绳来，抬着祖鼓保种来；祖公迁徙层层来，陆续落业在这里。"从这个意义上说，革家"祖鼓"更多是革家人生命之本的隐喻。当然，祖鼓中还放置有银饰、蜡染、丝线和族谱等，也都有其特殊的寓意。这些寓意和上述的物品所隐含的意义一样，是在祖鼓这一主导象征"母体"的衬托之下，才具有其深层次的象征意义。除此之外在"哈冲节"，革家祖鼓还有着传承家族祖先的历史记忆，凝聚家族意识和强化家族认同的象征意义。祖鼓所隐含的这方面的象征含义，是在"哈冲节"仪式行为活动中才得以体现的，是一种特殊的阐发性象征。在"哈冲"仪式的准备、举行和结束的各个阶段，家族的阴阳两系组织和其他成员都会聚集在一起举行"封鼓""开斋解禁""小祭""哈冲"和"楼祭"等仪式，这些仪式都是围绕祖鼓分阶段具体进行的。而且，每个阶段还有一系列繁复的程序。以准备阶段的"封鼓"仪式为例，"封鼓"的时间是在农历的十月初十，这天一大早整个家族的阴阳两系成员、德高望重的老人、"村两委"干部以及家族的其他成员都聚集到鼓东家，彼此间不管是否有无矛盾和纠葛，只要论及"哈冲"的问题，各自都毫无怨言，心甘情愿地为举办"哈冲"奉献力量。在用"鼓罩"封鼓前，祭祀人员和家族成员聚集在祖鼓面前集体膜拜，让人感受到祖鼓的凝聚力。鼓的主人要先焚香烧纸，点燃红烛，然后向"祖鼓"作揖叩拜，随即在场的20来人一致面向祖鼓，叩首参拜。然后，主祭祖师开始主持仪式，唱着"封鼓词"，在场的其余成员虔诚恭听，一声不响，只有在需要配合主祭祖师的时候，大家才一致应和，整个仪式持续十多分钟。然而正是这短短的十多分钟，在场的成员和整个廖氏家族在脑海之中所显示的图景，多的是对祖先历史记忆的片段，因为这样的仪式是重复性的，而重复性必然意味着延续过去。正因为有了对祖先的记忆，才有了在新世纪里传承革家文化的基础。

经两位族长介绍后，我才知道为什么祖鼓要用一整根樟木树制作了。在革家人看来，樟木树是自然之子，被革家视为神树或生命之树。樟木树属常绿乔木，木质坚硬细致，香气怡人，有防虫功效，寿命很长，树龄可达千余年。在革家祖鼓由来的传说中，樟木树被视为庇护祖先的神树，它使得祖先遇到猛虎而得以安全脱险。革家人认为人的灵魂是永在的，把樟木树制成祖鼓，引历代祖先或亡人入祖鼓，其目的是为了借樟木树之灵气，希冀继续庇护祖先和后裔的生命，使得他们不管是在阴间还是阳间，都能逢凶化吉，平安吉祥。祖鼓是根，是散居各地的革家人共同的皈依！这是祖灵，是族魂，更是牵系着一颗颗革家人心的线。苦了，累了，可以到此歇息；发财了，有出息了，可以向祖先报喜；正子孓前行的，可以求先祖护佑。幸福、和谐、康健、平安，人活于世，无非如此。于是精神有了寄托，心灵多了宽慰，事业有了奔头，生活有了希望。仙祖所思，也不过如此。

走进革家寨，我有一种震撼和敬畏的感觉。革家人太坚韧、太顽强、太纯厚，正如遍布枫香革家村落的古樟树，在历史的沧海桑田中依然安静地矗立着；同时，乡村处处古朴迷人，树木、小道、木屋，还有服饰、蜡染、刺绣、织花、银器、乐器、石器、手工技艺都是古老的。旖旎幽美的田园风光、纯朴的民俗风情，扑面而来的是一种穿越时空的审美愉悦，更有一种探求生命之本的启迪。

许多找不到灵魂的皈依的人，都曾仰望天空和星辰，追问西方哲学家提出的一个古老命题："我从哪里来，我到哪里去。"

按廖学文族长的说法：从来处来，到去处去。祭祖鼓也有这层意思。

下午四点多，在离开枫香寨的时候，小雨早已停息，太阳金灿灿地照耀在枫香人家的灰瓦屋顶上、院子里。我仍依依不舍，对两位族长说："关于祭祖鼓的文化内涵太厚重了，今天了解到的仅仅是一点点表面的、片段的资料而已，深刻的本质还有待深入调研。以后有机会，我还会再来的。"

廖如钊族长平静地说道：是啊，我有时也想，人知道自己的来处和去处又怎样？知道阴阳变化之道又怎样？知道宇宙秘密又怎样？本质上，人就是人。在大自然里，人只是一个物种。所以，人虽然是大千世界里最有本事的，但人不能破坏大自然，不能改变造物的神奇莫测之力。人最应该关注的，是如何与自然融为一体，健康快乐地生活。

面对他深邃的眼神，聆听他朴实又富含哲理的话语，我陷入了沉思：是啊，几多先贤，多少高僧，都悟出了生命或天地的真谛，找到了自然和生命大道。但这一切，不就是为了让世人更好地珍惜自然、爱护自然，才能更好地生活吗？我想，亻革家人祭祖鼓的深刻本质是否已包含这样的理念呢，即：自然，乃生命之源、生命之大道、生命之本！

2016 年 7 月 3 日记

第七章

贵州原生态民族民间原始宗教文化

贵州各少数民族除回族信仰伊斯兰教外,其余各民族多数都信仰原始宗教。原始宗教亦有学者称为自然宗教,它是人类文明史以前的宗教样式,贵州少数民族信仰的原始宗教主要指自然崇拜、图腾崇拜、祖先崇拜等,其文化内容大多包含在生产、生活方式、图腾和神话当中,并因民族差异各有不同。

一 贵州民族民间原始宗教信仰

在历史的发展中,贵州少数民族积淀了丰富的生态文化,为我国西南边陲生态保护做出了不可磨灭的贡献。如今,全世界的自然生态普遍受严重破坏,而贵州民族地区却始终森林茂密、郁郁葱葱,保持着原始的绿色自然生态。至今贵州几乎每个少数民族都有一套与现代环保理念相关的习俗、禁忌和习惯法,尽管他们的生态观不同于我们所理解的西方生态文化观,但它的确反映了贵州在民族生存方式中的生态伦理智慧,这些智慧也有的就蕴藏在他们所信仰的原始宗教文化当中。

(一)贵州民族的自然崇拜

马克思指出,"人并非一开始就具有'纯粹的'认识。精神从一开始就很倒霉,注定要受物质的'纠缠'……因此,认识一开始就是社会的产物,而且只要人们还存在着,它就仍然是这种产物。当然认识起初只是对周围的可感知的环境的一种认识,是对处于开始认识到自身的个人以外的其他人和其他物的狭隘联系的一种认识。同时,它也是对自然界的一种认识"。① 人类最初还不能从自然界中把自己分离出来,当分离出来之后,

① 中共中央马克思恩格斯列宁斯大林著作编译局编译:《马克思恩格斯选集》,人民出版社1972年版,第35页。

由于社会生产力极度低下，人类的思维处于朦胧未开阶段，因而分不清自然力和人力的区别，于是就把自然力人格化，这就产生了自然崇拜。自然崇拜就是把诸如日月星辰、风雨雷电、山石水火、森林树木、植物等自然现象及自然物神化，进而把它们作为一种具有灵魂、意志超人力量的对象加以崇拜，祈求它的保护和赐福。自然的人类难以驾驭的自然物都可能成为远古人类的崇拜对象。

贵州少数民族几乎都有自然崇拜习俗，其中尤以森林树木和山石崇拜最为盛行。他们普遍存在对森林树木怀有深深的崇拜和敬畏之情，甚至视之为神化物，因而在贵州许多民族地区都有神林和神山。这些都是生态文化在自然崇拜中反映的典型模式。这些神林和神山上的草木严禁砍伐和毁损，而且每年都要定期举行祭林拜树仪式，山上的自然生态均得到很好的保护。而人对自然山林的"拜祭"，也使得这里的各种生物格外繁茂多姿，是贵州民族地区形成环境优美的自然生态群落的重要原因之一。

自然崇拜是贵州民族民间宗教文化的形成基础，早在原始社会时期，生活在贵州山地的各民族先民们把直接关系到与自身生存有关的自然物和自然力加以神化，形成了万物皆有灵的观念。因所处地理环境不同，其崇拜的对象也有区别。例如，有的为了祈求丰收而崇拜土地，有的部族对风雨雷电加以崇拜，有的依山而居的民族敬山神，有的伴水而居的民族敬水神。在他们看来，天地之间的东西，都富有"灵性"，与人们的生存祸福相干。不管是山水、古树、巨石、桥梁、水井等，都是崇拜对象。因此，山岭不能随意挖掘，古树不能乱砍滥伐，巨石不能任意开凿，若是违背，则认为会败坏"风水"，给村寨带来灾祸，将受到惩罚。在黔东南榕江县车江一带的侗族，每年春天来临，所有的村里的妇女准备食物和酒菜到井边"敬祭"，围井"哆耶"，[①] 赞美水井给村民带来幸福，企望井水终年长流。历史上有的地区出猎时还必须先敬"山神"，只有这样才能获得猎

---

① "哆耶舞"是侗族人最喜爱的一种自娱性的集体式舞蹈，"哆"是侗语，译成汉语是"唱""舞"的意思；"耶"也是侗语，指的是边唱边舞的合唱歌曲。哆耶舞具有宗教文化与农耕文化特征，显示了侗族文化的神秘性与娱乐性。侗族"哆耶舞"在形态、结构、音乐、表演及生态生成等方面的原始性与不成熟性，为侗族民间艺术研究提供了重要的历史文化信息。"哆耶舞"中所表现出的祭祀性、群众性、传承性、变异性等文化特征，体现了丰富的侗族人文精神，蕴含着侗族人朴素的审美追求。生态与民俗的结合、审美与环境的结合、文化与自然的结合，构成了侗族"哆耶舞"审美人类学研究的基本框架。

物，否则会失利，甚至发生意外。

贵州少数民族对其居住地的山林都倍加爱惜，并有很多保护森林、爱护自然生态的习俗规范。这些习俗规范有的似乎已脱离了原始宗教的影子，有的还体现出辩证唯物主义的认知观。如聚居于雷公山麓的苗族就如此。他们在采伐树木时总要注意蓄好小木，绝不允许给山坡"剃光头"。而且还将最老、最高大、结籽最多的"母树"保留下来。在他们的传统观念中，结籽多的母树是保证山坡树木繁茂不绝和苗族后裔昌盛的根基，保护母树就是保留了山林自然生态系统和生物多样性自我修复的功能，因此，乱砍滥伐母树是要受到族人的强烈谴责和严厉惩罚的。他们的传统观念中把人与自然间生命彼此的辩证关系明确表现了出来。所以，苗族人严格封蓄他们的风水林和水源林，并当着神一样去崇拜和维护。

贵州少数民族不但保护原生森林，并且还有积极植树造林的文化习惯。比如，在侗族地区，广泛流行集体种植"富贵林""水土林"的风俗。黔东南从江县岜沙苗族人最盛大的祭祀仪式就是祭拜树神，每一个岜沙人在有生之年都会种一棵树，到离开人间时，便用这棵树制作成棺木，安然长眠于此，以其灵与肉来养护森林。在他们的观念中，人是大自然的一分子，人的一切都是树给的。远古的先民为避野兽栖于树上，后来以树为材建房筑巢。树给人提供取暖用的柴、建吊脚楼的材料，以及饱腹的果实。最古老的树是古老的祖先，老树就像祖先一样可以庇护着自己。因为岜沙人对树木的保护，这里的生态环境非常优越，正是这些民族习俗式的生态观，使得岜沙一带森林资源不断得到培植和持续发展。不仅岜沙人这样，生活在黔东南的苗族都有自然崇拜的信仰。

古代时期的苗族先民，他们没法认识和理解大自然的风雨雷电、日月星辰、生老病死等现象，随之而产生神秘的害怕心理，同时在强大的自然力面前，人类自身的力量太弱，所以他们幻想着所有的事物都和人一样具有灵性，于是竭力把依赖寄托于那些具有保护意义或与日常生产生活有重大关系的事物身上，对其加以崇拜，祈求自然界不要给他们降临灾祸。先民把人的属性和自然界的属性通过幻想而沟通起来，从而在人们的思想意识里，逐渐形成了一条看不见摸不着的联系，即"神灵"的联系，他们认为，自然界的赐予和灾祸全都是"神灵"的作用。他们渴望自然界永远向人们提供所需要的一切有用的东西，且认为自然界各种事物的"神灵"是能够听从或满足人们的愿望的，于是形成了苗族自然崇拜的生态观，并通过宗教祭祀仪式来对与人们生产生活相关的自然物进行崇拜。

苗族的自然崇拜主要有与他们的生产生活息息相关的山、水、石、树等自然物。被赞誉为"民族建筑之瑰宝"的吊脚楼民居，就是实践苗族生态伦理观典型范例。吊脚楼因山就势，最大限度地保留着地形地貌，不但是对自然的尊重和善待，也符合现代科学的原理。最典型的是黔东南苗族主要聚居的雷公山区域，这里具有非常好的生态环境，森林覆盖率达88％以上，区域内有雷公山国家级森林公园，几万公顷的原始森林遮天蔽日，生态环境优美。吊脚楼民居大多建在二十至七十度的山坡上，尽量少挖或不破坏地层结构。这样既有利于地层稳定，也减少了山体滑坡灾害的发生。在建筑过程中，因涉及与自然物有关的环节都得举行庄重严肃的宗教祭祀。比如在开挖屋基之前，要举行祭祀仪式。整个仪式由巫师或寨老主持，目的是请求此地的神灵避让，以免受到误伤。这看似有浓厚的原始宗教色彩的仪式，其背后蕴涵的实质是：无论是对有生命的树木还是无生命的土地，苗族人都表现出最大限度的尊重，这种尊重是发自内心的敬畏。苗族大多身居高山深谷之中，他们对山石有着深厚的感情，把山石当作崇拜自然物之一。他们认为山石与人们的生产生活息息相关，有山必有石，有石必有土，有土才有人。尤其是对雨水风化了的各种像人或动物的石头产生极大的神秘感，每当走到这些巨石边都不能高声喧哗，以免打扰和惊动了上天。

苗族人的自然崇拜也是一种生态伦理观，已成为人们自觉践行的行为规范。它教育人们敬畏自然，减少对自然的索取，这种原始民族信仰有利于保护生态环境，维护自然生态平衡，从而形成了极具特色的生态思想。在漫长的历史进程中，长辈们除了对年青人进行生产生活、苗族历史、家庭、歌舞等文化传承教育之外，更要对年青人进行认识自然、善待自然、与自然和谐相处的行为规范教育。自古以来苗族人对自然的敬畏无处不在，他们用这样的生态观教育来调适内心世界，用自己的智慧来保护雷公山的山山水水，树木花草。正是由于森林生态环境植被保护完好，才使得雷公山的生物资源能够大量地繁衍，这对促进生态平衡起着重要作用，使其成为国家级森林公园和森林生态环境的胜地。20 世纪末被联合国教科文组织称为"当今人类保存最完美的一块未受污染的生态文化净地，是人类返璞归真，回归大自然的理想王国"。

（二）贵州民族的图腾崇拜

图腾是个外来词，是英语 totem 的音译，源于北美印第安人奥季布瓦族尔宪琴语，意为"他的亲族"，即氏族的标志。图腾可以是动植物，可以是无生物或其他事物。美国民族学家摩尔根在其名著《古代社会》一书中曾对"图腾"进行过深入的考察。在那时原始人相信每个氏族都与某种动植物有着神秘的亲属关系或其他特殊关系。此物就成为这个氏族的图腾，成了这个氏族的保护者和象征（如熊、狼、鹰、鹿等），并往往以它命名。[①] 远古时代的母系氏族制的经济特征是靠狩猎和采集为生。人类最经常、最主要的活动是同动植物、自然物打交道，在意识形态上还不能把自己和动物、植物或自然物严格区别，认为他们与本民族有血缘亲属关系，甚至被视为"种""种源"。因此，图腾在氏族中处于至高无上、不可侵犯的神圣地位。

图腾崇拜是在自然宗教的基础上发展起来的一种民俗信仰，也是人类最初的崇拜信仰，多发生于氏族公社时期。一个氏族的图腾对该氏族的一切成员来说都是神圣的，往往成为全族的忌物。他们认为本氏族的图腾对氏族成员都有一种保护作用。如果人们尊敬自己的图腾，图腾就会帮助他们战胜困难，得到好处，反之就会给自己带来灾害。因此，人们常对之怀有一种敬畏心理而加以膜拜。世界各地各民族在氏族社会阶段都有图腾崇拜。《简明不列颠百科全书》的解释是："相信人与某一图腾有亲缘关系；或相信一群体或个人与某一图腾有神秘关系的信仰，称为图腾崇拜。"图腾崇拜在世界流行范围相当普遍，在世界文化史上占有重要地位。其意义不仅仅在于在生产力低下的状态，人们幻想借助图腾来增强斗争的力量，表现提高改造自然、征服自然的能力的倾向和要求，而且有它的更深的社会含义。用人类学家弗莱的话说："图腾观不但是一种崇拜信仰，同时，也是一种社会结构。就宗教信仰方面来讲，人们对图腾具有一种出乎自然的敬仰和保护关系；就社会观点来说，则它不仅表示出同部族内各族民之间的相互关系，同时也划分出了与其他部族之间的应有关系。"[②]

在古代，由于居住环境的不同，其环境生活中的动植物群落也不一，

---

① ［美］摩尔根：《古代社会》，商务印书馆 1981 年版，第 162 页。

② ［奥］弗洛伊德：《图腾与禁忌》，中国民间文艺出版社 1986 年版，第 133—134 页。

而不同环境中的不同动植物对于人们生活的重要性也不同，因此不同民族、不同环境下作为图腾物的选择也有所不同。因此在图腾崇拜中体现出一种纷繁复杂的图腾信仰，反映了各族先民赖以生存的地理环境的某些特征，我们可以从中了解一个民族的民族历史和民族的风俗、民族的共同心理，对认识一个民族的民族特点都有非常重要的帮助。研究图腾崇拜，不但对民俗信仰的渊源有意义，而且对社会发展的民俗源流、民俗起源，都有重要的科学意义。以贵州苗族为例，据史籍记载：明清年间，苗族有红苗、白苗、青苗、黑苗、花苗之分。红苗以七戎、六蛮为主，他们是降龙、驯凤的民族，以龙、凤为本氏族的族徽，服装多以描龙绣凤为主体花纹；白苗和青苗以人夷、九夷为主，他们是降夔、驯麟的氏族，以夔、麟为本氏族的族徽，于是他们的服装以夔、麟为主体花纹；黑苗以盘瓠蛮为主，他们是盘瓠氏族，以盘瓠为氏族族徽，服装也多以盘瓠花纹为主。所有的苗族人都有自己的氏族崇拜，也就是所谓的图腾崇拜。他们将崇拜物的图案装饰到自己身上，表明自己是哪个氏族的人。从苗族服饰的图案中，我们也可以明显地觉察到，苗绣中融进了本民族的心理素质和审美情趣，并且受图腾艺术的影响而带有较强的原始遗风，它是穿在身上的民族史书，也是传统文化与生活模式重叠的重要构成部分。

中国是世界研究图腾文化的中心，尤其是各少数民族中仍保留着几百种图腾崇拜物，仅贵州少数民族中图腾遗迹就有上百种，其中最为典型的有太阳、月亮，山、水、树、石，龙、虎、牛、雀，等等。当然龙是东方民族的象征，也是中华民族的图腾。在一般崇拜理念里，龙是主管雨水的一位水神，龙主管雨水与农业生产息息相关。苗族是一个农耕民族，与龙神建立了密切的关系。黔东南台江县等地苗族的划龙舟活动，就说明了这一点。他们划龙舟以祈求风调雨顺、五谷丰登。在苗族占全县总人口84%的雷山苗族村寨中有 12 年过一次招龙节的习俗。

"图腾文化在原始时代起着重要的作用。图腾意识是氏族成员的共同意识，是维系、联络氏族成员的精神支柱，是联结氏族成员心灵的纽带。"① 图腾崇拜对一个民族的形成和发展起着至关重要的作用。贵州少数民族先民的图腾崇拜是多种多样的，研究民族文化，其中研究他们的图腾文化是非常重要的。如苗族先民除了崇拜蝴蝶、枫树、龙之外，还把雀

---

① 何星亮：《中国图腾文化》，中国社会科学出版社 1992 年版，第 29 页。

鸟、牛等作为图腾加以崇拜，黔中一带的苗族妇女的背牌上就有鸟图腾的
图案；苗族的泛舟竞渡的船上，也有鸟头和鸟尾的雕塑；布依族的龙图腾
崇拜最多，如镇宁县的布依族村寨，家家挂有画龙的纸画，贴在堂屋正中
墙壁上；彝族先民崇拜虎、龙、葫芦、鸟兽、竹、松树、梨树等。

　　总之，贵州少数民族的图腾崇拜，对象有的是具体物体，有的是具体
物形象或变形夸张的图案。但无论是哪种，都赋予其"神性"或"灵
性"，视其为具有奇异的力量和庇护人们的特殊功能，然而在图腾崇拜阶
段，已经看得出人们的思维已由具体到抽象、由个别到概括、由分散到综
合的过渡和前进。由于人们对自己尊奉的图腾物已经不再限于个别具体的
自然物，而是将它推广到一切同类事物，以至用以综合概括这些图腾物的
抽象语言，就自然而然地产生了。这样，原有的神灵观念及其功能也发生
变化。当图腾崇拜进一步发展，就从"万物有灵"中产生了"神"观念，
于是，一旦神观念占据支配地位时，就孕育了祖先崇拜的形成。

（三）贵州民族的祖先崇拜

　　祖先崇拜是以祖先亡灵为崇拜对象的民间宗教形式，它是宗教发展过
程中，由图腾崇拜发展而来，是从亲缘意识中萌生衍化出来的，是本族始
祖先人的敬佩思想。祖先崇拜又分始祖崇拜、远祖崇拜、家祖崇拜。

　　贵州少数民族的祖先崇拜以人类祖先为崇拜对象，它包括对人类的始
祖（含图腾在内）和几代以内直系祖先的崇拜两个方面。从历史上看，
这两种崇拜是不同历史时期的宗教现象，故在崇拜上各有其特点。对前
者，人们是定期举行大型的宗教祭祀活动，参加这种祭祀活动的为全体宗
族成员。如苗族的鼓藏节（旧称"吃牯脏"）、侗族的祭萨、布依族的祭
鲍尔陀和鲍更嫡、水族祭陆铎公等，都属于这样的祭祀活动。

　　祖先崇拜是贵州少数民族先民原始宗教观念最集中最典型的表现，一
般来说是形成于母系氏族向父系氏族社会过渡的时期。人类对自己真正的
祖先的认识，从动植物等自然物到人，经历了长久的认识过程。在母系氏
族社会时，由于妇女在生产、生活中占据重要地位，特别是按母系确定氏
族或部落时，妇女尤其老年妇女更受到晚辈尊敬，因而在她们死后受到后
代奠祭。随着氏族社会的发展，原始农业和牧畜业的出现，男子在生产活
动和向自然界作斗争中的作用突出，他们的社会地位也跟着提高，特别是
父系氏族社会建立之后，对男性的尊崇和男性的祖先崇拜也快速确定和发

展起来。

祖先崇拜和图腾崇拜是不同的，贵州少数民族先民都把本民族某一个较早的先辈奉为祖先，它又是和自己民族同类的"善神"，自始至终关怀着本族后代的繁荣昌盛。正因为如此，人们把自己的祖先推崇为某种有功于人类的发明创造者，歌颂他们的丰功伟绩。其实，这样的祖先崇拜，是借宗教信仰来加强本民族的团结，提高本民族的名望。

苗族中的祖先崇拜很盛行，贵州苗族先民认为祖先是"善"神，因而对他们寄予莫大的信任和崇拜，这样，各地苗族都先后举行集体的祭祖活动，其中最隆重、规模最大的是"鼓藏祭"，也称"打戛"，主要盛行于黔东南一带。另外，苗族神话传说中讲：始祖姜央因子女多病，种植无收，为祈求祖神祛病赐福而杀牛祭祀其母蝴蝶妈妈而兴起的，以后代代相传，每十三年一次，每次连祭三年。① 在祭祀期间，所有的生产活动都停止了。

苗族的原始宗教文化的一个重要内容就是认为祖先的魂灵，既不上天堂，也不下地狱，而是与后辈们同在蓝天下，白云间。与他们的区别在于，祖宗的魂灵存在和他们有一山之隔的不远处森林里，随时都在保护着他们，只要子孙后代敲响"祖鼓"，他们的灵魂就会回到子孙身边。正因为如此，身为子孙的他们，重要任务之一就是划定公地，植树造林，以此为祖先创造栖身之所。这样，公山封禁地在苗族地区普遍存在，从而成为维护生态环境的重要形式。当然，这样的封禁地划定和建立之初，并不一定是出于维护生态的需要，而是因为祖先崇拜的缘故，或者是社会组织管理的原因。但是，无论出于什么缘由，只要使这些封禁地打上民间宗教信仰的烙印，其原有的生态结构无一例外地受到精心维护，这为苗族地区的生态安全做出了积极贡献。

布依族祭祀的鲍尔陀和鲍更嫡均为男性始祖神。其中鲍尔陀是布依族十二卷经书的创造者，里面包括了人类生存的所有知识。鲍更嫡作为布依族的祖先，主要负责守护各布依族村寨，是布依族人普遍崇拜的村寨守护神。贵州黔东南地区还保存着布依族先民认为人死后，灵魂即离开肉体，到阴间去了，变为鬼魂，并与世上活着人相联系。尤其是祖先的灵魂与人们的关系更为密切，因此，长久以来，对祖先灵魂唯谨唯诚。布依族各家

① 李廷贵、张山、周光大主编：《苗族历史与文化》，中央民族大学出版社1996年版，第335页。

的堂屋正中都设有神龛，供放着祖先的灵位，并安置一张八仙桌，这是最神圣的地方，一般不准外人触动，也不准堆放其他杂物。

侗族祭萨，是祭祀一位祖母神，时间在每年农历正月初三或初七、二月的初七或初八。侗族先民认为"圣母"是至高无上的神，是他们的始祖母，是本族的护佑神，是神通广大的，并影响其他风雨雷电诸神的。因此，侗族先民把它奉为社稷神，各村寨均建有圣母祠或"萨坛"，对其加以虔诚供奉。贵州黎平县三龙乡还兴建了"生民圣母祠"，侗族人民还信奉龙王、雷祖、五猖等诸神，在家中堂屋的神龛里设有上述神位。

彝族先民把崇拜祖先神置于崇拜其他神之上，无时不怀着虔诚的心情来对待祖先神灵。贵州赫章县的彝族家中就信奉祖灵式的菩萨，并时时举行送菩萨的道场。彝族先民对祖先的崇拜也不限于家中去世的老人或长辈，本民族本村寨有为公众的事而牺牲的人，后人也为之立祠堂奉祭崇拜。这样，彝族常常就把英雄神灵崇拜和祖先崇拜结合在一起。

水族祭祀陆铎公（水族古文字创始人和掌管农事之神）分三次进行。第一次是在春雷轰鸣后的第二个月初，这次最隆重。用黄母鸡、猪肉及糯米饭覆盖簸箕等，鬼师念咒曰："致富的公公，你要保护庄稼，让根根吃土吃泥，尖尖成穗成果……"第二次是择吉日进行，一般是在吉日的半夜时分，在牛圈边祭土地菩萨。第三次为祭田，祭祀之后，陆铎公就会保佑五谷丰登、六畜兴旺。水族先民还崇拜田神、房门神（娘娘神）、观音菩萨、门槛神、灶王神、三界公爷等，但水族地区大都没有建立庙宇，也没有给神造型塑像。[①]

此外，布依族、侗族、仡佬族、水族均在堂屋设神龛供奉祖先。特别是侗族的很多地区，还在神龛下摆香钵，设纸木牌位，供平时早晚烧香化纸，或节日期间设坛祭祀。仡佬族有的在堂屋内设神龛，也有的在灶房内放一块木板，上贴"古老先人，地盘业祖"的字幅，表示祖先的位置，还有的以村寨邻近的某座小山作为祭祀祖先的地方。祭祀时，或于灶前默念祖先名字，或设祭坛祭祀等。

从以上贵州少数民族先民的祖先崇拜中看到，他们既在更大范围和更大规模上崇拜自然界的神灵和作为原始祖先的图腾，又在更加集中和更加突出地对祖先神灵崇拜。不难看出，自然崇拜、图腾崇拜、祭祀祖先活动

---

① 刘之侠、石国义：《水族文化研究》，贵州人民出版社 1999 年版，第 174—175 页。

不仅是贵州民族民间信仰的主要内容，也是原生态文化的组成部分，为生态平衡、社会稳定起到了一定的积极作用。

二　生态环境对贵州民族宗教文化的影响

（一）生态环境是贵州民族民间宗教文化形成的基础

自然地理环境是贵州少数民族宗教文化产生的基础和源头。在原始社会，由于生产力十分低下，贵州各民族先民们对自然环境的依赖度很高。那时人类改造环境的能力远不可能与自然的力量抗衡，人完全被大自然所主宰。加之，人们的思维能力和智力水平都十分低下，不仅尚未形成独立于自然的自我意识，还对自然界的许多自然现象不能做出科学的解释和合理的阐述。在这种情况下，人类更多地借助于幻想和想象去解释自然，解释自己与自然的关系。这就导致了对世界的虚幻反映，于是产生了最早的邻近的宗教意识。由于山区环境复杂，山高坡陡，叶深林茂，虫蝎出没，加上地质灾害、洪涝灾害，人们高度依赖于自然界。为了适应环境，获得食物，在复杂的山地环境中，不断探索出适应自然的农耕经济方式。由于没有发达的农业和畜牧业，这里的居民大多是靠水吃水，靠山吃山，所以把对自然界的崇拜放在首位。意外灾害如地震、洪水、干旱、瘟疫等，人们都会幻想冥冥之中是神灵的主宰，因而产生了很多崇拜神祇的活动和行为。由于环境的复杂性，以及不同环境下人们操持的生产方式的不同，各种图腾神祇便产生了，于是水神、山神、田神、秧神、牛神、猎神等众多的神灵信仰和崇拜代代相传。我们从贵州民族民间宗教信仰中的图腾崇拜来看，作为图腾物的对象，几乎是自然环境中常见之物，或是与生活息息相关的事物。于是，生活在水边的民族，多以鱼、蛇、龙等为图腾；从事稻作农耕的民族，多半以水牛为图腾；从事山区耕猎的民族，多半以飞禽走兽为图腾。可见，图腾崇拜在一定程度上可以反映出民族生活的自然环境，这就像是生活在草原上的人们视马和狼为图腾一样。

从另一个角度来说，贵州各族人民以各种各样的图腾崇拜，也证明了贵州山区的环境复杂，如贵州苗族大多居住在偏远山区，并多数居住在山腰或山顶。走进苗寨，呈现在人们面前的往往是房前屋后的参天古树，听到的是蝉鸣鸟叫，生态环境良好宜人，这里的生态维护与民间宗教信仰不无关系。大自然的花朵、树木和各种各样的动物，在他们的日常生活中始终具有广泛的用途,如充饥、药用、燃料等,既能充分满足他们最基本的生活需要,又与他们的生活密切相关。鉴于此,苗族人民对他们充满了感激和崇敬,或多或少地赋予他们不同的神性。于是,这些被崇拜的对象逐渐就成为他们的图腾。这些图腾很自然地被配置于圣山、神山和神林中,一并受到崇敬和维护,并因此发挥了始料未及的生态维护功效。这种情况在贵州不同支系的苗族中,具有广泛的普遍性。

(二) 生态环境与贵州少数民族原始宗教文化的地域性

首先,自然崇拜是贵州民族先民最早的原始宗教文化的主要形态。原始宗教的起点是原始的"神灵"的观,它产生于人们日常生产、生活最密切、影响最大的自然物质现象上。若是与人们的生产生活毫无关系的自然现象,人们是不会把它神化并加以崇拜的。这就是贵州民族宗教文化地域性受生态环境影响的缘故。如,苗族崇拜巨石、大树、大桥、岩洞等;布依族崇拜大山、大树、雷电等;水族主要崇拜田、土地等;彝族崇拜天地、日月、山石、水火等。各民族先民自然崇拜的对象和该民族所生存的地域关系密切,因为这些然崇拜的对象对人们的生存有实际用途,人们才去崇拜它们,这表明,人们还没有力量主宰自己命运,对自然物的崇拜,实质上就是对自然物的依赖。而且还看到,各民族崇拜的自然物是不同的,生活在山区的民族不会去崇拜海洋,反之亦然。但是,天地、日月星辰,无论哪个民族都是普遍崇拜的对象。

其次,生态环境对贵州少数民族民间宗教的发展与传播起到了阻碍作用。各民族宗教文化在相对封闭的区域内独自按规律发展,尽管它的发展速度缓慢,但这种发展从来没有停止过,最后各自都形成了一定区域性的民间宗教文化。如贵州都柳江流域的侗族"萨"崇拜,是这一区域侗族原始宗教中最为重要和神秘的内容,"萨"被当地侗族当成本民族的守护神加以崇敬,其形成和发展大致经历了三个阶段。第一阶段是纯粹的土地崇拜,侗族是一个农耕民族,土地对侗族生存至关重要,侗族先民对土地的崇拜是首要的,因而他们每到一个地方定居时,必先建立土地之神,也称为萨的神祇和祭坛,即"萨坛"反映出萨的崇拜起源于土地崇拜。第二阶段的英雄崇拜色彩和祖先崇拜色彩加重,萨被人格化地具体指为古代一位杏妮的侗族女英雄,衍生成一种含有祖先崇拜、土地崇拜、英雄崇拜成分在内的复合崇拜。第三阶段的萨被尊为至高无上的祖神,萨已是至高无上的圣祖母，在侗族里位置最高。萨崇拜的发展历程如部分历史学家或人类学家在研究人类宗教信仰过程时所发现，宗教是由最低级演进至最高级崇拜物（如大川，大山，大树之精灵），而至多神教，而至一神教（相信多神，但以一神为主），而至独神教（只信独一之神）。虽然萨崇拜并没有像其他宗教一样形成独神教，但是，萨崇拜已发展至一神崇拜的历程清晰可见，已经成为一种区域性的宗教文化现象。除了都柳江流域萨崇拜之外，其他如雷公山、清水江流域苗族鼓藏（祭祖）文化，南北盘江流域布依族摩文化，武陵山、乌江流域土家族傩神崇拜，都柳江流域水族牙娱崇拜，北盘江流域仡佬族山神崇拜，月亮山区域瑶族盘王崇拜等，这些民间原始宗教文化区域性发展的结果都受到其生态环境一定的影响。

贵州独特的山地结构不仅对民族宗教文化产生影响，也阻碍了其他宗教在贵州区域内的大范围传播。可是贵州山地所具有的特点又往往是其他宗教所寻找的宗教圣地所在。世界上大的如山川、河流，小的如岩石、洞穴，都是一些宗教寻找的神圣场所。其中以山川圣地占多数，究其原因，山川地理的高度是因素之一。人们普遍认为，神祇的居住地是为人类不可及处，如天空。而山川曾是人类唯一接近神祇的自然路径，所以山川富有神圣性。贵州的地理结构所造就的神奇山水便成了其他宗教寻觅的圣地，在佛、道教传入贵州以后，在贵州山地上出现了很多古寺名刹与道观，形成了许多有名的宗教景观，如在黔北武陵山麓形成的梵净山佛教文化圣地，便是如此。

三　内容的广泛性和图腾物的多样性

贵州民族图腾文化有着广泛深厚的内容，它与古人的生产生活、宗教信仰、心理认同、社会组织和婚姻关系等紧密相关。人类学家弗莱将图腾分为三种：一是部落图腾，即整个部落的族民皆具有相同的图腾，它们是一代一代遗传下来的。二是性图腾，在一个种族中的所有男性或女性共同拥有的图腾，它通常只包括同一性别的人在内。三是个人图腾，仅属于某一个人的图腾，它不再传到下一代。① 根据目前研究的资料来看，贵州各

---

① ［奥］弗洛伊德:《图腾与禁忌》，杨庸一译，中国民间文艺出版社1986年版，第133页。

民族图腾文化在图腾观念、图腾禁忌、图腾仪式、图腾神话、图腾艺术方面所包含的具体内容有自己的文化特色。例如，布依族有众多的图腾物，并有各种图腾禁忌、图腾仪式、图腾神话和图腾艺术等。苗族有较多的图腾物，历史上崇拜的枫木、蝴蝶、龙、鸟、犬、竹等，有的苗族地区，图腾意识还较浓厚，至今仍流传图腾神话和一些图腾遗迹。彝族等少数民族都有较多的图腾物、图腾传说以及表现图腾共体的生活习俗。

图腾作为民族的崇拜物和民族标志，常常对这个民族的文化和民族心理会产生巨大的影响。研究图腾文化，不仅是为了考证某些民族的族源，丰富世界各民族的文化遗产，而且还可增强民族间的团结。在瑶族纪念造物神的传说中，说老大为汉族之祖，老二为壮族之祖，老三为瑶族之祖；在彝族神话中，也说老大为汉族之祖，老二为彝族之祖，老三为哈尼之祖，老四为傣族之祖……这些民族的优美传说，反映了人类童年的天真，显示出不朽的艺术魅力。由此可见，这些图腾崇拜以及神话传说都是把各个民族认为是同胞兄弟，成为名实相符的兄弟民族。祖源的认同，实际上起到凝聚民族的亲和力，加强民族间团结的作用，这有利于各民族健康发展；对图腾的崇拜，是祈求本民族的兴旺发达、物产丰收，旨在维系民族的长远生存与富裕幸福。比如"龙"，它就是一个以蛇图腾为主的神化物，是人文图腾，是中华民族的象征。它是由牛头、蛇身、鹿角、羊须、鱼鳞、鹰爪、狗形等各种动物综合起来的人文图腾形象。从龙的形象逐渐转变，从简单到复杂，从不断深化的过程中，反映了古代各部落的相互兼并融合，逐渐形成更有凝聚力的华夏民族的过程。所以，今天的中国人，就直接以"龙的传人"作为中华民族的代名词。

贵州少数民族图腾物及其传说丰富多彩，有上百种以上，且同一崇拜物因环境、时代、人文因素，在不同的民族中的内涵及表现形式又不尽相同，这里选择几个流传至今并较有代表性、地域性的图腾物作简要叙述：

1. 龙崇拜

各民族共同崇拜的中国龙具有图腾的基本特征，其含义为中华民族为"龙的传人"或"龙的子孙"。龙，是各民族共同崇拜的图腾。在贵州少数民族中，与龙相关的民俗和节日更是不胜枚举。

苗族的龙崇拜很盛行，如贵州黔东南苗族地区的"招龙"，台江、凯里交界地区的苗族人认为龙是为人作善、保佑人们平安发达的灵物，所以，要举行"招龙"活动，把龙神请回来。"招龙"仪式一般选择在一个吉日的傍晚进行。苗族节日中的"拉龙进寨""祭桥""龙船节"等，都是对龙的崇拜，对五谷丰登的祈望。

侗族崇龙习俗有"二月二"，这一天要接龙，寨子里要杀一头牛，每户分一块牛肉，称为"吃龙肉"，席间还要唱五龙归位的酒歌，最后将牛角埋于地下。"三月三"，是居住在湖南、贵州、广西相毗邻的侗族同胞举行撒花祭龙女的日子。

布依族的"王龙赶祭"是贵州独山县布依族的传统节日，每年农历五月初五举行，为期一天。据说王龙村有一口龙王井，常饮此水能除百病。人们纷纷携带香烛纸钱来敬奉龙神，并且取水沐浴，以求健康。久而久之，便形成了赶祭习俗。

瑶族的分龙节（也称"祭龙节"），每年农历立夏后的两三天之内举行。人们在这个节日里祭祀天龙皇，祈求天龙皇消旱保苗。有些地方瑶族的祭龙节在农历三月初三举行。祭龙包括求谷魂、祭谷娘、祭盘古、祭玉皇、祭神农等。祭祀时要杀猪献供，猪由全寨人出钱购买，祭祀完毕由全寨人共同享用。

龙崇拜在贵州少数民族中是普遍存在的文化现象。

2. 虎崇拜

贵州少数民族中现在不同程度保留崇虎信仰和习俗的有彝、土家等民族。

彝族自古有虎图腾崇拜的习俗，虎图腾崇拜在彝族的历史传说和生活习俗中随处可见。彝语称虎为"罗"，约占彝族人口半数的一个支系自称"罗罗濮"，意思是"虎族"或"虎人"。就是说，约占半数的彝族，百姓自认是"虎的民族"。他们在举行祭祖仪式时，用画有虎头的葫芦瓢来象征自己的祖先。楚雄彝族自治州双柏县的彝族村寨，有一年一度的"虎节"，正月初八"接虎祖"，正月十五"送虎祖"。"虎节"期间跳"老虎笙"，祈福消灾，合族同乐。在当今的彝族人民生活中，大量存在着崇虎的习俗，彝族的建筑、服饰、民间工艺品中虎的图案随处可见，虎图腾崇拜的遗迹所在皆是。

在彝族人的其他居住地点，还有很多以虎命名的山冈、水流和村寨，彝族人将虎神作为心中最灵验、最崇高的神，希望虎神保佑他们称心如意、平安吉祥，甚至把自己、家庭、家族的幸福都寄托在虎神的护佑下，这显现出虎崇拜思想已经深深地植入到每个彝族人的脑海中，而这种独特的图腾崇拜文化也成为中国民俗文化中的一朵奇葩。

土家族属远古羌戎的一支——巴人的遗裔。其先民自古代巴人以来，便有崇拜白虎的习俗。历史上也早有记载，《后汉书·南蛮西南夷列传》载："廪君死，魂魄世为白虎。巴人以虎饮人血，遂以人祠焉。"土家族的祖先巴人认为廪君死后化为了白虎，把白虎当作自己的祖先和保护神来祭祀和崇拜。① 相传，在洪水时代由于人们得罪了天神，上苍降洪水淹没人类，唯有罗氏兄妹（有的又称伏羲、女娲）二人，因得天神帮助，躲进葫芦幸免于难。今天的人类都是此罗氏兄妹二人的后代；土家族地区保留的扒旱船以及船里供奉的罗神爷、罗神娘，就是纪念再造人类的罗氏兄妹。传说中罗氏兄妹之"罗"，以及扒旱船里供奉的罗神爷、罗神娘之"罗"，就是土家族对虎称呼的"利"。"罗"和"利"系一音之转。由此可见，土家族先民是以虎为图腾。在土家族心目中，白虎是力量和胜利的象征，是英勇善战、战无不胜的代名词。土家人崇拜白虎，形成了勇敢尚武的民族精神。至今，"在土家族文化深层中，勇敢仍是民族精神的主线"是相当有道理的。②

3. 牛崇拜

贵州各民族都是山地农耕民族，和牛的关系密切，所以人们还把牛加以神化。一些民族视牛为神灵，以牛为图腾，崇拜它，祭祀它，就不足为奇了。所以牛崇拜，在贵州少数民族中较为普遍。

侗族人有祭牛神的节日，每年农历的四月初八，或六月初六，让牛休息一天，并用鸡、鸭等祭品摆在牛圈边，然后焚香敬祭。有些地方侗族人还特别做黑糯米饭喂牛，他们称之为"祭牛生日"。

生活在贵州省遵义、仁怀一带的仡佬族人，每年农历十月初一还要举行牛王节，亦称"敬牛菩萨""祭牛王"，照他们的话说，是"给牛做寿"。届时，他们给牛披红挂绿，放鞭炮，以示庆祝，或是把糯米粑挂在牛的两个角上，让牛从清澈的水中见到自己的身影，再取下糯米粑喂食。而后让牛休息一天，用最好的精饲料喂养，以酬谢牛的终年辛劳。

4. 火崇拜

中国很多民族崇拜火，尤其对发明火的燧人氏更是顶礼膜拜。燧人氏

---

① 黄柏权：《土家族白虎文化》，中国文联出版社 2001 年版，第 213 页。

② 同上。

发明火，给人类带来光明、带来温暖、带来幸福，所以许多民族崇拜他。火神最基本的一个职能是给予人们温暖、光明，这也是火的基本自然属性转化为神性的体现。火能使人温暖，供人烹煮食物，帮助人进行刀耕火种、制造工具等生产活动，所以，火神的职能和神性也在火的自然属性的基础上不断外延，日益丰富。在许多民族的生产和家居生活中发挥出极大的威力，在他们的精神世界里占据了十分重要的位置。

川滇黔交界的彝族人，认为锅灶就是火神的处所，严禁人畜跨越或踩踏。特别是农历六月二十四的火把节，彝人敬火更加虔诚。每当这天夜晚，彝民皆以松木为燎，先在家中各处照耀，然后持火把挨家挨户走，边走边向火把撒松香，以驱逐村里的邪魔鬼蜮。而后大家手持火把，汇集在村头、寨道、坝上或广场，举行火把晚会。人们燃起千百支火把，在松林田间、村前寨后奔跑，千百支火把在田野山村游动。寂静的山村，忽然间似繁星坠落，如渔火闪烁，像火蛇、似金龙，火光照亮山坡，形成灿烂耀目的火海。

5. 树崇拜

在原始人看来，宇宙万物都是有灵性的，树木也不例外，因此必然对树木产生神秘感、亲切感。在贵州的彝文典籍《西南彝志选》中"恒氏源流"记载其"创业兴家"的过程是：靠松树创天/靠柏树创地。有鸿来兴土/有雁来兴地。其中的松、柏、雁，即是当时图腾的名称。

苗族人信仰崇拜枫树，在苗族古歌里，他们对枫木进行了极具功利价值的神化，并肯定其与苗族有着直接的血缘关系。古歌中描述了天地生枫木，枫木生出蝴蝶妈妈，蝴蝶妈妈生出了姜央（人类），然后才有了苗族，才有了人类的情景。雷公山的苗族村寨曾在建房立屋时习惯用枫木作中柱，他们认为，枫树能生人，用作中柱，子孙才兴旺。当你来到雷公山苗族村寨，只要留心就能看到寨头寨尾、井边、路旁、离寨不远的山垭口上都有苍劲的老枫树，有的苗寨四面都围绕着高大的枫香树，整个村寨深藏在茂密的枫林之中。苗族人千百年来，把枫木当作图腾树加以崇拜，他们认为，枫木是神树，能保佑平安，繁殖后代，使氏族兴旺发达。

布依族在黔西南安龙县境内的纳拿和者棉之间，有一块十亩见方的小土丘上长着一种树，当地称它为"毛杉树"。每年农历三月初三，当地的布依族人还要过一个传统节日，叫"赶毛杉树节"。相传，在南盘江边有一布依族村寨，寨里有一个叫杉郎的后生，爱上了邻寨一个叫树妹的姑娘。正当他们要成亲之际，山上的魔狼抢走了树妹。杉郎大战魔狼，救出了树妹。但魔狼又变成许多"蚂蚱"（蝗虫）来糟蹋庄稼。树妹为了村民的安全，用生命保护庄稼。她一连唱了二十七天的歌，害虫随着歌声消失了，但是树妹也累死了。第三天，杉郎也因失去亲人悲伤而死。不久，在杉郎和树妹的坟上长出了杉树，当地人称这些树为"毛杉树"。从此以后，布依人就在杉郎和树妹去世的日子（农历三月初三），以举行歌会的形式来纪念他们。

综上所述，贵州自然生态环境决定了贵州民族宗教文化的特点与属性。自然生态环境是贵州民族原始宗教产生的基础，自然生态环境的复杂性决定了贵州民族民间宗教文化的多样性，自然生态环境的封闭性使贵州民族民间宗教文化呈现出区域化的特点。

民族民间宗教信仰是一种历史现象，民间宗教在中华文化中有特定的位置，其复杂多样的神秘性特征保持至今。原始宗教信仰的起源与继承和发展有关，它与社会制度的变迁有关。它构成了千千万万底层群众的笃诚信仰，影响着各个地区的民俗习惯以及大众的思维方式、生活方式、道德准则等传统。而宗教信仰是迄今世界上任何一个民族都尊奉的一种社会意识形态。但是，由于各个民族的社会历史发展的不平衡，其宗教信仰也出现了非常复杂的情况。然而，根据社会调查和翻阅历史资料来看，在许多少数民族中，原始宗教文化仍作为历史遗存和变异了的宗教意识形态，活生生地留存在社会生活的方方面面。

四　田野调查手记

拜访一位布依族寨老

老堡寨坐落在山水环抱的贵州省龙里县三元镇永安村，寨中有73户人家，都是布依族。春意盎然的四月，我们在县委宣传部陈副部长的陪同下走进了老堡寨。今天是2006年4月7日，虽然不是任何节日，但寨子里的村民们在村口又是唱山歌，又是请喝"拦路酒"，热情洋溢地欢迎我们的到来。来到田野旁的一个大场坝，采风组一行人就与村民们畅谈着，一派热闹景象。田里一个老人正在耕地，"驾驾"地挥鞭赶牛，犁耙过处，泥浪翻滚，油菜花在阳光下犹显灿烂，蝴蝶成群地在上面盘旋。村寨里整洁的院落、民居基本是砖木结构，油漆的木门都敞开着，干干净净的石板小道，在温煦的阳光下有一种令人心旷神怡的爽快。

伴着铃朗清脆的山歌声，我随寨老来到了他的家，院门的门楣上斗大的"岚浮山馆"四个大字，一副对联"不求金玉重重贵，但愿儿孙个个贤"显现出主人家还是颇有些书香气的。我跨进了石板做成的门槛，门没锁，他手一推，吱呀一声就开了。进了石板院子，右手边的畜厩里两头猪被惊醒，叫了两声，重又懒洋洋地躺回去。抬头一眼望见堂屋上悬挂着的"福禄寿喜"四个大红灯笼、斗笠、雨具和堆放的柴草，有种奇异的美。寨老家的房子和村里的其他人家比较，略显富丽与高贵，两层三间，堂屋里有个神龛样的东西，并不供着任何神像，但地下有些残余的香纸，两边贴着副对联，已经看不清字迹了，上面又密密麻麻写满了毛笔字。寨老说那是他自己陈设的神坛。进了院子，他搬出凳子给我坐，然后跟我交流起来。

他叫陆光星，77 岁。我刚问他做寨老的性质，他就跟我说，是宗教，是布依族的宗教。他的女儿在一旁插话"我们家几辈人都是寨老，一般寨老都是读书识字的，寨里的男女老少，大事小事都来请教他"。老人说他从前小的时候长辈就请了家教，后来又到贵定县城"应钦中学"读书，毕业后当过教师。年轻的时候还背得三字经，现在年纪大了，记不全了。做寨老是代代相传的。"我想一下啊，太公，太太公，哎，不晓得了，我家是第一家到这里的，算起来有300多年的历史了"。听陆光星老人说，自己是家传第12代了。原来的寨老是很辛苦的，自己十多岁就跟随父亲走村串寨做事。老人说起来难免有些艰难之感。"脚底起泡是常有的事，时间长了，还长老茧。"他咧嘴一笑。但从前也并不都是起早摸黑的辛苦回忆，更多的还是布依族古老文化时代的辉煌。老人眯起了眼睛说："以前寨里的大事都要请寨老，那个热闹啊。"

坐在炎炎的阳光下，我突然问寨老："求不求雨呢？"我想象着他挥舞经轮在太阳下念念有词的样子，然后大雨倾盆而下，众人欢呼。他说："当然要求。"便没了下文，我又追问："那现在呢？""现在，都用上自来水了，谁还求啊，是不是！"老人笑了笑说，又递给我一杯水和一个苹果。

　　我并未从这个脸上刻满皱纹、略显老态的老人那里得到任何精彩的仪式的描述。他不是一个不善言谈的人，也不渲染他所经历的仪式的神秘。他只是略带着一点骄傲述说他的经历，比如"会喜神"（婚事中的一种仪式）"三月三""四月八""六月六"。他都是主角，都是仪式的灵魂。我期待着他能够以一种神奇的语言去讲述一个布依族寨老的种种庄重和神秘，但没有，他仅是一个仪式的执行者，而不是一个故事的讲述者。他不认为自己有向外界渲染永安村老堡寨的神秘的义务。各种经文和仪式的动作都是长辈言传身教相传的，有的时候他主持仪式时的经文是自己写的。讲到这里的时候，他还念起了一段婚礼的经文给我听："……新郎新娘戴胸花，也许新人花结缘，郎才女貌样样亮，好事天边燕一双。双双结媒来拜祖，结成一对秀鸳鸯，一拜天长地久，二拜地久天长……绫罗绸缎穿盛装，拿在新人头上搭，秤杆拨开乌云坝，现出一位美姑娘……"我称赞他写的词好，特别音韵更好（布依语音），他微微一笑说："其实布依族中说唱内容是很丰富的，有山歌、情歌、古歌、礼俗歌，还有……"难怪我们一进寨子，村民们山歌唱了一曲又一曲，现在门外还在唱个不停。老人介绍，每到布依族民俗节日祭天祭神都要唱古歌。"我还记得很多古歌，唱一小段《造天造地》你听听：'从前创造的东西很多，从前编造的东西不小，阿敬和云创造泥土，造出泥土才生长秀树，秀树长得实在高，一枝遮蔽太阳，一枝去挂云片，这样才成了天。造石山去杂在土山中，造土山去杂在岩山中。造棵桠树和茅草，树木茅草很茂盛，造些山冲和坝子，造些山谷和坳坳，造凉亭守望着荒野。'"我一边听一边惊奇不已，这古歌词比兴皆有，若非他念唱的时候以其特有的念唱古歌的音调，还以为是民间说唱诗人之作。虽然音调并不高亢，但依然流露出这位建寨之祖的后裔对本族文化的崇拜。神话和传说和现在的场景是以一种奇怪的方式混合在一起的，充满了民间文学的意味……虽然他的叙述毫无慷慨之气，但他的神态却别有韵致使人耳目一新。

　　看着他家墙上的照片，我想象得到，他穿上主持仪式的装束时的模样：阴丹蓝的长袍、黑色的背心、黑色的礼帽，当最后吹起铜号的时候，这小小村寨的布依族老头，浑身上下散发着异样气质。我仿佛已经听到铜号吹响了，看到他主持仪式的表演，飘舞的长袍，轻盈的步伐，手持拄杖，特有的念唱音调令这祥和静谧的寨子有种难言的韵味，他仿佛一个人就营造了一个世界，充满了寓意。当问及作为文明新村的寨老，还有哪些想法时，从他的言谈中，体现出布依人的观念和境界，他认为：寨里只要是人人吃得好，穿得好，人人都安居乐业，国家没有战争，邻里没有纠纷，就是他心中的理想社会了。多么朴实又现实的想法，正好回应了当今构建"和谐社会"的理念。院墙上赫然醒目的对联："喜气长流朴素家，福星高照勤劳宅"，横批："乐我田园"正是这位主人心境的真实写照。

　　拜访结束的时候，问及他的孩子是否还接他的班，他说不了，是命数，他五个女儿，有三个大学生，两个当老师，各有各的事业。

　　离开老堡寨时，全村的人都一路欢送，我上了车，寨老的身影也很快在我的视野中消失了。不过，他那随风移动的步伐以及布依族文化宗教礼仪，却长久地留在我的记忆里。

2006 年 4 月 7 日记

尧上多闻鸟鸣声

　　一到石阡就听说，依偎在包溪河畔的尧上仡佬族文化村，青山丛林，鸟鸣村幽，宛若仙境。3 月 12 日一早，我们从贵州省石阡县城出发，37 公里的路程不到半小时就到了尧上。天空中正飘洒着濛濛细雨，说是雨又不像雨，倒更像雾，雾霭朦胧。雨气搅和着雾气，在四周的山峦林间升腾，隐隐约约勾画出山的浓淡，林的疏密。迎接我们的不是鞭炮声、锣鼓声，而是音色不同的鸟鸣："叽叽""嘎嘎""啾啾""啁啁"……时而高昂亮丽，时而圆润如珠，时而窃窃私语，时而不停啁啾。忽远忽近的鸟鸣，奏出美妙的春之曲。此刻，我已实实在在地感受到自然的节奏和韵律，实实在在地成为"画中人"。

　　来这里前就听说尧上仡佬人深居山林，崇尚自然保护。果然，名不虚传，这里居住地植被完整，林木参天茂密，溪水清澈；村寨里石巷、石墙、石缸、石磨，吊脚楼、雕花格子窗、池塘田垅，一切都古朴自然。村广场正中央，是一只口衔灵芝、站在葫芦上展翅的神鹰，据寨中小邓姑娘介绍，这是仡佬民族的图腾"葫芦鹰"。怕我们不理解，她又补充道："就像苗族崇拜牛，彝族崇拜虎一样，我们尧上仡佬族对鹰以及所有的鸟雀有着一种特殊的情感。"她说：每年农历二月初一，是尧上最重要的"敬雀节"，每家每户都要做糍粑，宰杀猪、牛、羊、马四牲祭祀神鹰。除此以外还要上演本民族特有的艺术节目：舞毛龙、跳傩戏、敲锣鼓、演木偶戏、茶灯戏等。在锣鼓声和牛角号声中，身穿法衣的仡佬族人口念祭词，祈求神鹰保护新的一年风调雨顺、五谷丰登、人畜平安、家业兴旺、合寨吉祥。

小邓姑娘热情洋溢的讲解，也引来了不少的村民，经村里人七嘴八舌的演义，我才知道，关于"敬雀节"的来历源于一个古老美丽的传说：在远古时代，有一年，佬族人的居住地连续下了七七四十九天的大雨，洪水暴发，淹没了村寨，突如其来的瘟疫迅速蔓延，人们面临灭顶之灾。为了不致全部灭亡，人们将一对男女婴儿放在一个大葫芦上，顺水漂渡。突然，洪水翻腾，葫芦随时都有被淹没的危险。这时，一只神鹰展翅飞来，在惊涛骇浪中，站在葫芦上保佑婴儿。终于，这对婴儿平安到达岸边，被一浣纱女子搭救，抚养成人，繁衍了仡佬族子子孙孙。这一传说在东晋《华阳国志》上有明确记载。为了纪念挽救他们于危难之中的神鹰，并表达对神鹰和祖先的纪念和崇拜，仡佬族视"葫芦鹰"为图腾，进而崇拜与鹰同类的所有雀鸟，对它们禁杀、禁食或禁止触摸。"敬雀节"这一天，村里人还会把画有雀鸟图样的糍粑放到山上的树枝丫上，鸟雀见到后纷纷飞来啄食。喻示求得神鹰和祖先的保佑，来年风调雨顺、丰收吉祥。此活动世代相传，延续至今。同时仡佬族还崇尚保护雀鸟生息的山林。于是从古至今，仡佬族居住地山林茂密，生灵兴盛。

《华阳国志》是一部专门记述古代中国西南地区地方历史、地理、人物等的地方志著作，由东晋常璩撰写于晋穆帝永和四年至永和十年（348—354 年），约 11 万字，记录了从远古到东晋，体制完备，内容丰富，考证翔实，史料可靠，是研究古代西南地方史和西南少数民族史以及蜀汉、成汉史的重要史料。带着神话笼罩在心头上的神秘，我们又沿包溪河进入村南端佛顶山脚的峡谷。这里石路弯弯，古松挺秀、浓荫蔽天、植被苍苍、河水清澈、潺潺流水，鸟声和水声合奏出春天的旋律，而春天的旋律里，谱写着人与自然和谐的交响乐章。

"近林知鸟音"，小邓姑娘介绍，尧上的鸟类很多，鸟鸣声也随四季的变化而变化，柳枝冒出绿芽时，是燕子的鸣叫声；桃花红的时候，是黄鹂的鸣叫声；稻子黄了，是阳雀的鸣叫声。至于参天樟树上的白鹤、柳枝头上的喜鹊、田垄上的布谷、蓝天上的云雀……都充满了诗情画意。久居城市，鸟鸣声似乎变得淡漠和遥远，偶有所闻，也是笼中之鸟那无可奈何、强作欢颜的啼叫。而现在我听到的，却是各种鸟儿自由自在的纵情欢歌。踏着青石古道，我深深地呼吸透过树丛吹来的清风，聆听枝头飞落的小鸟的声声歌唱，置身于这样的环境，我已被这景致，这水声，这鸟韵，这雾霭所融化。仿佛自己也变成了一只轻盈的鸟儿，进入了回归自然、天人合一的境界，一种愉悦的情绪便油然舒展开来。

"护树爱鸟，就是爱护地球和自己。鸟声相伴，享受的是平和安静与融洽，所以村里人从不掏鸟窝。"小邓姑娘告诉我。

"那你们不嫌鸟越来越多吗？"她笑盈盈地回答："鸟越多越好，鸟鸣越多越养心嘛。"

尧上鸟鸣，不仅使我品味到人与鸟和谐相处的诗意，更为仡佬人爱鸟爱自然的行为深深感动。在我们地球文明的历史演进过程中，鸟儿总是伴随人类的心路历程留下亮丽的倩影。正是这些大自然的精灵，用充满诗情画意的鸟鸣，无私地为人类咏诵着生命的礼赞。鸟儿给不无缺陷的人类，不知带来了多少温馨和慰藉！以鸟为侣，人鸟相安，并非只是一种万物共存共荣的自然生态，同时也是一种拓展人类心灵空间的文化生态。在中国文化中，人与自然是一个和谐的整体。对自然的挚爱和心灵的回归、源于人的生命本性使然，也是人性中最真诚、最本真的一部分。尧上仡佬人与鸟类和谐相处带给我们的，正是这样的深长回味。

不知不觉几个小时过去了，就到了返程的时间。我真的希望时钟慢点，再慢点。

再见了，尧上，我还会来的，来这里养心，来这里洗肺。

鸟儿仍在说话，在唱歌。在尧上的树丛中、屋檐下，叽叽呖呖，啾啾啁啁，时而清脆，时而委婉，时而低回，时而高亢。悦耳的鸟声动人心弦，沁人心脾。似叮叮咚咚流淌的溪水，似轻风拂过水面荡起阵阵涟漪，更像是对美好生活的一声声吉祥的祝福……

这天然的生命的乐章，不仅为我们今天的生活增添了和谐的颤音，更净化了我们的心灵。

我爱尧上崇拜雀鸟、热爱大自然的民风，更爱听那悠扬婉转的鸟鸣。

2009 年 3 月 12 日记

龙舟竞渡前的祭龙仪式

龙是中华民族最具象征意义的图腾，祭龙又是一种广为流传的民族民间祭祀活动。在中国民间的各种节庆场合、赛龙舟，都要举行祭龙仪式。麻江县的苗族至今就还在延续着古朴而又隆重的仪式——祭龙。

2009 年 7 月 29 日，我有幸参加了在贵州省黔东南州麻江县下司镇秀丽的清水江畔举行的"全国少数民族龙舟暨独竹漂邀请赛"。上午 8 点多钟，清水江两岸身着各民族服装的男女老幼，潮水般涌来，一场苗族祭龙仪式即将开场。

龙作为水神，正好与五行中的"水生木"之说相合，谷物为植物，属于五行之"木"，故业农者必祀水神，稻作民族更是如此。龙是雨水的象征，是吉祥的象征，祭龙就是祈雨。龙作为图腾，是地位最高的神，也代表了祖先，从这个意义上说，祭龙又是祭祖。请求祖先赐予力量，战胜灾害，保佑人们风调雨顺、五谷丰登。祭龙作为一种原始宗教祭祀活动，在一定程度上反映了各民族的文化传承和习俗、信仰等观念。

随行的县政府秘书小龙介绍说，在下司古镇，除了清明前后的祭龙（水龙）仪式，麻江县苗族还会在农历五月端午祭龙，这是他们生活之中最盛大、最隆重、最神圣的带有民族民间宗教色彩的传统活动。这些活动中，人们不仅可以看到苗族人民独具特色的祭龙文化，更能看到他们对美好生活的追求和向往。

专为今天的祭龙仪式而搭建的祭龙台设在主席台的右前方。台上摆放着猪肉、鸭、糯米饭、一坛酒，甚至还有几根约一尺长的木柴等祭品。一位主祭师着苗族盛装，手持绑有葫芦的木柱，威严地站立在祭台中间，两男两女着苗族盛装分站祭龙台两旁；近百位着民族盛装的男女老幼组成的古乐队分站在主席台两侧，让人感到既神秘又神圣。9:30，浑厚凝重的苗族古歌声响起，主祭师宣布祭龙仪式开始。之后，现场的人们跟着主祭师的口令三拜龙头："拜，兴；再拜，兴；三拜，兴。"

古歌声在人们完成三拜后暂停，祭龙现场安静而肃穆。主祭师高声吟诵祭词，大意是："今天是个大吉大利的日子，是龙来送宝的日子，是龙来送喜的日子，带着长寿来给我们大家分享，给各位来宾和家人带来喜福安康的日子，让我们老少吃得饱，穿得暖，年年都有好收成，更祝福我们苗家儿女聪明又漂亮，老人要健康，活到120岁，让我们的生活比上辈富，比上辈好，越来越好。"

小龙介绍说，在下司能担任"主祭师"的人必须具备以下几个条件：第一，必须是村里50岁以上的男人；第二，必须是村里德才兼备，有一定威望的人；第三，家里必须要有妻子，如果妻子逝世或离婚的，也不能担任"主师"一职。

诵完祭龙词，主祭师拿酒、糯米饭等祭品给大家吃喝。并对诸师说："今天我老祭师要在这里号召所有的山神、地神、龙神、祖神来相聚，大家来吃，大家来喝，吃饱喝足后还得保佑我们来年风调雨顺，身体健康，幸福安康。"说完，角声阵阵，鼓乐齐鸣。两位手持大刀，英武俊朗的男子则载歌载舞，围着祭台绕三圈。之后，一位师傅将公鸡抓起，手起刀落，将鸡血滴到六只碗中。碗里分别放了一支崭新的毛笔。主持人请出省领导及来宾用鸡血为龙舟"点睛"。霎时，鞭炮声声、锣鼓齐鸣，龙抬头、龙出洞、龙摆尾，龙尾相衔，一条条水龙舟、彩龙舟、火龙舟簇拥在主席台前方，蓄势待发，整个江面成了"龙舟"的海洋。

约10:30，一场别具特色的水上歌舞表演之后，主祭师宣布："恭送龙头。"霎时，鞭炮齐鸣，锣鼓喧天，接受点睛的龙舟在人们的注目中离开祭祀现场，随船划向江心。接着，芦笙悠悠、芒筒声声、古韵阵阵、礼炮齐鸣，天空中七彩烟雾腾跃、奋飞，仿佛是群龙聚会，将祭龙活动推向高潮。清水江两岸人群熙攘，村民扶老携幼，呐喊助威，呈现一片欢乐的海洋。

至此，祭龙仪式结束，龙舟赛开赛。

随着一声令下，几艘红底金鳞的龙舟率先跃出，在碧波荡漾的江上划出了长长的水线。岸边旋即爆出一片叫好声。龙舟健儿在龙神威力的感召下，雄浑粗犷的吆喝声混合着桨声、锣鼓声，响彻云霄。龙舟奋力划过，掀起串串浪花，煞是壮观。

"划龙舟，短途讲究的是拼劲，长途讲究的是耐力，都需要勇往直前，每次看龙舟赛，我都很受鼓舞。"小龙说，在麻江人眼里，龙舟赛前的祭龙是祈雨，更是一种"激励"……我的目光紧追着龙舟，心潮却伴着碧波起伏，在各人眼里，几百米直道竞速赛有着各自的解读：或是民族精神的认同，或是文化根脉的追溯，或是美好明天的希冀，祭龙、祈雨、激励、不忘祖，一个个深情的词汇，因为承载着民生宏愿，而饱含了生命的汁液。

中华大地是龙的故乡、龙的家园。龙文化广泛地渗透到社会生活的各个方面。人们通过祭祀祈祷召唤龙的神灵，显示龙的威力；通过歌舞、竞技，禀赋龙的神性，焕发龙的精神，弘扬一种纵横江天浩然宇内的民族大气。

龙是一种内涵丰富的文化符号，是中华民族的一个象征。下司古镇观祭龙，不但将我带回到早期的农耕岁月，更让我感受到一种精神的振奋……

啊，中华大地，我至亲至爱的祖国，我魂牵梦绕的东方巨龙！面对你的腾飞，你的日新月异，面对你960万平方公里的九龙照壁，我昂奋、我自豪，我以一个龙的传人的诚挚，放声歌唱：

　　　　　古老的东方有一条龙，它的名字就叫中国。
　　　　　古老的东方有一群人，他们全都是龙的传人。
　　　　　巨龙脚底下我成长，长成以后是龙的传人。
　　　　　黑眼睛黑头发黄皮肤，永永远远是龙的传人。
　　　　　……

2009年7月29日记

枫树与苗族图腾崇拜

也许，人类的祖先（中国有有巢氏）是从树上走下来的，在那远古的原始社会时期，树可以遮风避雨，可以钻木取火，可以观测日出日落，树叶可以用来蔽寒，果子可以充饥。从某种意义上说，一棵树就是人类的生命居所。所以，宗教的故事，往往从树讲起。《圣经》故事中，开篇就有一棵生命树，一棵善恶树。而基督教文明形成的民俗则是过圣诞节，而且总得在家里弄棵圣诞树，反映了万物枯萎的季节，人人家里要"种"树的一种向上精神。

在中国，有的古老民族中就有树图腾崇拜，苗族也有树图腾崇拜。我曾到黔东南州雷山县郎德镇走了四五个村寨，看到村里的高坡地带都有一棵大枫树。当地人告诉我们，这是一棵护寨树，每当逢年过节，是村民祭祀的地方。

郎德镇也利村碧勾寨是向导李国章的家乡，也是我们这次采风的重点。

碧勾寨背后是绵延数十里的雷公山山脉，它是千百年来碧勾寨的忠实靠山。雷公山山脉散落着群星般的苗族村寨。踏着一条条山道，深入那带有浓浓苗疆风情的村寨，如果你带着勤劳者在土地上挖金子一样的干劲，一样的虔诚，去挖掘这方土地的历史文化，便会发现树图腾崇拜与苗族的渊源。就拿碧勾寨来说，白枫树是图腾。人们把某种动物和植物作为崇拜对象，相信与这类动物和植物有密切的关系，当遇到不测，图腾就会保佑他们。人们也竭尽全力表示对图腾的敬重，于是，就形成了树图腾崇拜习俗。

这次采风的向导，是中国民族苗族文化雷山研究中心的李国章老师，这位苗族文化的传人，读过大学，他天生有好的记性，我对他能记住那么多的苗族民间传说，民歌、山歌而感到惊讶。这是与生俱来的一种感情，一种溶于血液中的苗家人对本民族文化的尊重与守护。

李老师谈起碧勾，豪饮了一碗自酿的米酒，脸上充盈着自豪。他为我们讲述了一个个非常动听而有趣的故事：古时候有一个叫"相先娄，把告养"的绝嗣鬼师，一天，他在大枫树的树洞中发现蝴蝶留相、榜相两姊妹（现在通称为妹榜、妹留），和水上的泡沫"游方"（恋爱）怀孕后生下12个蛋。并于12年后，孵出了苗族的始祖姜央、牛、蜈蚣等12个兄弟，从此天下便有了人和动物。因为"蝴蝶妈妈"生于白枫树之中，所以，枫树就是苗族崇拜的神树。苗族人视姜央为远祖，供奉"蝴蝶"为祖先，种植枫树保佑村寨安宁、子孙繁衍、五谷丰登的习俗延续了千年。在今天黔东南的部分地区，还有"扫寨"习俗，祭祀的就是"蝴蝶妈妈"，枫树也成为苗族文化中很重要的图腾造型。这个故事，苗族古歌里也唱了。

我想，与其说李老师讲的这个故事是在探索"我们从哪里来"这样一个命题，不如说是苗族先民对生命的一种感悟，一种升华，一种对大自然的热爱。

李老师说，是那棵白枫树成全了蝴蝶与泡沫的良缘，为了纪念"蝶母"居住过的那棵树，于是，就把白枫树作为吉祥的象征，一种崇尚生命的象征，作为一种生命的源泉来崇拜和祭祀。

借着酒兴，李老师给我们上了一堂苗族树图腾崇拜教育课。我们大家都亲切地称他为"李领队"。领字既有"带队"的意思，也有"领悟"的意思。

确实，在苗族人看来，树与村寨是分不开的。每村都有一棵古朴、苍劲的护寨树。是先有树，苗民才选择这里作为祭祀地方；还是先选择祭祀地点，后栽上这棵护寨树？谁也无法回答。总之，这棵枫树早已是苗民心中的灵魂，他们生活中的一种精神支柱。

这天是个吉祥的日子，2009 年 12 月 26 日，我们有幸亲自参与了种植白枫树的整个过程。虽然村里年轻人大都外出打工，种植白枫树的仪式还算隆重。正午时分，虔诚的村民便开始举行祭祀仪式。首先是烧纸、鸣炮，然后由主持仪式的寨老和鼓师吟诵祭词，大意包含两方面的内容：一是陈述心愿，说当天是良辰吉日，大家来种树，愿老祖宗赐予幸福，给予智慧，给予力量，保佑全村平安，六畜兴旺，五谷丰登，心想事成，万事如意；二是表述对树的崇敬，树是生命的象征、幸福的象征，不允许任何人破坏树木、破坏生命，否则不得好报。之后，种下幼树，寨老在枫树旁杀只公鸭（苗族人祭祀用公鸭代表吉祥，代表祝福），把公鸭血一滴一滴地涂抹在铜鼓和枫树上，其余的血全部滴进大酒碗中。寨老先给刚刚种上的枫树敬上一碗酒，然后每人分一盅酒一饮而尽。随着浑厚铿锵的铜鼓声、悠远深沉的芦笙响起，村民们一个接一个围绕刚刚种植的枫树形成一个圈，且歌且舞，默默地祈祷。我们一行人都被他们的这种真诚所感动，也情不自禁地加入到这旋转的圈舞中，手拉着手，周而复始地旋转、旋转……

这古老的习俗、旋转的舞蹈，把一个民族的感情联系在了一起，把一个民族心中的神圣和山水联系在一起。带上一份真诚，追逐希望，憧憬明天。

人类在很长的历史时期内对世界的认识是模糊的，自己从何而来？一直是探索的命题。有关人类起源的神话很多，这些神话虽然牵强附会，但其中糅合了许多远古的历史和图腾文化，对后世有重要影响。生命来源于树木或动植物混杂这样一种说法，反映出人们图腾崇拜和生殖崇拜观念。记得德国著名作家赫尔曼·黑塞在《流浪》中写道："树是那些明了如何向它们倾诉，如何聆听它们，了解真相的人最好的避难所。它们不宣扬学习和戒律，它们生机勃勃地诠释着最古老的特殊的生命法则。"苗族人的树图腾崇拜就是一种特殊的生命法则，就是苗族人崇拜自然、崇尚生命的理念。

2009 年 12 月 26 日记

森林拥抱的乌流寨

乌流寨属贵州雷山县郎德镇，有 200 多户人家，1000 多口人，全是苗族。由于半隐半现于森林和山崖之间，这个古老的寨子虽不壮观气派，却因为它的遮掩叠藏而产生更多的诱惑。寨子周围的山上全是茂盛的原始森林，我们穿行于树林的边缘，或登上高高的山冈，却始终没有能够尽览寨子全貌，因为几乎所有的视角都有林木的遮挡。

乌流寨人崇拜树木的传统由来已久，据说很久以前，苗族先民是因为躲避战争才被迫进入这深山密林中的。他们在森林的保护下，在林中狩猎和采集并开垦梯田，从而生存下来。山上的林木有高有矮，有粗有细，乔木、灌木、竹子都有。杉松是最多的，它高大挺拔，排列整齐；香樟树粗大雄壮，发达的根系暴露在岩石上盘根错节，枝叶遮天蔽日，大有王者之气；古榕独居一方，枝叶繁茂而又沧桑在目。其他叫不出名字的树木放眼一望也有数十种之多。在李国璋向导的带领下，我们在树林与山壑之间穿行了约两个小时，到达一个叫干南友冲的山涧，目睹了上亿年前的恐龙脚印后，来到乌流村时，天已经渐渐黑了下来。

村中高坡地带有一大片平坦的空地，用鹅卵石镶嵌得较为平整，周围都是高大的树林，显然这里就是村委会主任文易德说的芦笙坪了，寨子里重大的活动都在这里举行。听李国璋介绍，2009 年 11 月 27 日至 12 月 19 日，也就是十来天前，这里就举办了十二年过一次的"鼓藏节"。12 月 1 日，鼓藏队在鼓藏头的引领下，从寨子藏鼓的木屋里把木鼓抬出放在寨子的芦笙场，各家各户带来糯米饭、鱼、米酒等祭品祭鼓后，鼓藏队员每人手端酒碗围着木鼓边跳起木鼓舞边喝酒等。第二天，鼓藏队又在鼓藏头的带领下抬鼓进入寨子，村民在村道上摆上拦路酒和燃放鞭炮迎接，鼓藏队一路敲击木鼓、吹奏芦笙走村串寨，然后，抬鼓进入鼓藏头家进行祭祀，并和村民在鼓藏头家吹奏芦笙，跳起木鼓舞，场面非常热闹。"鼓藏节"是黔东南苗族同胞最隆重的祭祖仪式，已被列入国家级非物质文化遗产名录。12 月 19 日那天，来自四乡八寨的苗族群众和各地游客数千人汇集乌流村芦笙坪，千人齐跳木鼓舞，欢庆鼓藏节。

乌流鼓藏仪式是目前雷山县鼓藏文化保存较为完整的地区，我们在乌流小学"藏鼓屋"里看到的木鼓就是用枫树掏空制作的黑鼓和楠木掏空制作的白鼓，是专门用来祭祀母系氏族社会和父系氏族社会苗族的两大始祖蝴蝶妈妈和姜央的。乌流人认为，木鼓是祖先灵魂居住的场所，敬鼓、祭鼓、跳木鼓舞的仪式能和祖先融为一体，从祖先那里获得安慰和力量；通过木鼓舞凝聚民族精神，通过木鼓舞振奋民族精神。时不凑巧，现在我只能面对芦笙坪的空旷去想象那鼓声阵阵的热烈场景和震撼场面。

在森林的拥抱之中，山寨民居疏密不均、高低错落地散布在向阳的山坡上。文易德的家住在半山腰上。沿着长满野草的土径和生着层层苔藓的石阶，弯弯曲曲向山坡上走，苗家木楼一座座地交替消失和呈现，木楼历经风雨的烟灰色沧桑一片，人字形屋顶上，有的覆以青灰瓦片，有的仍是用杉树皮覆盖。靠寨边的房屋都被丛丛水竹或枫树、果树围护着，环境十分幽雅。寨子里鸡、鸭相闻，人来人往，妇女们多彩的服饰和愉快的笑声飘荡着，她们纺织、舂米、洗衣洗菜，背孩子的身影，使山寨充满一派浓浓的生活气息。

傍晚时分，来到乌流村委会主任文易德家时，主人家早已忙着一团，又是杀鸡，又是宰鸭。我打开窗户，屋里这小小的空间便与外面的森林和山野中泥土的芳香融为一体了。依着木楼二层上的美人靠，看暮色苍茫的山寨，杉树皮的屋顶在渐渐变暗，一座座木楼的轮廓也开始模糊起来，一位妇女正担着牛草走在石阶上，鸡鸭成群，拥挤在家门口咕咕、嘎嘎地叫嚷着等待食物。从田里归来的人们担着篓筐、背着孩子、赶着水牛沿着山路缓缓地走近，他们将山野里的一片梦幻似的灰蒙蒙的烟黛也一起带了回来。而这时，惯于节俭的村民们打开星星点点的节能灯，使山寨中那种古老、悠久的气氛得以弥漫，给我一种安宁、温馨、神秘的感觉。

　　森林茂密，碧水萦绕，鹭鸟出没，四季风景如画，原汁原味原生态的乌流寨，引得多少人流连忘返。这是苗族人呵护森林、崇拜自然、崇拜树木的结果；千百年来，这里涵养着天然清新的原生态文化。

2009 年 12 月 27 日记

民族文化的一朵奇葩——布依族《摩经》

　　《摩经》是以经文方式记载，描述了布依族的历史、文化、经济、哲学、民俗等内容的经书。《摩经》词汇丰富，有较多的布依族古语言及古词汇，大部分词句对仗整齐、押韵，采用了复沓、排比等多种文学手法，且多为整齐的五言句式或七言句式韵文体，有神话史诗、传说故事、诗词歌谣等，上溯几千年，纵横天地间。《摩经》总体上可分为两大类：一是丧葬超度仪式的经典，称《殡亡经》；二是祈福、消灾、驱邪等宗教仪式，称《解邦经》。布依族的祭司、经师称为布摩（或称摩公）。布摩是布依语的译音，"布"意为"人"；"摩"有"诵经"和"做诵经这样的事"两层含义，"摩公"是"主持仪式，并在仪式上诵经的人"。在布依人的心目中，他们知天晓地、善测祸福，能通神镇鬼、祈吉驱邪。他们平时从事耕稼，是不脱离生产和劳动的农民。"摩经"中的"经"，则借用了汉语的"经典"和佛教的"经书"之意。

　　这次望谟之行寻访摩公，源于在新屯镇石头寨的聚餐。酒酣之时，谈到当地的民俗文化，说在新屯镇的弄林村，依然保留着一种源于几千年的文化，就是摩公唱、诵《摩经》。说这话的是贵州望谟县摄影协会主席吴绍衡，在座的新屯镇党委书记岑章富调来这里任职不久，周边的古风民俗遗迹涉猎不一而足，他谈起的摩经、傩戏、祭奠、图腾，这些足以勾起人们奇思幻想的神秘仪式，无不刺激着我们的好奇心，所以，他盛情邀请我们留下，就有了弄林村的寻访摩公之行。

第二天一大早，我们乘车向离县城10多公里的麻山山脉海拔1200多米的山峰进发。清晨，便居高临下，目光炯炯地透视着四野，寂寥的弄林村落安详得超然物外，温柔的阳光倾泻而出，淹没着树木、牛羊、田野。9点多钟当我们来到弄林村时，主人已在学校的操场坝上等候多时了。村里的陈副主任首先介绍了摩公罗路杰老人。一阵寒暄，知道了我们的来意后，摩公拿出了几本摩经。我迫不及待翻开一看，蒙了。我根本看不懂、读不通，眼前简直就是一本本"天书"。摩公呵呵一笑说："这是我们祖先传下来的经书，是用汉字的音记录布依语言的内容，比如孝顺父母，不做坏事，祈福、消灾、驱邪或者讲述古老的一种传说的、民间的故事。"出生于贵州望谟县弄林村的罗路杰老人今年已63岁，是家族的第四代传人。他打小就受到作为"摩公"的父亲的影响，对摩文化情有独钟，自懂事起，罗路杰就经常帮助父亲"打老摩"（布依族使用摩经开展的民俗活动）。

经过岑书记等几位当地人耐心的解释，我大体上知道了摩经是布依族用汉字和土俗字（实际是自创的字）记录布依语音形成的一种规范的宗教经典文本。摩经文字主要有3种类型：第一种是比较抽象的符号；第二种是自创的表意文字和少量汉字；第三种是借用汉字造字法创造的方块字。摩经大致形成于唐宋时期，早在"布摩"中口耳相传。随着历史的发展，又有不少新的内容添加进去，到了明清时期，才由本民族中懂汉文的知识分子，用汉字和土俗字将其记录下来，成为书写的民族文化符号。在我看来摩经是布依族了不起的一大创造，其反映的伦理道德观念，是布依族处理社会成员之间，邻里之间以及家庭成员之间相互关系的基本准则。这些准则，都是通过"训诫"的方式规定下来的。如《嘱咐词》中亡灵对生者的嘱咐，有的通过死后住所的不同安排来表明人们对善恶两种行为的不同态度等。

摩公翻开《男子记》第9页指着这样一句"叭赖合故斗，古亂斗亂斗"说：这之中的"斗"是布依语"落雨"；"故"是"我"；"亂"是"站起走"。这一句的意思是："（去给别人家做事）看天晴了下雨了，不管天晴下雨我都去。"而赖、亂两字与汉字的读音和字意不是一会事，这就是摩经中的"土俗字"。

岑书记说，根据不同的句子，不同的情况，摩公在吟诵时根据自己的理解，还可以发挥和想象，尤其是关于一些神话故事。有机会和时间的话，我还真想找摩公做朋友，好好研究这些神秘的古文字背后的含义、典故和意义。

《摩经》就是布依族文化的一道风景线。这些意味深长的句子是用最朴实的乡间语言叙述出来的，充满了一种诗意和天籁。有的句子，摩公直接读布依族语原文，那真是宛如听飞鸟作歌于密林，流泉唱酬于深山，如清晨那来自麻山山脉的一缕缕阳光，把你的心照耀得一片光明。

布依人是世界上为数极少的创制了独特文字、词汇并用它来抒写自己的人生旅程和心路的民族之一，无数飘零在民间茫茫红尘中的摩经不仅铭记了他们与大自然和精灵世界的对话，也记录了他们在漫漫世路的生死歌哭，悲欢哀乐。万卷秘籍，是宗教的圣典，也是一个古老的艺术之花，精神之苑。

据陈主任介绍，摩公全属男性充任，其传承不以家族世袭制，但一定要是文化人，而且以德为先，愿意投师学艺者，通过考核、试用就可以。摩公生活在民众中，深受民间文化艺术的影响，因此，博通众艺，能歌舞、善书画，不仅精通摩经典籍，也熟谙民情风俗、故事谣谚，有的还懂草医，真正集巫医学艺匠于一身，是具有多种艺能和技能的布依族的早期知识分子。很多摩公都博闻强记，能记忆诵咏数百卷经典，能背诵洋洋洒洒的长卷口诵经。过去，大型活动，有时几个摩公齐唱经文，所有人都屏住呼吸，默默聆听，那场面才叫肃穆、震撼。

是啊，整个经书里看起来都是汉文字，摩公之言是布依语，世世代代诵之、传之，神圣的经文存于声音之中、口耳之间，存于记忆、存于心。

文明的普遍趋向是对声音越来越不信任，声音是风，是水，是红尘，是身体，是人类生活中比较嘈杂、比较混乱的部分，是世俗和大众。相比之下，书写是浮出海面的礁石，它稳固、超越，更像"真理"。听摩公诵读《摩经》，遥想当年诵经盛大的场面，必是绚烂、壮美。即使是家常情景，只要摩公一开口，你一定会目眩神迷。他的声音中有宏大的卷帙浩繁，是无穷无尽、汹涌澎湃的历史长河。

我一向认为民族文化是最具个性的，今天见到这些摩经，听到摩公的诵读，我真的惊叹于他们可以在一个点上纹丝不动而任由言语四处蔓延，他们是想象的高手，他们用丰富的叙事诗《安王与祖王》记录着著名的古史歌，记录着美好爱情的《范龙》，记录着对父母恩情的追忆，勤劳、俭朴、敬老爱幼的《忆恩歌》《孤儿歌》。你会感到，那经文无论是被书写还是被念诵的行为本身就是对"永恒"的模仿。摩经的传诵不仅是民族宗教信仰，还是一个审美过程，热情的思维、感性和想象如暖流灌注我们的心灵，净化风气，教化人们从善、孝敬。

有专家认为《摩经》是布依族的圣经，在我看来，比较而言，它更本色、更质朴，但理解它依然需要耐心。我听着摩公音韵铿锵，节奏感极强地吟诵着《男子记》中的一段，虽然需要岑书记在一旁翻译成汉话，但我倾慕摩公庄严而安详的语调，那种梦幻气质，那种睿智的玄思。

看我认真地翻阅着这些摩经，摩公罗路杰说："从前，家里的经书一卷一卷的，可惜毁了不少，在'十年文化大革命'的时候……"我正叹息，他挪动了一下凳子，拿起经书又唱起《女子记》中的一段，汉语的大意是："母牛生小牛都痛苦，我生娃娃更痛苦；母牛怀小牛都艰辛，我怀娃娃更艰辛。"意即小孩应该孝敬母亲。

这音韵似乎很遥远，又似乎很近。四周是层层叠叠的梯田，远处是莽莽的山脉，眼前是泛黄却博大精深的《摩经》，在一个如梦境覆盖和奇妙无比的高山上的村落里，听着具有韵律美、节奏美的经文咏唱。摩公的面容刻满皱纹却不见老态，他的音调低沉悠长却不显忧伤，我想起这几天听到的布依民歌，我一直觉得布依族的语言最具音乐性，在我看来，布依人说话就像唱歌一样在这里又得到了验证。

摩公一遍遍地用布依语吟诵，岑书记一遍遍地用汉语解释。我不得不惊叹这些经文，兼具着文采与见识，识大体、切实际，明白如话。摩公的声音通过另一个人变成另一种声音，第三个人让这声音落在纸面上。这个场面令人惶惑，也令人震撼。摩公的声音是千年以前哪一位先民的回声？而当这声音转为汉语、落为汉字时，留下的一切在什么程度和什么意义上改变了我们的语言，书写着历史？我由衷地佩服布依人极富诗意的想象和通变的智慧。一种创造，体现了人与神、人与自然的和谐。让我们看到了布依人对所生存的世界童话般的感受和理解。同他们的经文一样，布依人的生活淳朴而自然。

我一遍遍翻阅这些经书，倾听主人在一旁讲解，使我更惊讶的是，《摩经》吸取了汉文化、佛教文化和道教文化的一些因素，但并未因引进外来文化而改变自己的面目，真的是民族文化的一朵奇葩。

当我们使用"智慧""觉悟""得道""欢喜"等词语时，千百年前的阳光、树叶上的露珠、吹拂衣带的风、布依人的微笑，也许一切都隐秘地留存于摩公的吟诵声中。我相信，花一点力气了解一下《摩经》，一定可以触摸到一些这种文字背后博大深奥的历史、地理、天文、人文、宗教和布依族文化的精髓。

民族文化，并不怕了解得太多会走上复古的老路，却担心无知者众，继者寥寥。

2012 年 8 月 25 日记

第八章

贵州原生态民族民间文化艺术

贵州少数民族地区原生态民族民间文化艺术星罗棋布，这里指音乐、歌舞、戏剧文化，其丰富多元，灿烂多姿，造诣颇高，影响很广，是由于贵州这块古老而神秘的土地培育出来的文化艺术之花，是贵州特有的生态文化（自然环境和人文社会环境）所决定的。

一 民族音乐、舞蹈、戏剧文化的成因基础

贵州的自然环境和人文社会环境笔者在前面多有描述，总体上是族群的"多源一体"、文化的"多元一体"。正是由于地域的、政治的、经济的、文化的因素，贵州民族文化艺术既有多元性，又有许多共同性，逐渐形成具有地域特征的民族音乐、舞蹈、戏剧文化，其特征形成的原因归纳起来主要有以下几个特点：

一是山地农耕文化的影响。古夜郎时已"耕田，有邑聚"。苗、瑶、土家、仡佬民族是典型的山地农耕民族，布依、侗、水、毛南民族居山地和丘陵，有丘陵农耕，也有山地农耕。彝族由畜牧业向农业发展，其农业是高寒山区农业。各族人民在山谷，高原台地和山间小块平地上开田开土，种植稻米、小麦、玉米和高粱等作物。除农业外，还兼以狩猎或畜牧。显然，这些民族的文化艺术样式不可能出现像从事海洋渔业的民族那样的艺术样式。

二是家族制文化的影响。苗、瑶民族多居高山，以家族聚落，各家族自成一套生产生活文化体系的农耕文化。明清之后，国家政权制度才逐渐建立，但在民间仍以家族制为主。苗族的"鼓社制"，瑶族的"瑶老制""石牌制"即是。彝族较早建立政权，但仍与家族制（家支制）结合。布依、侗等民族的民间制度文化也以家族制为主，如侗族"鼓楼文化"即

是家族制文化的典型表现。

三是节日文化的影响。贵州民族都有自己独特的节日，也有很多共同的节日，如农历的"三月三"祭山神，"四月八"牛王节祭牛王（贵阳苗族四月八日还有纪念英雄之意），"六月六"祭五谷神（许多民族都有，尤以布依族最盛），七月"吃新节"等。这些节日都有山地农耕文化特色。牛王节仅盛行于贵州，且已成为贵州民族节日文化的一大特色，每每节庆各少数民族都有歌舞或戏剧的演出。

四是原始民间宗教信仰文化的影响。贵州山区，山高谷深，岩溶幽险，森林茂盛，环境神秘魔幻，是原始多种崇拜的温床，山神、树神、龙、虎、蛇等崇拜在不少民族中保留至今（前章已论述这里不再赘述），演绎出古朴神秘的戏剧活化石，如土家族、彝族的傩戏。

五是山地民族性格精神的影响。大山虽制约了人们的发展，但也锻炼了人们的意志。为适应贵州山区环境，各族人民以坚苦卓绝的斗志，不屈不挠的意志品质，与天斗、与地斗、与社会恶势力斗，从而铸就了贵州人民的勤劳勇敢，坚韧不拔的精神。这样的民族精神、性格，在音乐、歌舞、戏剧中都有突出的表现。

二　民族音乐、舞蹈、戏剧文化生态总体特征

贵州的地理环境和社会文化环境是生成贵州民族文化艺术的土壤，作为地方性的民族音乐、歌舞、戏剧文化生态总体特征可以概括为"多彩争艳，古朴神奇"，具体表现如下

（一）多元性和丰富性

不同的地理环境和多民族多支系的人文环境造就了多彩争艳，古朴神奇的贵州民族文化艺术，使音乐、歌舞、戏剧具有多元性和丰富性的特征。

从家支和家族的角度来看，贵州每个世居民族都有若干支系和家族，支系和家庭就是一个相对独立的文化区域或文化活动单位。一种民歌，一种舞蹈，往往只属于一个支系的，甚至一个家庭的。如苗族芦笙舞、曲、词各不相同，苗族有三大方言，各方言又有若干土语和支系，各支系的语言、服饰、习俗等文化有所区别，歌舞也就有100多种。布依族有三大土

语区，各土语区之间语言难通，所以，一个土语区也就成了一个文化活动区域。侗族有南、北两大方言区，各方言又分三个土语区，各土语区的文化各具特色。其他民族也有类似情况。各民族各支系都有自己的个性、鲜明的民族文化，犹如多彩的烂漫山花。

（二）区位性生态圈文化特点突出

从地理环境的角度来看，贵州是一个山区，但地形和气候又复杂多样。根据地理环境、民族分布、文化交流等情况，可以分为五个文化圈，各个生态圈的文化特点突出。

第一，黔东南山地民族文化艺术生态圈，即苗岭山脉。从惠水县以东至雷公山，横亘于贵州东南部；清水江一带。苗族、侗族和瑶族的山地文化各自形成体系，受外来文化影响较小，这一地区民族文化艺术非常丰富，也很有特色，影响力大。新中国成立以来，这一地区收集出版的文化艺术作品最多。其民族音乐古朴而厚重，神奇而优美；民间歌谣和长诗丰富，民族舞蹈粗犷、热烈、奔放；山地的戏剧艺术刚柔兼济。尤其是侗族大歌复调音乐享誉世界，布依族水族的歌舞以和谐、优美著称，但也有的艺术，如舞蹈、长诗等具有阳刚之美。侗族戏剧广播黔桂湘地区，发展中吸收了部分汉族地方戏曲的表演程式，且以重唱弹轻表演、音韵优雅，唱词文学化、诗词化的风格见长，《琵琶情》是其典型代表。

第二，黔南、黔西南民族文化艺术生态圈，即北盘江、都柳江一带。这一地区有布依族（第一土语区）、侗、水、毛南民族等。文化积累有百越文化、夜郎文化和汉文化，而以百越文化为基调，虽受汉文化影响，但民族文化色彩很浓。从地理看，这是高原向丘陵过渡的地区。其文化艺术既有江南水乡韵味，又有贵州山地风格。既有与壮族、傣族相同（同为百越民族）的阴柔美，又有贵州山区的阳刚之美，更有水族古老独特的叙事性双歌。双歌的歌首有两句固定的起歌和声，歌尾也有两句颂扬性的衬和。在音乐节奏上，与其他歌种比较，相对自由，显得一板一眼，是贵州少数民族音乐中比较古老独特的一种形式。

第三，黔北、黔东北民族文化艺术生态圈，即大娄山一带，包括贵州省北部，西起毕节，东北延伸至四川，是乌江水系和赤水河的分水岭，也是贵州高原与四川盆地的交界山和乌江流域。这一带高山大川，土家族、仡佬族、苗族杂居，汉族较早进入，受巴文化、儒道释文化影响较深，其文化艺术具有阳刚之气。如民族民间传说、故事、打闹歌、山歌和傩堂戏、高台戏面具，神秘而有趣，明快而机敏。世居民族仡佬族的山歌是在山坡田野唱的歌，内容广泛、节奏明快。情歌是青年男女谈情说爱的歌，其音律委婉悠扬。酒歌是在婚丧嫁娶和节日庆典酒席演唱的歌，节拍和音律单纯古朴。婚礼歌是在婚礼上唱歌，节奏快，音律流畅。祭祀歌是在逢年过节祭祀祖先时演唱，其曲调可以说是口语语音的夸张性延伸，诵读性较强，无恒常节拍。儿歌节奏活跃，感情质朴。土家族音乐中劳动号子和"溜子乐"具有浓郁特点的音乐样式，劳动号子有多声结构特点。一种是一领众和的二声部结构，另一种是加副领唱、双领众和的三声部结构。后者是我国民间合唱中较有特色的复调音乐。这里还有土家族的傩戏原生态文化气息保留完好。

第四，黔西北民族文化艺术生态圈，即历史上称为"水西"的地区，位于清代贵州大定府所在地，今天的大方县。泛指贵州鸭池河以西地区，即元明两朝彝族土司贵州宣慰使司辖地，乌蒙山一带。这一带主要是彝族，还有苗、布依、仡佬、白族等。2000多年来这里主要是彝族统治者统治，彝族文化较高。虽有各民族文化艺术相互交流和影响，但彝族的高原耕牧文化艺术仍是基本色调。彝族傩戏以历史悠远、文化内涵深厚、角色原始古朴见长。

第五，黔中民族文化艺术生态圈，即贵阳、安顺、平坝一带。布依、苗、仡佬等民族文化和汉文化在这里碰撞、交融，屯堡文化为其突出表现。富有代表性的地戏和面具等屯堡艺术在黔中各民族中广泛流传。少数民族除了说民族语言外，还较广泛地用汉语，较普遍地演唱汉语民歌。汉语民歌"好花红"（布依族）、"桂花生在桂石岩"（布依族、苗族）明亮优美，既有民族特点，还有地域的特色。布依戏以器乐丰富、唱腔古朴抒情、布景朴实简略、歌舞演唱并重的艺术形式见长。这些戏剧都是非常受欢迎的，是在当地具有亲和力的传统文化艺术形式。

这里必须指出，几个生态圈的音乐、舞蹈、戏剧等文化艺术的发展不是孤立的存在，而是既独立发展又交流融合，既有差异，又有共同的地方，你中有我，我中有你。

三　原生态民族音乐文化

贵州民族音乐因地域不同而呈现不同色彩（音乐界专家们称之为色

彩区），色彩区与民族文化艺术生态区是一致的，与民族文化中的支系文化也相一致。同一个民族的文化艺术有其基本共同的地方，但各支系各生态区又有自己的特点。

　　不同民族相对不变的音乐形式和音乐风格有着鲜明的民族特色和地方差异性。例如，他们都用各自的民族语言演唱（或用混合的民族语言演唱），坚持各自传统的音乐风格，音乐内容传承着各自的历史，抒发着各自对喜怒哀乐的情绪和对真善美的理解与追求，所以相对固定的音乐风格往往具有这一族群标志一样的象征意义。在贵州，熟悉民族音乐的学者和音乐家，只要一听旋律，就能从风格上判断它是属于哪个民族。不同的民族不仅有不同的音乐风格，同样的民间音乐，也因为生活在不同的地区，具有明显的地域差异性。比如，一般来说，与其他民族音乐相比，苗族音乐有其独特的风格，然而，苗族音乐本身在风格面貌上又存在着东部、中部两大地区的差异性。如苗族飞歌的共同特征是用宽嗓唱，但是东部地区（松桃）的苗族习惯用真假嗓结合的宽嗓唱，而中部地区（黔东南与黔南）的飞歌则习惯用宽嗓的真声演唱。

　　苗族古歌，主要内容是相似的，但每个地区都有自己的特点，特别丰富，充分体现了苗族古时的社会生活，格调庄重、音韵浑厚。黔西北地区生态圈的苗族歌舞集中在战争和迁徙题材，悲情风格，音韵苍凉，如赫章、威宁的"苗族迁徙舞"。苗族歌曲依地区不同，又可分为飞歌、游方歌、风俗歌、叙事歌、祭祀歌等几种。其中"飞歌"是苗族音乐中颇富特色的，一般在山头林间和田野地头演唱。其特征是音调高亢，气势雄壮，节奏自由舒广，旋律起伏大。一些地区有男声飞歌之分，并分为高腔和平腔两种腔式。飞歌内容是极其广泛的，被称为苗族歌唱艺术珍品。芦笙是苗族器乐中影响最大的，凯里市的新光村、雷山县的排卡村是最出名的芦笙之乡。

　　布依族民歌因生态区的不同而各具特色，第一土语区（黔南）基本用布依语演唱，古朴优雅，后续发展产生了抒情诗和叙事诗，如《金竹情》《月亮歌》拥有很高成就。第二土语区（黔中）是四句头山歌，一般用汉语演唱，风格活泼生动，如"好花红"。布依族器乐有铜鼓、唢呐、"勒友""勒浪""笔管"、姊妹箫、对箫、牛骨胡、葫芦琴、笛子、月琴、皮鼓、大锣、小马锣、芒锣、小钹、小镲、木叶等。第三土语区（黔西北生态区）各民族文化相互交融，一般也是四句头山歌，有汉语及本民族语演唱，威宁县布依族民歌多用衬词衬句，带有彝族民歌的印记。

侗族以锦屏县为界分为南部方言区和北部方言区，两个方言的音乐风格也有很大差异。北部方言区的民歌有玩山歌、山歌、河歌、好事歌（酒歌）、伴嫁歌，等等。玩山歌是青年男女交流思想、倾诉爱慕之情的歌，这类歌曲调高昂广宽、热情奔放、音域较宽、节奏无拘无束而富于变化。山歌题材丰富、内容广泛，多以对唱、相互盘问的形式演唱。好事歌是在酒席上唱的歌，各地演唱的曲调有差异，总体上是具有优美舒畅的旋律。南部方言区存留的侗族原生态传统文化更加完整一些，音乐具有浓厚的民族特点，大致可分为大歌、小歌、礼俗歌及叙事歌。小歌的内容主要是情歌。这类歌曲结构短小，歌词含蓄深情，曲调缠绵，婉转，多半由青年男女轻声慢唱。小歌分有乐器伴奏和无乐器伴奏两种，演奏方式有独奏、伴奏和重奏几种。

大歌起源于春秋战国时期，距今 2500 多年的历史，是一种多声部、无指挥、无伴奏、自然合唱的民间音乐形式。是"饭养身，歌养心"的侗族文化价值的体现，侗族人把"歌"看成与"饭"同样重要，把歌当作精神的食粮，来陶冶心灵和情操，他们认为歌就是知识，就是文化。这与侗族千年来"年长者教歌，年轻人唱歌，年幼者学歌"，"善歌者受到赞扬，歌师受到尊重"① 的历史文化传统相关联，是其民族精神和民族文化的直接表现。主要旋律在低音声部，高音声部由歌头的加花②变化而成。歌曲结构严谨，有一个相对固定的曲式。大歌的种类主要有鼓楼大歌、叙事大歌、童声大歌、女声大歌、混声大歌等。侗族大歌曾多次出国表演和参赛，蜚声海外，屡获大奖，是世界非物质文化遗产。

大歌的珍贵价值不仅体现在音乐上，更在于生态文化方面，其赖以生存的自然生态环境和人文社会环境是侗族大歌生成、发展的基础。文艺生态学认为，每种艺术的产生发展都离不开特定的环境，包括自然环境和人文社会环境。任何人类共同体，首先必须生活在自然环境中，并以赖以生存的自然环境作为劳动的对象和交往空间，进而创造出不同的民间文化艺

① 张中笑，罗廷华：《贵州少数民族音乐》，贵州民族出版社 1997 年版。

② 加花，是以原有音乐材料为骨干音，用不同的音对骨干音进行装饰，使其更为丰富的曲调发展手法，加花手法类似欧洲音乐的"变奏"。在侗族的所有乐器中演唱大歌时最主要的伴奏乐器是琵琶、牛腿琴，两者一起为大歌伴奏时，在齐奏为主的基础上即兴加花或加强节奏而产生和声效果。

术。大歌就是侗民族紧密联系自然环境和人文社会环境才具备了直觉和声的美感，形成了多声模仿心理，并在模仿中产生了感性活动，这是歌手对客观事物的反应。经过长时间的处理、选择、概括，重点形成了优美的旋律、生动、协调和声的音乐形象，从本质上说，就是歌手们的情感形象，所以具有非常强烈的感染力。

世界上任何一个民族的口头创作都是以该民族所栖身的自然环境为背景的。侗族村寨多数依山傍水，风景绮丽，寨前绿水长流，潺潺有声；寨中榕树挺拔，遮天蔽日，到处莺啼燕语，林涛声阵阵。侗族是一个勤奋，朴实的民族，由于长期在这样的自然环境中繁衍生息，加上单纯的男耕女织农业劳动生活，容易使歌手们对周围环境中富有音乐感和节奏感的百鸟叠鸣、流水潺潺、涛声阵阵等多姿多彩的自然声响产生兴趣和共鸣，还有遐想，而且这种自然的和声必然会构成他们的本能的模仿对象。音乐理论家该邱斯曾说："最古最原始的曲调，说不定只是同一反复出现，其产生由于人类对于简单的鸟鸣或别的天籁的自然自觉的反映。"① 该邱斯的猜测和推证恰好印证了侗族大歌的音乐特点正是自然音响的提升再现。传统侗族大歌的曲名，几乎以自然界中有响声的自然物或动物来命名。最出名的"金蝉歌"（侗语称为嘎哈海），基本音律和衬音都是直接模仿蝉鸣和种种自然声响而创作的。特别是夏天，到处都能听到蝉的叫声，侗族歌手就是根据蝉"依哟依哟"的律动所感染，于是模仿着哼唱，当模仿的人多了，长此以往，也就演变成一种固定的曲调流传开来。这是由仿声而产生的艺术，既是侗族器乐模拟天籁之声，源于仿声的原因，也是大歌中出现很多模拟自然之声缘故。

由侗族大歌可见，一个民族艺术的产生和发展不仅与该民族的生产生活有关联，而且与他们的自然环境是分不开的。尤其是特定环境中的各种自然的天籁之音，对于该民族音乐的产生和形成有很大的影响。同时，我们还看到了自然环境对民族艺术有间接的影响，即该艺术并非消极地、被动地受自然环境的制约，而是具有一定能动的作用。一方面自然环境作用于主体诸多因素，通过这些主体因素影响人们的生活方式；另一方面这些主体因素又作用于自然环境，从而制约自然环境对人们生活方式的影响。民族文化艺术正是在这种主体和客体的彼此结合、互相作用中生存发展

---

① 吴浩、张泽忠：《侗族歌谣研究》，广西人民出版社1991年版，第11页。

的，侗族大歌同样也不例外。

在贵州的少数民族地区，不仅是侗族的原生态音乐，其他少数民族的原生态音乐也如此，都受到生态环境的影响。生活在贵州的苗族、布依族、侗族、水族、土家族等其原生态音乐都不仅仅是审美意义上的，音乐形式之美和音乐风格的特点，其社会功能不但是丰富精神生活和娱乐，更重要的功能是其社会文化功能。贵州民族都有自己的语言，但是，多数在历史上却没有自己的文字，口耳相传是他们记录历史、传承文化的主要方式，而歌唱便是他们口耳相传的主要形式。历史文化、理想追求、伦理道德和审美价值通过歌唱得以代代相传。因此，贵州民族原生态音乐中，都有很多表述历史的叙事古歌，有祭祖、祭天、祭神、祭自然的祭祀歌，有抒发青年男女爱恋之情的情歌，更有在社会生活中必不可少的礼俗歌，等等。正所谓，历史，在歌唱中跨越了时空。文化，在音乐中得到了表达。

总之，贵州各族原生态音乐不仅具有多元性和丰富性，也具有独特的艺术性，更重要的是具有民族文化的记忆和传承性，是少数民族特定文化生态和文化语境中的音乐。民族地区经济、社会的发展带来了各民族文化的交融和传播，为原生态音乐文化的发展提供了重要的契机，我们理应担负起传承和发展原生态音乐文化的重任。

四　原生态民族舞蹈文化

贵州原生态舞蹈，指在当地特定的历史地理环境下，绽放出当地人民生活习惯和风俗的舞蹈，具有较强的自娱性、礼俗性、群众性、祭祀性、继承性等民族特征，受到百姓大众广泛的喜爱和熟知。关于原生态舞蹈的特质、历史发展及当地人民的审美需求，于平在《舞蹈文化与审美》中是这样认为的："原始文化和大部分初步得到发展的文化在空间概念上只要求圆形。"它是有史以来神秘的、也是舞蹈中最先出现的空间形式。[1]在土家族舞蹈中，仍保留着"以舞祭神""歌伴舞步""联袂踏歌"的原始舞风。而彝族舞蹈则反映了人民的生活习惯。人们在围着火塘或篝火载歌载舞，其动作自由随意、音乐欢快、风格质朴、形式简单。与本地人的生活熔于一炉，成为普通百姓都能进行的一种大众艺术，为我们展示了鲜

---

[1]　于平：《舞蹈文化与审美》，中国人民大学出版社2005年版，第3页。

明的民族色彩和浓厚的农耕文化。这些原生态舞蹈贴切地表达了在当时历史地理环境下劳动人民创造舞蹈的目的，为历史窥见了当时人类生活的踪迹，是中华民族非物质文化遗产的重要组成部分，内涵是极其丰厚的，它具有原始民族民间宗教信仰、习俗、娱乐的多重性，它与民间舞蹈不同。在这片辽阔且富饶的土地上，各民族文化让中国文明更加丰盈，成为一道不可缺少的亮丽的风景线。原生态舞蹈具有纯天然的艺术形式，不具有专业团体和学院派民间舞的专业素质，是以该民族文化为主的全民性自娱自乐而又内涵丰厚的舞蹈。它强调以原生态为基本形式，不经过任何加工、提炼、非正规化且受外界影响较少的艺术，是剧场民间舞进行再创造的素材。

黔东南苗族芦笙舞都表现了快乐温馨的生活场景，贵州西部的苗族芦笙舞，多半表现战争和迁徙，曲调低沉，舞姿有很高的技巧性，表现苗族人民在与自然的社会的险恶环境中艰苦卓绝的斗争精神和倔强机敏的性格。与西部苗族同一生态区的彝族的舞蹈也有高超技巧性动作，这不难看出生态环境对舞蹈的影响。限于篇幅，下面笔者仅以国家级非物质文化遗产且多次在央视演出的丹寨县锦鸡舞为例，分析民族舞蹈与生态文化的关系。

锦鸡舞是源于贵州苗族芦笙舞的一个别开生面的民族原生态舞蹈，主要分布在贵州丹寨县排调镇一带的甲石、排保、也改、党早、南群、加配、麻鸟、羊先、羊告、也都苗寨和雅灰乡的雅灰、送陇等苗寨。排调镇一带的苗族聚居区位于雷公山西南山区，地势东北高、西南低，山峦绵延，丛林茂密。关于锦鸡舞的起源当地有一个传说流行：传说祖辈们来到这里，那时没有耕地，祖辈们边开垦边狩猎充饥度日。一天有一位老人捕获到一只锦鸡，在剖腹冲洗时把鸡镜（胃）随手扔在草棚外的灰堆旁，哪知不久此处长出了小米。从此，他们得到了小米种，帮助他们度过了饥荒，锦鸡也就成了他们的命运吉星。他们为了感恩，于是模仿锦鸡的模样打扮自己，又模仿锦鸡的求偶步态跳芦笙舞。舞蹈表演要把自己打扮得像一只美丽的锦鸡，头戴银饰，身披如锦鸡羽毛般的织衣带，并模仿锦鸡的样子、步态、神态，加上五彩斑斓的服饰犹如锦鸡展开了漂亮的羽毛，所以叫"锦鸡舞"。在苗族的社会生活中这种原生态的舞蹈有极其重要的的作用，具有宗教、民俗和文化娱乐等多种性质，按其活动内容和性质，可分为祭祀、礼仪、习俗、模拟、集体意识和服饰的审美等文化内涵。

第一是祭祀性。锦鸡舞最早的功能是祭祖，并且只能在十二年一祭的祭祀中才跳，目的是唤醒祖灵，以及在活动后把祖灵送回安息之地。后随着社会的发展，在"吃新节""跳月"（贵州苗、彝等民族的一种婚姻礼俗）以及大型庆典的迎宾礼仪活动中锦鸡舞也被广泛运用。锦鸡舞流传于丹寨县排调镇的一支穿亚麻鸟型超短裙服饰的亚族群苗族同胞中。这支苗族自称"嘎闹"，系远古鸟图腾部落的后裔。至今，锦鸡舞仍然在他们的祭祖活动中发挥着重要的作用。舞者多为中、老年人，一般是在木鼓、铜鼓的伴奏下跳的。大芦笙插有长达一米多的羽毛。在过去，这样的芦笙只有在杀牛祭祀时跳的舞蹈才使用。庄严、肃穆的气氛，表现出对祖先的尊重和敬仰。

第二是礼仪性、习俗性。锦鸡礼仪舞，在葬礼仪式上，红腹锦鸡舞的作用主要是哀悼死者和安慰遇难者家属。在这种情况下，除了在入棺仪式上穿过棺材跳，其他动作冷静和克制。锦鸡习俗性舞有两种，第一种多在月明风清之夜的环境下进行，通常苗族人是每年过"花山节"时才跳。这是一个聚会的青年男女选择配偶的婚礼当天，跳锦鸡舞的"跳花"或"跳月"，这种形式主要是以芦笙吹歌传情，因此舞蹈动作幅度不大，舞步也并不复杂。第二种是在跳舞时，手臂、身体前倾，向前跳圆圈，动作比较简单。

第三是模拟性。锦鸡舞的伴奏主要是芦笙，其曲有如溪水般清澈流畅，又称"四滴水"芦笙，曲调有近百种。表演锦鸡舞时，男性吹芦笙作前导，女性随后起舞，排成一字形，沿着逆时针方向转圆圈跳。下肢动作多，上肢动作少，左右手垂直于短裙边放松，随舞姿自然摆动，脚步尾尾律动，回环复沓、优雅流畅，表情脉脉，细腻委婉，酷似锦鸡在行乐觅食。

第四是服饰的审美性。锦鸡舞服饰，苗族的服饰是支系的标志。麻鸟型超短裙服饰又别称"苗族锦鸡服"，她们的造型扮相，都以美丽的锦鸡为审美参照，她们的裙子只有十厘米左右长，因此被称为"超短裙"。尤其是女装，独具特色：高发髻，戴银簪，发髻插锦鸡飞舞飘动造型的银饰、银梳、银雀花等；上身穿三至五件短领对襟短衣，最外一件有银扣装饰，下身着长裙，较短的裙前围绣着鲜艳的花样花色，较长的裙后围系上九条宽花带，垂至脚跟，同时戴银项圈、银耳环、银手镯、银戒指等，状若五彩斑斓的锦鸡。"黛胚"（女孩子）们在芦笙场边等待着同伴们的到来，她们身上的苗族盛装保留着古朴典雅的民族特色，银饰、绣裙、花带和造型装扮，都以美丽的锦鸡为审美标准，因此也称为"锦鸡装"。

通过对锦鸡舞文化内涵的简单梳理可见，原生态舞蹈始于原始舞蹈，是原始舞蹈遗存的一种艺术表现形式，是原始舞蹈观念的继承与发展，是以人的生命为基本点的一种文化冲动，也是当时人民不可缺少的生活情趣。而这种文化遗存现象具有一定的原始舞蹈因素，它留有原始舞蹈的文化内涵和现代人所赋予的思想情愫，使该民族文化形态受到局限而形成了它别具一格的文化生态模式。原生态舞蹈与人类生产生活同步发展，扎根于社会和人民之中，与物质文明和精神文明相融合，展现了从古到今人类的伟大智慧，并成为人类历史文明中不可缺少的史前艺术。

原生态舞蹈始于群众，以服务群众为宗旨，结合本民族鲜明的地域环境与民族特点，从本民族的心理素质和审美理想出发，与社会、人民相适应，以情动人，符合大众审美观念。其动作自发兴作，但不失本民族动作的风格特点，体现固有的纯自然的舞蹈审美情趣。它能够流传至今，是因为原生态舞蹈具有强烈的感染力和生命力，是一种反映本民族精神风貌的艺术形式。它始于原始舞蹈遗存，保留着淳朴的原始舞蹈色彩，是历史的见证者，也是人类、宗教与社会的共同产物。它具有悠久的历史，"驻扎"于生活中，与人们紧密联系，从而对它形成了自发性的意识。当音乐一响时就能马上激起人们对音乐的回应，不自觉地手舞足蹈。在这个多元文化艺术的舞蹈世界里，原生态舞蹈作为一种民族文化，为社会默默地注入它的露水，滋润着它的生命。

贵州各民族原生态舞蹈中有不少神秘粗犷的祭祀舞，这类舞蹈自古以来与巫相伴而生，难解难分。除了直接表达劳动生产和民俗生活外，还有一种神秘的女巫舞，属祭祀舞蹈中的一种。苗族的木鼓舞、猴鼓舞、神鼓舞、祭祀芦笙舞，布依族的香花舞、刷把舞，瑶族的猴鼓舞，仡佬族的踩堂舞等都是在丧葬祭祀仪式中跳的舞蹈，舞者以其优美沉重的舞姿，除传递审美信息外，更主要传递神秘的宗教信息，它成了祭祀仪式的不可或缺的组成部分。随着历史的发展，这些舞蹈不断提高审美内容，并削弱了宗教的神秘性。当它被搬上舞台，那就实现了新的蜕变，跳脚舞（也称铃铛舞）、木鼓舞、猴鼓舞、刷把舞，等等已经登上了大雅之堂。

贵州各民族原生态舞蹈是一种普遍性、自娱性、随意性、参与性、即兴性较强的舞蹈。与剧场民间舞不同，它的动作风格是普通民众在自娱中的自然流露，颇具主观性，更易被大家所接受，成为一种新的全民运动形式。在对外开放的今天，舞蹈已没有国界之分，各国的舞蹈与文化互相交融、影响，形成了良好的舞蹈文化氛围。近年来，原生态舞蹈得到了相关部门重视与保护，一些原生态民族舞蹈已列入了第二批国家级非物质文化遗产名录。原生态舞蹈以它质朴的艺术形式和独特的民族风格，不断释放它的光芒，感染世界的每个角落，并引起了国内外学者的关注与研究。贵州民族舞蹈文化艺术博大精深，我们要不断发展和传承，挖掘原生态舞蹈更深层的文化内涵，发扬我们独有的民族财富，为世界展现出我们不一样的舞蹈艺术魅力。

五　原生态民族戏剧文化

中国戏剧文化的深层丰富多样，在世界戏剧文化中是非常罕见的。贵州民族地区，尤其是黔南、黔东南的区域是一个多民族、多种生态环境和多元文化的地区，同时也是多民族、多语言、多种民间宗教信仰和风俗习惯并存的地区。不同民族采取不同的生存方式，进而形成了多种经济文化类型，为后人留下了大量的古老文化信息。今天，贵州民族地区仍有着辉煌灿烂的文化遗存，尤其是异彩纷呈的民族传统戏剧文化，如土家族、彝族、苗族的傩戏、侗戏、布依戏、苗戏、石阡木偶戏，等等，不少已列入国家级、省级"非物质文化遗产"，这为文化的大发展大繁荣提供了丰富宝贵的资源。近年来，一方面许多传统剧目处于沉睡在文献上的境地；另一方面一些民族地区开始尝试用组织对外传播的形式来推介原生态民族传统戏剧，但在实际操作中，为了追求经济利益，许多民族传统戏剧被庸俗化开发。这种竭泽而渔式的开发不仅没有从根本上改变民族传统戏剧的弱势地位，反而使民族传统戏剧在岁月的侵蚀下渐趋变异，加速衰亡。

贵州原生态民族戏剧文化历史悠久、文化信息量大，在中国文化与世界戏剧文化史上有重要地位，傩戏的历史可追溯至商周时期，侗戏、布依戏也有200余年历史。文化上具有多源性和复杂性，侗戏源于农业生产开始日趋向荣，民间琵琶弹唱等艺术兴盛时期，傩戏源于民间宗教祭祀仪式，又吸收了布依戏和花灯的表演成分，是彝、土家、苗、侗、仡佬、汉等民族文化的综合体。民族原生态戏剧涉及多学科、多领域，蕴涵着博大精深的文化人类学、戏剧学、宗教学、历史学和民俗学等文化研究价值，具有音乐美、绘画美、舞蹈美、文学美。

新中国成立以来，少数民族戏剧就被纳入研究者的视野。1963 年，中国少数民族戏剧研究的开创者、著名戏剧学学者曲六乙先生出版了《少数民族戏剧研究》，堪称奠基之作。20 世纪 80 年代以来，对"傩"及"傩戏"的研究热潮极大地推动了对少数民族戏剧的研究。

1. 古老神秘的傩戏文化

傩戏文化是古老的宗教文化传承，它以驱鬼逐疫为宗旨而集古代宗教文化艺术之大成，除傩仪（祭祀）外，还有傩歌（音乐）、傩舞（舞蹈）、傩面具（美术）、傩戏（戏剧）等古老艺术。过去中国傩文化长盛不衰，书简不绝。今天，在发达地区保留较少，而贵州这块边远之地却保留较好较多，这与生态有关。傩艺术是依附在傩祭中的，它保留着古老神奇的色彩和浓郁的宗教氛围。作为艺术，它又不断增强自身的审美功能。据庹修明、潘定智等专家研究，贵州傩舞尚保存着古老的夏禹祭祀的"禹步"，傩舞是人与神交流沟通的媒介。[①] 彝族"撮泰吉"开头的"祭祀"和结尾的"喜庆""扫寨"，即是傩祭傩仪，中间的变人戏，是萌芽状态的戏剧。黔东北傩堂戏由巫师表演，演出分三个阶段，开始"开坛"即请神，最后"闭坛"即送神，中间"开洞"即演正戏，戴面具表演，既娱神，又娱人。剧目多为佛教道教的故事和民间传统故事，既表现世俗生活，又有浓重的宗教观念。上述各种傩戏都戴面具。面具是人们心中之"神面"，是沟通人神的器物。黔东北傩堂戏的面具有正神面具（如唐氏太婆、土地、消灾和尚等）、凶神面具（如开山、二郎神等）、世俗面具（如甘生、安安、梅氏等）、丑角面具（如秦童、秋姑婆等）和牛头马面。傩堂戏面具古朴、神秘、洗练，地戏面具繁缛、华丽、丰富。各种面具都具有神奇的狰狞之美。20 世纪 80 年代贵州美术创作就是吸收古傩的素材和神思而创作出以野、怪、狂、丑为特征的美术作品，轰动全国，被称为"贵州美术现象"，可见，古代原生态艺术仍具有当代的神韵。

2. 艺术奇葩侗戏

侗戏是侗族人民创造的民族民间地方戏中一株亮丽的奇葩，受到生活在黔、桂、湘毗邻的数百万侗族同胞的欢迎。最先形成于贵州的黎平、榕江、从江三县，之后流播到广西的三江和湖南的通道县等侗族聚居地区。

---

① 潘定智：《贵州民间文艺生态研究》，《贵州民族研究》1998 年第 1 期。

清朝嘉庆至道光年间，黎平县茅贡乡腊洞村侗族歌师吴文彩在侗族长篇说唱叙事歌的基础上，根据汉族说唱本《二度梅》编制出第一部侗戏《梅良玉》。① 之后，侗戏不断吸收桂剧、彩调、祁阳戏、贵州花灯戏等其他戏曲剧种的养分，逐步提高和完善，最终演变成表演有说有唱、曲调丰富的剧种。侗戏是侗族文学、音乐、舞蹈的综合艺术，是我国戏曲中的一个独立剧种，具有鲜明的民族风格，是侗族人民喜闻乐见的传统戏曲剧种。盛行于黎平、榕江、从江等县的侗寨。侗戏表演动作朴实，形式不花哨，剧曲独具一格。因受贵州花灯、桂北彩调的影响，唱词非常讲究音韵，尾韵统一，腰韵严谨，主要曲调有"平调"、"哀调"。"平调"是上下句结构，多用于叙事。而"哀调"是由侗歌中的"哼歌"、"格以琴"等演化而来的，节奏自由，旋律哀怨，适于抒发悲痛的感情。

侗戏唱词的节奏有其独特的要求，每段唱词不仅要求尾韵统一，并严格规定压腰韵、连环韵。侗族人平时说话就很有韵味，侗话中的音又比汉话多。音多押韵比较容易，韵多则音乐性强，加上有趣的比喻，剧本显得流畅、生动活泼，这便形成了其唱词音韵结构的特点。

侗戏发源地茅贡的侗戏音乐风格特别，曲乐都有浓厚的侗族民间山歌和大歌特色。它由唱腔、乐器和打击乐三个部分组成。唱腔分为平板、哭腔、仙腔，乐器的曲牌分为闹台调、转台调二类，伴奏的乐器有二胡、琵琶、牛腿琴、侗笛、手风琴等。打击乐有鼓、锣、钹、铃等。乐队组成约七八个人分坐在舞台两侧，随着演员的唱腔而进行伴奏，旋律和谐，悦耳动听。表演风格上，传统侗戏的表演比较朴实。基本的舞台调度就是两人对唱，每唱完最后一句，在音乐过门中走横"8"字交换位置，然后再接唱下一句，如此反复至一段唱词结束。这时候如果场上有两个以上的演员，便分组走横"8"字。侗戏演出在身段、台步、手势等方面都与其他剧种不同，具有浓厚的侗族特点。侗戏的服饰、道具，都是本民族平常的日用品，有的只是在日常用品的基础上加以美化而成。

一出戏就表现了几个民族的艺术智慧。可以说，侗戏是侗族文化与汉文化、壮族文化等民族文化融汇碰撞出来的一朵艺术奇葩。侗戏从诞生之日近两百年来，依然保持着质朴而旺盛的生命力，2006 年，侗族戏剧被国务院列为首批国家级非物质文化遗产名录。

---

① 侗族通史编委会：《侗族通史》，贵州出版集团、贵州人民出版社 2013 年版，第 306 页。

　　贵州特有的生态文化环境导致贵州民族音乐、舞蹈、戏剧文化的内容、形式和风格的多样性。各民族各地区各有特点，即使同一地区同一民族的文化艺术，也因其表现的内容不同，具有不同风格。苗族情歌委婉悠扬，古歌、飞歌、木鼓舞等却具有大江东去的阳刚之气。侗族大歌似潺潺流水，柳舞燕鸣，富于柔性之美，而表现反封建、反压迫的侗戏《吴勉》《珠郎娘美》，却又柔中有刚。总体看，一个民族一个地区的文化艺术风格总有它主导的一面。贵州民族原生态音乐、舞蹈、戏剧文化艺术在内容、形式和风格上具有多样性，有的作品是贵州特有的，自然打上了贵州山地农耕文化的标志；有的看似是全国乃至全世界共同的（有人估计世界上有三分之一的故事相同），但也或多或少表现出贵州农耕的某些特质，都透视出它们产生的地域特征。

　　贵州各民族爱唱歌，在家里唱，在山野唱，在劳动中唱，面对莽莽大山，他们唱出内心全部的情绪。这就是人们所说的"喊歌"，许多民族都是这样爱唱。黔东南苗族的"喊歌"又叫"飞歌"，高亢激越，"飞"出山林，传到远方。黔西北彝族和苗族的喊歌，在高昂激越中带几分压抑，表现了古代在高寒山区威逼和社会恶势力的重压下的抗争。贵州各民族爱舞蹈，有许多舞蹈表现了大山风格。如黔西北彝族舞蹈和苗族芦笙舞都带有杂技技艺，表现了高寒地区民族的奋斗精神。苗族的木鼓舞、迁徙舞（包括"刀丛滚身""火中跳跃""滚山珠""肩上托人"等）刚健有力，粗犷豪迈；瑶族的打猎舞、猴鼓舞，古朴粗犷，勇猛敏捷。这些舞蹈都富有阳刚之美，是艰苦环境中大山的美丽、生活和情感的表现。作为民族所特有的文化体系，有着其独特的、巨大的凝聚力和穿透力，千百年来一直影响着该民族的世世代代。贵州各民族爱唱戏，他们过节唱、祭祖唱、婚庆也唱。全国少数民族戏剧剧种共20种，贵州少数民族戏剧就占了四分之一，其中侗戏、布衣戏、傩戏、石阡木偶戏均列入国家级非物质文化遗产名录。可见，贵州是少数民族戏剧丰富的家园。

　　作为一个贵州民族的文化精神价值体系重要组成部分的音乐、舞蹈、戏剧，其本身就具有很强的原生文化的涵盖性和包容性，在不断的融合与发展的过程中，彰显着各少数民族的精神风貌和价值观。因此，注重原生态民族文化艺术的研究，对民族地区的文化繁荣与发展，对建设绿色家园生态贵州都有积极的意义。

六　田野调查手记

遥远而永恒的记忆

世界上有两个苦难深重而又顽强不屈的民族，他们是分布在世界各地的苗族和犹太民族，这两个民族都为人类创造了灿烂的文化。

——摘自澳大利亚人类学家格迪斯《山地移民》

贵州赫章县，河镇彝族苗族乡海雀村，地处乌蒙山深处，是"苦甲天下"的地方。距县城81公里，邻接云南省彝良、镇雄两县；平均海拔2200米，年平均气温11℃，年降雨量923毫米，无霜期210天；境内山高坡陡，峰峦重叠，沟壑纵横，可耕土地极少，倒春寒、冰雹、洪涝、冷雨低温等自然灾害频繁，农业生产条件差，是国务院2001年划定的国家级一类贫困乡。

4月的乌蒙之巅，这里依然村寒料峭，夜里气温还在零下。一大早，我们一行数人就往一个叫舍虎梁子的地点赶，苗族同胞准备在那里表演《大迁徙舞》。天下着濛濛细雨，地势较滑，于是又改在一处低洼草坪的地点，我们随表演的苗族同胞们一步一滑地向坡下走。这里离乡政府所在地不远，是一个大峡谷，峡谷两旁几个苗寨掩映其中。放眼望去，一片绿色海洋，满山遍野的漆树、杉树、华山松苍翠欲滴，青砖灰瓦的民居掩映在树林中，不时还传来啾啾的鸟叫声，一幅带有浓浓乡愁的画面展现在我们眼前。

下午，天已放晴，地还有些湿滑，舞蹈即将开始。乡干部小李介绍说：苗族迁徙舞主要流行于贵州省赫章县河镇、可乐、德卓、双坪、平山等乡镇。苗语为"够戛底戛且"，意思是寻找栖身的处所，舞蹈真实地反映了苗族人迁徙的苦难历史。苗族人在节日、婚礼、生日祝寿等场合，一般都会跳大迁徙舞。一般没有固定的舞台，根据当时的情况灵活安排，村头、野地、荒坡都行。

"难怪今天的演出场地就改变了两个地方。"

根据苗族古歌叙述，苗族是从很遥远的盛产大米和棉花的地方（今河北等地）迁徙过来的，在迁徙的漫长的过程中，经受了几多磨难，几多困苦，跋涉了多少山川河流，才来到贵州的赫章和威宁县。为了铭记祖先的这段苦难史，就把迁徙经历绣在服饰上，编成歌谣，编进芦笙调和芦笙舞蹈中，以表达对故土的眷念，对祖先的纪念。

赫章河镇苗族迁徙舞共分三场：第一场是鸡叫舞，表现苗族先民群迁场面。在鸡叫时分开始整队出发，有几声宁静中的鸡叫，动作有踮脚步、踢走、上坡等动作。第二场是行路舞，表现苗族先民迁徙途中的各种场景。动作有留恋、回望、强身、打鸟、探河、站立、给河神敬酒等。第三场是天亮舞，表现他们胜利渡过黄河后的欢乐场景。它以史诗般的舞蹈动态，艺术地再现了苗族人大迁徙的历史画卷。舞蹈气氛壮烈，舞步沉稳凝重，动作轻捷古朴，舞曲欢快活泼，芦笙曲伴随古老歌谣，追思了苗族先民英勇善战历尽艰辛终于找到理想家园的漫长历程。在赫章苗族中极具影响，凡是各种民族节日或婚嫁祭祀等场合，不论农家院坝或者野地荒坡都有演出。

一个苗族老人给我们介绍说大迁徙舞，在苗寨已经流传上千年了。

随着几声鸡叫，舞蹈开始了。扮演苗族先民的演员们仿佛从睡梦中醒来，开始了漫长的迁徙过程。他们通过踮、踢、踏等舞步，展现了迁徙途中翻山越岭、跋山涉水的艰辛和坎坷。舞队前面手持火把的演员，身份是向导。他手中的火把象征着光明的前途。紧跟其后的是吹芦笙的人，他代表指挥者；而手持弓弩的人，都是护卫者。迁徙途中，人们用沉重的"迁徙歌"和忧伤的芦笙曲表达对家园故土的留恋不舍和对前途的迷茫之情。历经艰难困苦，他们终于来到黄河岸边。这两条长长的黄布就代表着滔滔的黄河水。人们扶老携幼开始渡河，由于这是与家乡的最后诀别，很多人都伤心欲绝。年长者则强忍悲痛，用羊角盛酒敬"河神"，祈求一路平安。经过漫长的迁徙，苗族先民终于找到了安身之地，人人笑逐颜开。男人们用特别的舞蹈动作来回顾和纪念迁徙途中的种种艰难困苦。

尽管看上去它不那么像舞蹈，可在赫章县苗族同胞的心里，它比任何一个舞蹈都更加动人。也许，正是因为它记录和再现了自己祖先被迫离开家园、迁徙异乡的一段真实历史，所以至今人们仍然如此挚爱它。

"这个舞蹈动作叫'夜探悬崖'，表现深夜还在悬崖间探路前进；

这个叫'倒挂金钩'表现攀陡壁的艰险；这个叫'森林探路'表现迁徙队伍在原始森林中穿行；这个叫'瞎耗子通地路'表示迁徙途中钻深山老林的情景。这是撒麻舞，预示着迁徙路程的结束，新生活的开始。"见我们不是很懂，小李一直在给我们讲解。

在舞蹈中，不但舞姿、歌曲都铭记了苗族的迁徙史，连演出服装也铭记了迁徙史。表演者身上穿着的披衫，又被称为"穿在身上的史书"。上面不同的图案分别代表着古老家园的山峦、平原、城墙和黄河。其中交错密布的符号则隐藏着苗族先民大迁徙的一系列秘密信息。艰难的生存环境，使苗族先民磨砺出了与人斗、与野兽斗的顽强毅力，因而观看大迁徙舞，就看出了悲壮，一种"风萧萧兮，易水寒；壮士一去兮不复还"的悲壮之情油然而生。这悲壮，悲情，壮烈可嘉，就在这悲壮间，在舞蹈的一举手一投足里，你的心一次次收紧，眼泪止不住就流下来了。

正是由于苗族的山居特点，崖高坡陡，水瘦山寒，才造就了他们顽强的生存能力，才孕育出具有史诗般的大迁徙舞和芦笙舞等浑厚的舞蹈和独特的民族风情。这种古老的原生态舞蹈，不仅从本民族的历史、生产、生活、宗教文化中提取养分，加以创造，形成自己独特的审美风格，还吸取了其他民族舞蹈的艺术与技巧，增添风采。

一部苗族发展史，就是一部迁徙的历史，披荆斩棘的豪情成就了伟大的迁徙。史诗般的赫章苗族大迁徙舞，是一个由几千年的迁徙文化所积淀下来的舞蹈，是属于一个迁徙民族特有的舞蹈，是一曲遥远而又永恒的绝唱。它是一个民族大迁徙的浓重缩影，是一部跨越了历史时空的悲壮诉说。舞蹈服饰蕴含深意，尤其是男女披衫，堪称穿在身上的史书。舞蹈中使用的羊角杯芦笙等苗族人民世传使用的器具非常典型，具有独特的艺术魅力和历史价值。整套系列动作与苗族迁徙历史内容相统一，舞蹈形象生动，含义深隐，极富想象力与创造力，体现了独特的艺术风格，堪称一部苗族迁徙的壮丽史诗。同时，此舞是把握苗族千百年来在艰苦环境中所形成的民族精神的一种直观载体。这种不畏艰险的奋斗精神，也正是中华民族精神财富中的一个重要组成部分。

聆听着浑厚苍劲的音乐，看着这一队队人马扶老携幼，依依不舍地离开自己美丽的家园，跨越万水千山，一路坎坷艰辛的迁徙影像，恢宏悲壮。我的思绪仿佛跨越到那遥远的历史时空，一部边走边写的历史一页页在舞蹈的一举手一投足和转承起合间翻开，心一次次收紧，泪水不知不觉顺着脸颊流下。

2004 年 3 月 5 日记

歌的海洋

"彝族生来爱唱歌，一唱就是几大箩，唱得太阳落西坡，唱到金星从东出；百灵听歌停止叫，牛羊听声忘吃草，你若爱听请到彝族山庄来。"过去听说彝族是歌的民族，有悠久的传统，也有赛歌赋诗习俗，开口成歌，一唱百和。每当逢年过节、婚丧嫁娶以及各种集会或祭祀的礼仪场所，都用唱歌赋诗，以音乐表情达意，以自己创造的民歌艺术，自我娱乐，自我教育，代代传唱，步步创新。2004 年 3 月 4 日至 5 日在赫章县彝乡的调研之行确实印证了这点。

唱歌在彝族人生活中，不单是个人的爱好和文娱活动，还具有特殊的功能。热情的村民唱着欢快的"迎客歌"，斟满清香的苦丁茶和来客围炉畅叙。这次在赫章县的几天里，我们在各种场合都看到，只要彝族人相聚，便有悠扬动听的歌声唱响。在韭菜坪、在洛布石林、在珠市乡、在雉街乡，处处歌声飞扬，而且往往是在演唱的过程中深深地感染听众，引发内心共鸣。乡长、村长也不禁随声附和，竟至放声歌唱，达到一唱众和的热潮。这歌声，唱得乡村充满了深情和醉意。在厚重的歌海里徜徉，也许是受到氛围的感染，也许是我们太投入、太专情，从我们步入赫章的那天起，歌声在我们采风团就从来不曾停止过。

县委宣传部的工作人员介绍，彝族各个支系都有自己的民族民间歌手。从小就在"歌海"中的人们，人人会唱、爱唱，其中涌现出一些才智非凡的歌手，除了珠市乡年轻的"山火彝人"组合外，雉街彝族苗族乡的陈朝寿夫妇也是远近闻名的老歌师，早在 20 世纪 60 年代，陈朝寿的妻子陈荣英就率队夺得过"全国民族文艺会演"一等奖，受到毛泽东主席、周恩来总理的亲切接见。他们"夫创妻唱""夫唱妻跳"几十年，他们自己的三个儿女也成为彝族歌舞的佼佼者。同时他们还培养出 200 多名民间艺人，现有的已成为北京、昆明、深圳等地民族村的专职演员。像这样能歌善舞的歌师，几乎各民族村寨都有。他们以丰富的阅历知识，善于把本地的历史故事、神话传说、山川景物凝练成简洁生动的歌词，在田间地头，在村里的喜庆歌会上，娓娓叙唱。

刚到的第一天，在珠市乡镇镇政府食堂，我们刚刚落座，由珠市乡中学两位年轻老师组成的"山火彝人"组合的歌声就唱响了，他们演唱的《女神》就是根据民间传说编创的一首彝族民歌：

　　　　我那杜鹃火红的水西，

　　　　走来了，

　　　　我的女神。

　　　　看那黑颈鹤飞翔的草海边，

　　　　还有女神般美丽的石林哟

　　　　女神是我梦中的呼唤。

　　　　噢！我的女神你那令人神往的弥迪申哟，（弥迪：彝语，天堂）

　　　　你是我梦中的索玛，（索玛：彝语，漂亮的女孩）

　　　　你已牵走了我的魂，

　　　　噢荷荷……噢荷荷……

　　　　看不够呵，你的美丽，

　　　　听不完呵，你的故事，

　　　　舍不下呵，我的女神，

　　　　走不出呵，你的天堂，

　　　　你的天堂噢……你的天堂！

这是一首以传说中的女神做比喻，赞美赫章小韭菜坪上天然盆景式石林的歌曲。歌曲沿用了彝族民歌中优美和谐的"纳嘎调"，构思精巧，曲调感人。"山火彝人"一次又一次唱起来，挥动手臂，声情并茂。歌声感动了所有的人，歌声淹没了所有的人。即刻，他们成为采风团追逐的重点，也成为我追逐的重点。正是他俩的介绍，让我了解了很多关于彝族人歌舞的情况。知道了他们组合两年多，已经编创了近百首民歌，如《醒来吧，夜郎石林》《给你索玛花》《山火》《凉山父亲》《彝寨迎宾曲》《走上乌蒙》《夜郎高地的彝家》……正是这些一代又一代的民族民间歌手、歌师用他们的深情，用他们的智慧，用他们的心唱，深深打动着听众，给人丰富的艺术享受。而且通过歌唱，既传播本民族的历史知识，又劝谕乡民勤劳善良，疾恶如仇，进行优良的民族传统文化教育。有些著名的史诗性、叙事性民谣民歌就是通过彝族人世世代代的辗转传诵，丰富和修饰锤炼而成，是历史上许多无名艺人的集体杰作。《梅葛》《西南彝志》等，已成为彝族人民留下的珍贵的民族文学遗产。

有人说："歌多多不过彝家，跳舞跳不过彝家，天上的星星能数尽，彝家的诗歌唱不完。要问彝歌有多少？请用海斗量一量。"这一点也不过分，如果你有机会来到赫章彝族村寨做客，你会真切地感受到千里彝山是舞的世界，歌的海洋。无论是婚丧嫁娶、月年喜庆，还是亲朋聚会，那情真意切，优美动听的歌声便会从月明风清、如诗如画的彝家山寨袅袅飘出，老年人的"家歌"，恰似汩汩溪流交汇在千里彝山。一曲曲，一首首交相辉映，融合成优美动人的旋律，会让你听之陶醉，闻之动情。真的，当你有一天走进神秘的夜郎故土，步入情浓如酒的彝家山寨，融合于勤劳勇敢、能歌善舞的彝族人民之中，亲切感受着彝家那唱不完的歌，诉不尽的情，倾听那句句扣人心弦，首首委婉动听的彝族民歌，置身于这歌的海洋、舞的世界的时候，那折射出彝族先民艰难创世业绩的"创业歌"；那浪漫与现实、欢乐与苦斗交融的"劳动歌"；那迷离深沉、如诉如泣的"祭祀歌"；那感情奔涌、思恋绵绵的"情歌"；那载歌载舞、雀跃欢快的"节日歌""祝酒歌"一定会使你耳悦心动，沉醉忘返。假若你在过火把节（农历6月24日）来赫章，你会沉醉在彝族热情奔放的"火把歌"里，那独具山寨节日情调的歌还有掌火歌、冲门歌、赞水歌、庆丰歌、祛灾歌、采花歌……彝族山寨处处充满着诗意的音符，使你沉醉在歌海之中，心醉神迷，流连忘返。

2004年3月6日记

天籁的古韵之音
——布依族"音乐小打"

到贵州普安县朗寨听布依族的"音乐小打"，是一种与古老音乐艺术的巧遇。之前，只知道布依族的"八音坐唱"，不曾听说过布依

"音乐小打"，更不知道普安布依族朗寨有这种民族音乐品种。这次去普安县采风，到了江西镇朗寨，独具特色的原生态音乐——布依族"音乐小打"着实给我留下了深刻的印象。这种音乐演奏形式很新鲜、很独特。吹、拉、弹、打的布依族人沉迷其中上千年，听的人感受一刻两刻的过瘾是因为那美妙的音符好似穿透了灵魂的深处，与古老的音乐一起飞舞，让人感受返璞归真的美妙。

布依"音乐小打"由牛角胡（二胡）、箫、笛、葫芦琴、镲等乐器组成，是流传于黔西南布依族自治州普安县一带的民族乐曲中的一种。每件乐器的制作材料均选自当地的动、植物质材，如牛角、马尾、兽皮、松木、竹子等；工艺上全是当地的老艺人代代相传的手工技艺制作。他们所演奏的内容也都是自己的生活：婚丧嫁娶，建房祝寿，生日、情爱、丰收及欢快的劳动场景等。

随着民族旅游业的发展，黔西南的布依"八音坐唱"已声名远扬，而"音乐小打"这一独特的艺术形式还"养在深闺人未识"。它是何时产生、形成？或何时流入普安？无文可考。它不同于"八音坐唱"，"音乐小打"没有说唱，只有演奏。据当地老人介绍，最早只有两三种乐器，后来又加进了横笛演奏，再后来又在演奏时，用箫轻敲打镲，使之发出清脆悦耳的声音，别具韵味。随着岁月流逝，代代民间艺人的不断丰富与完善，也就沉积下了深厚的布依"音乐小打"特色。

此行，听"音乐小打"的地方在朗寨田间的一棵神树下，这里是当地村民祭山神、树神和集中议事的地方。这天，晓雾初起，这里的早晨还很安静，布依族的"音乐小打"就仿佛成了这个村寨的灵魂之物。我们穿过寨子的曲折小巷，来到神树下，喘着粗气的人们，或手拿不同的乐器，或身着民族服饰喜气洋洋，三脚并作两步，迫不及待地也来了。一群布依族姑娘、小伙身着古风丽服，站在这里迎接远方的客人，我发现刚刚出寨迎接我们的村支书摇身一变组成了"乐队"，拿起乐器，操起竹箫，美妙的音乐就开始流泻于山寨的每个角落。

树下的平台不大，却溢满原生态的布依族文化气息。用牛角做成的牛角琴来了，木板做成的二弦月琴来了，用竹子做成的箫、笛来了，还有唢呐来了，鼓镲来了，甚至还有你没见过的土乐器，如自制的木鱼、大碗、小碗、树叶一齐汇集来了，上至 70 几岁的老人，小至一两岁的儿童都来了！古老与现代这一刻完成了交汇。随着"乐队"高低起合的演奏，欢乐的气氛一瞬间满溢每个人心间。听，那从心灵深处流出的古韵律，时而柔和、悠扬，时而蕴藉动情，时而稳重深沉，让人在陶醉与沉迷中感觉是那原始的、遥远的天籁之音，魂牵梦绕之中领略这布依寨古朴淳厚的风土人情。

当我们依依不舍地听完"音乐小打"回到现实，一看周围，已被围得水泄不通，几乎是全村的人都穿上民族服装聚集到这里。热气腾腾、欢声笑语的村民们满脸的淳朴，很可爱。也许正是最真最纯，才让他们固执地留守和传承，"音乐小打"才少了现代音乐的浮躁。古树下，人越来越多，村支书提议即兴来一场"赶表"歌会，年轻的男女们即刻响应。歌声在田间地头飘荡：女孩们开唱"哥在高山妹在河，要想打鱼先下河。有鱼无鱼先下网，有心无心先唱歌"。男青年们和声唱道："哥在高山妹在河，妹叫打鱼先下河。有鱼无鱼也下网，哥欢妹喜都唱歌"。歌声悠扬婉转、情意绵绵。当"音乐小打"的伴奏声和一阵唢呐演奏刚停下，四个布依族农家妇女再也耐不住寂寞，与身着布依古装的男子汉也对起了山歌。憨厚的表情，加上多面手村支书诙谐的唢呐演奏，惹得听众哈哈大笑。那一刻，那淳朴的歌声好似布依寨子的精灵，处处传情，声声悦耳。四处看看，树下和田埂边挤满了来听"音乐小打"的人。老人们的凝神与认真，年青人的欢声与笑语，孩子们的专注与好奇，一曲曲古韵、一阵阵欢歌，醉的又岂是远方的客人？那迷人的弦音就像撒入人们心田的种子，在更多的后继者的生命里延续。

到布依族村寨听听"音乐小打"，感觉真的很不一样。600 多年的朗寨是古朴而感性的，泛着乡土的绿色。蓝天白云下，山清水秀，风光佳丽，袅袅天籁音符，犹如天上仙乐，飘逸人间。我久久地驻留在神树下，凝神谛听，任那原汁原味的土风古韵的旋律在心底流淌。其实，音乐本身的意义在这里对大多数人来说已经不再重要，更多的是怀着对古老音乐艺术的好奇，有了古老的历史文化土壤，加上找到生命的丰厚载体，远古的音乐也就生机勃勃起来。

据村支书介绍，流传于普安布依族寨子的"音乐小打"，其曲调共有十多种，千百年来，许多布依族寨子一直坚持演奏。我们所听到的曲调只是其中的一小部分，要听完整个布依族的"音乐小打"旋律，要一个寨子一个寨子地去寻访，用时间仔细听，用心情慢慢去体会。

目前古老的布依族的"音乐小打"表演还没有商业演出，我觉得，它是值得挖掘的一个民族文化旅游项目，说不定经过挖掘、整理、包装、打造后，也会成为黔西南旅游的一个亮点。

2004 年 8 月 12 日记

歌舞古韵白邦村

终于到了。

翠绿色簇拥下的白邦村，宁静而恬淡。每一座杆栏式的建筑、每一片五彩的刺绣、每一声浑厚的古歌，每一个传统的舞蹈，都浸透出生命的古老艺术。

在有关人员的陪同下，我们从台江县城出发，驱车 70 余公里，沿乡间公路一路颠簸之后，又徒步在陡峭的小道上走了近 40 分钟，终于来到地处国家级自然保护区雷公山北麓、台江县南宫乡白邦村。"白邦"，苗语叫"八邦"或"别邦"，意为"滑坡塌方的山体"。据说，这里的苗族先民迁徙到此时是住在河边一个土坪里。后来河水暴涨、山体滑坡，他们才搬到半山腰上来。先民们为了记住那次灾难，就把这地方叫为"白邦"。从此，他们在白邦安居乐业达 300 年之久，从那以后，山体再也没有滑坡塌方了。

村寨坐落在山腰窝里，四周古木参天，果树飘香，层层梯田，鳞次栉比。这里海拔 1000 多米，森林覆盖率达 70%，是著名的林海山国。白邦村小学就簇拥在茫茫的杉树丛中，简易的篮球场是全村人聚会的场所。我们的到来，让村民们非常高兴，只听村支书邰全权在广播里的一声召唤，宁静的村庄热腾起来了。全村男女老少一队队从四面八方沿阡陌的田埂向学校涌来，有的吹着芦笙，有的唱着山歌……轻风拂动梯田里的青苗，阳光照耀姑娘们美丽的服饰，笙曲悠扬、欢声阵阵，犹如一幅构思精巧的民俗风情图画，实在让人赏心悦目、无比陶醉。

苗族是一个能歌善舞的民族，在不停地迁徙的生活中，却始终怀揣着抹不去的记忆。通过舞蹈、古歌等艺术形式传承着本民族的文化。由于地处偏僻，交通闭塞，传统的历史背景、文化背景和经济社会诸多因素影响，白邦村至今仍保留着许多苗族的民间文化艺术形式，如吊脚木楼、民族服饰、民间工艺、年节习俗、礼仪祭祀、宗教信仰、游戏竞技、伦理道德、习惯法则、语言民俗、民间文学、歌舞艺术等。尤其是传统的歌舞艺术在白邦村丰富多彩、种类繁多、异彩纷呈。白邦村人代代唱歌，世世传歌，事事用歌，人人会歌。有歌就有舞，有舞就有歌。且歌且舞不但是他们交际、愉悦的主要形式，也具有协调、组织、传承等功能和作用。

在白邦村，我们很快就感受到古风热烈的气氛，只听笙曲的古韵一吹响，无论男女老少都情不自禁地跳了起来。顿时，鼓声浑厚，笙歌悠扬，银饰叮当，球场上有如彩蝶纷飞，又像百鸟争鸣，点缀着青山绿水，人群在阳光的照射下变成了五彩缤纷、绚丽多姿的彩色海洋，形成一幅幅五彩缤纷的画面，让人目眩，使人眼花缭乱。多么热闹，多么动人的场面啊！

歌舞跳到酣畅时，两个10多岁的学生用苗语唱起了山歌。虽然我们听不懂，但是从他们喜悦的表情和人群一阵阵的喝彩声中，我猜想，可能是情歌之类的内容。优美的旋律，稚嫩的嗓音，让人听得心驰神往。

唱着，跳着，歌舞会进入了高潮，人们自然地围成了一圈又一圈。中圈是男人们组成的芦笙队，他们个个手持芦笙边吹边舞；内圈是手牵手的客人和学生，第三圈是妇女居多，而且有的是背着小孩且歌且舞；外圈则是些老人，特别是几个70多岁的老大爷跳得既稳健又潇洒。打扮得花枝招展的姑娘们随着多变的节奏，在芦笙舞曲的伴奏下，翩翩起舞，左踏右踩，她们美丽的百褶超短裙，随着舞姿的变化而不停地摆动着，随着人体的转动形成一个圆形，如孔雀开屏，时而左右飘荡，又如行云流水。总的看，他们的舞姿既随意又有一定的节奏和规律，农耕、狩猎、欢娱、忧伤、跋山涉水……都通过舞蹈语汇表现出来。我发现，队伍中一个十二三岁的男孩一摆手一踢腿，尤其奔放活泼，舞姿矫健，邰支书骄傲地告诉我，这小孩是他的儿子。看来，又是一个不凡的文化传承人在成长。也许是受到苗族人热情奔放、活泼乐观性格的感染，我们也加入到舞蹈的行列。

这歌舞的场面深深地感染着我，触动着我，使我激情满怀，感慨万分。如此美妙动人的歌舞会，欢歌乐舞的人群，显示着生活在祖国大家庭里的各族人民多么欢乐、团结、融洽啊！也只有在今天，在祖国的怀抱中，我国各民族的传统文化才重新出现百花齐放、绚丽多姿、繁荣兴旺的景象。

面对着这些欢腾的人群，我不得不从心底里感到一种深深的激动。尽管我不是头一次看见这样的场面，我以前也曾经历过好几个同样的歌舞会，但每一次都带给我新的欢欣，新的感受。我感受，不仅仅为了那光彩夺目的歌舞；我欢欣，更是因为这次到台江县调研，无论是到哪个村寨，我都从那欢乐的面孔上看到了坚定的信念和崇高的理想，看到了人们对生活的喜悦和未来的追求。历经了漫长的迁徙，"天下苗族第一乡"的台江县依然保持着如此古老又鲜活的文化，体现了这个民族强大的生命力，体现了这个民族旺盛的创造力。

浑厚的古歌在我的耳边萦绕，传统的舞姿在我的眼前旋转，几个小时眨眼工夫就过去了，但它的每一个瞬间却深深地印在我的脑海。时间吹起了返程的号角，我们只是在匆匆间体验了这民族民间艺术的奇光异彩。笔意稍逊，实在难以形容此情此景。我只希望有机会，一定要再到白邦村。

2005 年 8 月 15 日记

生活的情感之流

丰收的时节，我们来到了贵定县新铺乡谷撒村，喝了许多苗家的米酒，也听了许多山歌。

汽车还在行进的路上，陪同调研的黔南民族青年作家耿文福就对我说："何老师，想听山歌吗？"

"当然想听，越多越好。"

"那好，今天中午就在侯乡长家里吃农家饭，我们一起喝酒、唱歌。"

关于黔南苗族、布依族的酒和歌，我在来之前就听说过许多。路上小耿怀着深情，用诗人的语言向我们介绍："酒与歌，是苗族、布依族生活的伴侣。千百年来，苗族、布依族人民，把他们生活中的悲欢离合、幸福与憧憬、奋斗与追求，都酿作酒、化作歌，融进了情海心潮之中。"小耿出生在一个苗族、布依族结合的家庭，他从小在布依族村寨的外婆家长大，对苗族、布依族民歌颇有研究，而且多次在黔南州赛歌会上拿大奖。据说，他一口气可以唱出300多首民歌。

今天运气真不错，有"歌王"同行，一定热闹。

这是一个170余户，800余人口的苗族村寨。沉甸甸的稻谷、翠绿的群山、袅袅的炊烟，一派充满诗意的田园风光。来到谷撒村，走进新铺乡乡长候廷建的家，好客的主人把我们迎进屋。我们一边喝着幽香的绿茶，一边打量着房子的结构。这座苗族民居建筑的结构，用材仍是传统的，只是火塘已改烧铁制的回风炉，火炉上方仍用木竹搭建的隔板上堆满了许多洋芋。几分钟的时间，屋子里围着火炉已经热闹地挤满了人。大家刚落座，酒味儿已充满了房间，尚未沾酒，见到这场面就已经有些醉意了。一个大酒缸摆在火炉边，女主人正把酒碗一一摆在火炉的围盘上，见我们坐下，女主人赶忙双手给每人递上一只碗，然后把自酿的酒轮流地斟入客人的碗中。为了表示对客人的热烈欢迎，女主人唱起了酒歌，在歌声里夹带着笑声，众人的目光集中看着我，让我一口喝下，不然就要对歌。对歌赢了，主人家自饮。输了，喝罚酒一碗（当然，客人实在不能喝也不强求）。对我这个"歌盲"来说，实在有些力不从心，无奈之下，簧腔簧调唱了两句，自然是引来哄堂大笑，显然是不能过关的。为了"优待"我这个客人，主人表态，我可以只喝一口。看着这碗里的酒，色泽有些微黄，酒汁有些黏稠，与一般的白酒不一样，我还是一饮而尽。果然不一样！酒味儿清淡而略带甘甜，不打头、不醉人。

歌唱不断，喝酒不停，整个房屋都闹腾起来了。

今天喝的这酒是村民们用大米、糯米、玉米发酵酿制的原汁米酒，含糖量高，酒精度低，是解除疲劳、清心提神最好的饮料，味纯甘甜，醇芳爽口。

"我们苗族，酒离不开歌，歌离不开酒，酒和歌是谁也离不开谁的亲姊妹，所以我们酒多歌也多。"在热烈的喧闹声中，乡长说。

谈话间，村里的兰廷华老人双手举碗歌唱起来，众人静静地听着，我赶忙打开笔记本……他正在唱的是一首劝酒歌，歌的大意是：

客人来到家，我们真高兴。

客从千里来，没有好菜待。

只有这碗酒，怠慢了贵客。

请你心莫怪，请喝一碗酒。

这是一首质朴和热情的酒歌，主要是表达对客人的衷心欢迎，请客人喝酒。酒歌的曲调欢快、明朗、昂扬，多用于酒会、节日、婚礼等喜庆欢乐的场合，在集体劳动、远行和其他场合也唱这个曲调，只是歌词内容不一样，很丰富，有的是对家乡和亲朋的深情赞美，表现对家乡的热爱之情；有的是对团结友爱和欢聚的热烈歌颂，表现对民族生存、自强和兴旺的祈愿和祝福；有的是对房屋、牲畜、工具和劳动产品的无限夸耀，表现对幸福美满和富足的渴望和追求。改革开放以后，群众又用这种曲调创作了歌颂党、歌颂新生活的作品。兰廷华老人是一位很有名的歌舞者，他的歌喉不算嘹亮，但听起来还是很有感染力的。他刚刚在院子里跳"长衫龙苗族芦笙舞"，时而舞步轻盈，时而节奏铿锵有力，简直不像是五十多岁的老人。这时他又唱起了酒歌，把众人的歌兴鼓动得浓烈起来，歌唱此起彼伏，酒香飘溢四座。

一阵欢笑热闹之后，曲调又由欢快昂扬变成了婉转柔和，原来是小耿带头唱起情歌来，和他对唱的是侯乡长的爱人罗廷清。歌儿你唱我和，俏语趣话迭生，乐得大家前仰后合。"苗族的舞多、酒歌多；布依族的酒多歌也多，情更多。"听小耿讲：情歌，在黔南民族地区主要是热恋中的青年男女用以抒发情怀的方式。在欢聚快乐的场合，为了助兴，也唱情歌。只不过苗族、布依族的曲调不一样。歌词也可以随意更改，"见子打子"（指可以根据当时的情景即兴发挥，新编歌词）。难怪，今天小耿和嫂子也对唱起情歌来了！几个回合，罗廷清嫂子就败下阵来。在大家的欢笑声中，嫂子于心不甘，拉上小姨妹一道向小耿挑战，还明确，小耿用布依族的山歌曲调，嫂子和小姨妹用苗族的山歌曲调。于是男女对歌达到了高潮：

女：我在我家十八年，哪个叫表不来连。

没得锄头挖断路，没得砍刺插花园。

男：昨天等表表不来，今天等表太阳歪。

等表不来人笑我，花在花园枉自开。

女：吃了早饭下大坡，斗篷飘飘飘下河。

斗篷飘飘是为水，妹我飘飘是为哥。

男：半坡烧火半坡烟，哪晓半坡有块田。

晓得有田早来理，晓得有表早来连。

女：大路芳草尖对尖，半路撞到半路连。

半路撞到不好喊，唱首山歌望表连。

男：出门打伞望伞尖，上场买布望布边。

望布如意我才买，望表如意我来连。

……

　　歌声委婉流畅，歌词幽默诙谐，"比、兴"连连，极富生活情趣。此时此刻，年长的乡亲们一个个拍膝鼓掌，温馨幸福写在笑脸上，他们是否在重温年轻时的浪漫？我不知道。但是现在，歌儿已使我们在座的每位都成为"有情人"了。

　　很有意思的是，乡长此时主动交代了他恋爱的秘密："我喜欢她，就是从爱听她唱歌开始的……"说完，一直表示不会唱只爱听歌的他也情不自禁地唱了起来。唱完，还自豪地告诉我们，罗廷清嫂子也是乡里有名的歌手，还在乡、县的民歌大赛上拿过奖。

　　在苗族中，情成歌，歌为媒，是不假的。苗族青年的恋爱是比较自由的，多数是通过山歌传达感情，初定婚约，然后再悄悄告诉父母。当然，这样的对歌绝不是一拍即合、一锤定音，还必须经过一定时间的相约相合，相谈相歌。由试探而相邀相见，经赞美歌、同情歌、热恋歌等，直至定情歌，最后还有成婚歌。虽然这其中因人而异，感情进展快慢也不同。只有经过时间和感情的考验和磨炼，最终才能开出艳丽的花朵，结出幸福的果实。苗族的情歌如此丰富，我想这可能与婚姻自由有很大关系，自由是可以培养歌情的。

　　屋子里阵阵优美婉转的歌声和笑声打断了我的沉思，又把我拉回这酒海歌潮中……我发现，此时此地，已经没有了年龄、辈分、男女和民族的界限，人们已经把生活的热情都融入酒化作歌了。

　　谷撒的情绵延千里万里，苗族的文化传承千年万年。米酒喝到哪里，歌就唱到哪里，情就流到哪里。酒中酿造着歌，歌中凝聚着情，情中涌动着爱，爱中还有情。这是民族间生活情感的纯真的流淌；这是民族间友爱、祥和的动人的情景；这是都市和苗寨、汉族与苗族、民族与民族之间深情的结晶。

2006 年 3 月 7 日记

荔波尧古布依寨及矮人舞

荔波县自然风景优美，辖区内的布依、水、苗、瑶等民族占到全县总人口的 92%，各民族有着自己独具特色的语言、服饰、歌舞甚至文字，民族文化多姿多彩。此行到的村寨不多，但荔波传统的民族风情给我留下了深刻的印象。

被世界教科文组织列为"人与自然生物保护圈"的荔波茂兰国家级自然保护区的腹地有一个布依族山寨，叫尧古寨。这个布依寨位于荔波县永康乡西南部，是我们此行深入采风的一个村寨，全寨住有 20 多户人家，都是覃姓。距离县城 18 公里，几步路就可到达世界遗产地的荔波茂兰国家级自然保护区境内。寨子除了一面是柏油公路以外，其余三面都被竹林包绕，两口并排被称为"乳泉"的井水穿寨而过。寨上人家的民居是具有布依族风格的杆栏式建筑，俗称"吊脚楼"。这些"吊脚楼"以石为墙，以石为廊，以石为柱，沿着山坡自下而上兴建，布局井然有序。全寨石屋层层叠叠、依山修建、依水而居，所有地面都是石板铺就，手艺精湛得看不到缝隙。"吊脚楼"是村里人的设计，自行建造，二楼以上都是木石结构，坚固耐用，冬暖夏凉。石屋房门朝向一致，一排排并列；有的纵横交错，有的石屋有石砌围墙，有石拱门进出，极富地方特色和民族特色。

穿行于石板小巷，一座"吊脚楼"门前挂满蜡染布，我们就走了进去，主人热情地招呼我们坐下并自我介绍，他叫覃亮东。我们与健谈的覃亮东聊起了尧古寨，他向我们介绍说，这里的女人们都掌握织布、绣花、蜡染这些传统的民间手工艺。土花布的制作工艺已有上千年的历史，是村民用自纺、自染的棉纱线，用蓝、青、黑、白色配织出柳条、格格、梅花、鱼刺、桂花等近十种布纹，土布以深色调为主，浅蓝相映，纹饰古朴大方，装饰性很强。来这里的客人也可以参与，自己设计，自己操作，体验一回传统工艺的无穷乐趣。客人累了，也可以到寨边竹林、树下安置的石凳、石椅、石桌上休憩、娱乐。

　　覃亮东还介绍说，这里的男人们都是土法造纸的好手。说起土法造纸，在当地有一个传说，布依语"古"是指老虎猛兽，相传上千年前，古寨瘟疫流行、虎豹成灾，民不聊生。一对布依青年搭乘金竹天梯，攀登七七四十九天，历经辛苦，方达天庭，求神护佑。神感其诚，密授后生灵符，再授姑娘取当地金竹为材，制成福纸，双双回寨如法炮制，用尧古神纸与布依灵符阴阳相配，驱逐虎豹，平息瘟疫，镇宅消灾，灵验异常，代代相传至今。尧古古法造纸是用山上的竹子做原材料，经过锤烂、浸泡、洗净、碾细榨烂等十几道工序，最后再用刀在纸上整齐地刻上七个刀纹，寓意"生老病死"和"轮回"，而这些土纸手艺也被村民延续至今。在尧古布依寨中，我们就看到一座上百年的造纸作坊，随便走进任何一家民居，都可以看见土法酿酒坊、染布坊或古法造纸的制作方法。

　　见我们对布依族文化感兴趣，覃亮东越发兴致勃勃地又讲起尧古寨的布依族歌舞。他说，这里的布依族歌舞有着悠久的历史，是尧古寨的又一特色。布依族歌舞从内容到形式极为广泛，但一般都来自于生活，主要以布依族人民生产劳动和民族习俗为题材，包括茅草歌、笔管歌、酒歌、傩戏、矮人舞等。今天是国庆假日，等一会儿我们就可以看到奇异的矮人舞。听老人们说，"矮人舞"是在明末清初诞生的，当时这一带的村民遇到了百年罕见的旱灾，连年颗粒无收，为了生存，人们到处找野果，挖野菜，吃树皮。几年后，终于迎来了风调雨顺，五谷丰登。"矮人舞"表演的正是收获的季节，一群孩子在田野上快乐庆丰收的情景。男孩子用箩筐当作帽子，肚皮上画作脸；女孩子用撮箕当斗笠，手舞稻穗，其他的人用谷桶、扁担、稻秸、镰刀等为乐伴奏，当时寨老观看后，总结经验，发自灵感，加以糅合，自编自演成滑稽、幽默的民间舞蹈"雯"。从那时起，这里的布依族人每一个收获的季节，就表演这个"矮人舞"庆祝丰收。后来，当地人给此舞命名为"雯笪呐"，汉意译为"矮人舞"。

　　下午我们随覃亮东一起来到寨子中央的晒谷场，场坝不大，与一个篮球场大小差不多。这里已经围坐了一些游客。我们还在谈兴正浓，只见十几个七八岁至十来岁的男孩女孩身穿"矮人舞"服装来了。我眼前一亮，这群孩子的形象真风趣搞笑而且诙谐，男孩子们头上罩了一个大竹筐至胸部，头和脸全被罩住，竹筐就成了帽子，胸部穿入两根竹竿于衣袖中，变成为"手"；腹部画上眉毛、鼻子、眼睛成为"脸"，肚脐眼还画上大嘴巴。于是一群头大脸宽、身短的小矮人就滑稽地出现在我们面前。女孩子们戴着一个娃娃面具，手里舞着稻穗，她们活泼婀娜的舞姿更显得小矮人矮粗身材的可笑。特别搞笑的是小矮人的肚皮一鼓一胀，一扭一歪"脸"部的表情忽而哈哈大笑，表现出对丰收的喜悦；忽而伴装生气，对女孩的不够热情和果敢表示不满。当女孩又挥动长穗在小矮人眼前逗来逗去、左蹦右跳时，他的"脸"就一下轻松起来，快乐地同她起舞，表情夸张诙谐，滑稽幽默，憨态可掬。这一独特的民族风格艺术，风趣生动、诙谐幽默的形象，积极健康的舞姿，不仅真实地体现出古代当地布依族人对幸福生活的向往和追求，也是布依族人表达思想感情、理想愿望的一种方式，反映乐观自信的精神风貌，有一种百看不厌的艺术魅力。至今，荔波仍保存着它那古老的原始风味、浓郁的生活气息和独特的地方舞韵。滑稽幽默的矮人舞，雅俗共赏，别具风采，被外国朋友誉为东方的"卓别林艺术"而大受国内外游客的赞赏。

风光旖旎的尧古寨，可以说是山、水、村寨、淳朴的民俗和谐共存，是一幅令人惊叹的山水画，是隐藏在山上没有雕琢的一块璞玉。高高矗立的参天古枫树和古樟树，似乎记录着岁月的沧桑；袅袅升起的炊烟、淡淡酒香、小桥流水、鸡鸣深巷，鸟语山林的意境，一切都显现出勃勃的生机和自然的灵气。

尧古寨的自然美景令人目不暇接，尧古寨的古风民俗淳朴自然，尧古寨的"矮人舞"令人拍手叫绝、赞叹不已。

2009 年 10 月 5 日记

神幻的柯杉布依傩戏

麻山山脉的望谟县新屯镇柯杉村，重峦叠嶂、群山环抱。

柯杉村地处麻山腹地新屯镇南部，距县城 10 余公里，天然灌木占 75% 以上，25 个自然寨 703 户 3290 人，居住着布依、汉两个民族。村寨民居，傍山而造，与大自然浑然一体。崇山峻岭中，一片片茂密的油桐树夹杂着不知名的白花树、榉木树，遮裹着山腰上的布依族人家。车行其间，一眼望去，四周山谷青翠。这是一方神秘的土地，深藏着戏剧"活化石"的"魂"和大自然的鬼斧神工。从原始古朴斑斓的山野中走过，温馨、含蓄、神幻……

然而我差一点与之擦肩而过。按照原计划我们应该在 25 日一早返回贵阳的，意外来自 24 日晚在新屯村石头寨晚餐时，该县摄影家协会吴绍衡主席透露，在新屯镇的柯杉村八组，有一个以姓卢的家族为主的戏班子，至今传承着傩戏，且傩面具的精致古老，道具的花式种类，堪称中华一绝。我心生激动。是啊！好多年都没有看到"傩戏"的表演了，也没有听说过望谟县有布依族傩戏，这次我非去不可，于是决定留了下来。

8 月 25 日中午，在望谟县政协副主席胡亦、摄影家协会吴绍衡主席、新屯镇党委书记岑章富等人的陪同下，我们由弄林村向柯杉村出发。一路上我浮想联翩，傩戏那诡秘的脸谱，飘舞的旗幡，神圣的鼓号，是怎样的一幅图画，怎样的一个场景，怎样的一个难以揭开的谜？

车子一路沿坡攀爬，斗折蛇行，颠颠簸簸走了近 2 个小时，3 点多钟终于到了柯杉村八组卢兴义的家，这时主人和戏班子的几位成员早已等候在那里了。卢兴义、卢兴坤、卢兴荣几位是堂兄弟，也是村里戏班的台柱。见到我们卢兴义就热情地说："你们辛辛苦苦来到这里，我们太高兴了。"

这里，山高林密，天窄地窄，几十户人家疏疏落落星散于大山的怀抱里。面对着这样一个还少有被外界侵扰的村寨，我隐约嗅到了那远古岁月的气息，那气息有几分玄秘，几分幽芬，就好比你在耕耘稔熟的土地时，一不留神掘开一座古老的酒窖，当你还没来得及弄清真相时，神魂就已经飘摇欲醉了。瞬间，一路的舟车劳顿就烟消云散了。

傩戏的起源可追溯到原始社会的"傩祭"、"傩舞"，即先民们戴着神和猛兽的面具舞蹈，旨在驱邪酬神、消灾祈神，是一种祭祀歌舞仪式的综合艺术。柯杉村距今有 600 多年的历史，这里以卢姓居多，听戏班子的班主卢兴义讲，他们村的傩戏，由祖师何法真（壮族）从广西引入，至今传了八代。最早用于布依人"做桥""烧香""还愿"等"傩坛祭祀"，后又融入了中国古代征战故事、神话传奇，还杂以乡间吉语，集歌剧、舞剧为一体，人物众多。戏班子的人虽然长年劳作于田野之上，但只要一戴上傩戏的面具，一穿上傩戏的服装，就立即变成另外一个人了，让你难以捉摸。

柯杉傩戏的形式主要分为文戏和武戏两种，文戏以反映自然和神灵为特征；戏目主要有"冲傩还愿""拜三界公爷""祭三光（日、月、星）""祭神树""祭泉井""祭五谷"等 10 多种。武戏则以表现浓烈的祭祀活动和教人、救人为主，使用的道具有鼓、钵、镜、锣、鞭、锡杖、排带、法刀、牌位、法书、"案子"（将神灵具象化为画案的图画）等。柯杉布依族傩戏基本没有在大型文化活动中公开表演过，平时仅为村民们在节庆或婚丧嫁娶时用于祈福、还愿、避邪等，所以鲜为人知。

在卢兴义家的屋顶上，我们一边聊着，其他几位成员将傩戏道具一一铺展开来。历经数百年来的传承演变和各个时期社会变革影响，布依傩戏民间遗存古老的法器和珍贵书籍大部分被烧毁或流失，这里竟然有 200 多册书籍、道具、傩面具，实在让人震撼。46 岁的傩戏传承人卢兴义告诉我：这些傩书保存了布依族世代敬奉的 10 多个神和布依先民世代传唱的 10 多个剧目，其中的惩恶扬善、劝人向善、孝顺父母、弘扬人间真善美的思想，构成了布依民族文化最具价值的内容，在潜移默化中成为布依民族的行为规范。在布依群众中，称傩戏为"桥"（大桥或小桥），演出时间"小桥"1—3 天，"大桥"3—13 天。

听他说得头头是道，看他如此沉醉，我问他："你这样乐此不疲的兴趣是什么？"他毫不犹豫地回答："传道得道，帮人做好事，就是最大的乐趣。"回答简单、朴实、深邃。

我细细翻看这些傩书，其内容是记录傩祭、傩戏的书籍，是布依傩戏的唱本。傩书是代代传承的文化典籍，它是研究布依族族群的哲学思想、宗教信仰、伦理道德、思维方式的范本，对揭开布依族族群心理，了解布依族自然观和世界观具有重要作用。

说话间，年龄较长的郭喜志，已恭恭敬敬地将盛放在竹篓中的各方神祇（各式各样的神的面具）一个一个地"请"了出来。也许是出于敬畏吧，老人的双手微微有些颤抖，就在布包被轻轻打开的刹那，我感到他打开的已不仅仅是一个布包，而分明是开启了一扇神秘的天堂之门。首先请出的是傩神公公、傩神婆婆的木雕神偶，这两尊神偶通高1.2尺，最大处直径约5寸，仅为头部和颈部，颈部下端中空。男性神头脸呈紫红色，头戴盘龙冠或朝帽，上唇与下巴处有黑胡须，神情刚毅威严，眼珠微凸，鼻梁有三道深纹；女性神头面容清秀白净，头戴凤冠别发髻，神情安然祥和。尤为神秘生动的是10面傩面具，有报喜郎、先锋、开山、文官、武官、判官、杨五、秦童、八郎、土地爷，皆为人脸大小，是用优质的木材雕刻而成，有的黑面粗犷，正气威武，有的眉清目秀，和善文静，有的瞋目咧嘴，粗野蛮横，有的滑稽可笑，逗人之至。此时，我发现这些一直以安详的姿态睡在竹篓中的面具，面容和表情竟如此鲜活，或喜或怒，让人一眼便能看出它们的性格和"职业"特点。虽然他们养在深闺多年，谁又能说它们不是在暗中庇护着这块土地上那些微小的生灵呢？角色的刚直、庄重、勇猛、狡诈、阴险、善良、清秀等的个性，让这些面具一出台，人们就一眼看出他们的好恶，也许这就是民族民间艺术最简单最得意的表达方式吧。

看着这些历经风霜而陈旧的傩面、傩书、道具，上面都布满了苍老的皱褶和裂痕。不过，陈旧也有陈旧的味道，幽冥，苍凉，人置身其间，只有屏声敛息的份儿，仿佛所有的语言都是多余的。

当我还沉醉于眼前这些古籍中时，卢兴坤已化妆完毕，准备开始为我们表演了。只见他身披庄重的服装，头戴杨五郎傩面具，抬头挺胸，犹如一尊古代的战神，在古乐声的引导下，杨五郎蹬、蹬、蹬迈着有力的步伐出场了。这时，平时慈眉善目的卢兴坤，戴上杨五郎的面具后完全是另外一副模样，只见他手里不停地挥舞着用各种颜色的布条扎成的"排带"和刀。那"排带"也是有说道的：它在傩戏里象征着权威，"排带"的手柄里有经文，告诉人哪些事该做，哪些事不该做，也暗喻着驱恶扬善。这个开场的傩舞大意就是说杨五郎统领千军万马激战七天七夜，威猛无比，驱邪去鬼，战胜凶恶。他用千年的程式，阐释着历史的积淀。这刚健的舞蹈，艳丽无比的服装色彩，英武凶悍的面具，让我仿佛听到一阵紧似一阵的战鼓声，看见一个又一个的战士矫健而过，在乡间衣袂飘舞……最后，杨五郎一个挺胸吹响牛角的亮相，结束了这段傩舞。

　　面具是舞者的肌肤，舞姿是傩者的言语，傩在这里复活了，且不说他的怪异，且不说他的刚劲，且不说他的柔美，傩风吹过，似乎觉得神灵们真的驾临。听着远古天籁，嗅着香烛味道，看着戏剧"活化石"，我想这样的演出是为乞求丰年的农人准备的，也是为我们这些寻梦者准备的，无语的傩神和舞者，到达了我们心灵的深处。多年来，因为难得一见傩戏，其已渐渐隐退于我的记忆之外，而激活它的难道不是这些神奇的脸庞和飘舞的衣袖吗？

　　卢兴坤的表演没有过多的华丽，他的演出始于原始，回归真切，是傩文化的精髓。除了看上去他的性格豪迈、真实，更多的是傩魂的张力体现。这犹似我们做人，不追求功名利禄，朴实无华方而精彩纷呈。他不炫耀、不夸张、不做作、不假媚。已经很好地理解了傩文化精神之所在。在原始的表演中彰显智勇，在淳厚中展示真正的艺术。

　　听卢兴坤说：要真正成为一名傩堂法师，得从小苦练。卢家几兄弟都是从小就在长辈的指导下学习傩文化的，大哥兴义 14 岁学戏，高中毕业之后更是对傩戏情有独钟。他还说："现在保存这种傩文化已不容易，它是民族的，也是世界的，在民间已经很少，几乎绝版，主要是没有传承人，大部分农村劳动力又外出打工，从小这些娃娃又不愿学，傩文化的精髓得不到传承，我很着急。"我宽慰他："你的表演很到位，也很精气神。"他笑了，咧着嘴说："我率领的是千军万马嘞！所以我在全神贯注地表演，因为我相信有识得我的人，也相信傩神会因为我的认真虔诚表演保佑天下苍生，风调雨顺、吉祥幸福。"多么淳朴的心灵，多么实在的话语啊！这不就是傩文化的魂吗？如此的民族文化遗存是该好好传承保护，更何况贵州傩戏文化还是我们民族的一笔文化遗产呢。

　　在我眼里，这傩戏的表演已远远超出了它本身，它应该是一种民族精神的昭示：不畏艰险、不怕牺牲、不屈不挠的品格凸显。我今天很幸运，因为我有幸来到他们当中，零距离地触摸到了古老艺术的微弱脉络，领略到了布依族傩戏不同的文化韵味，就像意外地品尝到原生态的民族特产，让人回味无穷。

　　从眼前几百册经书和剧本中可以清楚地看到来自佛教、道教的影响。令我惊讶的是，布依人的生活中，这些来自儒、释、道的完全不同的观念为什么能够如此互不排斥地调和在一起？这些出世的、入世的、鬼神的和来世的人生观在他们心中的对话产生了什么？我赞叹和迷恋布依人这种包容的思想，这种开明的观念，这种海纳百川的精神世界。

傩戏，精彩丰富、历史深厚。我知道要讲述傩戏的真谛不是用一两句话能够阐述得清楚、道得明了的，因为它太厚重，太恢宏了。它是活着的传奇。

我庆幸这次寻访之旅，我感谢这次精神洗礼。

一方水土，孕育出一方文化，而一种文化，即是一个地方的名片。贵州傩戏文化已列入了国家级非物质文化遗产，我祈愿柯杉村的傩戏与全国许多傩戏一样能够得到很好的保护和传承。

2012 年 9 月 13 日记

在那"歌养心"的地方

一个以"歌养心"的民族，用歌声驱散劳作的艰辛，抒发生活的希望，用歌声融入乐观和未来的岁月，用歌声聚拢了一代又一代的族人，守望传承千年的文化根基，这就是歌的民族——侗族。

从江县，地处黔东南州南部，黔桂两省（区）接壤地带，居都柳江中游，距省会贵阳 450 公里。这里是侗族大歌传唱最盛行的地方，这里的村村寨寨都有一支乃至十几支侗族大歌队，每年都有侗族大歌节。因为侗族大歌，外乡人知道了从江；因为侗族大歌，2011年从江县荣获文化部授予的"中国民间文化（侗族大歌）艺术之乡"称号。2012 年 11 月 28 日至 30 日我有幸参加了"中国·贵州从江县第九届原生态侗族大歌节"。

夜色已浓，皓月当空，夜里 10 点多，天空中飘起了毛毛雨，原汁原味的原生态民族艺术大餐如期在都柳江畔的生态文化广场从江鼓楼里唱响。我们到来时县城鼓楼广场早已人山人海，各村各寨的歌队要亮相了，鼓楼里外仍然里三层外三层。这座鼓楼是中国目前最高的鼓楼，占地 470 平方米，高 46.8 米，共 29 层重檐，双层宝顶，平面为八角形，整栋楼均采用本地的杉木建造，由 32 根柱子支撑鼓楼，其中四根大杉柱两三个成人合抱有余。我们对四根天然巨型柱子赞叹不已，真不知道如何寻觅得来。楼内建有环梯到顶，仰望楼顶，目力不可及。楼内外雕梁画栋，生活场景图案精美，惟妙惟肖、栩栩如生。在鼓楼旁两棵百年榕树的庇护下，鼓楼更加巍峨壮观、蔚为壮观。在侗乡，鼓楼的功能除聚众议事、传递信息和报警外，它还是侗族大歌演唱和传承的重要场所，一般重大节日活动的对歌大多在鼓楼中进行，如果有外寨歌队来访，也要邀请对方进入鼓楼唱歌。所以，农历二月初一、初二晚上，人们会在鼓楼前燃起熊熊篝火，一起唱歌、对歌，吹芦笙，跳哆耶舞，彻夜狂欢。

看来，今天晚上又是一个不眠之夜。10点多，鼓楼里，表演者已经围坐一圈又一圈。女人们身穿无领白色绣花长袖衣、黑布短式百褶裙，头戴银钗，颈戴多层银项圈，男人们头包蓝白格子的长布，身穿白色立领对襟衣和黑色闪光长裤。第一组表演队天籁般的歌声响起，节拍时紧时缓，整个演唱过程无人指挥，不同声部之间或高亢有力，或温婉低沉，浑然天成于一首曲目中。几曲唱罢，最后还唱了一首妙趣横生的抢婚曲目，边唱边演，虽然我听不懂在说唱什么，但从眼神动作，也能猜出七八分，引起了大家的笑声不断。

只见一位约40多岁的中年男子一直在指挥这指挥那，一打听，原来他是县民宗局敖家辉局长。结果，这一晚我们聊得最多，收获也多。

敖局长说："侗族有三宝：鼓楼、大歌和花桥。侗族大歌的形成有上千年的历史，它是一种复调音乐，是自然和声的民间合唱形式。过去侗族没有自己的文字之前，很多优秀的文化传统、生活习俗、社交礼仪等都是靠歌声一代一代传下来的。"是啊，在侗乡，我们就经常听说："汉人有字传书本，侗族无字传歌声；祖辈传唱到父辈，父辈传唱到儿孙。"这是侗族大歌生生不息的基础。2009年，侗族大歌已列入联合国人类非物质文化遗产名录，评委们认为，侗族大歌是"一个民族的声音，一种人类的文化"。

鼓楼里，不分男女老少，似乎都是"人多势众"者夺人眼球。原来，侗族大歌要3人以上的歌队才能演唱，据说人数越多效果越好。鼓楼外，不少歌队时刻准备着。我来到一队人数较多的歌队，寨老罗晓奎介绍，该寨子的歌队有100多人，"最小的队员6岁，最大的80多岁。主唱的是两个女孩，其中一个是刚读高二的女学生"。

听着他们整齐的歌唱，我问身边的一位老太太："到底是谁教他们唱的？"老太太笑着回答说："不用老师教的，我们个个都会唱。"歌队中，常见大人牵着或背着小孩，虽然小孩子没有唱，但歌唱的"天赋"大概就是在这样的耳濡目染中形成的吧。

一阵又一阵热烈的掌声传来，原来是来自从江县高增乡小黄村的侗族姐妹们，也放开嗓子唱起了大歌。温情的歌声，如跳动的篝火，温暖，明亮。

一轮对歌过后，人们嘻嘻哈哈，吃着美味的糯米饭，还有烤得香喷喷的酸肉，吃完夜宵之后，新一轮对歌又继续……

暮色更深，凌晨时分，歌声穿透夜空，那么整齐，那么清澈。小伙子吹着悠扬的芦笙，姑娘们穿上节日的盛装于鼓楼前翩翩起舞，甜美的笑容在歌声里显得格外灿烂。这样和喜庆的氛围使人似乎进入了一片歌舞升平的桃源胜地，那种感觉是你在城里无法找到的。敖局长叫我做好思想准备说，"这些歌声伴随着侗族人的欢笑会一直延续到天亮"。我的思绪随着那些听不懂的歌声澎湃起伏……。

同行的吴妍姣教授是侗族音乐方面的专家，也是从江当地人，对自己的文化自信满满，敖局长在介绍时，她也从专业的角度插话说：侗族大歌在侗语中俗称"嘎老"，"嘎"就是歌，"老"具有宏大和古老之意。它是一种"众低独高"的音乐，必须由三个人以上来进行演唱。特点是多声部、无指挥、无伴奏。歌声模拟虫鸣鸟叫、潺潺流水等大自然的声音，主要内容是歌唱自然、劳动、爱情以及人间友谊，抒发了一种人与自然、人与人之间的和谐。

真的是内行听门道，外行听热闹和感觉。随着一首天籁般歌声的唱响，吴教授告诉我这是侗族大歌的代表作"蝉之歌"，它用四分之四拍的多声复调表达人与自然的亲密，让我们扣着时令的节拍移情于山水，在蝉鸣雀唱中陶醉自己。过去，我们的父母，我们的兄弟姐妹就在鼓楼深情地唱"蝉之歌"，只是自娱自乐，没有料到自然和声的巨大力量。改革开放后，侗族大歌唱响巴黎的夏乐宫，唱响了维也纳的皇家歌剧院，兄弟姐妹们才猛醒过来，原来我们拥有世界上最好的自然和声。

我仔细听着，的确，这支"蝉之歌"太迷人了，我反复请求她们唱了再唱。南部方言区侗族大歌特有的多声部里，一组低音上挑出高音，真就像自然界那么有层次，有厚度，含蓄又奔放。经她的讲解和点拨，我还真听出蝉在树上的高低远近和不同种类了，还听出蝉翼的忽闪颤悠，树枝间的微风，稻田的流水、虫鸣鸟叫，一切大自然的声音都是那么美妙，这歌声也像自然一样，特别的好听。她们既是给我唱，也互相切磋说笑，正是"饭养身，歌养心"的本土情境。敖局长告诉我，这和侗族大歌的形成有关，传说，古时候，有一群侗族青年男女在山上耕种，他们坐在一棵大树下休息，相互逗乐取笑。欢声笑语引来山上百鸟齐鸣、昆虫欢唱，那些声音有先有后，有高有低，此起彼落。青年们被这迷人的鸟鸣虫唱所吸引，于是模仿起各种鸟虫的声音编入歌词哼唱。这样年复一年，慢慢形成了优雅动听的蝉歌、昆虫歌等多声部侗族大歌。

当叮当作响的银饰在眼前晃成一片的时候，清澈透亮的歌声又响了起来，高高低低，如都柳江一般旖旎展开，此起彼伏，蜿蜒流转。这旋律都来自阳光、雨露、山泉、飞瀑和溪流沐浴、滋润的村落，每个音符都植入侗族人对家乡的眷恋，融入了侗族人劳作中的汗水，融入了这个民族对生命的体验，融入了这个民族对人与自然相依相存的理解。他们在劳作之余信手拈来的歌词，谱上阳光的碎片、月亮的清辉，谱上露珠和清波，这些平凡的、习以为常的音符经过他们智慧的创作，拌和着纯洁的情感从没有杂念的心声唱出来，那声音就显得格外的清纯、洁净、透明，感觉像清风一阵阵拂来，直入心底，百听不厌。

说真的，"蝉之歌"的歌词本身，没有什么特别的韵味，它的魅力在于音符，它用音符来表达内心的千言万语，给听众提供了丰富的想象空间，听众能够通过优美的曲调、动听的声响，在想象的空间里自由驰骋，而后倾心、热爱这片乡土，醉心于那郁郁葱葱的山水。

鼓楼里一位20来岁的侗妹罗红江唱得非常投入。这个土生土长的侗家后生在外打工已有七八年了，这次特意抽空回来过节。他告诉我，"只要唱起侗族大歌，就不会忘记自己的根在哪里"。

在从江有一种说法，不会唱歌的男人娶不到老婆，不会唱歌的女人嫁不出去。他们的生活与歌紧密地联系在一起。通过歌唱，他们结识异性；通过歌唱，他们恋爱、结婚、生育；通过歌唱，他们体会人生的滋味。自从踏上从江这块土地，歌就是空气，就是营养。不论是在田间地头、村内寨外，不论是婚丧嫁娶、迎来送往，也不论是喜是忧，只要有感情要表达，只要有体验要表达，就会有歌声。歌可以体现一切，宣泄一切；歌可以交流，可以传递；歌又是个人智慧的显现。这是一个多么诗意的民族，人人爱歌，个个唱歌，"饭养身，歌养心"，他们用歌声驱散劳作的艰辛和生活的困苦，用歌声聚拢了一代又一代的族人，守望传承千年的文化根基。他们把达观和希望用歌声融进了未来的岁月。

听敖局长说，演唱大歌是一种专门的技艺，必须经过歌师传授和长期实践才能熟练地掌握。在侗歌的历史上，侗族大歌分为抒情大歌、蝉儿歌、叙事大歌等几类。蝉儿歌歌词短小，曲调多为模仿自然界的虫鸣鸟叫，音质变化大，悦耳动听；曲调变化也很大，常穿插在抒情大歌之间，能起到调节气氛、活跃场面的作用。现在从江县各乡镇中学及各小学都开设了侗族大歌、侗族琵琶歌等课程，侗族大歌的传承后继有人。

原来听说侗族人唱歌在鼓楼里一唱就是一通宵，我还不相信，今天终于体会到了。不知不觉已凌晨三点多了，我们竟然没有一点倦意。若不是第二天要到小黄侗寨采访，我真的舍不得回宾馆。

这一夜，我被侗族人的歌声带走了，走进古老而优美的爱情故事；

这一夜，我的心丢了，丢在侗乡的歌海里；

这一夜，我的魂掉了，掉在流淌着侗族大歌的鼓楼里。

回到宾馆，枕着歌声，一夜无眠⋯⋯

2012 年 11 月 29 日记

第九章

贵州原生态民族手工艺美术文化

多彩的民族文化资源为贵州民族民间手工艺美术品的创作提供了丰厚的创作源泉，很多少数民族都有自发地根据日常生活的需要进行民族工艺品创作的习惯。这些本来只是用来满足个体物质的贵州少数民族手工艺美术品，多半都风姿古朴，自然清新，散发出浓厚的乡土气息，显示了别具一格的生态审美特征，并一直传承延续至今。中国工艺美术学院老院长张仃先生曾在《中国贵州民族民间美术全集》的序言中这样描述说："中国是一个工艺美术十分发达的国家。贵州是中国民间工艺美术尤其发达的省区。表现为不同的刺绣、挑花、陶艺、木雕、漆作、剪纸，世代相传，这样的遗产实在万分珍贵。趁现在这些东西还存在着，趁我们对这个问题有所认识，应该去做一些抢救性的工作……不同地区的人就可能看见这些精美的工艺品。想想它们都是出自那些名不见经传的劳动者之手，都是出自那些从来没上过学堂，受过正规教育的民间艺人之手，却又是那样的精美，那样经得起任何审美法则的和尺度的挑剔，我们都会心存感动……"①贵州特有的生态环境下民族之间呈现"大分散、小聚居，大杂居"的生存状况，由此形成了在地理上又处于相对隔离封闭的状态，即使仅相隔数十里，而民风民俗、文化事象却大不相同的现象。不同的事象、不同的生产生活方式，往往影响着当地民众的信仰崇拜、思想情感、性格特征、审美态度。传统民族工艺品作为一种特殊的载体或媒介，总是鲜明地体现出由风俗习惯不同、文化差异而形成的各种形态，从而创造出极为丰富的民族工艺品样式以及相应的表达方式，也形成了贵州少数民族传统手工艺美术品（为了表述方便，以下文中简称为贵州民族工艺）的生态文化特性。

---

① 贵州人民出版社：《中国贵州民族民间美术全集》，贵州人民出版社2008年版，第1页。

一　贵州民族传统手工艺美术的基本特征

生态视角下的贵州民族工艺有其深厚的文化传统、精湛的手工技艺和特别的艺术品位，表现出它的与众不同。正是诸多艺术领域构建起了它的贵州风格、贵州气韵。

（一）强烈的地域性和民族性

族群的生存繁衍必定占有自己的地理空间，这片空间所有的自然特性及外部条件构成了该民族特定的生活环境。特定的生活环境和地域差异构成了生态文化相对独立的区域性，形成了相对独立，自成一体的文化空间。因此，贵州原生态民族文化较为稳定地传承下来，受外来经济文化的影响相对较小。所谓"先天不足"的历史基础，反而造就了贵州独有的自然生态和人文生态环境的稳定性，孕育和营造了自成一体的文化体系和表达方式，并以其特有的传承模式和强烈的地域性、民族性著称于世。作为传统文化形态之一的民族工艺样式在民族境内分布广泛、种类繁多。体现出生活在这个地域的民族高超的智慧和杰出的艺术想象力。不仅如此，至今贵州民族工艺基本上还处于原生的、活态的，正在进行的过程当中。大量的民族工艺样式仍然在当下的生活中继续发挥着作用，显得特别珍贵。其无论从工艺技巧还是艺术表现形式来看，都呈现出浓烈的乡土气息和民族精神。地域性、民族性文化艺术语言自成一体，构成了贵州民族工艺造型上的朴实、生动，色彩运用上的奔放、想象大胆夸张、工艺上精湛的手工艺品系列。这些工艺品不仅只具备形式上的美感，更是各少数民族的一种生活态度，是对历史和现实的记录，是一种生态审美意识。

特定的生态环境产生特定的文化事象，贵州民族工艺是各民族普通百姓生活的一部分，它与该民族的生产生活密不可分，诸如生产劳动、衣食住行、婚丧嫁娶、祭祀祈愿等文化事象都是培育和产生民族工艺样式的基础，也是贵州民族工艺赖以生存和发展的土壤，两者的关系是相互依存的。民族工艺正是为满足和适应该族群普遍认同的生活方式和精神需求，通过功利性很强的诉求方式，达到实现或间接实现某种理想或意愿的目的。这种需求往往依附于民俗活动的背景而存在，离开了这种环境，其社会功能就失去了意义，民族工艺就无可依托，就会发生变异乃至走向消亡。

　　民族艺术是伴随着劳动的产生而产生的，劳动是生存的第一需要，也是一切艺术形成和发展的前提条件，劳动者就是创造者和使用者，这在贵州民族地区尤显突出。民族工艺美术是典型的"老百姓的艺术"，一般群众都可以参与到创作和生产之中。尤其是一些年迈的手艺人可能目不识丁，没有受过什么教育，其所喜爱和想要表达的，都是自己身边非常熟悉的事物。如世俗的饮食、婚礼和葬礼，大自然的山、太阳和月亮，花卉、鸟类、鱼类和昆虫都可以成为他们情感寄托的载体和对美丽的追求。所有的激情，所有的理想，所有的喜怒哀乐，可以通过某种形式实现或宣泄了。

　　地域性和民族性构成了贵州民族工艺的基本特征，最终呈现为与所谓"主流文化""精英艺术"完全不同的艺术追求和审美观。

（二）创造的集体参与性

　　历史上，贵州少数民族比较集中地居住在一个相对封闭的地区，形成一个比较稳定的社会制度和群体认同，导致民族工艺的形式与内容具有一定程式化的共同特征，通过群体认同的文化观念和审美习惯。他们把反映生活习俗、伦理道德、民间信仰等传统文化元素集合在一起，共同遵循和延续世代相传的既定模式，因而具有思想理念、价值尺度的一致性。作为某种观念形态的载体，民族工艺代表的是集体的意志和公认的行为准则，并外化为相应的艺术形式。为了表达这种愿望而形成的技艺、技巧，在社会成员之间相互学习和模仿，共同创造和认可，使内涵和形式基本不变，形成一个地区或一定群体特有的表达方式。这种表述方式的创造，集体参与性很强，个人的创作需要服从群体的意志，变化是有限的，不可随心所欲，如此才能保证传承的稳定。出于生活的普遍需要，在该民族地区，每个社会成员都会投身其中，共同遵守约定俗成的技法或习惯和既定的文化风格特征。特定的民族工艺样式往往成为展示该民族智慧和融入集体的标志之一，这也使得制作者不会也不愿意使自己游离于族群之外。统一的制作工艺，既定的工艺技巧把每一个社会成员维系在一起，共同创作，形成规范，口授心传，生生不息。如贵州刺绣、蜡染的经典纹样一直以来保持不变，原因就在于此。

　　基于制作的集体性，最终表现在同一生活状态、同一文化背景下共同的审美趣味。集体的审美体验和价值取向，往往产生出共通的审美特征，在题材内容、表现手法上，往往表现出广泛的趋同性甚至模式化的特点。无论是绣、染、织、刻或其他形式，在同一族群或区域内的图像多有相似甚至雷同之处。作为制作者，关注的始终是普遍的，真切存在的生活状态，很少有以个人为中心、无病呻吟，这正是民族工艺的可贵之处。个人的创造仅仅是对整体风格的丰富和补充，而不会从本质上改变原有的内容和形式，这也是贵州民族工艺在历久的发展过程中始终保持传统的重要原因。

（三）实用与审美的双重性

贵州民族工艺是最原生态的艺术，它的创作者一般就是使用者或欣赏者。有很多是各少数民族人民生产（如农业、水利、建筑、工业）、生活（如食品、服装、房屋、岁时节令、生活礼仪）的实用产品，还有一些是为了对生活环境进行装饰和美化，为了抒发自己的感受，所以它往往在创作上直抒胸臆，蕴涵着对真情和美好愿望的追求。长期以来，民族工艺从来没有脱离现实生活的需求，始终与百姓大众相依相伴，成为他们生活的重要组成部分。实用与审美、生活与艺术的有机结合在民族工艺中得到了很好的表现。

从实用性与美观性的关系来看，实用的目的是占主导地位的，它是为了满足某一实际的需要而产生，所以往往带有某种社会功能。在实现了物质需求的基础上，进而伴生出具有审美特征的造型、色彩、纹样等审美效果，同时通过这种形式满足生活需求和情感诉求。实用与审美常常是相辅相成、相得益彰，两者彼此协调，共同实现服务生活的基本需求。在制作过程中，因为要满足某些功能的需要而导致多种装饰手法的出现。不同的使用目的、不同的材料运用、不同的制作技巧都会产生不同的特定艺术效果。

民族工艺实用与审美相统一的原因和它直接产生于民间有关。从某种意义上来说，工艺品首先是实用的，而后才是美的。既然目的在于自己生活的实用，就可以不模仿其他商品的式样而按自己的实际需求进行设计、制作。例如，贵州布依、苗、瑶、侗等民族的蜡染工艺品的衣料、床幔、窗帘、桌布……都是生活用品，然而其丰富别致的纹样，使它不仅是生活中的实用品，同时也是富有个性的精神产品，是实用和审美的统一体。蜡染的实用与审美同时并存，彼此影响，争奇斗艳。这种复杂的、多元化的现象，在民族民间工艺美术界是罕见的。

二　贵州民族传统手工艺美术的艺术特征

（一）质朴、简洁、稚拙的艺术风格

贵州民族工艺最直接源于生活的体验和感受；它的制作者和观众都是普通的劳动者。这种身份和地位，决定了它所要表达的内容和它的外在形式，决定了它来自于最真实的生活状态。因此，它的质朴可以说是与生俱来的，是民族性格和自然的表现。从外在形式上看，民族工艺的表现手法自由，无拘无束，就其艺术精神来说，整体上是质朴、稚拙、夸张的生态审美观。

首先，贵州民族工艺具有质朴、稚拙并充满夸张想象的艺术风格特征。质朴在某种意义上隐含着粗糙，由于民族工艺原材料的地区性，主要是从民间自然经济出发，林区以木、竹区以竹、山区以石，就地取材，物尽其用，用最廉价的原材料制作而成。所以民族工艺中一些品种的确也受到所使用材料和制作工具等条件的制约，存在着材料的粗糙和制作工艺的粗糙，这恰恰是民族工艺的特点之一，粗糙仅仅是表象，质朴才是内心感受。民族工艺之所以动人，就在于其质朴、稚拙，在于平实简单的生活状态，率真的秉性流露，不装腔作势、不矫揉造作。如黔南平塘牙舟陶手工艺品，从它的制作工艺来讲难免粗放和简单，从制作过程来讲，在塑造形象时，确实不够精致准确，线条也不那么流畅，釉色斑驳，成品上甚至还沾有泥土或手指的印痕。然而正是这些看似粗糙的表象，恰好体现了手工制作的温暖，表现出生活本色，甚至成为一种风格。质朴也意味着简洁，简洁就是一种概括，省去不必要的细节，突出重点，注重特征。贵州很多民族的土陶一般都造型简略，少装饰纹样，非常质朴，而造型本身也很稚拙，同样给人以美感。

其次，民族工艺之最可贵的地方，就在于它记录着制作者们在生产劳动中产生的独特感受。它简洁不做作，不故弄玄虚，不受世俗所谓的艺术规则的限制，感觉如何，怎么好看就怎么做。它是自发、自由、自在、富有个性的创造。以贵州蜡染纹样为例，有的就是以线条表现为主，自然图形、几何图形看似简单，实则结构严谨，构图多变，纹饰复杂。绘者并不

需事先描画草图，而是直接以蜡刀代笔在土布上自由往来，线条非常优美流畅，不论是二方连续、四方连续或者其他图案构成，点蜡者都能轻松把握，衔接自然准确，其整体把握和控制构图的技巧常常使许多专业人士惊叹。但是简洁中体现出高度的提炼与概括，是千百年来贵州少数民族艺术史的积淀，体现了各民族工艺简洁中高度概括与抽离的审美取向。

第三，我们通常见到苗族妇女刺绣、蜡染图形中的点、线、面与色彩的搭配，看似简洁，实则非常合乎常理与美观的搭配，这更加接近艺术创造的本质。苗族社会经历了母系氏族社会遗存的漫长时期，苗族妇女对家族事务与艺术传统的影响力是汉族妇女无法比拟的。它们在视觉审美中无所不在地渗透着古拙、简单、朴素之美。这种审美特征对于他者的我们来看，或许是单纯的、简单的，但是对于苗族手工艺的审美范畴来说却是华丽、厚重与完美的。所以，苗族纹样图案造型中还有鲜明的质朴、稚拙的寓意特征，这是与苗族同胞的审美需求密不可分的。

（二）大胆的想象与夸张

大胆想象，自由自在，挥洒自如是贵州民族手工艺人共有的特性。无论是什么样的材料，什么样的装饰，她们都敢于直抒胸臆、直奔主题，不受形式法则的羁绊。她们不去过多考虑诸如结构、透视、比例这些艺术规则，而更关注情愫的投入和抒发对自然、生活的热爱，以集体身份的艺术符号来表达祖先崇拜和英雄崇拜。她们大胆的想象与夸张，把平凡的事物加以渲染，赋予美好的愿望以满足审美心理的需求，是贵州民族工艺通常所具有的特色。比如，在刺绣、织锦的图案内容上有英雄故事、神话传说，有动物、植物、天上飞的、地上有的，应有尽有，异常丰富。甚至把不同环境、不同季节或互不关联的事物结合在一起。可以说是贵州民族工艺图案最集中、最多样、最生动的体现。在苗族织锦工艺中经常出现的纹样一般有一个中心主体，周围布满花、草或小动物，构图饱满，整体感很强又富于变化。在纹样的形象处理上，敢于想象，大胆夸张，纹样的丰富多变可以说是发挥到了极致。从有生命的动植物到无生命体，从星星、月亮、太阳太空星体到麒麟、龙、凤等民间故事、动物形象，都成为苗族妇女手中针线表现的对象。再如苗族刺绣在取材上即便相同，但造型却变化多端，以龙的纹样为例，有的龙长着许多脚，脚爪张扬，鳞片层次分明；有的龙则无爪无鳞；有的龙甚至是人首龙身，展翅飞翔，人、鸟、龙合为一体。有的龙头上长有牛角，尾部变成花或宽大的金鱼尾；有如鸟形的"飞龙"、人形的"人龙"、蜈蚣形"蜈蚣龙"等都有相对应的形象。想象极其丰富，造型稚拙夸张，艺术造型上不拘泥于结构，不讲透视，甚至于不顾比例与虚实；不求形似，甚至不讲事理逻辑，完全凭着美好愿望与幻想，自由发挥，大胆创意。只求形象的自由组合，使自然对象的体积彻底被消除了，只剩下五彩的线和面的构架，形成了独具特色的艺术造型。这种奇特而大胆的形象、空间和氛围往往出人意料，不同凡响，体现出苗族人大自然神奇妙趣的思想理念。这种极具夸张、抽象、无实际指示的造型，与西方"立体主义"艺术中以视觉想象为构造的特征，有一定的相似之处。这正是贵州民族民间工艺美术的独到之处，它否定刻板机械地对现实的再现，在艺术上追求独特、自由的表现个性，体现人的理想与追求。它那源于自然而又超越自然的大胆的想象与夸张，理念性的造型与抽象，是令人惊叹的。

（三）健康的、积极的、充满生气的精神

贵州民族工艺美术的精神品格，呈现的是一种健康的、积极的和充满生气的，朴实而又纯真的劳动者本色，体现出一种地域文化和艺术手法的精彩与多样。这种来自民间的自然表达，既是服从生活的需要，更是赞美生活、追求理想境界的真切感受。民族手工艺美术展现的一种健康和充满生气的精神品格，正是艺术表现应追求的高境界。

贵州民族工艺美术是在特定的自然环境、人文环境历史条件下产生和发展的，在千百年的山地农耕社会里，集合地域、民族的特质，形成了承载民俗风尚、审美理想及价值认同，以手工劳动为主，视觉形象生动的艺术形式。从内容到形式，从物质到精神，贵州民族工艺都表现出强烈的个性特征和厚重的生态文化积淀。从这个意义上讲，贵州的民族工艺美术样式具有难于替代的唯一性和程式化特征。当然，在长期的历史传承中不是一成不变的，只不过是具有相当的稳定性和连续性，从而可以更好地保持原有的、自然的、新鲜的艺术状态。我们用今天的审美观点来看这些民族工艺，它们仍表现出与生俱来的强有力的生命力，它们不同于其他形式的工艺美术，也不仅仅代表着单一的工艺美术形式。它们代表的是彻彻底底地来源于民族民间、成长于民族民间的工艺美术形式。它是一种独立的审美文化，一种源于原生态的、自然的、清新的、灵动的、色彩斑斓的民族

文化奇葩。无论是桃花、刺绣、织锦、蜡染，还是银饰、竹编、面具、装饰等民族民间工艺美术品，在各民族历史上都为人们的物质生活与精神生活起到过极其重要的作用。如何保护、利用这些传统工艺美术为人们的现代生活服务，如何传承其中的原生态文化观，是摆在我们面前的重要课题。随着时代的变革，人们会回过头来重新审视这些富有人类情感和人文精神的民族民间传统工艺美术品，而不是仅仅局限于审美价值的感情描述。民族工艺美术作为一种文化形态具有两种存在方式，一种是意识形态的精神性的文化形式，另一种是物质形态的文化形式。因此，我们在研究民族工艺美术意识形态的同时，又必须重视它的物质形态的文化功能，将民族工艺美术放在美学、生态学、人类学、文化学的横向关系中来考察，充分认识民族工艺美术作为物质文化形态参与自然、社会所具有的现实意义和精神文化层面的功能及作用。

从整体上看，贵州民族工艺表达了各少数民族人民对美好生活的追求，也表现了人与动物辅助共存、和睦相处的意愿，释放出生态文明信息的能量，具有现代的生态文明价值观。

三　种类繁多的贵州民族手工艺美术品

贵州各民族的工艺美术种类繁多，千姿百态。诸如刺绣、马尾绣、挑花、织锦、银饰、蜡染、建筑、编织工艺、土布、傩面具、漆器、石刻雕塑、土陶等，品种繁多，特征明显。其中最有代表性、典型性的当推蜡染、刺绣、银饰等，无论从艺术价值、工艺技巧、文化内涵等方面来看，都是贵州最有代表性和典型性的优秀作品。这些传统手工艺美术品历史悠久、传承有序，在长期的发展过程中，始终保持了原生形态和传统工艺特色，蕴含着丰富的自然美与生态美的共融，是历史、文化、艺术、信仰的再现。限于篇幅，下面简要评述蜡染工艺、刺绣工艺、挑花工艺、织锦工艺、银饰工艺、木雕面具工艺、土陶工艺、编织工艺。

1. 蜡染工艺

蜡染，是苗、布依、水等民族极富特色的手工艺，古代即享盛誉，被称为我国古代染缬工艺的三种基本类型，距今已有两千多年的历史。史料中关于蜡染的记载很少，《后汉书》《临海水土志》《新唐书》等虽有"染彩""斑纹布""卉服鸟章"等记述，但都没有确指蜡染，到了宋代的文献中才对蜡染有明确的说法。《贵州图经新志》记载："用蜡绘于布而染之，既去蜡，则花纹如绘。"[①] 这段话描述的与流传至今的蜡染工艺基本一致。蜡染工艺在贵州少数民族地区流行很广，是少数民族妇女生活中不可缺少的一种艺术，遍及黔东南、黔南、黔西南三个自治州及毕节、安顺两个地区的 30 余个县市。其中比较集中又具代表性的有丹寨、黄平、榕江、安顺、镇宁、织金、普定、荔波等县。其中以苗族、布依族、瑶族、水族、僚家人等对蜡染的运用最为广泛，也最具特色。

蜡染制作中使用的原料与贵州自然生态植物关系密切，制作时是将白色土布平铺于桌案上，把蜡装入瓷碗或金属罐中放在火盆上，加温溶解为蜡汁，用蜡刀蘸蜡汁在布上绘画。一般没有事先设计好的稿样，只凭构思绘画，也不用直尺和圆规等工具，所画的中行线、直线、方、圆图形，折叠起来吻合度几乎不差丝毫；所画花鸟虫鱼，惟妙惟肖，栩栩如生。画好后，放入染缸渍染，染好捞出用清水煮沸，蜡熔化后即现出白色花纹。蜡染的防染剂主要是蜂蜡（即黄蜡），有时也掺入白蜡使用。蜂蜡是贵州山里蜜蜂腹部蜡腺的分泌物，它不溶于水，但加温后可以融化，就是利用它的这一特点作为蜡染的防腐剂。染料是贵州山里盛产的野生蓝草制成的蓝靛，蓝草是一种蓼科植物，茎高约一米，七月开花，八月收割，把蓝草叶放在土坑里发酵便成为蓝靛。绘制蜡花的用具不是毛笔，而是一种自制的斧形铜刀。因用毛笔蘸蜡容易冷却凝固，而铜刀利于保温。这种铜刀是用两片或多片形状相同的薄铜片制成的，一端绑在木柄上。刀口微开而中间有空隙，易于蘸蓄蜂蜡。根据绘画各种线条的需要，有不同规格的铜刀，一般有半圆形、三角形、斧形等，一套铜刀有大小十几把。

冰纹是蜡染的灵魂，让人们为之赞不绝口。冰纹的形成，是蜡画胚布在浸染时连续的翻搅，导致蜡迹破裂，染液便顺着裂缝渗透在白布上，留下了人工难以摹绘的不规则的天然花纹，像冰花，像龟纹独特的装饰效果，俗称"龟裂纹"。同一图案设计，经蜡染后得到完全不同的"龟裂纹"。一组组自由舒畅的线纹交织，带着浓郁的乡土韵味，越发显出它的美不可捉摸的深邃。

贵州蜡染由于地域和民族文化的差异，风格特征迥然不同，最有代表

---

① 转引自刘磊编著《丰饶的家园·贵州省国家级非物质文化遗产荟萃》，贵州人民出版社2009 年版，第 166 页。

性的有安顺、镇宁一带的布依族的蜡染，主要是自然纹和几何纹两大类，自然纹样多半是花卉、鸟类、昆虫、鱼类、流水等自然物体，而且经过夸张、取舍；几何纹样多数采用四面均齐、左右对称的构图。黔东南黄平僙家人的蜡染是贵州具有代表性的蜡染之一，其纹样多半是几何形的云纹、太阳纹、雷纹、螺纹等，自然纹样多是山雀、蝙蝠、鱼、石榴、花草等。僙家蜡染在构图布局上特点显著，往往把几何纹样和自然纹样相互套叠，画面饱满，严谨而又不显呆板，造型大胆夸张。色彩上以蓝白色为主，图案线条很精致，精细的绘画图案线条，展现了高超的技艺。榕江一带苗族蜡染多半是用在祭祀的"鼓藏幡"上，其蜡染长达十几米，纹样图案以多变的龙纹为主，龙形似蛇体，或盘旋，或舒展，头部有锯齿纹，形式感很强，而且还有贵州传统蜡染中非常少见的人物图案，造型原始，装饰性极强，具有浓郁的地方色彩。丹寨苗族蜡染纹样多半是以自然界中的鸟、花、鱼等形象为主，其中以鸟的形象最多，其想象力大胆丰富，善于变形夸张，造型生动，充满童趣的幼稚的天真。水族蜡染风格与丹寨的苗族蜡染近似。

　　除了上述的几种典型的蜡染风格外，还有黔南贵定、龙里等地的苗族蜡染，荔波的瑶族蜡染，黔西北织金、纳雍，六枝、盘县一带的苗族蜡染，黔西南的布依族蜡染等。这些地区蜡染的特点，也表现出较高的技能水平。由于历史、地理、经济以及生活习俗等因素，产生于农耕时代的蜡染手工技艺在进入工业社会的今天，仍旧活跃于贵州民族地区，而且分布广泛，风格多样。到目前为止，它仍然是贵州许多少数民族生活中不可缺少的一部分，也是贵州最具代表性的艺术和手工艺之一。

　　蜡染之所以在贵州保留下来，延续于今，与贵州民族历史和生态环境关系密切。一是因为历史上在迁徙中历经艰难困苦的苗、布依等民族来到异乡，始终不忘先祖故土，坚守本民族传统文化形态和固有的生活习俗。他们以独有的形象语汇表达对故土的眷念，记录着历史的民族情结，表现出强烈的民族自尊和认同感。二是由于地理的因素，贵州地处山区，交通阻隔。迁徙而来的民族的居住地相对封闭，呈大杂居、小聚居分布格局，受其他民族文化影响较小，较好地保持和延续其原有的文化形态。加上受封闭的地理环境制约，生活方式和审美意识能保持相对稳定独立的文化生态，从而把自己的手艺以集体认同的方式传承下来。三是由于贵州气候温润，森林植被茂盛，多数地区都盛产蜂蜡和蓝草，民族妇女们容易就地取材，栽靛种棉、纺纱织布。为蜡染工艺的生存和发展提供了物资的基础，使蜡染不致因材料的缺失而消亡，保证了蜡染工艺连绵不断、传承于今。

2. 刺绣工艺

刺绣是一种古老的民族手工工艺，广泛流行于贵州苗、侗、水等民族中，并以其独特的民族风格和精湛的技艺享誉中外，尤其以苗族刺绣最为著名。据《后汉书·南蛮传》载："盘瓠之后"，"织绩木皮，染以草实，好五色衣服衣裳斑斓"。即指苗族妇女喜好有色彩的斑布和有图纹的花裙，能用植物染料染布织绣。棉花的种植和棉布的纺织技术至迟在汉代就传入西南少数民族地区，《后汉书·西南夷传》"哀牢夷"记载：包括今天贵州在内的西南少数民族地区"土地沃美，宜五谷蚕桑，知染采文绣"。可知西南的少数民族已经掌握了染色和绣花的技艺，刺绣工艺在许多苗族地区广为流行。唐宋之后，经元明和清初几次大迁徙，苗族的分布主要集中在贵州、湖南、云南、广西、四川、海南等偏远山区。现代意义上的苗族刺绣，主要指这一时期的苗族服装上的装饰纹样。此时，苗族的刺绣不再是高官的私人物品，而已在民间广泛流传，出现繁荣的景象，有关苗族刺绣的文献记载也逐渐增多。唐郭若虚《图画见闻志》记载"卉服鸟章"反映当时贵州少数民族服饰刺绣的独特风格。此时的苗族服装刺绣工艺流行地区更加广泛。清代康熙年间，推行改土归流政策后，大量汉人及屯兵进入苗族地区，带来了先进的生产方式和种植技术，促进苗族纺织产业快速发展。同时，对苗族刺绣工艺水平的提高起到了积极的推动作用。之后，苗族的织绣印染有了明显的进步，花色品种也渐渐增多。因为苗族支系多，形成了多种刺绣技法和纹样风格。主要技法有：平绣、破线绣、辫绣、打籽绣、堆绣、布贴绣、锡绣、数纱绣、挑绣、皱绣、锁绣、盘绣、绞钉绣等数十种，这些技法因地区的差异和支系的差异又有不同的应用。苗族妇女会按照内容和图案需求来选择针法，而且经常把多种针法综合应用，产生意想不到的效果，大大增强了图案的表现力和审美性。

苗族刺绣图案有着其独特的寓意：蝴蝶古歌"蝴蝶妈妈"的故事诠释了"万物同源，万物有灵""生命平等"的原始观念，人面蝶身，"蝶翼人身"的蝴蝶图案象征人类始祖，蝴蝶与其他物种组合叠加，表达了蝴蝶妈妈孕生万物的寓意。符号化了的蝴蝶形是数纱绣、织花等工艺技法形成的变异，蝶形图案都包含有"祖先崇拜""生殖崇拜"等内容。在贵州民族地区，富有文化内涵和装饰审美意义的民族刺绣不下百种。而苗族刺绣最为出色，其图案颜色也丰富多彩，区域差异十分明显，对比度和色彩强烈，既有粗犷效果，也有清雅委婉、色彩秀美的高雅、含蓄的表现；既讲究色彩的视觉对比、谐调的审美效果，也注重传统色彩的隐喻、象征观念，而不能仅仅以大红大绿概而论之。1985 年艺术大师刘海粟到贵州采风时曾经评价贵州苗族刺绣工艺是"缕云裁月，苗女巧夺天工，苏绣、湘绣比之，难以免俗"。①

水族马尾绣是水族妇女世代传承的一种特殊手工技艺，主要分布在三都境内三洞、中和、廷牌、塘州、水龙等乡镇的水族村寨。关于水族马尾绣的历史渊源，史料上记载很少，从民间口头传说可知，这是一门传承了千百年的手工技艺，是水族先民聪明智慧的结晶。水族历来有养马、赛马的习俗，在水族传统的"端节"期间，男人们要赛马，女人则身穿马尾绣装饰的盛装过节。可见，马与水族的日常生活有密切的关系，马尾绣也是因水族的风俗习惯应运而生的。马尾绣技艺独特，是缠线绣的一种，以马尾为主要材料，制作工艺十分复杂：先抽出三根马尾捆成一束，再从根部开始用丝线缠绕在马尾上，精致得像一根小提琴琴弦，最后用缠好的马尾丝线在土布上绣出美丽的图案，它是水族地区现存最古老又最具生命力的原始艺术。水族妇女在长期的生产生活中，对自然界中的各种事物有独到的观察力和审美能力，她们把自然万物和民俗事项经过想象柔和地反映在马尾绣工艺上。绣品上的花鸟虫鱼造型别致，具有浅浮雕感，造型抽象，概括夸张，线条丰满流畅，有很强的装饰性。同时，结合使用结绣、平绣等针法，使刺绣品更加多姿多彩，颇富民族韵味和艺术效果。

3. 挑花工艺

挑花，又称数纱绣，是以平纹布为底布，利用其经纬纱交叉的十字点作为坐标施针布线的一种传统手工艺。具有工整严谨、形象逼真、构图简练、概括性强等特点。主要流行于贵州苗、侗、布依等民族地区。用在衣服、背牌、腰带、围腰、鞋、帽等的装饰上。由于地区之别，各地挑花又显示出不同的风格。常见的动植物纹样有花、鸟、虫、鱼，几何纹样有菱形、凹形、云气纹、山字纹、水波纹、三角纹、方格纹、锯齿纹、万字

---

① 王振豪、翟李融等：《论贵州刺绣在现代生活中的传承和发展》，2013 年福建省传播学年会论文集。

纹、太阳纹、星点纹等，造型细腻而简洁。挑花以贵阳市花溪区的苗族挑花最具有代表性，讲究针法，简约的风格，巧妙的设计，体现了历史文化的特点。苗族的挑花有素花和彩花两种，素花以白色或浅蓝色平布为底，以青线挑刺。彩花以青色或深色平布为底，用彩色丝线挑刺。挑花的针法有"十字针""长短针""回复针"等，以"十字针"最为常见。

4. 织锦工艺

织锦又称织花，是一种以编织形成的明花纹织物。织锦一般可分为三大类：一是用于衣裙、头帕的布料性条纹、格纹花布；二是装饰用的织花条带、围腰带、绑腿、衣上的花边配饰；三是与布匹面宽度差不多的多彩色锦织花，主要用于围腰、背带、上衣前后的装饰，也可用来做挂包、挎包。织锦工艺是在织锦机上进行，织锦机比织布机要复杂很多。

侗族的织锦工艺具有悠久的历史。唐代时，侗族妇女自种棉麻，自染侗布，纺织的斑细布、白练布、白色的丝绸很有名，有的成为进贡朝廷的贡品。至清代，侗布、亮布、侗锦便已闻名于世。侗锦的织造材料有棉纱和丝绒之分。既有单一材料织造，也有丝棉混织。一般侗家都有称作陡机的织锦用具。侗锦图案的线条都呈直线，常见的有人字形、十字形、口字形、之字形、米字形、万字形等。在侗族女孩的精心设计编织下，一幅幅画面简洁明快的图案展现在眼前。画面的内容大多取材于当地百姓常见的事物，如对动物和植物及器物的描绘，一些大型侗锦也有的起源于古老的神话。侗锦的运用已由古代一般的花边、袖口、腰带和头巾发展到几垫、台布、提包等家居或日用品的装饰上。

5. 银饰工艺

银饰是贵州各民族非常注重佩戴或悬挂的装饰品，以银制装饰品最多，如项链、耳环、戒指、手镯、簪子、花、项圈、银泡、银牌、银花等，尽显秀丽与华美，也展示了各民族人民的智慧和卓越精湛的工艺水平。苗族姑娘胸前多数佩戴硕大的银锁，银锁是苗族银装中的主要饰物，制作得相当精美，银匠在压制出的浮雕式纹样上錾出细部，纹样有龙、双狮、鱼、蝴蝶、绣球、花卉等。银锁下沿垂有银链、银片、银铃等。有的称其为"长命锁""银压领"，苗族女孩从小就要佩戴，目的在于祈求平安吉祥，直到出嫁后才可取下。

最早明确提到银饰品的是明代翟九思《万历武功录》卷里记录的："苗女喜戴银圈"，在《贵州通志》里则载有："……青布裹头，短裙赤脚及耳坠大环，戴银项圈者为苗。"明代弘治《贵州图经新志》关于侗族服饰的记载有："妇女之衣……用银线贯次为饰。""好戴金银耳环、多至三五对，以线结于耳根。"① 由此可见，贵州少数民族银饰的出现，也绝非几百年的历史。

贵州各少数民族民间银饰工艺流传至今，已有很多工艺堪称绝活，很多图案纹饰在贵州尚存，可以说是银饰品中的"活化石"。贵州各民族的银饰，还带有明显的地域特点，有时甚至是各少数民族或一个地区的重要标志。同一民族，因居住地区不同，在银饰上也有区别。

苗族民间世代相传的古歌、神话和传说中，有大量关于金银的记载，表明了苗族先民很早就掌握了金银冶炼技术，体现出金银制品曾经在苗族社会生活中占有重要的位置。苗族银饰产生的具体时间尚无确切的史料可考，在流传久远的口头文学《苗族古歌》中，有专门对金银的描述，如"运金运银""打柱撑天""铸造日月"等，② 可以推知银饰与苗族生活的联系应该是很早的。明朝时期，由于"调北征南"，大批军队屯兵贵州，大量的移民以民屯、商屯方式也进入贵州，形成了贵州特有的"屯堡"建制。随着军屯、民屯、商屯带来的先进农耕文明，使贵州社会经济有了很大的发展，明代的历史记录也出现关于银饰的记载，郭之章《黔记》载："富者以金银耳珥、多者至五、六如连环。"这期间作为货币交易方式，大批的白银流入了贵州的苗族聚居区，银饰加工业开始发展起来。

银饰是苗族人民生活中重要的、不可或缺的饰品，在苗族社会生活中意义重大。它承载着深挚的历史文化信息，展现出精美绝伦的艺术审美价值。历史上由于山川阻隔，苗族散居在偏僻的山区或山谷，形成东部方言、中部方言、西部方言的几大方言区。因为地区的差异，形成了多个不同的民族支系，各民族支系间的服饰及银制品又有所区别，风格多样。银饰是苗族服饰，尤其是节庆盛装最为华丽和昂贵，重大活动时必不可少的装饰品。中部方言区的清水江、巴拉河、舞阳河、都柳江流域，东部方言区的沅水、澧水流域较为富裕的地区，西部方言区毕节一带交通不便，山高石多。不同地域与支系的差别，使得苗族银饰形态异彩纷呈、丰富多

---

① 此自然段根据黔东南州委宣传部提供资料归纳。
② 潘定智、杨培德、张寒梅：《苗族古歌》，贵州人民出版社1997年版，第10、34、41页。

变。最有代表性的当属黔东南地区的台江、雷山、黄平等县的银饰工艺品。

贵州传统银首饰工艺在过去和现在的生活中都有重要的作用，它的文化内涵和艺术特色主要表现在银饰品的造型和装饰上。从外部形式看，不同地区和民族的银饰品风格各异其趣，富于变化，形成标志性的差异特征；相反，贵州所有的银在工具、材料和锻造工艺上的差异，表现出许多相同的性别。与之相反的是，贵州各地银饰在工具、质料及打制工艺上几乎无差异，又有许多的同一性。

6. 木雕面具工艺

面具脸谱与原始巫术、乐舞等一脉相传，同时与民间戏曲、歌舞、信仰观念等又是相互依存、相互渗透并交织在一起的。它不仅作为一种道具和形式表达了中国传统的民族文化观念，成为民俗活动和民族文化的载体，同时它本身就是民族文化观念和民族审美观念的内容，具有较高的学术和艺术审美价值。

傩堂戏面具多用柳木、白杨木制作，根据面具神名的传说故事造型绘制雕刻。每一个神名都有传说故事说明其来龙去脉，每一个面具都有其独特的造型和形象。

彝族变人戏面具材料以杜鹃树和杂木做成，树的圆木被锯开，分成与人头大小相仿的木段，做成脸壳毛坯；在毛坯上雕出类似原始人的眼、耳、鼻、口，其形象前额凸出，脸形长，鼻梁直，双目和嘴巴较小；雕刻完成以墨汁、烟锅灰或其他黑色颜料涂抹，再以粉笔或石灰色画出皱纹等，以示苍老。这些面具原始、朴拙，造型并非精雕细琢，但它所承载的不是单纯的审美价值，同时展现的是彝族先民创业、生产、繁衍、迁徙的历史传说，面具只是一种道具，其本身的文化内涵已远远超出了它的造型意义。

贵州各民族的地戏面具迄今已有600余年历史，是传统戏剧与彩绘木雕工艺相结合的造型艺术。雕刻工艺上浅浮雕与镂空雕相结合，刻工精细、不复杂。色彩则以贴金、刷银的亮色为主，辅以红、蓝、白、绿、黄等颜色，有的镶嵌圆形玻璃镜。整体造型简洁明快，造型精致，棱角分明，造型偏重写实，有些夸张，充分体现了工匠的欣赏和雕刻技法习惯。

黔北的道真、务川、德江等地古老的傩文化及傩面具工艺，其外部造型和审美特征与安顺地区面具差别较大。毕节威宁古老的彝族面具"撮太吉"更为原始神幻，制作工艺大刀阔斧，简洁、粗犷、古朴，展示出完全不同的风格形态。

7. 土陶工艺

贵州传统土陶工艺以黔南平塘牙舟陶最为著名，牙舟陶的生产始于明洪武年间，传统的牙舟陶器风格独特，造型古朴，乡土气息相当浓郁。历史上主要是各种生活用具、陈设用品、玩具和祭祀用品，尤以虫、鱼、鸟、兽形玩具生动活泼，稚拙天趣。牙舟陶釉色风格独具，以玻璃为主要原料，自己调配釉浆，其主要颜色有绿、黄、酱色，古朴浑厚。陶器在烧制过程当中产生的"开片"效果，是牙舟陶特色之一。它特有的造型浑厚凝重、古拙朴实，釉色在纹饰部分产生厚薄变化，堆积流淌，花纹更加清晰，釉色更加丰富多彩，形成牙舟陶独特的装饰风格。同时牙舟陶的制作还汲取了布依族和苗族刺绣、蜡染、剪纸、铜鼓等艺术纹样，结合陶器特征融合，以浅浮雕、堆塑为主要装饰手法，使其表现手法更加多样，是贵州土陶艺术的佼佼者。

除黔南州平塘县的牙舟陶外，黔东南的雷山、黔西南的贞丰、毕节的威宁、遵义的余庆等地都有土陶制品的生产加工，主要生产碗、罐、瓶、酒具、茶具等日常生活用品。

8. 编织工艺

竹编，主要流行于云南傣族地区和广西、贵州的侗族地区。各民族地区的品种有竹墙、竹锣、竹桌、竹筐、竹篓、斗笠、饭盒等，这些东西都是用竹子片编织而成的，而且还编有几何图案。

贵州民族工艺历史久远，类型多样，除上述列举之外，还有许多民族工艺品，如思州石砚、织金石砚、玉屏箫笛、竹编工艺等，因篇幅所限，在这里不能一一列举，但是通过上述介绍，可以了解到贵州民族工艺是贵州各民族千百年来，在长期生产生活实践中，以传统的、喜闻乐见的形式就地取材用手工制作的，它根植于民间，是各民族艺人所创作，又为各民族大众所享用，具有浓郁的乡土气韵，表达了他们的思想情感和审美观，是各民族喜闻乐道、喜闻乐见的生活必需品，也是一种不可缺少的精神食粮。从形式上的特点看，主要表现为精致而丰富的装饰、设计、创意、艺术都很强；从制作技艺来看，材料多变、手法多样、工艺精湛；从题材内容看，与之相关的地域文化、奇风异俗体现得淋漓尽致。上述代表性的品种，是贵州各民族艺术和工艺的最高水平和艺术成就，在中国有着非常重要的地位和影响。

　　总之，贵州各民族的工艺美术种类繁多，千姿百态，所表现出的原生态审美文化具有丰富多样性、动态平衡性以及自我原创、自我享用的特征，这些特征蕴含着丰富的自然美与生态美的共融，是历史、文化、艺术、信仰的再现。它不仅表达了各少数民族人民对美好生活的追求，也表现了人与动物辅助共存、和睦相处的意愿，释放出生态文明信息的能量，具有现代的生态文明价值观。

四　田野调查手记

她将深情凝聚在针尖
——记民族民间艺人邓礼丹

　　2002 年 8 月，"中国·独山花灯艺术节"期间，国内外的游客云集独山县城。游客到这里的目的是看花灯，但往往还有一个想法：带一件具有乡土气息的"土"产品回去做纪念，我也如此，但是走遍大街小巷终未收获。就在将要离开的前一天中午，在花灯演出广场旁边一个不起眼的小摊点，我终于发现摆有民族工艺品，好客的摊主热情让我落座。摊位虽然不大，但工艺品却琳琅满目：虎头鞋、虎头帽、玩具虎、背包、鞋垫、香包、鱼尾帽、青蛙背心……。一件件给人的强烈印象是工艺精湛、形态充满活力、鲜明生动而富有神韵，因而深深地吸引了我和同伴。摊主介绍：她叫邓礼丹，"这些产品远的销到美国、缅甸、香港、辽宁、黑龙江、广东等地，近的在都匀市、荔波、平塘、丹寨县及当地都有销售。由于摊位小，家里还有更多更精的产品没有拿来。"一听这话，我们就迫不及待地提出要到她家里去走一走，去了解这里的民族工艺，更想去了解她——民族民间艺人邓礼丹。

从小迷上传统手工艺

　　邓礼丹中等个子，宽宽的额头，炯炯的目光，热情大方，敦实的劳动妇女形象，隐约显露出艺术人才的气质。坐在她家里商店的工艺柜前，我们一边细细品味这些带着泥土芳香的手工艺品，一边请她谈谈学艺经历，她谦虚地说："我做得不好，自己不满意。只是一种感情使我从 7 岁学艺开始到今天从没有间断过对它的热爱。喜欢，有感情，自然而然就注意平时多细细观察。"

邓礼丹 1953 年出生在独山县城关镇一个布依族家庭，父亲是银行职员，母亲是家庭妇女。母亲出生在独山县基长乡，继承了祖辈布依传统手工艺之精髓，针线活在当地是数一数二的。母亲初中毕业，成家后一直在家做针线活，除了全家的用品外，还常常到集市上卖些绣品，邓礼丹家有三姐妹，她是大姐。从小她就喜欢家乡民间传统工艺挑花、刺绣、剪纸等，这些诱人的艺术之浆，不知不觉浸润了她幼小的心田。特别是刺绣，这一东方古老而又独特的手工艺之花，它工整细致的绣法，巧妙的艺术构思，富于装饰性的图案设计，更是博得了邓礼丹的喜爱，并渐渐迷上了它。7 岁那年，父母为她举行了"拜娘娘"学艺仪式（布依族的一种民间习俗，即用七彩线、七彩布绣制好一个人形，放在香几上，插上三炷香，进行正式学习祖传针线活技艺）。从此，她日日夜夜不知疲倦地学习，实践着刺绣的一整套技法。平时在地头田间她注意仔细观察花鸟虫鱼等自然景物的形态，回家又仔细揣摩祖辈留下的刺绣精品技法，然后就在母亲的指点下一针一线地模仿起来。

"刺绣是一个十分严谨和复杂的过程，必须一针一线地数着绣"，"针也不能错位，特别是一些高难针法，如'重花针法'每刺一针都要先用十字线在针上绕 10 至 20 圈，圈数错或针法错位一丝一毫就会打成死结"。她从柜子里拿出一些绣品，一边向我们介绍刺绣的针法，一边向我们介绍她的作品特点。经过三四年的艰苦努力、勤学苦练，邓礼丹基本掌握了整套刺绣技法。并不用底稿，全凭自己的爱好和丰富的想象力，信手绣制出几十种民族用品。

根源于乡土

由于父亲的工作关系，邓礼丹 10 至 18 岁是在丹寨县度过的。那里居住着苗、水、布依族等 10 余个少数民族。在八年的时光里她虚心向当地的老艺人学习，特别是当地的苗族老妈的指点，她接触了蜡染民间工艺，使她从各种民间工艺中领悟到一种新的共鸣。置身于眼前这民间艺术的世界，灵感像泉水一般涌进大脑，涌向针尖……多少年的学艺追求与苗族蜡染交融了！于是，邓礼丹的针下又诞生了一件件极具个性的绣品。这时，已有人不断上门求购她的绣品了。17 岁那年，黔东南州委办公大楼的坐垫就是请邓礼丹绣制的。

"十年内乱"至80年代末，她的工艺品被视为"四旧"，她的行为被说成是搞资本主义复辟，她卖绣品被说成是"投机倒把"。其间她被赶下乡去参加阶级斗争。1977年回到独山县城到胶鞋厂当了一名钳工。无论是在乡村，还是在工厂，她仍痴情地迷恋着刺绣。在乡里支农、搞三秋那段漂泊艰辛的日子里，每到一处，总忘不了偷偷了解当地风土人情，收集民间艺术资料，求师访友，切磋技艺。在农村，晚上要开会、学"毛选"，白天就关起门偷着绣；在工厂，白天上班，晚上就在煤油灯下飞针走线。在田野地头，她对每一个能激发自己艺术创造的细节也不会放过。比如，在谈起对山野各种花的观察感受时她说："花本身就是千姿百态的，没有一朵花的颜色是纯粹的一种色彩，即使是一种红色花，也还分深浅，这就要平时注意看清楚，装在脑子里。我绣的花很多，几乎没有一朵是完全相同的。"她拿出几十双绣花鞋垫指给我们看。我仔细辨认确实没有雷同的：她正是像海绵一样地吸吮，广泛地涉猎各县各村民族民间艺术，仔细观察，融会贯通，才使自己的绣品极具个性。

男大当婚，女大当嫁。按传统习俗，姑娘出嫁时，娘家的母亲和姐嫂们都要打开衣柜，取出她们为姑娘精心绣制的嫁妆，用提篮或箩筐装好，一路欢歌送到亲家。早等在门前的亲家急搬出方桌垫上红垫单，把筐里的刺绣工艺品摆在桌上，让人们观赏、品评。绣制一套嫁妆要一到两年的时间。20多岁的邓礼丹要出嫁了，她体谅母亲的辛劳，提出自己绣制嫁妆。为了喜结良缘的那一天，她用了半年的工夫就全部完成了帐帘、枕套、被面、婚礼服、围裙、腰带、绣筒、背扇、桌布等嫁妆绣品。结婚那天，当婆家人看到她的绣品精细严谨的针法工艺、大胆巧妙的构思、完美且栩栩如生的图案造型时连连称赞。邻里乡村的姑娘们也惊赞不已。后来她的两个妹妹的嫁妆也全由邓礼丹包了。在日积月累的辛勤耕耘中，邓礼丹的刺绣技艺日益娴熟，品种、题材也日渐丰富。几十年来，她总是把针线装在竹篓里，放在枕边，让它伴着自己彩色的梦……

执着炽热的爱

改革开放的春风吹拂祖国大地，农民的生活也一天比一天殷实起来，上门来请邓礼丹绣这绣那的人越来越多，她的产品供不应求。靠一针一线，她家盖起了 140 多平方米的砖房。步入中年的她两个女儿已长大成人，她也办理了退休手续。但是她仍离不开所钟爱的刺绣，反而更加沉醉在她的艺术空间里。她说："随着人们生活水平的提高，欣赏能力的提高，我也不能闭门造车，还不能落后形势，所以有时候为了一个新设计，常常会从梦中惊醒，爬起来拿起笔画出来，或者以针线代笔又开始绣啊绣啊，从半夜到鸡鸣，又从天亮到太阳下山，直到自己满意为止。"

刺绣不仅要针法好，更重要的是在艺术创造上将优秀的民族传统的东西精巧地融为一体，邓礼丹精心构思，精心刺绣，因而每一件工艺品都凝聚着她的心血和智慧。应我们的要求，她向我们介绍并展示了自己最具代表性的虎系列绣品和背扇绣品。她绣的虎头鞋、虎头帽、玩具布老虎特受欢迎，都是当地每逢春节、端午或是孩子"满月"这类的喜庆日子，母亲用来作为祝福孩子的礼物。这些优美的民间艺术化的老虎，都不再是深山老林中那种凶猛的老虎，而是一种装饰化、人格化了的老虎，别有一番稚拙的风趣。这些乖乖虎的形象尽管已经远离老虎的自然形态，可是它结构合理，夸张适度，变形得法。所以它没有脱离老虎的神，它还是一头虎。邓礼丹拿出一双精制的老虎鞋介绍说："虎头鞋的工艺特点在于对虎头的着意刻画和刺绣的针法上。"

我拿起一双虎头鞋细细端详：一双又圆又大的眼睛和龇着牙的嘴巴，确实夸张得十分准确生动。我想，这也许就是民间艺术讲究的"不求形似，而求神似"吧！再看看这些老虎的色彩，也没有一味地去追求现实生活里的老虎的自然色彩，而是采用了强烈明快、鲜艳的原色，有大红、纯绿等。因为作为送给孩子的礼物，就一定要图个吉利，讨个喜庆，而鲜艳的大红色正象征着喜庆和吉利。所以说这些虎的色彩是理想化了的，体现了布依族独特的审美趣味。

"传统民间习俗认为威武的老虎能够驱除邪恶，所以当妈的又把虎头帽、鞋、枕和布老虎玩具看作是为孩子们驱邪的保护神。我是做母亲的，我希望自己娃儿能健康地成长，更希望所有的小娃也能像虎那般威武健壮。在绣虎头的时候特别用心和认真……"是啊，邓礼丹不仅仅是在用自己灵巧的双手绣这些工艺品，而是一个母亲在用她那赤热的慈母之爱在创造，也寄托着一位母亲对祖国花朵们美好的祈望。

　　在当地，背扇是一种喜庆之物，谁家出嫁姑娘、生儿育女，背扇就作为馈赠的礼品。它也是邓礼丹绣品中费功最多、耗时最长、艺术价值最高的绣品。由于地域环境的影响，性格的交织，她的背扇在色彩的运用上既对比强烈，又不失沉着；在图案造型上既随心所欲，又严谨朴实；在点、线的运用上流畅而又富于节奏的韵律；在整体上则富于装饰性；在针线的运用上很富个性，单是绣花手法就有平绣、乱针绣、散套绣、重花绣、帖绣、押金绣等，真可谓彩霞片片，巧夺天工，令人惊叹！

　　看着她充满自豪和幸福的神情，听到她发自心底的喜爱和娓娓的叙说，我隐隐约约地感觉到她在刺绣的过程中，肯定有一种美好的、幸福的潜意识在起作用。这已经不仅仅是一件普通的实用品或是手工艺品了，而是我们民族的传统文化精品了。

　　"这一针一线要绣一个多月，难道你不疲倦吗？"

　　"不疲倦是不可能的，但上门来求购的人家，喜庆日子是定好了的，我不能耽误别人。有时候绣得眼皮都睁不开了，我就把收录机的声音开得大大的来吵醒瞌睡。"

　　是啊，这千针万线就像感情的脉搏，永远在针尖上跳动，使人不能不感到民族同胞是那样的纯真刚强，富于毅力、耐性和对于美的生活的追求的坚韧性，显现出这位布依族民间艺人的内在气质。难怪今年八月"都匀国际摄影博览会"筹办期间，旅游局通过独山县有关部门向邓礼丹订购这类花形的坐垫的背扇一百多件，准备作为馈赠给海外来宾的礼品。但是由于全县找遍所有的民间艺人，像邓礼丹这样随手绘画、随手贴、随手绣的艺人已经屈指可数，而能完成并达到这种高级针法的，也只有三人，要在短短几个月的时间完成这批绣品是不可能的。邓礼丹只好忍痛退掉了订单，谈话中邓礼丹几次表示出遗憾之情。的确，上万元的经济损失不计，但这正是展示我们民间艺人才华、宣传我们民族传统文化的最好机会，竟这般擦肩而过，就连我们也深深为她惋惜。同时，邓礼丹也不止一次向我们表露出她深深地为我们民族古老的、靠手工艺制作的民间艺术正面临着绝根失传的危机而担忧。

　　临走时，我们问邓礼丹今后有什么打算，她自信地告诉我们，

"花灯节"结束后，就准备更广泛地收集民间艺术资料，同时要开发更多的品种，还要办一个小工艺厂，带几个徒弟，让这民族的优秀传统技艺传承下去，发扬光大。

其实，在贵州民族地区，正因为像邓礼丹这样的手工艺人千千万万，所以贵州民族民间手工艺品品种繁多，民族气息浓郁，充分表现了各民族的智慧，是民族文化的宝贵遗产。一件优秀精美的手工艺品在生活中已不再是单纯的实用品，而且对人们起着陶冶情操、潜移默化的美育作用，也是国内外旅游者争相购买的地方特色产品。特别是贵州苗、布依族的挑花、刺绣等手工艺品曾赢得过国际各界人士的高度评价。如何开发和利用好这一民族手工艺品，使之成为独山县具有民族特色的旅游纪念品，成为农民致富的又一门道？……无疑，仅仅一个邓礼丹是不能够做到的。

2002 年 8 月 22 日记

纸的根

贵州三穗县的竹子多，密匝匝的，风过处，绿涛滚动，竹叶飒飒轻舞，小溪叮咚伴唱。田埂上，如星的野花散发淡淡的芳香；碧青的竹丛一蓬一蓬，林下还有肥嘟嘟的车前草、鱼腥草。这里四面环山，溪水潺潺，没有人工的雕饰，原始的洪荒和自然天成便是这里独特的风景。三穗泥山乡蜜蜂村水竹坪一带的优质水资源和覆盖群山的翠竹，孕育了源远流长的纸文化，至今这里仍保留着一千多年前的古代手工造纸工艺和远古的纸作坊。

在县里同志的带领下，我们穿过了一片片竹林，来到小溪环绕的蜜蜂村。好一个温馨甜蜜的名字，它位于黔东南三穗县城东北部，是一个侗族、苗族占 70% 以上的村寨。村寨周围的白竹、水竹枝叶交错，遮住了日光，竹荫下原始手工造纸作坊一座连着一座。村里杨家、张家几位师傅正在抄纸，那忽上忽下、忽左忽右，翻飞的手工操作真像蜂飞蝶舞一般，让人眼花缭乱。

原始手工造纸作坊为青石砌成，加上屋旁竹篱与溪水，宛然一幅水墨画，但全手工劳动并不轻松。我们走进杨家手工造纸作坊，看着作坊内摆设的各种叫不上名、更猜不出用途的"古"物件，我的思绪一下子被带入了历史的长河，一幕古人造纸的劳作场景浮现在脑海中，仿佛在观赏蔡伦时代的"出土文物"。只是路边停放的车辆和飞架纵横于山壑之间的沪渝高速公路，才提醒我身处何时。环顾整个作坊，这里找不到一样现代化工具，从各种物件的质地看，它们都是天然材料加工而成。一些石制物件虽然人为雕琢的痕迹明显，但做工十分朴实。作坊中占地最大的是一个两平方米左右、深约50厘米的纸浆槽，里面纸浆与水的混合物呈现出淡黄色。由于长期盛放此类液体，纸槽边的青苔依稀可见，在其一侧放着一个用竹子扎成的小帘子，这小帘子做工非常精致，与作坊中其他物件形成鲜明反差。据杨师傅介绍，古法手工造纸工序繁多，有砍嫩竹、断筒、削皮、破竹麻、挖腌池、撒石灰、漫漂、腌渍、剥料、碾压、打浆、抄纸、切边、晾晒等十几道工序，每道工序都是力气活。这里的"土纸"细腻柔韧，杨师傅对我们说，除了竹子嫩，土纸制造用水很讲究，水越是清澈，越是纯净，成品纸质就越好。

杨师傅一边介绍，一边用一根木棍在纸槽中轻轻搅动，把沉淀在下面的纸浆搅匀，再拿起纸槽边的竹帘，放在一个大小与之匹配的木框上。接着，他双手托住木框，将框边以约30度斜角插入水中十厘米左右，稍停顿一下，又麻利地从水中抽出。这时，竹帘的一边已经布满浅黄色的纸纤维。接着，杨师傅将木框同样以30度斜角完全插入水中。我仔细观察到，这次插入水中的木框，经短暂停留，但并没有直接抽出水面，而是在水面附近再次停留了一下。在这个过程中，杨师傅把木框端平，使其与水面平行，并且像淘金一样有节奏地晃动几下，才将木框缓缓端出水面。完成这些工序，木框的竹帘上，一张纸的雏形已展现在我的眼前。杨师傅熟练地将竹帘倒扣在纸槽边的一个石板上，用手从竹帘的一侧轻轻地拨起雏形纸的一边，顺势把纸平铺到石板上。那姿势仿佛古代写意壁画中的人物。抄纸是技术活，浆太薄了不行，太厚了也不妥。一俯一仰，手起手落，一张纸的质地，全靠师傅的好眼力，以及好手感。一天几个钟头下来，铁打的人也会累得腰酸背疼。

20世纪50—70年代，泥山乡十几个村的古法造纸业曾经辉煌过。水竹坪纸作坊不下千家，造纸成了村民的主业。"泥山土纸"曾销往周边 10 余个省、市、县地区，成为地方财政的一大税源。

　　杨师傅说："造纸的整个过程，有十几道大工序，几十道小工序。这些工序都是祖上传下来的。现在的年轻人嫌麻烦，赚钱不多，没人愿意学。我家的小孩，都出外打工了，平时回来，我造纸时他们连看都不看。"曾经家家户户造纸的蜜蜂村，如今仅剩十来户人家仍在从事造纸，流传千年的古造纸工艺面临着失传。

　　造纸术及其应用，是书写记事载体的一次飞跃，蔡伦也被世界各国人类学家、社会学家所推崇，认为其是影响人类历史进程的 100 位人物之一。随着蒸汽机时代的远去，信息时代的到来，纸张的生产几乎全是依靠机械化流水作业。曾经为炎黄子孙所骄傲的古代造纸工艺，对人类社会发展的影响是巨大的。在这个飞速发展与变革的年代，似乎已被人们遗忘，世界纸的根在中国，如今中国纸的根在哪里呢？

　　走进蜜蜂村，青山、翠竹、小溪、石碾、原始纸作坊，这种原生态的千年文明遗存全国已不多见，作为一种文化遗存，具有重要的保护、利用、开发的价值。这些用远古工艺造出来的土纸不能单纯地只看作一般的消费品，而忽略了其潜在的文化价值和艺术价值，我们应该把它视作一种文化遗产来保护，并开发观光旅游，扩大影响，吸引游人积极参与土法造纸，传承优秀的民族文化。

　　炊烟缓缓升起，在天空中缭绕，一丝一丝，像愁绪。渐渐远去的蜜蜂村，窄窄的田埂，还有恋恋不舍的原始纸作坊……我希望有一天再到这里时，能看到身着古装的纸工们凭借娴熟的技巧，展示砍竹、捣纸、制浆、碾纸、抄纸、晒纸等全套手工造纸工艺，看到各地的文化爱好者前来旅游观光，游客们甚至可以在原始纸作坊里挽起衣袖，当一回造纸工。

　　留住吧，留住这千年的华夏文明！

2006 年 3 月 11 日记

竹编的艺术

　　山连山，竹连竹。风吹竹涌，风止竹静。薄雾潇洒地飘逸着，欢快的说笑声伴随着我们行走在郁郁葱葱的竹林小道上。"竹林深处有人家"，脚下的这片土地正是黔东南三穗县竹编手工艺兴盛的美敏村，这里居住着苗、侗、汉、土家等民族，共有630余户2900余人。

竹子，常绿植物，非草非木，茎节明显、节间空而长。外形修直挺拔，品质不刚不柔，在人们心目中是美好的象征，然而真正博得世人珍爱的是其使用价值。它是建筑、生产和日常生活等方面的重要原料。早在几千年前，中国人就用简单的竹条编织鱼篓、箩筐，用于生活和生产。随着时代的进步，碗、瓢、壶、杯等竹具，已逐渐由普通生活用具成为精湛的竹编工艺品，成为世界关注的对象。

三穗气候温暖湿润，盛产竹子，种类多，质地好。凭借这得天独厚的资源优势和精湛技艺，竹编工艺业遍及全县，享有盛名。如八弓镇陆寨村王堂辉家竹编就已经历了七八代人，可见历史之悠久。美敏村的土箕、筐、篮、篓等，竹编技艺代代相传，且不断改进，产品以编制精巧、造型优美、色泽典雅而著称，早在20世纪70年代，曾远销省内外及东南亚一带。如今，每年的"中国进出口商品交易会"（广交会）上受到国外商家的好评。

编织篾器要经过劈篾、造型、编织等若干工序。劈篾要求宽窄一致、厚薄均匀，是一件极其细致的手工活，美敏村有不少民间高手劈的篾细如丝、薄如纸。艺术匠心体现在设计造型上，好的造型标准规范、美观大方。编织是最后一道工序，形状定了，一般都能编织。美敏村也有许多编织篾器的能手，我们今天采访的涂志强、涂志国都是出名的竹编手工艺人。

在我们采访的涂志强、涂志国家里，竹帽、竹凳、鱼篓、箩筐、竹筛、竹簸和竹筲箕……还散发着清香的竹编特色工艺品摆满了一屋，这些出自涂家之手的竹编工艺，洋溢着浓郁的乡土气息，犹如田野里带露的鲜花，散发着自然的芳香，蕴涵着深厚的民族文化魅力。美敏村的篾器有别于其他村寨，用竹细、绵、薄、平整光滑。篾片用深山里的化香树叶蒸煮四小时以上，再经过一夜的浸漂，使篾片呈青黑色，且有光泽。使用时与本色竹篾相间，在竹筛、竹簸上编出"福、禄、寿、喜"等表示吉祥如意的字或花纹图案。它不仅表现了当代侗族同胞对美好生活的向往，而且，使它们在众多竹编工艺品中卓然独立，别具一格。由于具有民族性、艺术性，可供观赏、可作装饰、可携带、可馈赠、可珍藏，于是更有价值。竹编工艺品不仅可以丰富村民的精神生活，也是农闲时活跃和调剂村民生活的好方式，还能拓展市场，为村民致富多了一条宽阔的路，竹子在美敏人灵巧敏捷的手中变成了金子。

如今美敏村仍然家家户户从事竹编生产，竹编业正在悄然兴起。今年部分在外打工的年青人也回来从事竹编手艺，涂志强的侄儿涂安乐就是从深圳回来的。涂安乐告诉我们，近年来，竹制品生产和销售继续增加。他叔叔靠农闲时编织已盖了新房，买了彩电和名牌摩托车。现在村里已有几十个花色品种，由于产品造型美观，编织精细，图案清新，实用与欣赏价值兼备，国内已有100多个销售点。回来就是为了学好这门传统手工艺，不仅要拓宽国内市场，而且还要让美敏竹编尽快走向世界。

如何将竹编文化发扬光大，依托竹编艺术和竹资源形成支柱产业，融旅游、休闲观光为一体，带动全县经济超常规、跨越式发展，县委、县政府已成竹在胸。县委杨副部长说：县里已规划，将打造三穗竹文化，把民族文化传承、绿色生态发展与当地的竹编工艺结合起来，建一个竹文化展览馆，从竹子种质资源、竹业技术、竹子建筑、竹食品、竹工艺美术品、竹诗画、竹子乐器等方面分别设计展览项目。以修竹美景，让游客"来竹乡，赏竹海，吃竹笋，用竹器，购竹品"，形成一条竹系列的生态旅游产业链。

相信不需要太长时间，就会看到美敏人编出希望，编出经济发展的新景象。

2006 年 3 月 13 日记

美，在烈火中升华

如果说水是生命之源，那么火无疑便是文明之源。古希腊神话有普罗米修斯盗天火以苏民的故事。我国古代传说也有燧人氏钻木取火教人熟食的故事。可见东西方的圣人所见略同。没有火，人类便将永远停留在茹毛饮血的阶段；没有火，人类便将和其他动物一样永远进入不了文明世界。文明是火带来的，但随着人类文明的发展，火所形成的能量形式,其地位逐渐被其他高级的能量形式所代替。然而火并没有因此而完全丧失其创造精神文明,送福人类的神圣作用。因为普罗米修斯和燧人氏的功勋毕竟是不朽的。

牙舟陶,这一"土与火的艺术"尽管经历着几百年的风风雨雨,它仍显示出了不平凡的生命力。牙舟陶因产于贵州省平塘县牙舟镇而得名,平塘县隶属贵州省黔南布依族苗族自治州,主要有布依、苗、汉、水等民族,以布依族为多。牙舟镇距县城 26 公里,境内丰富的陶土资源和独特的制釉原料,是陶瓷制作的理想环境。据平塘县志记载,其陶瓷生产始于明洪武十六年,距今已近 700 余年的历史。在100 多年前的清朝,牙舟已有陶窑 48 座,生产规模相当大,以制陶为业的人占 60% 上,产品远销东南亚地区及法国等地,清末,传教士还将牙舟陶带到了欧洲。民国时期牙舟陶瓷生产最为鼎盛,有 100多家制陶小作坊,产品靠人背马驮大量销往四川、云南、湖南、广西等地。其产品多为生活用具及陈设品、动物玩具和祭祀器皿。传统产品主要有菜坛、酒坛、钵、碗、盆、香炉、烟斗、油灯等日用器皿,工艺品主要有手捏动物口哨(泥叫叫)。专家认为其特点造型自然古朴,线条简洁明快,色调淡雅和谐,具有浓重的出土文物神韵。牙舟陶瓷色泽鲜艳、晶莹光润、神韵别致、富有浓厚的民族特色,在中国陶瓷界独树一帜,极具艺术性、观赏性和收藏价值。建国以来,这一古老工艺获得了新生,特别是美术陶曾辉煌于 20 世纪 80 年代初,每年近 300 个品种,30 万件产品承载着贵州民族朴实浑厚的情怀和千年的文明跨过高山,漂洋过海。

牙舟陶的"灵魂"便是由于柴火烧制"窑变"所产生的釉色变化和冰裂艺术效果。别的陶器,要烧红,上红釉,要烧绿,上绿釉,要什么花纹描绘什么花纹,可以预先设计,很难出现意外的、超出设计者预想的艺术效果。而牙舟陶却不同于此。由于这里特殊的土质、地质、气候、火候、工艺等因素,牙舟陶有着非常独特的美感和魅力。其釉色以玻璃釉为基础釉,加上不同的氧化金属,得到黄、绿、褐、紫红等釉色。同一土坯上了同一釉,至于烧出来是什么色彩,什么纹络,全然不知,一切要看烧制时火候的掌握,还有湿度、气候、风向、数不清的客观和偶然因素来决定,即便同一窑内不同位置的坯子,烧出来也绝不相同。陶农装进了一窑坯,就仿佛装进了一窑谜,直到烧成，开窑这谜底才能揭晓。创造者自己也常为它的意外成果而惊讶、狂喜，它多彩，流动，或呈斑状、云状、山峰状，或呈条纹状、波浪状、彩霞状，黄、褐、绿、紫、红交错在一起，五彩斑斓，变化无穷。特别是绿釉效果最佳，紫红色中又可以泛绿，绿色中则可寓褐。遇到好的烧成气氛，氧化铜还原为朱红色，更是难得的珍品。由于釉色中的玻璃粉颗粒粗糙，泥坯上釉时，釉浆自然较厚，烧成后釉面显得饱实温润而凝重。加上利用釉面与坯体不同热膨胀系数，釉面就会出现自然的冰裂纹，在粗犷上又增加了几分雅趣，是任何高手大师都不能单凭人工来绘制、设计的。1974 年至 1984 年，牙舟美术陶曾多次在国内外工艺美术展上获奖。1983 年在中国国际旅游会上，牙舟陶"鸡纹双耳罐"获得金质奖章。远销美、英、法、加、澳、马来西亚、日本、丹麦、朝鲜、芬兰等几十个国家，90 年代人们用现代设备取代了传统工艺，把传统的"龙窑""阶梯窑"改为"倒烟窑""推板窑"（煤窑、电窑），以此上批量、上规模。遗憾的是牙舟陶却失去了个性，从此走向衰落，民族艺术之花差一点儿彻底枯萎。可贵的是，这里张姓、汪姓等七八家陶农仍丢不下这份祖先留下的文化遗产，艰难地固守着传统的工艺特色。

如今在现代审美趣味的趋使下，在回归自然、返璞归真的世界性潮流中，牙舟龙窑的薪火又熊熊燃烧起来。在牙舟工艺美术陶瓷厂陈列室，张禄麒厂长如数家珍般介绍着牙舟陶的发展，我不禁想起 20 世纪 90 年代我在贵州省工艺美术研究所任职时期，多次与所里工艺美术工作者来到这里，那时的私窑也有十几家。我们与陶农吃住在一起，白天一起创作，晚上一起吃农家饭、喝米酒。大家围坐在一个小火盆四周，边喝边等待。当一件件精美的陶器从龙窑里出来的时候，每个人的脸上都洋溢着兴奋与自豪，几天，甚至一周的辛劳与疲惫也一扫而光。至今我仍然保留有亲自烧制带回家的牙舟陶。眼下陶瓷厂陈列室里大大小小的牙舟陶器琳琅满目，造型上，不管是文房用具，还是工艺品、旅游品，如"盘龙油灯""双龙香炉"等都变化丰富新颖，思路开阔、构思巧妙，加上通身的装饰纹样，经过火的烧炼，这些原始古朴的土陶坯的色、形、气、势融合在了一起，乍看古香古色，细看却新颖脱俗。不仅具有一种图腾的敬畏感和豪放的气度感，而且给人一种古朴、浑厚、素雅的美感。纹样设计上，融合了当地古代铜鼓，布依族蜡染、苗族服饰上的刺绣桃花装饰纹样的图案，还有龙蛇鱼虾、青铜器图形，都以浮雕的手法体现，富于装饰性。一些具有新意的夔纹、云雷纹、几何纹、竞渡纹、羽人纹……无不体现出这一民族工艺的发展更加丰富多彩。

张厂长介绍说："如今，在不脱离民族民间艺术及工艺的基础上，我们也进行了大胆的创造，主要是纹样设计和造型上，制作与工艺仍然还以古老的轮制法制作，并沿袭着以龙窑烧制的传统。只有这样，牙舟陶的'灵魂'，就是由'窑变'所产生的釉色变化和冰裂艺术效果不会变。"

记得欧洲的一位艺术大师说过："陶瓷艺术是如此与文化上的各种需要密不可分，令每一种民族的精神都在这种媒介中寻求它的表现。"今天的牙舟人正是通过这一媒介将传统的、民族的、时尚的元素较完美地融合，彰显了民族工艺美术与地方文化特色。陶的发明标志着人类社会从原始的狩猎、野蛮状态走向文明和定居的生活；陶的发展史，也是人类进化的文明史，它始终影响着整个人类科学、文化艺术的进程。古人说"薪尽火传"，其实薪从来就没有尽过，火也一直在传，只是各人的力量有所不同，因而传薪的效果便有大小之分罢了。有专家认为，牙舟陶造型古朴敦厚、色调光泽莹润、工艺独特，观赏性强，在中国陶瓷界独树一帜，具有重要的文化价值、工艺价值和经济价值。至今国内外美术馆所收藏的牙舟陶作品达200余件，仅中国美术馆民间部就收藏了100多件，2008年6月"牙舟陶"已列入第二批国家级非物质文化遗产名录。

美，在烈火中升华！

文明，在烈火中更加璀璨！

文化，在烈火中代代相传！

2007年12月23日

银饰辉映"姊妹节"

台江县施洞镇是贵州苗族过姊妹节最热闹的地方，每年农历三月十三施洞附近各村寨的姑娘们就要上山采摘一些草本植物，用其液汁把蒸熟的糯米饭染成黄、红、蓝、黑等五颜六色的"姊妹饭"过姊妹节。也就是说，在漫山开满花朵的时候，花海、花衣、花米饭……耀眼闪烁，所以施洞姊妹节被喻为"藏在花蕊里的节日"，冲着闻名遐迩的姊妹节，4月25日（农历三月十六）我们一行三人驱车四个小时赶到了施洞。正午，不宽的街道两旁，苗家姑娘的一笑一擎，摇曳多姿，再配上亮闪的银衣、项圈、铃铛，随着苗家姑娘摇曳的身姿发出叮铃铃的清脆响声，在长辈们的簇拥下向杨家寨江边的一片空旷地奔去，我们一行被这欢快气氛所感染，激动、兴奋地融进苗家姑娘行列。

参加姊妹节一定要吃姊妹饭，刘姐的家人热情地端出姊妹饭和苗家特有的酸汤，我们吃口姊妹饭，喝一口苗家酸汤，特有的风味满口留香。我此时也感受到一些姊妹节"酸酸甜甜"的滋味。

稍作休息已近下午两点多，苗家姑娘们开始向"踩鼓"场——杨家寨进发，位于清水江边的"踩鼓"场上，鼓架、凳子零散放置，静静等候下午盛大的庆典。三点多"飞歌伴唱万人踩鼓"开始了，苗族少女们一身漂亮的盛装上佩以各种银饰在阳光下实在亮眼，一下像钳子一样紧紧抓住了我们。姑娘们头发上插着的银角，是从牛角变形而来的，还有龙凤和各种苗族图腾为主的银饰，使得苗家姊妹更靓丽动人。随着千人翩翩起舞，踩鼓场已成为一片银色的海洋，那气势、那震撼直撞心底。

听说施洞苗家用女儿盛装上的银饰展示家底，用服饰上的刺绣展现母亲的手艺，所以，当女儿诞生后，母亲就开始为女儿准备刺绣衣服，细腻的刺绣图案讲述着苗家代代相传的故事，也倾诉着刺绣人的艰辛；父亲就想方设法精心打制银饰品。老屯乡的小吴，此时正在为下午的"踩鼓"做准备，母亲和家人几个人忙着为她戴银帽，一旁的妹妹目不转睛地盯着姐姐，本来在广州打工的小吴专程赶回来参加"姊妹节"，可惜没赶上头一天本乡的"姊妹节"，一家人今天急急地赶到施洞来参加。20多岁的小吴在广州打工两年，虽然身在繁华的大城市，但家乡的"姊妹节"仍然牵动着她的心。母亲看着女儿穿上佩戴着闪闪亮的银饰和自己一针一线绣出的盛装，脸上洋溢着幸福的笑容。

我们决定一探这儿的银饰制作情况。

施洞境内山清水秀，田园风光优美迷人，居住人口98%都是苗族，苗寨星罗棋布。经介绍，我们与塘龙寨的老银匠吴师傅有了短暂的交流。见我们到来，吴师傅把家中已打制好的银饰品拿出来给我们看。哇！工艺真是精湛绝伦，图案丰富多彩，龙、鱼、蝴蝶、花鸟等动物在这里已变为一件件宝贵的艺术饰品。

他说苗族银饰工艺精湛、富丽堂皇，向我们介绍了银饰的制作工序，主要采取镂、刻、锤、缠等技艺制作，各式图案和花纹主要有银角、银冠、银花、银簪、银梳、插针、耳环、耳柱、耳坠、项圈等，其式样有空心的、实心的、泡花的、六角形的等等，通身银妆重达二三十余斤，价值二三万余元。这种银妆在世界诸民族中实属罕见的艺术品。

施洞苗族的银饰工艺美术精湛，而且历史悠久，被称为"无字的史书"。它丰富的文化内涵不但反映一个民族的历史和变迁，为我们研究苗族历史提供了有价值的实物资料，而且具有极高的审美品位。这些精美的银饰品，都出自本土的银匠师之手，这次到塘龙寨还有幸来到52岁的吴水根家，他是远近闻名的"老银匠师"。

施洞镇塘龙寨是著名的银匠村，多数为世家祖传模式。吴水根是这个寨子里土生土长的一员，很小的时候深受苗族文化的影响，父亲是一个银匠，他在父亲的引导下从事银饰加工。他心灵手巧，善于思考，敢于创新，将现代美术绘画和传统民族银饰锻造技艺有机结合起来，开发创造性思维，每每有什么心得想法都积极地运用到这门技艺当中来，他刻苦钻研，经常忙到三更半夜才休息。不到几年时间，他就基本熟悉银饰加工的流程和相关技术。不久，他在自家腾出一间小屋作为银饰加工坊，开始从事银饰加工的创业之路。吴水根特殊的生活环境和其本人的决心，决定他制作出来的银饰品艺术别具一格，"出炉"不久就深受人们的喜爱。

在吴水根的银饰作坊，我们见证了他的绝技。吹管是最原始的银饰焊接工艺，只见他嘴里含着油灯吹管，眼看已是火候，静心屏气一阵猛吹，燃得旺旺的火焰不偏不倚，呼呼扑向左手锡板上的银片。他开始了眼花缭乱的动作，在我们的啧啧惊叹声中，银片焊接变戏法一样地完成了。他告诉我，塘龙寨的银饰工艺已有400多年的历史了，一件银饰要经过30多道工序才能完成，全手工制作。制作工具包括火炉、风箱、铁锤、油灯、吹管等十余种传统工具。这一绝技已列入国家级非遗名录，他也在 2012 年被评定为非物质文化遗产项目苗族银饰锻造技艺国家级传承人。

下午的阳光从一尺见方的雕花窗口射进来。灯是油灯，路是土路，屋子是依山而建的吊脚楼，一切都在诠释着苗族银饰的古老与神秘。常年的烟熏火燎，板壁已经漆黑，屋里抢眼的是亮闪闪的银饰，成品或半成品，都在放射出耀眼的光芒。

苗家人的传统文化认为，一个姑娘要是没有一套银饰盛装，就不能谈婚论嫁，一个小伙子，如果有一手过硬的打银技艺，就可以不愁生计，到了吴水根这一代，这种传统的男女分工的观念，开始有所转变。吴水根是吴家第八代做银饰的，之前工艺传男不传女，他却开了先河，他让女儿吴春秀成了第九代传人。他技术好，村子里的人都来请教，于是他干脆收下八九个徒弟，传承技艺。女儿吴春秀是镇上有名的美姑娘，银饰的技艺也不落下风，在父亲吴水根的精心调教下，如今她已经成为一位独当一面的女银匠了。

这里所有的银饰制作都是由苗族工匠手工制作而成，其式样和构造，经过了匠师的精心设计，由绘图到雕刻制作成品多达 30 几道工序，具有极高的工艺水平。根据佩戴的部位，可分头饰、胸颈饰、衣饰、背饰、腰坠饰、手饰、脚饰等。苗族银饰以其多样的品种、奇美的造型与精巧的工艺，不仅给人们提供了一个美丽的艺术世界，而且也表现出丰富的精神世界。

目前仅六十多户的塘龙寨里从事银饰制作的银匠有三十多家，我们徜徉于村寨的小道，锤打银饰之声不绝于耳，炭火炉烟隐隐飘荡萦绕。虽然有人从远方带来了现代的银饰制作工艺，但是，对固守在银匠村的银匠们来说，选择传统方法制作出来的才是真正的佳品。

塘龙寨的每一天都是从叮叮当当地敲打声中开始的。走进塘龙寨就犹如走进了一个银饰家园，你会不由得见到工匠们或蹲或坐在自家屋内外，聚精会神在炭火灰炉前叮叮当当地锻造、加工银饰工艺品，一派热闹而繁忙的景象。他们以家庭作坊式为主，有师徒传袭的父子组合，有夫唱妇随的夫妻组合。农忙时节封炉，农闲操锤，不误农时农事。他们的加工工具有风箱、铁锤、钳、丝眼板、凿、坩埚、铜埚、花纹模型等，尽属本民族银匠自制，只有少量的原料是外购进来的。他们加工的银饰品种类繁多，有银角、银冠、银簪、银梳、银耳环、银耳坠、银压领、银项链、银项圈、银手钏、银手镯、银戒指、银牌、银泡、银铃等几百种，富丽堂皇，美不胜收，令人目不暇接。1994年，施洞被文化部命名为"中国民间银饰艺术之乡"。

　　我想苗家银饰的妙处在于，让本来是俗气的货币僵硬的银片，经过原始的锤打磨炼脱胎换骨，匪夷所思的工艺和美轮美奂的造型简直是苗家人历史的浓缩。他们一直在貌似粗糙的生活中追求精致。千百年来把积攒下的银质货币投入了熔炉，只为"穿在身上的史书"银光闪闪的环佩的叮叮当当。于是有人喜欢从银匠村里收罗银饰，在钢筋水泥的建筑里嗅着火烟煤油的气味，不由自主怀恋那姊妹节里银色的海洋。

2013年4月25日记

独树一帜的艺术——苗绣

　　刺绣，我国悠久的传统艺术，它以自己独特的工艺给人以艺术的享受和思想的启迪。

　　我国名绣甚多，各具特色，说起来如数家珍，人们称道："苏绣工艺精细，丝缕分明；湘绣情调豪放，明媚秀丽；蜀绣针法严谨，光亮平齐。"而我认为这已经成为过去时了，如今国内外更啧啧称道的是"苗绣"。它不仅仅因为是我家乡之名绣，而且我认为它既古老又年轻，既淳朴又淡雅；既取众绣之长又能独树一帜。相比其他刺绣，苗族刺绣有着深厚的生态文化内涵。它充满了苗族妇女朴实而深邃的情愫，每一件绣片都是苗族妇女发自内心深处思想情感的宣泄，而且作为苗族人演绎天地万物、记录历史和生活的一种文化载体世代传承下来。其主题、造型及色彩在依附于本民族宗教信仰、伦理道德和民俗活动的基础上，还吸收了其他民族的优秀文化，形成独特的苗族刺绣文化。

　　今年7月1—4日到黄平采风，本没有考察刺绣一项的安排，然而2日下午当我们在著名的"飞云崖"景区，古树参天之下，偶遇一位苗家妇女在刺绣，于是又引起我极大的兴趣。于是，我立即停留下来与她交流起来，话很投机，我们仿佛一见如故，一谈到苗绣就热络起来。她叫潘家英，50多岁，是黄平县新州人。她告诉我们说，她从5到6岁就开始学刺绣，现在会十来种针法，比如，数纱绣、平绣、辫绣、绉绣、破线绣、织绣、贴花绣、挑花等，现在她已经是黔东南州苗族刺绣非遗文化传承人了。

苗族刺绣的起源是什么时候，在众多的记载中未经验证，学术界还没有定论。不过，从《后汉书·南蛮传》所载的苗族先民——"三苗""织绩木皮，染以草实，好五色衣裳，制裁皆有尾形"来推算，至少在战国时期。《中国苗族服饰文化》一书中认为，从湖北马山楚墓出土的"龙凤虎纹"其质量、特点、技术，和现代的苗族可谓一致，说明战国时期苗族刺绣工艺就十分精湛。现在在台江县施洞一带的虎纹、雉纹、滑纹及雷山苗绣中龙纹等与商周青铜器上的饕餮纹、云雷纹、水涡纹、龙凤纹极为相似，可以说明在夏商时期苗族刺绣已初具雏形。从《尚书》中记载的虞舜的衣服曾用绘画或印染的情形分析，苗绣也可能在夏商之前就已出现。

我到黄平、凯里、雷山地属雷公山山脉的苗寨调研，常常会听到苗族歌中唱道：古时有个奶，名叫务榜香，心灵手又巧，织绣更在行。她生九个男，她生七个女。榜香订规矩，九男把田犁，七女绣花忙。七女七花样，七种花衣裳，各嫁去一方。从古歌中不难看出，正是这嫁去各方的七女，将刺绣带到不同的地方，才有了如今苗绣的灿烂辉煌。

艺术来源于生活。苗族刺绣，无论是在古代还是在后期作为一种工艺美术品，其创作主题都是源于苗族对自己的生活环境、生活的意义和感情的理解与感受。古代苗族没有文字，就通过"刺绣"这种独特的形式将本民族的历史记录在随身衣服上，哪怕迁徙的脚步走得再远，离开祖居地的时间再久，苗族的一代又一代的后人，通过这一神秘而又巧妙的方式来接受本民族的历史信息。苗绣已作为一种文字符号，一种表达情感的载体，其内容的文化内涵是非常深刻而丰富的，因而苗族服饰被学界认为是"穿在身上的史书"，人们从一件件绣片可以读到苗族历史。如田畴城堡、江河山川、苗王印、蝴蝶妈妈、枫树、麒麟、龙、星宿花、虎爪花等等纹样表现出苗族的族源史、战争史、迁徙史等丰厚的内容。

黄平县属黔东南苗族侗族自治州，全县人口近 30 万，苗族人口 16.2 万余人，占全县人口总数的 56%。黄平苗族自称"Dail Hmub"（"Hmub"汉音"蒙"，"蒙"者，花也，即绣花的"花"），是苗族中一支较大的支系。其服饰艺术独具一格，是苗族服饰中的一枝绚丽奇葩。其刺绣挑花设计典雅，工艺精湛，华而不俗，素而不简，令人印象深刻。比如，衣服后片镶嵌繁多的挑花图案，图案布局讲究对称性和规整性，所以繁而不杂，整件衣服为深紫红色，用青、红、黄、紫、绿为主丝线挑花成四方形的花朵，嵌入在后衣片偏上中部，有的是紫红底色四方形。方形之上的三组挑花布接至后衣领，与四方形下方至衣摆的四组挑花布构成对称图案。四方形左右各有三组相对称的条形挑花布接至腰上。双袖嵌入整块十字绣布，边上镶一条浅红色、浅蓝色的绸条，后衣领下方到两胸襟是一组条形图案，左襟中嵌入组"蚕娘图"通常有七、九或十一条，以反映先民们养蚕的业绩。

在我看来，值得称道的是，黄平苗族的挑花图案以极端的抽象性见长。图案纹样往往表现为高度的抽象化，具有明显的超现实性，有的纹样只是原有形态的基本轮廓，有的只是事物的基本特征，然而黄平的绣娘们都能够一一指出它们的名称。我们在与潘家英交谈时，她正在绣的一件绣片上，看似三弯两横的纹样，她说"这是蝴蝶的翅膀"。仔细一看，虽然夸张，但还真像蝴蝶翅膀的变形。我佩服这些来自民族民间的艺人丰富的想象力和大胆的创造力。她还介绍说"黄平苗族女子穿着盛装时，还要束腰花飘带，花纹一般都是织、绣结合，非常精细，飘带两头有五彩缤纷的丝线穗。这条飘带可以说是黄苗刺绣工艺最明显的特点，也是最美丽的装饰品。"一讲到黄平刺绣，潘家英总是一脸自豪的表情。

作为刺绣的创造者和制作者，苗族妇女把自身对人生的感悟，对生命的理解以及母性情感全部倾注在刺绣当中。她们的情愫、愿望都在刺绣作品中呈现。例如，在婴儿褓褓上刺绣的"蝴蝶妈妈"的纹样，就是祈求蝴蝶妈妈保佑小孩；莲花和鱼相配的纹样就是表达"年（莲）年有余（鱼）"；喜鹊站在梅枝上的纹样喻义"喜上眉（梅）梢"；五只蝙蝠围绕寿字的"五福捧寿"纹样，表达了苗族妇女渴望富贵长寿；两只"如意"与"万"字格构成的纹样寓意万事如意等。还有，在小孩的衣帽、兜肚、背带上绣上蜈蚣、蜂、壁虎、蛇、蟾蜍五毒图案以表达辟邪、消灾、祛病意念。可见，刺绣也是苗族女性情感表达的重要载体。

我们的谈话越来越投机，潘家英拿出一件半尺见方的亮布（一种自织自染的土布）数纱绣片，其绣片针法之精细让我和同行的杜杨老师惊叹不已。凭我多年与苗族妇女打交道的经验，我知道这种绣法在苗绣中很广泛地使用，几乎任何一个分支的苗族服饰上都有数纱绣的技法。这种绣法以针脚细密，图案布局构图对称、紧密、美观、满实、用线色彩和谐为上品。数纱绣一般没有图样，整个图案布局构成全凭想象，创作空间很大，并且每位苗族妇女在刺绣时，其数的纱数也不一样，所以并不能找到完全相同的数纱绣片。但它有一些基本花饰的构成单元，可以由这些基本小单元通过不同的组合排列，形成不同的图案纹样。数纱绣的底布一定要用经纬线特别明显的自织土布，根据土布上的经线和纬线，按一定的纱数，沿经纬线或斜向规则重复运针，绣出具有几何对称的图案。这种绣法是从底布的反面运针，所以也有"反面绣，正面看"的说法。而且一针都不能错，错一针全盘皆输，就我眼前的这一小片数纱绣，潘家英说她就绣了一个多月。

"怎么选择在这里刺绣呢？"我问她。

"图这里的清静，我们刺绣时，是讲究内心的宁静。"她指着手上的活，"你看，这件绣片是平绣与盘绣的结合，也是一针不能错，绣的时候，心里不能有杂念。"我看出她正在绣的内容是变形夸张的田畴、蝴蝶等纹样。虽然事先没有图稿，而这绣片纹样构图对称工整、针法细致精湛，是非常不错的一件手工艺美术品。

时间的关系，我们只能与潘家英匆匆而别，回宾馆的路上，一直还与向导小田聊这个话题。小田是当地的苗族，她告诉我，"现在黄平县谷陇镇有了民族刺绣一条街，街道还不到200米长，有八九家民族刺绣工艺品店，挂满了一排排色彩鲜艳夺目、款式新颖多样的苗族服饰和刺绣样品，特别受游客和商家的欢迎，销路也不错。"讲起黄平苗绣，她也一脸自豪。

一位外宾看了黄平的苗绣后惊叹地说："即使你不懂美术，不懂刺绣，只要你爱美，你就会被苗绣所吸引……"

　　著名的艺术大师刘海粟评价贵州苗族刺绣时说："缕云裁月，苗女巧夺天工，苏绣、湘绣比之，难以免俗。"

　　苗绣真的担当得起这样的赞誉！

2016 年 7 月 2 日记

参考文献

著作

[1] ［美］唐纳德·哈迪斯蒂:《生态人类学》,文物出版社 2002 年版。

[2] ［美］亨利·摩尔根著:《古代社会》,商务印书馆 1997 年版。

[3] ［英］汤因比:《历史研究（上）》,上海人民出版社 2010 年版。

[4] ［俄］弗罗洛夫:《人的前境》,中国社会科学出版社 1989 年版。

[5] ［美］莱斯特·布朗:《生态经济:有利于地球的经济构想》,东方出版社 2002 年版。

[6] ［美］房龙:《人类的故事》,河北教育出版社 2002 年版。

[7] ［英］詹·乔·弗雷泽:《金枝》,大众文出版社 1998 年版。

[8] ［法］列维·布留尔:《原始思维》,商务印书馆 1997 年版。

[9] ［英］爱德华·泰勒:《原始文化》,上海文艺出版社 1992 年版。

[10] ［德］黑格尔:《美学》（第一卷）,商务印书馆 1997 年版。

[11] ［奥］西格蒙德·弗洛伊德:《图腾与禁忌》,上海文艺出版社 2005 年版。

[12] ［美］马文、哈里斯:《好吃:食物与文化之谜》,山东画报出版社 2001 年版。

[13] 中共中央马克思恩格斯列宁斯大林著作编译局编译:《马克思恩格斯全集》第 42 卷,人民出版社 1979 年版。

[14] 钟敬文:《民俗学概论》,上海文艺出版社 1998 年版。

[15] 司马云杰:《文化社会学》,山东人民出版社 1987 年版。

[16] 徐杰舜:《族群与族群文化》,黑龙江人民出版社 1971—1982 年版。

[17] 周尚意、孔翔、朱竑:《文化地理学》,高等教育出版社 2004 年版。

[18] 和少英:《社会文化人类学初探》,云南大学出版社 2006 年版。

[19] 余谋昌：《文化新世纪——生态文化的理论阐释》，东北林业大学出版社 1996 年版。

[20] 余谋昌：《生态文化论》，河北教育出版社 2001 年版。

[21] 墨菲：《文化和社会人类学》，中国文联出版公司 1988 年版。

[22] 廖国强、何明、袁国友：《中国少数民族生态文化研究》，云南出版集团公司、云南人民出版社 2006 年版。

[23] 陆林主编：《人文地理学》，高等教育出版社 2004 年版。

[24] 胡兆亮、阿尔斯通、琼达：《中国文化地理概述》，北京大学出版社 2001 年版。

[25] 林耀华：《民族学通论》，中央民族学院出版社 1990 年版。

[26] 徐万邦、祁庆富著：《中国少数民族文化通论》，中央民族大学出版社 2006 年版。

[27] 乌尔沁：《中华民俗》，中国致公出版社 2002 年版。

[28] 王娟：《民俗学概论》，大学出版社 2002 年版。

[29] 何星亮：《中国图腾文化》，中国社会科学出版社 1992 年版。

[30] 王勇等：《中国世界图腾文化》，时事出版社 2007 年版。

[31] 俊峰著：《图腾崇拜文化》，大众文艺出版社 2000 年版。

[32] 国家级非物质文化遗产编写组：《国家级非物质文化遗产》，北京工业大学出版社 2006 年版。

[33] 张岱年、方克立：《中国文化概论》，北京师范大学出版社、云南人民出版社 2006 年版。

[34] 何琼：《西部民族文化概论》，民族出版社 2009 年版。

[35] 贵州通史编辑部：《贵州通史简编》，当代中国出版社 2005 年版。

[36] 李廷贵、张山、周光大编：《苗族历史与文化》，中央民族大学出版社 1996 年版。

[37] 苗族简史编写组：《苗族简史》，贵州民族出版社 1985 年版。

[38] 潘定智、杨培德、张寒梅：《苗族古歌》，贵州人民出版社 1997 年版。

[39] 伍新福、龙伯亚：《苗族史》，四川民族出版社 1992 年版。

[40] 冯祖贻等：《侗族文化研究》，贵州人民出版社 1999 年版。

[41] 侗族通史编委会：《侗族通史》，贵州出版集团、贵州人民出版社 2013 年版。

[42] 冼光位主编:《侗族通览》,广西人民出版社 1995 年版。

[43] 吴浩:《中国侗族村寨文化》,民族出版社 2004 年版。

[44] 韦启光、石朝江等:《布依族文化研究》,贵州人民出版社 1999 年版。

[45] 黄义仁:《布依族史》,贵州民族出版社 1999 年版。

[46] 黄义仁:《布依族宗教信仰与文化》,中央民族大学出版社 2002 年版。

[47] 陈天俊、赵崇南等:《仡佬族文化研究》,贵州人民出版社 1999 年版。

[48] 刘之侠、石国义:《水族文化研究》,贵州人民出版社 1999 年版。

[49] 陈国安:《水族》,民族出版社 1993 年版。

[50] 陈国安:《土家族近百年史》,民族出版社 1999 年版。

[51] 黄柏权:《土家族白虎文化》,中国文联出版社 2001 年版。

[52] 黄钰、黄方平:《瑶族》,民族出版社 1990 年版。

[53] 王平:《黔东南非物质文化遗产集锦》,贵州民族出版社 2008 年版。

[54] 李炳泽:《多味的餐桌:中国少数民族的饮食文化》,北京出版社 2000 年版。

[55] 王学泰:《中国饮食文化史》,广西师范大学出版社 2006 年版。

[56] 林乃燊:《中国古代饮食文化》,商务印书馆 1997 年版。

[57] 王学太:《华夏饮食文化》,中华书局出版社 1993 年版。

[58] 韩胜宝:《华夏酒文化寻根》,上海科学技术文献出版社 2003 年版。

[59] 瞿明安:《隐藏民族灵魂的符号:中国饮食象征文化论》,云南大学出版社 2001 年版。

[60] 戴平:《中国民族服饰文化研究》,上海人民出版社 2000 年版。

[61] 杨鹍国:《苗族服饰:符号与象征》,贵州人民出版社 1997 年版。

[62] 戴平:《中国民族服饰文化研究》,上海人民出版社 2000 年版。

[63] 罗汉田:《庇荫:中国少数民族住居文化》,北京出版社 2000 年版。

[64] 王晓莉:《中国少数民族建筑》,五洲传播出版社 2007 年版。

[65] 麻勇斌:《贵州苗族建筑文化活体解析》,贵州人民出版社 2005 年版。

[66] 赵鑫珊:《建筑:不可抗拒的艺术》,百花文艺出版社 2002 年版。

[67] 毛刚:《生态视野·西南高海拔山区聚落与建筑》,东南大学出版社

2003 年版。

[68] 刘先逵:《干栏式苗居建筑》,建筑工业出版社 2005 年版。

[69] 孙晓:《中国婚姻小史》,光明日报出版社 1988 年版。

[70] 严汝娴主编:《中国少数民族婚姻家庭》,中国妇女出版社 1986 年版。

[71] 赵东玉:《中华传统节庆文化研究》,人民出版社 2002 年版。

[72] 吴正光、庄嘉如:《贵州少数民族节日简介》,《文史丛刊》1981 年版。

[73] 余达忠:《返朴归真:侗族地扪"千三节"文化诠释》,中国文联出版社 2002 年版。

[74] 中央民族学院出版社:《贵州节日文化》,中央民族学院出版社 1989 年版。

[75] 张中笑、罗延华:《贵州少数民族音乐》,贵州民族出版社 1997 年版。

[76] 于平:《舞蹈文化与审美》,中国人民大学出版社 2005 年版。

[77] 庹修明:《傩文化与艺术》,贵州人民出版社 1993 年版。

[78] 罗雄岩:《中国民间舞蹈文化教程》,上海音乐出版社 2001 年版。

[79] 袁禾:《中国古代舞蹈史教程》,上海音乐出版社 2004 年版。

[80] 易存国:《中国审美文化》,上海人民出版社 2001 年版。

[81] 黄秉生、袁鼎生:《民族生态审美学》,民族出版社 2004 年版。

[82] 安正康等:《贵州少数民族民间美术》,贵州人民出版社 1992 年版。

[83] 《中国贵州民族民间美术全集》,贵州人民出版社 2008 年版。

论文

[1] 徐杰舜:《"原生态文化"与人类学视野中的"原生态文化"》,《原生态民族文化学刊》2010 年第 2 卷第 3 期。

[2] 王玉德:《生态文化与文化生态辨析》,《生态文化》2003 年第 1 期。

[3] 黄泽:《试论民族文化的生态环境》,《广西民族研究》1998 年第 2 期。

[4] 周国茂:《论布依族稻作文化》,《贵州民族研究》1989 年第 3 期。

[5] 潘定智:《贵州民间文艺生态研究》,《贵州民族研究》1998 年第 1 期。

［6］黄育馥：《20 世纪兴起的跨学科研究领域——文化生态学》，《国外社会学》1999 年第 6 期。

［7］邓先瑞：《试论文化生态及其研究意义》，《华中师范大学学报》（人文社会科学版）2003 年第 1 期。

［8］王东昕：《环境与文化互动关系的文化生态学反思——以怒江峡谷为例》，《云南民族大学学报》（哲学社会科学版）2007 年第 6 期。

［9］梁渭雄、叶金宝：《文化生态与先进文化的发展》，《学术研究》2000 年第 11 期。

［10］管宁：《文化生态与现代文化理念之培育》，《教育评论》2003 年第 3 期。

［11］徐新建：《历史之维与生命之维："原生态文化"的双重视野——以"侗族大歌"的入世为例》，《广西民族大学学报》（哲学社会科学版）2011 年第 1 期。

［12］邓先瑞：《长江流域民族文化生态及其主要特征》，《中国地质大学学报》（社会科学版）2007 年第 6 期。

［13］曾繁仁：《中国古代"天人合一"思想与当代生态文化建设》，《文史哲》2006 年第 4 期。

［14］余秋雨：《原生态黔东南的力量》，《原生态民族文化学刊》2009 年第 1 期。

［15］谢仁生：《贵州布依族生态文化研究》，《理论界》2012 年第 11 期。

［16］余谋昌：《生态文化问题》，《自然辩证法研究》1989 年第 4 期。

［17］王晓葵：《记忆论与民俗学》，《民俗研究》2011 年第 2 期。

［18］任和昕：《聚焦贵州侗寨地扪——发现地扪》，《当代贵州》2008 年第 9 期。

［19］银建军：《中国生态美学研究述论》，《社会科学辑刊》2005 年第 4 期。

［20］杨昌鑫：《生态美学视域下的原生态审美文化探微——以贵州苗侗民族原生态审美文化为例》，《贵州师范大学学报》（社会科学版）2010 年第 2 期。

［21］赵泽光：《贵州少数民族饮食文化概述》，《贵州民族研究》2007 年第 3 期。

［22］吴正光：《贵州民族建筑的地方特点及民族特色》，《古建园林技

术》2007 年第 2 期。

[23] 李雪平：《中国传统民居建筑的生态文化》，《安徽农业科学》2010 年第 13 期。

[24] 何琼：《论侗族建筑的和谐理念》，《贵州社会科学》2008 年第 2 期。

[25] 程艳：《侗族聚落及其文化初探》，《重庆建筑大学学报》2004 年第 2 期。

[26] 贾天粒、米祥友：《在民族建筑的深处找寻人类生活的原点》，《中国民族》2001 年第 8 期。

[27] 胡群：《论侗族建筑的特色》，《贵州民族研究》2010 年第 5 期。

[28] 戴平：《论地理环境与民族服饰》，《戏剧艺术》1990 年第 2 期。

[29] 彼得·波格达列夫、胡妙胜：《作为记号的服饰——在人种学中服饰的功能和结构概念》，《戏剧艺术》1992 年第 2 期。

[30] 侯健：《苗族服饰的审美价值及其文化内涵》，《民族艺术研究》2000 年第 5 期。

[31] 许桂香：《贵州苗族服饰文化历史景观探析》，《贵州民族学院学报》（哲学社会科学版）2009 年第 1 期。

[32] 刘冰、韩任伟：《我国西南地区少数民族的婚俗文化》，《黑龙江民族丛刊》1994 年第 1 期。

[33] 颜勇、雷秀武：《贵州民族文化传统节日综论》，《贵州民族研究》2007 年第 6 期。

[34] 韩荣培：《略论贵州民族节日的地方文化特色》，《贵州民族研究》1990 年第 4 期。

[35] 吴茜：《家鑫侗族"萨玛节"原生态艺术文化探析》，《贵州民族学院学报》（哲学社会科学版）2012 年第 3 期。

[36] 吴平、杨竑：《贵州苗族刺绣文化内涵及技艺初探》，《贵州民族学院学报》（哲学社会科学版）2006 年第 3 期。

[37] 丁荣泉、龙湘平：《苗族刺绣发展源流及其造型艺术特征》，《中南民族大学学报》（人文社会科学版）2003 年第 4 期。

[38] 蒙甘露：《苗族刺绣艺术的意蕴》，《中央民族大学学报》（哲学社会科学版）1995 年第 6 期。

[39] 陈岚：《浅谈贵州苗族刺绣的文化内涵》，《贵阳学院学报》（哲学

社会科学版）2009 年第 1 期。

［40］吴正光：《贵州苗族婚恋文化》，《当代贵州》2005 年第 8 期。

［41］石群勇、罗康隆：《苗族的自然宗教与生态维护》，《黑龙江民族丛刊》2009 年第 4 期。

［42］一丁：《布依戏的主体唱腔》，《中国音乐》1988 年第 1 期。

［43］王海平：《文化视角下的少数民族原生态音乐——以贵州为例》，《贵州社会科学》2008 年第 8 期。

［44］吴浩、张泽忠：《侗族歌谣研究》1991 年。

［45］王恒富：《绚丽多彩的贵州民族戏剧》，《中国戏剧》1990 年第 8 期。

［46］林河：《论傩文化与中华文明的起源》，《民族艺术》1993 年第 1 期。

［47］王鸣明：《黔西南布依戏调查综述》，《贵州民族研究》2005 年第 2 期。

［48］程尚仁：《灿烂的贵州民族民间工艺美术》，《美术》1960 年第 2 期。

［49］刘铁梁：《村落生活与文化体系中的乡民艺术》，《民族艺术》2006 年第 1 期。

其他

［1］铁木尔·达瓦买提主编：《中国少数民族大辞典》，民族出版社 1998 年版。

［2］朱士奇：《兴义县志》，贵州人民出版社 1988 年版。

［3］田军：《一个民族文化的述说·解读贵州少数民族服饰文化》，《贵阳日报》2015 - 05 - 03。

［4］何平：《贵州布依戏》，《中国演员》2009 年。

［5］孙补卿：《中国饮食文化的民族学研究》，中央民族大学（博士论文）2004 年版。

［6］杨正国：《黔东南苗族侗族自治州志》，贵族人民出版社 2000 年版。

［7］贵族省黔西南自治州史志征集编纂委员会编：《黔西南布依族苗族自治州志》，贵州人民出版社 2002 年版。

［8］黔南布依族苗族自治州史志编纂委员会：《黔南布依族苗族自治州志》（上、下简编本），贵州人民出版社 2007 年版。

后　记

　　《贵州原生态民族文化探究》一书的选题与写作，费了我不少的心力。首先，当初困扰我的最大问题是对驾驭和整体把握贵州原生态民族文化的勇气和信心不足。贵州是中国原生态民族文化的"富矿"，是海内外旅游观光和学者进行文化探访的热点，以贵州文化、民族、社会、旅游等为题材出版的图书比比皆是、蔚为大观。我仅仅凭一己之力的感受就有能力完成吗？最终，让我下定决心的是一次意外的事情。去年我的学生在网上查阅资料时发现，我的文章"难忘梭嘎""神幻的柯杉布依傩戏""古朴隆重的祭龙仪式""枫树与苗族图腾崇拜""森林拥抱的乌流寨""感悟怎雷""赫章彝族风情散记""纸的根""瑶乡风情"，等等被很多网站转载，然而都没有署名作者是谁。为了宣传贵州、推介贵州，自2011年开始我在"多彩贵州网·贵州名博"（原"金黔在线·贵州名博"）先后发表了在贵州的田野调查文章近60余篇，理论文章10余篇，这些文章各大网络媒体都有转载。然而，除了"中国宗教网""新华网""光明网""云南省人民政府网""中国雷山网"等贵州各地县政府官网均注明文章来源及作者外，其他网站、文库、个人博客基本都没有署名作者及文章来源，一些收费网站、文库也有大量转载不署名的问题。这些文章都是我从教十多年来田野调查的第一手资料，是当时思考的记录。对这些网站的行为，我不知道该如何是好，出书可能是唯一能够维护自己知识产权的手段了。这件事也说明反映贵州民族文化的文章还是很受欢迎的，是有"市场"的。其次，这本书的选题与写作，主要是凭自己多年来深入民族村寨收集的资料，艰苦认真的田野调查，求真创新的研究，大胆求是的探索，直抒胸臆，有感而发。想到此，心中也就释然了很多。只是在田野调查手记部分文章的选择上颇费心力，原想把被转载的文章都选上，又由于本书的研究视角和篇幅而不可能，只能作罢，仅仅选择了一些与生态文化有关的文章。所以，当这本书终于付梓面世，心情一方面感到快慰，一方面也是有些遗憾。

感谢本书出版提供了帮助的所有人。感谢多年来曾经热忱接待过我的贵州各地、州、市、县、乡镇、村领导和宣传部门的朋友，为我采访、调研和了解情况提供的帮助。感谢贵州省写作学会，每年安排多次的采风活动，为我及学会的同仁到贵州各地采访提供了各种支持。感谢贵州民族学学界的朋友，为我提供了"业内"专业性的支持和帮助。感谢贵州各民族村寨朴实的父老乡亲对我的充分信赖，对调研中的要求都尽力满足，比如我想见一位族长或一位文化传承人，他们都会想方设法办到，甚至我需要文字资料或图片，他们也会尽量满足。感谢贵州财经大学各级领导及文法学院领导的重视和支持。本书的出版获中央财政支持贵州财经大学重点学科建设（民族学）经费的资助，特表深切谢意。感谢中国社会科学出版社宫京蕾编辑以及相关校对人员对本书出版的辛勤付出；还要感谢任仙、田园两位研究生，他们在校对方面做了不少工作。

本书在研究理论、内容、选材、方法上都是尝试性的探索，肯定还存在不少缺点和不足，敬请各位专家学者及读者予以批评指正，我将虚心听取和接受，倘若有机会纠错补谬，一定认真进行修订。

最后，让我衷心感谢和拥抱生态贵州、绿色贵州、多彩的贵州！

何　琼

2016 年 8 月于贵阳